다시 쓰는 강해설교 작성법

장두만 박사 지음

요단

다시쓰는
강해설교 작성법

제1판 1쇄 발행 · 1986년 12월 5일
제1판 10쇄 발행 · 1996년 12월 12일
제2판 1쇄 발행 · 2000년 2월 29일
제2판 18쇄 발행 · 2024년 4월 26일

지은이 | 장두만
펴낸이 | 김용성
기 획 | 박찬익
제 작 | 정준용
보 급 | 이대성

펴낸곳 | 요단출판사
등 록 | 1973. 8. 23. 제13-10호
주 소 | 07238 서울특별시 영등포구 국회대로 76길 10
기 획 | (02)2643-9155
보 급 | (02)2643-7290   FAX (02)2643-1877

ⓒ 장두만 2000

정가 19,000원
ISBN 978-89-350-0428-7 03230

이 책의 저작권은 요단출판사가 소유하고 있습니다.
출판사의 사전 승인 없이 책의 내용이나 표지 등을 복제, 인용할 수 없습니다.

How to Prepare an Expository Message

by

Rev. Andrew D. Chang, Th. M., Th. D.

Revised and Enlarged Edition

Jordan Press

Seoul, Korea

© 2000 Andrew D. Chang

개정 증보판 서문
(Preface - Revised and Enlarged Edition)

필자의 졸저 초판(First Edition)이 1986년에 처음 출간된 이래 10쇄(10th Printing)까지 발간되면서 강해설교에 관심 있는 많은 목회자들과 신학생들의 사랑을 받으며 그들의 필요를 어느 정도는 충족시킨 것으로 생각한다. 그러나 지난 13년간 신학교 강의와 국내외의 여러 세미나를 인도하면서 미흡한 부분이 곳곳에 발견되어 이를 보완하여 좀더 좋은 책을 만들고 싶은 마음이 참으로 간절했다. 근본적인 원리나 방법에 있어서는 13년 전이나 지금이나 차이가 없지만 13년간의 강의와 세미나 경험은 참으로 값진 것이라고 생각한다. 강의와 세미나를 통해서 한국의 일반 목회자들이 어려워하는 부분이 어떤 것인지를 좀더 현실적으로 피부에 와 닿게 느낄 수 있었다. 이런 부분들과 그 동안 필자가 다소 미흡하다고 생각하고 있었던 부분들을 개정 증보판에서는 보완하여 강해설교를 제대로 해보려는 독자들의 필요를 좀더 잘 충족시키려고 시도했다. 필자의 의도가 개정 증보판에서 얼마나 잘 반영되었는지는 독자들이 판단할 문제이지만, 필자가 보기에는 초판보다는 여러 가지 면에서 많이 향상되었다고 생각한다. 초판을 애독해 주신 독자들께서 개정 증보판에도 동일한 사랑과 성원을 보내 주시기를 기대한다. 아무쪼록 필자의 졸저가 한국의 강단을 새롭게 해서 하나님께서 맡겨 주신 귀한 영혼들을 바르게 인도하는 데 일조할 수 있기를 간절히 바란다.

  끝으로, 본서의 초판 출판에 이어 개정 증보판을 위해서도 많이 수고해 주신 요단출판사 직원들에게 감사를 드린다.

2000년 2월
서울 가양동에서

초판 서문
(Preface - First Edition)

1968년 4월.

누가 일러 4월을 잔인한 달이라 하였던가? 필자에게 있어 4월은 잔혹의 달이 아니라, 변화의 달이요, 생명의 달이요, 신기원의 달이었다. 20여 년간의 긴 종교 생활과 3년간의 구도 생활은 종지부를 찍고, 그리스도인으로서의 새 삶을 시작한 달이 4월이었다.

이 때 이후 필자는 헤아릴 수 없으리 만큼 많은 설교를 했다. 그러나 그 설교가 성서적인 설교인지 아닌지, 하나님의 말씀을 올바로 선포하는 것인지 아닌지에 대해서는 관심이 없었다. 아니, 그런 것이 문제가 되는지 안 되는지조차도 의식하지 못했다.

필자가 강해설교 - 성서적인 설교라 해도 좋다 - 에 관심을 갖게 된 것은 달라스 신학교(Dallas Theological Seminary)에서 공부하면서부터이다. 찰스 스윈돌(Charles Swindoll), 하워드 헨드릭스(Howard Hendricks), 레이 스테드먼(Ray Stedman), 버논 머기(Vernon McGee), 해던 라빈슨(Haddon W. Robinson) 등과 같은 유능한 강해설교자를 무수히 배출해 냈고 지금도 강해설교자 배출을 목표로 일사불란하게 교과 과정을 운영하는 달라스 신학교에서 세 과목의 강해설교 과목을 필수로 이수하면서 비로소 강해설교에 대해 바로 알고, 또 자신을 갖게 되었다. 그 후 개인적으로 강해설교에 관한 것을 좀더 깊이 공부하여 이를 이론적으로 체계화하는 한편, 실제 목회를 하면서 강해설교를 더 연마하게 되었고, 또 신학교에서의 강의와 수차례에 걸친 강해설교 세미나를 통해 한국 실정에 맞는 효과적인 강해설교 지도법이 어떠한 것인가도 필자 나름으로 정립할 수가 있게 되었다.

 본서는 필자의 지금까지의 경험과 다른 학자들의 연구에 토대를 두고 있다. 본서의 내용이 필자의 독창적인 것이라고 주장하기에는 필자는 너무 많은 사람들에게 의존하고 있다. 필자를 지도해 주신 달라스 신학교의 여러 교수들, 그 가운데 특히 목회학부의 수누키안(Donald R. Sunukjian) 박사에게 심심한 감사를 드린다. 그리고 본서의 출판을 허락한 요단출판사와 수고한 직원 여러분들께 감사를 드린다.

 필자의 졸저가 많은 하나님의 종들로 하여금 하나님의 말씀을 바로 선포하게 하는 데 조금이라도 도움이 되기를 바라며, 많은 독자들의 지도와 편달을 기대한다. 너는 말씀을 전파하라 때를 얻든지 못 얻든지 항상 힘쓰라 (κήρυξον τὸν λόγον, ἐπίστηθι εὐκαίρως ἀκαίρως).

1986년 9월
서울 구산동에서

목 차
(Contents)

개정 증보판 서문 ——————— 5
초판 서문 ——————— 7

제1장 강해설교자가 되려면   15

제2장 강해설교의 정의   29
  I. 강해설교가 아닌 것   30
     A. 종교적 담화 ——————— 30
     B. 문맥을 무시한 설교 ——————— 34
     C. 단편적인 단어의 나열 ——————— 34
     D. 단순한 석의 ——————— 36
     E. 관주식 설교 ——————— 38
  II. 강해설교란 무엇인가?   40
     A. 강해설교의 정의 ——————— 40
     B. 강해설교의 종류 ——————— 46

제3장 강해설교의 이점   51
  I. 강해설교의 이점   51
  II. 강해설교의 어려움   61

제4장 본론 작성의 단계 69

I. 본문 선택 69

II. 중심 내용 파악 71

III. 본문 연구 및 자료 수집 80
- A. 필요한 참고서 — 80
  - (1) 성경 — 81
  - (2) 성구 사전 — 88
  - (3) 주석 — 89
  - (4) 사전류 — 90
  - (5) 기타 — 91
- B. 연구 방법 — 92
  - (1) 관찰 — 92
  - (2) 문맥 연구 — 96
  - (3) 문자적 의미의 연구 — 100
  - (4) 문법 및 구문의 연구 — 108
  - (5) 역사 및 문화의 연구 — 113
  - (6) 본문 연구의 실례 — 119

IV. 청중 분석과 설교 목적의 결정 123
- A. 청중 분석 — 124
  - (1) 외적 요인 — 126
  - (2) 내적 요인 — 126
- B. 설교 목적의 결정 — 129
  - (1) 설명 — 130
  - (2) 설득 — 130
  - (3) 행동 촉구 — 131

V. 본론의 전개 방법 결정 134
- A. 석의적 대지와 설교적 대지 — 134
- B. 구성의 방법 — 140

  (1) 대조형 ——————— 141
  (2) 설명형 ——————— 143
  (3) 문제 해결형 ——————— 146
  (4) 증명형 ——————— 152
  (5) 원리 적용형 ——————— 153
  (6) 귀납적 구성법 ——————— 154
  (7) 연역적 구성법 ——————— 163
  (8) 기타 방법 ——————— 164
 VI. 아웃라인의 작성 164
  A. 아웃라인의 기본 형태 ——————— 165
  B. 아웃라인의 목적 ——————— 166
  C. 아웃라인의 작성 원칙 ——————— 167
  D. 아웃라인의 전달 ——————— 171
  E. 아웃라인의 작성 연습 ——————— 173

제5장 적용 181

 I. 적용의 영역 184
 II. 적용의 원리 185
 III. 적용의 시기 191
 IV. 적용의 형태 192
  A. 직접 적용 ——————— 192
  B. 간접 적용 ——————— 194

제6장 보조 자료 199

 I. 보조 자료의 가치 200
 II. 보조 자료 사용의 원칙 206
 III. 보조 자료의 종류 210

A. 예화 —————— 210
   B. 통계 자료 —————— 211
   C. 인용 —————— 213
   D. 설명 —————— 214
   E. 유사어 반복 —————— 215
   F. 유머 —————— 216
   G. 기타 —————— 219
 IV. 보조 자료의 원천   219
   A. 성경 —————— 219
   B. 광범위한 독서 —————— 220
   C. 예화집 —————— 221
   D. 개인의 체험 —————— 221
   E. 신문, 잡지 —————— 221
   F. 자연 및 과학 —————— 222
   G. 상상 —————— 222

제7장   서론, 결론 및 설교 제목   225

 I. 서론   225
   A. 서론의 목적 —————— 226
   B. 좋은 서론의 특징 —————— 229
   C. 서론의 유형 —————— 232
 II. 결론   237
   A. 결론의 목적 —————— 238
   B. 좋은 결론의 특징 —————— 239
   C. 결론의 유형 —————— 241
 III. 설교 제목   246
   A. 제목의 가치 —————— 246
   B. 좋은 제목의 특징 —————— 247

제8장　전달　251

　I. 전달에 있어서의 실패 이유　253
　II. 전달 훈련의 필요성　255
　III. 전달에 있어서의 언어적 측면　256
　　A. 단어 선택의 문제 —————— 257
　　B. 음성 사용 문제 —————— 265
　　　(1) 고저 —————— 265
　　　(2) 속도 —————— 266
　　　(3) 강약 —————— 267
　　　(4) 휴지 —————— 268
　　　(5) 기타 —————— 269
　IV. 전달에 있어서의 비언어적 측면　272
　　A. 복장 및 외모 —————— 273
　　B. 몸과 손의 움직임 —————— 274
　　C. 눈의 접촉 —————— 276
　V. 전달의 방식　277
　　A. 원고 낭독형 —————— 277
　　B. 암기형 —————— 279
　　C. 즉석형 —————— 281
　　D. 아웃라인형 —————— 282

맺음말 —————— 287
부록 1. 에베소서의 석의 아웃라인 —— 289
부록 2. 강해설교 이편 —————— 305
부록 3. 강해설교 아웃라인 —————— 333
참고 문헌 —————— 431

제 1 장

강해설교자가 되려면
(Qualifications for an Expository Preacher)

하나님은 항상 준비된 사람을 쓰신다. 그 준비의 정도는 물론 사람마다 다 다르다. 그러나 하나님께서 준비된 사람을 쓰신다는 데에는 변함이 없다. 베드로는 베드로만큼 쓰임 받았고, 바울은 바울만큼 쓰임 받았다. 하나님께서 바울을 통해 신약의 핵심적인 책들을 쓰게 하시고 그를 통해 교회, 특히 이방 교회의 기초를 놓게 하신 것은 결코 우연히 된 일이 아니다. 다메섹 도상에서 예수 그리스도를 인격적으로 만나 구원받기 전에, 당시 이스라엘 최고의 학자로 존경받고 있던 가말리엘 문하에서 학문적으로 탁월하게 준비한 것이 적절하게 쓰임 받은 것이다. 그러면 설교자, 특히 강해설교자가 되려면 어떤 자격과 준비가 필요한가?

필자는 목사와 의사를 비교해서 말하기를 즐겨 한다. 의사가 육체의 병을 치료해 주는 전문가라면 목사는 영혼의 병을 치료해 주는 전문가이다. 사람들이 질병 때문에 고통 당하는 것을 보고 빨리 나가서 도와주고 싶은 일념만 가지고는 좋은 의사가 될 수 없다. 의사가 되기 위해서는 길고도 힘든 훈련 과정을 거쳐야 한다. 예과 2년, 본과 4년, 인턴, 레지던트 과정 3년 등 적어도 10년 정도는 훈련받아야 햇병아리 의사가 탄생한다. 이런 훈련을 제대로 받지 못해 의사로서의 자질을 충분히 갖추지 못한 채 사람들의 병을 치료한다면 사람들을 살리기보다는 죽이는 돌팔이 의사가 되고 말 것이다.

영적인 의사인 목사는 육적인 의사보다 덜 훈련받고 덜 준비해도 된다고 말할 수 있는가? 영적으로, 인격적으로, 학문적으로, 기능적으로 준비가 안 된 사람은 아예 목회의 꿈도 꾸어서는 안 될 것이다. 영혼을 치료해 주는 목사가 되고 설교자가 되는 것은 결코 가볍게 생각할 문제가 아니다. 아무런 훈련이나 사전 준비도 없이 소명감 하나만 가지고 목사가 되겠다는 생각은 위험하기 짝이 없는 발상이다. 과거에 교육이 보편화되기 전, 전문적인 지식이 발달하기 전에는 그런 경우도 간혹 있었다. 그러나 지금은 시대가 다르다. 과거의 잣대를 가지고 현재를 재서도 안 되고, 과거에 신학교육을 제대로 받지 않고서도 목회를 했으니 지금도 그렇게 할 수 있다는 생각은 시대착오적인 망상에 불과하다. 한 분야의 전문가가 되기 위해서는 배우고 익혀야 할 것이 너무나 많다.

필자는 일반대학을 졸업한 후 신학교육을 8년 동안 받았고, 1985년 이후 지금까지 교수를 하고 있으며, 목회는 미국에서부터 했다. 그러나 아직까지 모르는 것이 너무 많다는 사실을 솔직히 시인하지 않을 수 없다. 목사는 말씀 전문가인데 제대로 훈련받지 않고 어떻게 목사가 될 수 있는가? 일반대학 4년과 신학대학원 3년은 가장 기본적으로 거쳐야 하는 훈련과정이다. 물론 이런 과정을 밟았다고 다 준비된 것은 아니다. 어떤 사람은 그 교단에서 인정하는 목사 안수를 받기 위한 요식 행위로 신학대학원을 마치기도 하고, 또 어떤 신학대학원은 목사가 되는 데 필요한 것을 충분히 가르치지 못하는 경우도 있다. 특히 진보적 성향의 신학교에서는 목회에 필요한 것을 제대로 배우지 못하는 경우가 많다. 보수적인 신학교라 할지라도 실력 없는 교수들로 인해 제대로 배우지 못하는 경우도 있다. 신학 교수의 실력이라는 것은 학벌이나 학위만 가지고 평가되는 것이 아니다.

차제에 신학교육에 관해서 약간 언급하고 지나가는 것이 좋을 것 같다. 우선 유럽이나 자유주의 신학교에서 학위를 받고 온 교수들이 많은 신학교는 문제도 많다. 유럽은 한 때 세계 교회의 선도적인 역할을 했다. 그러나 지금 유럽은 기독교의 몰락을 경험하고 있다. 기독교의 몰락과 자유주의 신학의 발흥은 거의 때를 같이 한다. 의학이 병원에서 봉사하기 위한 학문이듯 신학은 교회에서 봉사하기 위한 학문이다. 그렇기 때문에 병원과 유리된 의학은 존재 이유가 없고, 교회와 유리된 신학도 그 존재 이유가 없다. 의학과 신학은 순수학문으로 취급되어서는 안 된다. 그러나 대부분의 유럽 신학교, 자유주의 신학교에서는 신학을 철학이나 수학과 같은 순수학문으로 생각하고 교육하고 있다. 여기에 근본적인 문제가 있다. 그렇게 하다가 보니 현장과 유리된 각종 이론이 등장한다.

일반 교인들에게 JEDP가 무슨 의미가 있으며, 양식사학파(Formgeschichte)가 무슨 의미가 있는가? 불트만의 비신화화(Entmythologisierung)를 교회에서 아무리 외쳐 본들 일반 교인들에게 무슨 도움이 되는가? 성경을 난도질해서 다 부인해 버리고 나면 가르칠 게 무엇이 있는가? 이런 신학교에서 교육받은 목사는 목사로서 참으로 불행한 목사이다. 의대를 졸업했지만 의사로서 필요한 기술은 제대로 배우지 못한 채 의사가 된 사람과 같다고 할 수 있다. 이런 목사는 목회 현장에서 신학교에서 배운 지식이 거의 쓸모가 없다는 것을 뒤늦게 발견하고 자기 나름으로 공부해 보려고 동분서주하지만 제대로 안 되고 오히려 갖가지 문제에 봉착하는 경우가 엄청나게 많다.

보수 성향의 신학교도 그 나름으로 문제가 많다. 1997년 남아연방의 프레토리아(Pretoria)에서 세계 신학교 학장 및 교무처장 회의(PAD; Presidents and Academic Deans of theological and missionary training institutions)가 있었다. 250여 명이 모인 자리에서 횃불 트리니티 신학대학원 총장이며 할렐루야 교회 담임목사인 김상복 목사는 의미 있는 연설을 했다. 이 연설에서 그는 한 신학교의 교무처장을 하다가 목회를 하게 된 어느 분의 글을 소개했다. 필자도 여기서 그 내용을 약간 소개하고자 한다. 물론 모든 교수가 다 이 범주에 속하는 것은 아닐 것이다. 그러나 그의 말은 상당히 일리가 있다고 생각한다.

 그에 의하면 교수에는 두 부류가 있다는 것이다. 한 부류는 학문적 능력이 탁월한 사람들이다. 그들은 공부하기를 좋아하고 책을 좋아한다. 그러다 보니 사람을 싫어하거나 꺼리게 된다. 목회는 사람을 상대하는 직업이다. 그런데 책만 가까이 하는 교수한테서 사람을 대하는 기술을 제대로 배울 수 있겠는가? 또 한 부류는 목회를 하다가 실패하고 나서 학문을 더 공부해서 어느 분야의 전문가가 된 경우이다. 그들은 전문적인 잡지에 전문적인 글을 쓰고 전문적인 책을 출판하지만 일반 학생들은 그 교수가 무엇을 가르치는지 제대로 이해도 하지 못한다. 그런 교수에게 배우고 나가서 목회를 하니 교인들은 목사가 무슨 말을 하는지 알아들을 수가 없다.[1] 교회의 설교 시간에 에릭슨(Millard Erickson)의 조직신학이나 벌콥(Louis Berkhof)의 조직신학을 가르치고, 우주론적 논증이 어떻고, 칼빈이 어쩌고저쩌고 하는 목사도 있다는 말을 들었다. 도대체 신학교에서 무엇을 어떻게 가르쳤기에 목사가 교회에서 이런 식으로 하고 있단 말인가? 이런 문제는 보수적인 신학교의 문제이지만 자유주의적인 신학교도 다를 게 없다. 신학교육의 목적이 무엇인지 분명히 모르는 신학교 교수, 이론만 있고 실제 경험은 거의 없는 교수, 반대로 실제 경험은 있으나 이론적 배경이 없는 무능한 교수들 때문에 많은 부분 신학교육은 병들어 가고 있다.

 몇 년 전에 서울 신학대학에서 한국 복음주의 신학회 주최로 국내 신학대학장 및 총장들을 패널리스트로 해서 "한국 신학교육, 무엇이 문제인가?"라는 주제로 토론을 한 적이 있었다. 이 토론회에서 학장 및 총장들이 내린 결론은, 신학교를 나와도 성경을 제대로 가르칠 줄 모르고, 개인전도를 제대로 할 줄 모르고, 설교를 제대로 할 줄 모른다는 것이다. 신학교를 나왔지만 목회 현장에서 필요한 핵심적인 것은 제대로 배우지 못한 채 목회하러 나간다는 말이다. 그래서 "신학교에서 배운 대로 목회하면 목회가 안 된다"는 말까지 공공연히 나돌고 있지 않은가!

그렇기 때문에 단순히 신학대학원을 졸업했다고 해서 목사로서 필요한 자질을 다 갖추었다고 말할 수는 없다. 신학대학원에서 배우지 못하는 것들도 엄청나게 많이 있다. 그러나 가장 기본적인 훈련 과정도 거치지 않고서야 어떻게 목사가 될 꿈조차 꿀 수 있겠는가? 받아야 할 훈련을 제대로 받지 않고 목사가 되었다면 그런 목사는 돌팔이 의사와 같다. 아니, 돌팔이 의사보다 더 무서운 일을 저지르려고 하는 것이다. 왜냐하면, 돌팔이 의사는 육체의 생명만 빼앗아 가는 것으로 끝나지만 돌팔이 목사는 한 영혼을 영원한 지옥으로 보내기 때문이다. 적절한 자질을 갖추지 못한 자가 목사가 되는 것은 마치 어린아이에게 수류탄을 쥐어 주고 불 속으로 뛰어들라고 하는 것보다 더 위험한 일이라 아니할 수 없다.

그러면 목사, 특히 강해설교자로서 목사가 갖추어야 할 자질은 어떤 것인가? 필자는 강해설교자가 되려면 최소한 다음과 같은 자질을 갖추어야 한다고 생각한다.[2]

1. 분명한 거듭남의 체험이 있어야 한다.

필자는 초교파적으로 여러 교단의 목사님들과 만나고, 여러 신학교에서 강의를 했으며 지금도 하고 있다. 또 여러 교회를 다니면서 설교나 집회 인도를 한 적이 많은데, 그를 통해 교인들 중에 거듭나지 못한 사람들이 굉장히 많음을 알게 되었다. 너무나 많은 교회에서는 한 영혼이 교회에만 나오면 자동적으로 구원받아 하나님의 자녀가 된 것으로 간주하고 있다. 또한 교회에 등록하는 것을 하늘 나라 생명책에 등록하는 것으로 착각해서 그런 식으로 가르치는 교회도 많이 있음을 알게 되었다. 교회 내에는 알곡도 있지만 가라지도 있다는 사실을 결코 잊지 말아야 한다. 예수 그리스도와 일대일로, 인격적으로 만나지 않고는 아무리 열심히 교회에 다니고 교회를 위해서 수고해도 결코 구원 받은 것이 아니다. 교회나 교파나 목사가 구원을 주는 것이 아니라 오직 예수 그리스도만이 구원을 주신다. 유한한 한 인격이 전능하신 하나님이신 예수 그리스도의 인격을 만나야 한다. 그러나 실상은 어떤가? 구원은 당연한 것으로 생각하고 열심히 교회를 다니면서 봉사를 하고 종교 생활을 하지만 오늘 죽는다면 천국에 갈는지 지옥에 갈는지도 제대로 모르면서 오락가락 하는 신앙을 가진 사람들, 율법의 굴레에 매여 힘들게 종교 생활을 하는 사람들의 수가 적지 않다. 이런 것을 바른 신앙 생활이라고 할 수 있는가? 그런데 이런 현상은 일반 교인에게만 국한되어 있지 않다는데 문제의 심각성이 있다. 목사들 가운데도 그런 상태에 있는 사람들이 부지기수인 것이다. 거듭나지 못한 채 목회하다가 목회한 지 5년 뒤에, 또는 10년 뒤에 거듭났다고 하는 목사도 많이 만나 보았다.

영혼의 안내자인 설교자가 분명한 거듭남의 체험이 없다면 영적으로 눈먼 설교자인 그를 따르고 그의 설교를 듣는 사람들의 영원한 운명이 어떻게 될 것인지는 불문가지이다. 그렇기 때문에 먼저 거듭남의 체험이 분명하지 않은 사람은 설교자가 되어서는 안 되고, 어쩌다가 거듭나지 못한 채 설교자가 되었다면 그 문제를 빨리 해결해야 한다. 그 길만이 본인도 살고, 가족도 살고, 교회도 사는 길이다.[3]

2. 복음을 제대로 전할 수 있어야 한다.

거듭났다고 해서 다 복음을 제대로 잘 전할 수 있는 것은 아니다. 설교자 자신은 분명히 중생의 체험을 했고 따라서 영혼들을 바로 인도하고자 중생의 문제에 관한 설교를 하기도 한다. 그러나 막상 누군가가 구체적으로 중생의 문제에 관해서 상담을 해오면 체계적으로 지도할 줄 모르는 설교자가 의외로 많다. 비유컨대, 환자가 찾아왔을 경우 그 환자에게 어떤 병이 있다는 것은 알겠는데 구체적으로 어디가 어떻게 잘못되었는지 그리고 어떻게 치료를 해야 하는지 모르는 의사와 같다고 말할 수 있다. 설교자가 이럴 경우 가끔 교인 가운데 거듭남의 체험을 하는 사람이 있긴 하겠지만, 다수는 영적인 흑암 가운데서 거듭나지 못하고 헤맬 가능성이 많다.

1998년 6월 9일자 국민일보에 실린 내용을 하나 소개하겠다. 한국 갤럽에서 18세 이상의 성인 남녀 1,613명을 대상으로 가구를 방문하여 1:1 면접을 통해 조사한 종교 자료를 발표했다. 그 자료에 의하면 개신교 인구가 20.3%, 불교 인구가 18.3%, 천주교 인구가 7.4%였다. 종교인 중 개종 경험을 가진 사람은 16.2%였는데, 개종 전에 불교를 믿었던 사람은 32.8%, 천주교를 믿었던 사람은 9.8%였으나, 기독교를 믿었던 사람은 무려 58.4%나 되었다. 한 때 기독교를 믿다가 다른 종교로 개종한 사람이 전체 개종자 중 58.4%를 차지한다는 것은 참으로 심각한 문제가 아닐 수 없다. 이것은 무엇을 의미하는가? 국민일보에서는 이렇게 지적했다. "많은 사람들이 교회를 찾지만 이들 중 상당수가 교회에 정착하지 못하고 개종하고 있어 교회가 초신자들을 대상으로 확실한 구원관을 심어 주어야 한다." 참으로 적절한 지적이라 아니할 수 없다.

그러면 교회에 다니던 사람들 중 그렇게 많은 사람들이 불교나 천주교나 다른 종교로 개종하는 것은 누가 책임져야 하는가? 물론 자신의 영혼에 대한 궁극적인 책임은 자기 자신이 져야 한다. 어느 누구도 남에게 책임을 전가할 수 없다. 그러면 설교자에게는 전혀 책임이 없는가? 그렇지 않다. 교인들은 원래 영적인 진리를 모른 채 그것을 알고 싶어서 교회에 나온 사람들이라고 할 수 있다. 그들을 영적으로 바르게 인도하기 위해서 목사가 있는 것이다. 따라서 목사가 이 일을 제대로 하지 못해서 한 영혼이 교회를 떠나고 결국 지옥으로 간다면 목사의 책임이 없다고 말할 수 있겠는가? 에스겔 3장에서는 파수꾼이 사명을 감당하지 못해서 한 사람이 멸망하면 그의 핏값을 파수꾼에게서 찾겠다고 하지 않았는가? 목사는 이 시대의 파수꾼이다. 그렇기 때문에 파수꾼의 역할을 제대로 할 수 없는 목사, 영혼을 영적으로 정확하게 인도할 줄 모르는 목사라면 설교든 목회든 아예 해서는 안 될 것이다.

3. 분명한 소명 의식이 있어야 한다.

설교는 목회자에게 끊임없는 스트레스의 원천인 동시에 가장 보람 있는 사역이기도 하다. 설교할 준비가 되어 있든 되어 있지 않든 설교 해야 할 시간은 어김없이 - 어떤 때는 너무 빨리 - 다가오기 때문에 목회자는 대부분 꿈속에서조차도 설교에 대한 부담감에서 완전히 해방되지 못한다. 설교자가 된다는 것은 하나님께로부터 받은 분명한 소명감이 없이는 지기 어려운 무거운 짐이 아닐 수 없다. 필자는 어떤 사람이 "신학교에 가서 목사가 되겠다"고 하면, "제발 신학교에 가지 말라"고 적극적으로 만류한다. 소명감이 없이 하나의 직업으로 목회자가 된다는 것은 견디기 어려운 고통의 연속이기 때문이다.

필자는 원래 법관이 되는 것이 오랫동안의 꿈이었다. 그러나 1968년 거듭남과 동시에 하나님께 부름 받은 후 오랫동안의 꿈을 포기하고 목사가 되기로 헌신했다. 필자는 피조물 된 인간이 이 땅에서 할 수 있는 일 중에서 가장 영광스럽고 보람된 일은 전능하신 하나님의 종으로 부름 받아 그의 말씀을 전하는 일이라고 생각한다. 필자는 제2의 인생이 나에게 주어진다 하더라도 하나님이 불러만 주신다면 기꺼이 목사가 될 마음이 있다. 필자는 지금까지 걸어온 길에 대해서 전혀 후회함이 없다. 아니, 오히려 나같이 부족하고 미숙한 사람이 하나님의 은혜로 구원받고 부름받아 하나님의 종이 되었다는 사실이 너무나 감사할 따름이다. 그것은 세상의 무엇과도 바꿀 수 없는 엄청난 특권이다.

그러면 하나님의 소명을 어떻게 확인할 수 있는가? 올포드(Stephen Olford) 목사의 다섯 가지 지침이 큰 도움이 될 것이라고 생각한다.[4]

첫째, 나는 성경이 제시하고 있는 설교자의 자격을 갖추고 있는가?

둘째, 하나님께서 나를 부르셨다는 성령의 증거를 내 마음에 가지고 있는가?

셋째, 설교자로서의 은사가 나의 삶과 사역에서 분명히 드러나고 있는가?

넷째, 내가 섬기는 교회가 나의 설교 은사를 인정하고 있는가?

다섯째, 하나님께서 나를 사용하셔서 영혼이 구원받으며 성도들이 세워지고 있는가?

4. 말씀을 제대로 전할 수 있어야 한다

목사의 가장 중요한 임무는 말씀을 전하는 것이다. 좀 단순화시켜서 말한다면 목사는 설교자이다. 목사가 수행해야 할 가장 중요한 직무가 말씀을 바르고 효과적으로 전하는 것인데, 이 직무를 제대로 수행할 수 없다면 목회를 아예 시작도 하지 말아야 한다. 소명 의식은 분명하나 말씀 증거의 은사가 너무 부족한 목사라면 담임 목회를 하기보다는 부목사가 되든지 아니면 다른 사역을 찾아보는 것이 본인이나 본인의 가족을 위해서나 교회를 위해서 훨씬 더 바람직할 것이다.

성도들은 목사가 다른 일에 실패하는 것은 용납할 수 있을지 모르나 설교에 실패하는 것은 잘 용납하려 들지 않는다. 그래서 어떤 사람은 다음과 같은 말까지 했다. "목사가 설교 못하는 죄는 용서받지 못하는 죄다." 말하자면, 성령 훼방죄 외에 또 하나의 불가사죄(不可赦罪)가 있다는 말이다. 물론 이것은 신학적인 얘기는 아니다. 그러나 설교 못하는 목사를 성도들이 어떻게 생각하고 있는가를 단적으로 표현하는 말이라고 생각한다. 목사가 설교를 할 때마다 항상 A나 A+를 받을 정도의 탁월한 설교를 할 수는 없다. 세계에서 가장 훌륭한 설교자라 할지라도 그렇게는 할 수 없다. 그러나 한 가지 분명한 것은 성도들이 말씀을 들을 때마다 영적으로 충분한 양식을 공급받았다는 느낌은 갖게 해야 한다. 말하자면 B 정도 수준의 설교를 항상 할 수 있도록 하라는 말이다. 성도들이 영적으로 배가 고프다고 생각하면 여기저기 기웃거리게 되고 그러다 보면 결국은 교회를 떠나게 된다. 일단 떠나고 난 뒤에는 아무리 발을 동동 구르고 후회를 해도 엎질러진 물이 되고 만다. 설교를 제대로 하는 것은 결코 쉬운 일이 아니다. 그렇기 때문에 목회는 어려운 것이 아니라 불가능한 것이다. 위로부터 오는 분명한 소명과 끊임없는 준비를 통해서만 가능한 것이다.

5. 강단과 실제 삶의 거리가 멀지 않아야 한다.

설교자의 큰 고민 중 하나는 강단과 삶의 괴리이다. 강단에서 전하는 말씀대로 살지 못하는 것 때문에 모든 설교자는 마음에 큰 부담과 아픔을 가지고 있다. 필자도 역시 그중 한 사람이다. 오죽하면, "성경대로 설교하면 위선자가 되고, 자신이 행한 것만큼만 설교하면 들을 게 없다"고까지 말하겠는가!

아무리 노력해도 강단과 삶 사이에는 어느 정도 괴리가 있을 수밖에 없다. 어느 누구도 완벽할 수는 없다. 어떤 설교자도 자신이 가르치고 설교하는 것을 완벽하게 행하면서 살 수는 없다. 설교자마다 약한 부분이 있고 비교적 강한 부분이 있다.

그러면 말씀대로 온전히 순종하지 못한 채 설교하면 모두 위선자인가? 필자가 잘 아는 어느 선배 목사님의 말이 생각난다. "자기가 전하는 말씀에 순종하려고 노력하는 한 그는 위선자가 아니다." 참으로 적절한 말이라고 생각한다. 비록 설교하는 대로 다 행하지는 못해도 적어도 말씀에 순종하려는 자세는 분명히 가져야 할 뿐만 아니라 또한 그 말씀에 실제적으로 순종함으로써 - 비록 완전하게는 아닐지라도 - 삶이 조금씩 달라져가야 한다. 그래서 성도들에게 존경받는 설교자가 되도록 노력해야 한다. 설교는 멋지게 하고 삶은 전혀 뒷받침이 안 된다면 그 설교자는 실격자이고, 그런 설교를 듣는 교인들은 큰 아픔을 겪게 될 것이다. 말만 하고 거기에 순종하지 않는 설교자 때문에 얼마나 많은 교인들이 상처를 받고 있는지 깊이 생각해야 한다. 이 문제에 관한 스토웰(Joseph M. Stowell) 목사의 말은 귀를 기울일 만하다.

디모데전서 4:12-13에서 사도 바울은 디모데에게 "인격은 말씀 선포보다 앞선다"는 것을 가르치고 있다. 사도 바울이 말했듯이, 말과 행동과 사랑과 믿음과 순결함에 있어서 본이 되는 삶은 청중의 주의를 사로잡게 되고 그들로 하여금 변화를 위한 욕구를 갖게 해 준다. 우리의 삶이 우리가 설교하는 설교 중에 가장 중요한 설교라는 사실에는 의문의 여지가 없다. 사람들은 먼저 우리를 관찰하고 그 다음에 우리의 말을 듣는다. 자신이 외치는 설교와 일치하지 않는 삶을 사는 설교자보다 청중의 변화에 더 빨리 해를 끼치는 것은 거의 없다. 그러나 사람들이 우리를 관찰한 후 우리와 같은 정도로 성장하고 싶어하는 마음이 생길 때 설교를 통해 그 방법을 알려 줄 수 있다.[5]

오늘날 위선적인 삶을 살며 비인격적이고 상식 이하의 일을 다반사로 저지르는 목사들 때문에 상처받은 교인들과 교회로부터 등을 돌리는 사람들의 수가 너무나 많다. 그렇기 때문에 설교자는 강단과 실제 삶의 거리를 좁히기 위해서 피눈물 나는 노력을 해야 한다. 그런 설교자만이 하나님께 귀하게 쓰임 받는 설교자가 될 것이다.[6]

6. 성경에 관한 종합적이고 체계적인 이해를 가져야 한다.

설교자는 자기 자신의 견해나 타인의 사상이나 세상적인 학문을 전파하라고 부름받은 사람이 아니라 하나님의 말씀을 전파하라고 부름받은 사람이다. 그렇기 때문에 그가 증거해야 할 성경을 제대로 몰라서는 알맹이 없는 설교만 하게 된다. 설교자는 성경 전문가가 되어야 한다. 설교자가 모든 분야의 전문가가 될 수는 없다. 또 그렇게 될 필요도 없다. 그러나 적어도 성경에는 전문가가 되어야 한다. 그는 성경 전체에 대한 종합적 이해는 물론이거니와 중요한 부분에 관해서는 상당한 정도로 이해를 하고 있어야 한다. 전쟁에 임하는 군인이 자기가 가지고 있는 무기를 제대로 다룰 줄 모른다면 그는 군인으로서 자격이 없다. 성경은 영적 전쟁에 있어서 무기와 같은 것이기 때문에 모든 그리스도인들은 물론이거니와 특히 설교자는 성경을 숙지하고 있어야 한다.

이 문제와 연관해서 또 한 가지 언급해야 할 것은 설교자에게는 석의(釋義)의 능력이 있어야 한다는 사실이다. 우리가 가지고 있는 성경은 번역판이다. 아무리 원문에 충실하게 번역하려고 했다 해도 번역에는 항상 한계가 있기 때문에 원문의 의미가 제대로 전달되지 못하는 경우가 많다. 그래서 "번역은 반역이다"라고까지 말하는지도 모르겠다. 그렇기 때문에 강해설교자가 되려는 사람은 원문 연구를 통해서 본문의 의미를 바르게 파악할 수 있는 능력이 있어야 한다. 물론 좋은 주석을 참고해서 도움을 얻을 수도 있다. 그러나 원전 이해의 능력이 있어야 그런 자료를 제대로 활용할 수 있는 것이다. 그래서 강해설교를 제대로 하려는 목회자들이 원어 연구를 많이 해야 한다는 것은 아무리 강조해도 결코 지나치지 않다.[7]

7. 끊임없이 배우고 공부해야 한다.

설교자는 주일마다 적어도 세 번 정도는 설교를 해야 한다. 끊임없이 내놓아야 하기 때문에 끊임없이 흡수하지 않으면 곧 바닥이 나버리고 만다. 남의 설교를 적당히 베끼거나 대충 준비해서 먹이자는 식의 사고를 가진 사람은 설교자로서 실격이다. 한 가정의 건강을 책임지고 있는 주부가 음식을 대충 준비해서 남편과 자녀들에게 먹인다면 그들이 건강한 신체를 유지하기는 극히 어려울 것이다. 한 교회의 영적인 건강을 책임지는 설교자에게는 더 철저한 자세가 요구된다. 교인들의 영적 상태가 좋으냐 나쁘냐 하는 것은 일차적으로 설교자의 책임이다. 최선을 다해 공부하고 설교를 준비하는 진지한 학구적 자세가 모든 설교자에게 절대적으로 요망된다. 성도들에게만 충성을 가르칠 것이 아니라 목사가 말씀 준비에서부터 충성하는 본을 보이는 것이 중요하다.

주(註)

1. Sang-Bok David Kim, "The Significance of the PAD in the Kingdom Expansion: Are We a University or a Military Academy?" *Torch Trinity Journal* 1(November 1998): 7-8.
2. 브로더스(John A. Broadus)는 설교자가 갖추어야 할 자격으로 여섯 가지를 제시하고 있다. 즉, 소명 의식(A Sense of Divine Call), 분명한 중생의 체험(A Vital Christian Experience), 끊임없이 배우려는 자세(Continuation of Learning), 재능의 계발(The Development of Natural Gifts), 육체적 건강유지(Maintenance of Physical Health), 성령에 대한 전적인 의지(Complete Dependence upon the Holy Spirit)를 들고 있다 (*On the Preparation and Delivery of Sermons*, pp.13-17).
3. 이 문제에 관해서 자세히 알고 싶으면 필자의 졸저, 『구원, 그것이 알고 싶다』를 참고할 것.
4. Stephen F. Olford, *Anointed Expository Preaching*, pp.13-14.
5. Joseph M. Stowell, "Preaching for a Change," in *The Big Idea of Biblical Preaching*, eds., Keith Willhite and Scott Gibson, p.127.
6. cf. Ibid., pp.38-49; See also John MacArthur, "The Man of God and Expository Preaching," in *Rediscovering Expository Preaching*, ed. John MacArthur, pp.85-101.
7. cf. Robert L. Thomas, "Exegesis and Expository Preaching," in *Rediscovering Expository Preaching*, pp.137-153.

제 2 장
강해설교의 정의
(Definition of Expository Sermon)

강해설교(講解說敎)란 무엇인가?

강해설교에 대해서 일가견(一家見)이 있는 것같이 행세하는 사람들은 상당히 많이 있지만, 강해설교 분야에 있어서 이론과 실제를 겸비한 전문가는 그리 많지 않은 것이 우리의 실상인 것 같다. 강해설교에 관한 체계적인 교육을 전혀 받아 본 적도 없는 사람들이 자기 유의 강해설교를 '개발'해 실제는 강해설교가 아니면서도 강해설교의 전문가연(然)하는 개탄스러운 모습도 많이 본다. 그러니 강해설교에 관해서 말을 하는 사람들은 많이 있지만 정말 강해설교가 무엇인지에 관해서 정확하게 알고서 말하는 사람은 더 적을 수밖에 없다.

오늘날 한국에서는 물론 외국에서도 강해설교에 관한 관심이 상당히 고조되어 있다는 사실은 어느 누구도 부인할 수 없을 것이다. 기독교 서점에 들러 서가(書架)에 진열된 책을 일견(一見)해 보면 강해설교에 대한 인기나 관심이 어느 정도인지 그리 어렵지 않게 짐작할 수가 있다. 설교집이라는 설교집은 거의 예외 없이 "강해설교집"이라고 불리고 있고, 주석 가운데서도 많은 것들이 "강해"(예, 로마서 강해)라고 불리고 있으며, 그 외에도 "강해"라는 단어가 책 제목의 일부로 흔히 쓰이고 있는 것을 볼 수 있다. 필자가 보기에는 이런 유(類)의 저서들 가운데 진정한 강해나 강해설교는 별로 없는 것 같고, 단순히 인기에 편승한 시대상의 반영으로밖에 볼 수 없는 것들이 대부분이다. 강해설교가 무엇인가에 관한 기본적인 인식조차도 없는 설교자들이 자신이야말로 참으로 훌륭한 강해설교자라고 착각하고 있는 안타까운 모습도 그리 드물지 않게 볼 수 있다.

그러면 도대체 강해설교란 무엇인가? 이 질문에 대한 답변을 생각하기 전에 강해설교가 아닌 것이 무엇인지를 먼저 고찰해 보는 것이 좋을 것 같다.

I. 강해설교가 아닌 것

많은 설교자들이 자신이야말로 강해설교를 하고 있다고 주장하지만 강해설교와는 거리가 먼 경우가 너무나 많다. 여기서는 그 대표적인 경우를 몇 가지만 생각해 보도록 하겠다.

A. 종교적 담화

성경본문과 별 관계가 없는 종교적 담화(Religious Discourse)는 강해설교가 아니다.

여기에 속하는 설교 가운데 대표적인 것이 오늘날의 대부분의 제목설교(또는 주제설교; Topical Sermon)라고 할 수 있다. 필자는 제목설교조차도 강해설교라야 된다고 믿는다(즉, 제목강해설교). 그런데 오늘날 대부분의 제목설교는 본문의 내용과는 거의 또는 전혀 상관이 없고, 설교자가 하고 싶은 내용만 늘어놓는 설교이다.

다음의 설교 아웃라인을 한번 보자.[1]

제목: 세상의 빛이신 예수
본문: 요한복음 8:12

I. 예수님은 지적인 세계의 빛이시다.
  1. 나는 예수님을 모르는 세계 최대의 학자 밑에서 배우기보다는 오두막집에 살면서 자기 이름도 겨우 쓸 수 있을 정도지만 예수님을 아는 사람에게 배우기 원한다(고전 1:21).
  2. 우리가 구원받을 때 예수님은 우리 마음속에 들어오실 뿐만 아니라 우리의 기능도 회복시키신다. 그는 우리가 볼 수 있게 하신다.
II. 예수님은 사회적인 세계의 빛이시다.
  1. 예수님은 이 나라의 여자를 여자답게 만드셨다.
  2. 예수님은 세상의 어린이를 어린이답게 만드셨고, 아기들을 아름답게 만드셨다(막 10:4).
III. 예수님은 종교적인 세계의 빛이시다.
  1. 그리스도인이란 자기가 자기 스스로를 구원할 수 없다는 것을 알고 그리스도와 그의 보혈을 의지하는 자이다.
  2. 기독교는 찬송의 종교이다. 우리 마음에 찬송이 있게 하시는 분은 예수님이시다(고전 15:55).
IV. 예수님은 암흑 세계의 빛이시다.
  1. 예수님이 계신 곳에는 항상 빛이 있었다.
  2. 갈보리 십자가 상에서 그 빛은 죽어져 가는 강도의 마음속에 비쳤다. 그 빛은 그의 영혼의 암흑 상태를 제거하고, 그를 하나님이 계신 천국으로 인도했다.
V. 예수님은 영원한 천국의 빛이시다.
  1. 그림자가 없는 도성을 한번 생각해 보라. 거기에는 저녁놀도 아침 햇살도 없고 항상 낮의 광채만이 있을 것이다.
  2. 무덤도 없고, 죽는 사람도 없고, 고통으로 부르짖는 사람도 없고, 어느 누구도 상복을 입지 않는 영원한 도성(都城)에서 산다고 생각해 보라.

VI. 예수님은 각 개인의 빛이 되실 수 있다.
  1. 그리스도를 의지하라. 당신의 인생 전체를 그에게 맡겨라. 그리하면 그는 당신의 눈물을 진주로 바꾸고, 그것을 엮어서 환희의 면류관으로 만들어 당신의 머리 위에 씌어 주실 것이다.
  2. 그리스도를 의지하라. 그리하면 그는 칠흑 같은 어두움을 다 몰아내실 것이다. 그는 사망의 음침한 골짜기의 어두움을 다 몰아내실 수 있다(시 23:4).

위의 설교의 아웃라인(Outline)을 보면 대지의 숫자가 너무 많기는 하지만 외형상으로 볼 때 그 구성은 큰 문제가 없다고 할 수 있다. 그러나 문제는 설교 전체의 내용이 본문과는 별로 관계가 없다는 사실이다. 본문은 이렇다. "예수님께서 또 일러 가라사대 나는 세상의 빛이니 나를 따르는 자는 어두움에 다니지 아니하고 생명의 빛을 얻으리라."

설교자는 위의 본문 전체가 가르치는 내용에는 별로 신경을 쓰고 있지 않는 것 같다. 그 대신 그는 위의 본문에서 "나는 세상의 빛이니"라는 부분에서 힌트를 얻어 그가 하고 싶은 말을 자기 마음대로 하고 있는 것이다. 위의 설교 아웃라인에서 본문의 가르침을 제대로 반영하고 있는 대지는 네번째 대지("예수님은 암흑 세계의 빛이시다")밖에는 없고, 그 외의 대지는 본문이 가르치지도, 암시하지도 않고 있다. 다시 말하면, 설교자 자신이 하고 싶은 말을 본문과는 상관없이 하고 있는 것이다. 이런 설교가 강해설교가 아님은 부연(敷衍)할 필요조차 없다.

오늘날의 소위 제목설교라는 것은 대개가 "도약대식 설교"(Jumping Board Sermon)라고 할 수 있다. 수영을 하기 위해 물 속에 뛰어들어가는 방법으로 흔히 사용되는 것은 도약대에서의 다이빙이다. 그런데 일단 물 속에 들어가고 나면 도약대는 더 이상 필요 없게 된다. 설교에 있어서도 많은 경우가 이와 같다. 설교를 시작하기 위해 성경본문을 사용하기는 하지만 일단 설교가 시작되고 나면 본문은 전혀 쓸모 없이 되어 버리고 만다. 이런 설교에 관해서 오스본(John Osborn)은 다음과 같이 말한다.

> 우리가 종교적인 무엇인가를 언급하기 위해서 성경을 도약대로만 사용한다면 우리가 말씀을 설교하고 있다고 말할 수 있는가? 성경을 한 번 열어 보고는 곧 버리고 만다면 그것은 말씀을 소개하는 것이지 설교하는 것이 아니다.[2]

이런 설교는 좀 심하게 말하면 청중에 대한 간접적인 기만 행위이다. 하나님 말씀으로 설교를 시작함으로 설교 전체가 하나님의 말씀인 듯한 인상을 청중에게 주지만 설교 전체가 본문과는 상관이 없고 설교자 자신의 얘기로만 채워져 있다면 청중에 대한 기만 행위가 아니고 무엇이겠는가?

이제 성도들은 제목설교에 식상(食傷)해 있다. 성도들이 교회에 가는 이유는 목사의 개인적인 견해나 단순한 종교적 담화를 듣기 위해서가 아니다. 하나님께서 친히 하시는 말씀이 무엇인지 직접 듣기 위해서 바쁜 시간을 쪼개어 예배하러 가는 것이다. 그러므로 그들의 귀중한 시간을 낭비케 해서는 안 된다.

제목설교의 시대는 점점 소멸되어 가고 있다. 19세기 이전은 전반적으로 제목설교의 시대요, 20세기는 제목설교와 강해설교의 혼재기(混在期)요, 만일 주님이 더디 오시면 21세기는 강해설교의 시대가 될 것이다. 이제 설교자는 빨리 새로운 시대에 적응해야 한다. 메시지는 불변이지만, 그 메시지를 전하는 방법은 시대마다 문화마다 바뀌어야 한다. 새로운 시대의 요구가 비성경적인 것이라면 아무리 다수가 원해도 배격해야 할 것이다. 그러나 그 요구가 성경의 가르침과 부합하는 것이라면 빨리 수용하는 것이 좋다. 그래야만 살아 남을 수 있기 때문이다. 새로운 시대나 문화에 제대로 적응하지 못하면 교회나 기업이나 모두 도태하고 말 것이다.

B. 문맥을 무시한 설교

설교자 가운데에는 성경 해석이나 석의에 관한 기본적인 훈련의 부족으로 인해 성경본문의 문맥이나 본문 자체의 의미를 무시하고 자기 마음에 드는 한두 단어를 중심으로 설교를 만드는 경우가 있다. 이런 실수는 때로 신학 훈련을 제대로 받은 설교자들도 가끔씩 범한다. 이런 설교는 앞에서 말한 제목설교와 공통점이 있지만 반드시 일치하는 것은 아니기 때문에 여기서 언급하는 것이 좋을 것 같다.

유명한 몰건(G. Campbell Morgan) 목사가 휴가 중 참석한 어느 시골 교회에서 들은 설교는 본문이 잠언 9:5("너는 와서 내 식물을 먹으며 내 혼합된 포도주를 마시고")이었는데, 그 시골 설교자는 이 본문으로 "성만찬"에 관한 설교를 해서 몰건 목사를 경악케 했다.[3]

유명한 설교자인 트루엣(Geroge W. Truett) 목사도 시편 91:6("흑암 중에 행하는 염병과 백주에 황폐케 하는 파멸을 두려워 아니하리로다")을 본문으로 "인생의 중년(中年)"에 관해서 설교한 적이 있었고, 스펄전(C. H. Spurgeon) 같은 설교의 거장도 때로는 문맥을 무시한 채 우화적 해석을 해서 설교한 적이 있었다.[4] 설교자는 자신이 택한 본문을 바르게 해석해서 적용해야 할 의무가 있는 자임을 절대로 망각해서는 안 된다.

C. 단편적인 단어의 나열

성경의 본문을 사용하기는 하되, 거기에 나오는 단어나 구절을 아무런 상호관계나 조직도 없이 단편적으로 설명해 나가는 설교는 강해설교가 아니다.

다음과 같은 설교의 아웃라인을 한번 보자.

제목: 하나님의 의
본문: 로마서 3:21-26

I. "이제는"(v.21)

II. "율법 외에"(v.21)

III. "하나님의 의"(v.21)

IV. "차별이 없느니라"(v.22)

V. "모든 사람이 죄를 범하였으매"(v.22)

VI. "은혜"(v.24)

VII. "화목제물"(v.25)

VIII. "전에 지은 죄를 간과"(v.25)

IX. "예수 믿는 자를 의롭게"(v.26)

위의 아웃라인을 보면 본문에서 특히 중요한 부분은 거의 다 언급이 된 것 같다. 그러나 이 설교는 각 대지가 "하나님의 의"와 어떻게 연관되는지, 그리고 또 대지 상호간의 관계가 어떤지, 설교 전체가 무엇을 핵심적으로 말하려고 하는지가 제대로 나타나 있지 않다. 많은 사람들이 이런 식의 설교를 흔히 강해설교라고 생각하지만, 이것도 강해설교는 아니다.

위에서 언급한 설교와 상당히 유사하지만 약간 다른 설교 형태가 있는데, 그것은 "나열식 주해"(Running Commentary)이다. "나열식 주해"는 대지 상호간의 관계가 거의 없다는 점, 어떤 핵심적 내용을 분명하게 가르치고 있지 않다는 점으로 볼 때에는 "단편적인 단어의 나열"과 유사하다. 그러나 "단편적인 단어의 나열"은 여기저기 뛰어 넘어가면서 하지만, "나열식 주해"는 단어나 구절을 빼먹거나 뛰어넘지 않고 하나 하나 다 다루어 나가는 식의 설교이다. 예를 하나 들어보자.

제목: 산 제사

본문: 로마서 12:1-2

I. "그러므로 형제들아"(v.1)

II. "하나님의 모든 자비하심으로"(v.1)

III. "너희를 권하노니"(v.1)
IV. "너희 몸을"(v.1)
V. "하나님이 기뻐하시는"(v.1)
VI. "거룩한"(v.1)
VII. "산 제사로"(v.1)
VIII. "드리라"(v.1)
IX. "이는 너희의 드릴 영적 예배니라"(v.1)
X. "너희는 이 세대를 본받지 말고"(v.2)
XI. "오직 마음을 새롭게 함으로 변화를 받아"(v.2)
XII. "하나님의 선하시고"(v.2)
XIII. "기뻐하시고"(v.2)
XIV. "온전하신 뜻을"(v.2)
XV. "분별하라"(v.2)

이러한 "나열식 주해"가 강해설교와는 거리가 먼 것은 재론할 필요도 없다. 그럼에도 불구하고 많은 설교자들은 위에서 예로 든 바와 같은 구절 풀이식 설교를 강해설교라고 생각하고 있다.

D. 단순한 석의(釋義)

석의(Exegesis)란 주어진 본문이 저자와 최초의 독자(또는 청중)에게 어떤 의미를 가졌었는가를 밝히는 것, 특히 원문을 중심으로 해서 밝히는 것이라고 할 수 있다.[5] 그러나 이것만 가지고는 강해설교가 되지 않는다.

예를 한번 들어보자. 요한복음 5:1-9을 보면 38년 된 병자가 베데스다 못가에 있다가 예수님을 만나 그 병을 고침 받은 이야기가 나온다. 석의는 이 기적 자체는 물론, 기적이 일어나게 된 배경, 고침 받은 병자의 상태, 기적을 행하신 예수 그리스도 등에 관해서 자세히 취급함으로 요한이 이 기적을 기록할 때 어떤 의미로 기록했고, 요한복음의 최초의 독자가 어떤 의미로 요한의 기록을 이해했느냐 하는 문제를 자세히 취급한다. 그러나 석의는 이 기적이 오늘의 독자(또는 청중)에게 어떤 의미가 있느냐 하는 문제, 즉 적용은 취급하지 않는다. 그렇기 때문에 석의에서 끝나는 설교는 강해설교가 아니다. 석의는 강해를 위한 하나의 과정이지, 석의 그 자체가 설교에 있어서 궁극적 목적은 아니다.

다음과 같은 설교 아웃라인을 한번 생각해 보자.

제목: 고린도 성도에 대한 바울의 권고
본문: 고전 4:14-21

I. 고린도 성도에 대한 바울의 권고는 아버지가 자녀에게 하는 것과 같았다(vv.14-16).
 1. 바울은 고린도 성도들을 부끄럽게 하려 하지 않았다(v.14).
 2. 바울은 고린도 성도들에게 영적인 아버지였다(v.15).
 3. 바울은 고린도 성도들에게 자신을 본받으라고 권고했다(v.16).
II. 고린도 성도에 대한 바울의 권고는 디모데와 자신의 방문으로 구체화되었다(vv.17-21).
 1. 바울은 디모데를 고린도 성도에게 보내어 그의 가르침을 생각나게 했다(v.17).
 2. 하나님께서 허락하시면 바울이 친히 방문해 문제를 처리하려고 했다(vv.18-21).

이 설교는 물론 설교의 형식은 갖추고 있지만 진정한 의미에서의 설교라고 보기는 어렵다. 이 설교는 본문이 바울과 최초의 독자인 고린도 성도들에게 어떤 의미였는지를 밝혀 주기는 하지만 오늘날의 청중을 위한 "적용"은 완전히 배제되고 있다. 따라서 이런 설교는 석의로서는 훌륭할지 모르겠으나 강해설교는 아니다.

E. 관주식 설교

성경구절만 잔뜩 나열하거나 관련 있는 구절을 꿰어서 계속 연결해 나가는 식의 설교는 강해설교가 아니다.

어떤 설교자는 설교가 성서적이냐 아니냐 하는 것은 설교에서 성경을 얼마나 많이 인용하느냐에 달려 있다고 한다. 필자가 미국에서 만난 어떤 목사는 한 편의 설교에 무려 50여 개의 성경구절을 인용해서 설교를 하고 있었다. 이런 설교는 성경구절의 나열이지 설교라고 할 수는 없다. 성경을 많이 인용하면 설교자가 성경을 많이 알고 있다는 그릇된 인상은 청중에게 줄는지 모르지만 하나님의 말씀은 전혀 설명이 안 되고, 또 설교자가 전달하려는 중심 내용은 초점을 잃게 되는 경우가 많다. 그렇기 때문에 필자는 꼭 필요한 경우가 아니면 본문 외의 성경구절을 너무 많이 인용하지 말아야 하며, 꼭 필요해서 인용하더라도 한번 설교에 2-3개를 초과하지 않는 것이 좋다고 믿는다. 올바른 강해설교는 본문만으로도 충분하다. 본문을 제대로 요리하지 못할 때 자꾸 밖으로 나가 보려고 하는 경향이 있다. 본문을 깊이 천착(穿鑿)하지 못하면 본문을 아무리 자세히 설명해도 10분 내지 15분을 초과하기가 어렵기 때문에 나머지 시간을 채우기 위해서는 불가불 본문 외의 다른 구절에 의존할 수밖에 없는 것이다.

필자가 미국에서 공부할 때 학교 채플 시간에 설교한 어느 부흥사가 생각난다. 그 당시 그 부흥사는 나이가 그리 많지도 않았는데 신약 성경을 완전히 다 암송하고 있다고 했다. 그때 그는 "하나님의 거룩함"에 관해 설교했었는데, 하나님의 거룩함과 관계 있는 성경구절을 굉장히 많이 열거했던 것으로 기억한다. 설교는 처음부터 끝까지 거의 성경으로 채워져 있었고 그 자신의 설명 같은 것은 거의 없었다. 그러나 유감스럽지만 이런 설교도 강해설교는 아니다.

필자는 위에 언급한 설교자와 같이 관주식 설교를 하면서도 설교를 상당히 은혜스럽게 하는 설교자를 몇 사람 알고 있다. 그들은 대체로 설교를 길게 한다. 필자는 설교 준비만 제대로 하면 30분 동안에 할 말을 다 할 수 있다고 생각한다. 방송 강의를 해본 적이 있는 분들은 공감하겠지만, 15분 강의도 굉장히 길다는 생각이 든다. 관주식으로 설교를 하는 사람들은 설교의 구성을 제대로 하기가 어렵기 때문에 대체로 설교가 길어지는 경향이 있다. 이런 식의 설교는 청중이 어느 한 부분(또는 몇 부분)에서는 상당히 은혜를 받지만, 설교를 다 듣고 나면 오늘 설교가 무엇에 관한 것이었는지 잘 모르게 된다. 다시 말하면, 청중이 부분은 알되 전체는 모르게 되는 것이다. 데이비스(H. Grady Davis)는 그의 저서 『설교의 디자인』(Design for Preaching)에서 목사와 어느 성도 간의 상상적 대화를 소개하고 있는데[6], 이것을 여기서 소개하는 것이 필자가 하고 있는 주장에 대한 이해를 북돋아 주리라고 본다.

성도: 목사님, 한 가지 말씀드리고 싶은 게 있는데요.
목사: 아, 뭔지 말씀해 보세요.
성도: 저는 매주일 교회에 와서 목사님의 설교를 듣거든요. 그 때마다 목사님의 설교를 이해하려고 무척 노력을 하는데, 때로는 제대로 이해를 못하는 것 같아요.
목사: 그러면 정확히 무엇이 문제인지 말할 수 있겠어요?
성도: 글쎄요. 정확히 뭐라고 얘기하기는 힘이 드네요. 저는 대학을 졸업하긴 했지만 신학자는 아니거든요. 목사님의 설교에 관심은 있어요. 그러나 때로 저는 목사님의 영감에 찬 설교를 충분히 이해할 수가 없어요.
목사: 내 설교가 너무 애매한가요? 용어가 낯설고, 이해하기도 힘든가요?
성도: 아니, 그렇지는 않아요. 그러니까 더 이상하다는 거죠. 목사님의 설교를 한 마디 한 마디 다 이해하긴 해요. 그런데 그것들이 서로 어떻게 연관되는지는 잘 이해가 되지 않아요. 목사님이 무언가를 강력하게 전달하시려고 하는 것은 알겠는

데 그것이 무언지는 잘 모르겠어요. 핵심을 잘 모르겠어요.
목사: 그 문제를 좀더 구체적으로 얘기할 수 없겠어요?
성도: 글쎄요. 조금 전에 말씀드린 대로 설교 한 마디 한 마디는 이해하는데 전체를 잘 모르겠어요. 예배가 끝난 후에 집에 돌아가서 제 아내에게 설교 시간에 들은 것을 이것저것 얘기하거든요. 그런데 만일 제 아내가 그럼 오늘 설교의 요점이 무엇이었냐고 물으면 도무지 답변할 수가 없어요. 그게 낭패스러운 거죠.

관주식 설교는 위의 성도가 지적하는 문제점에서 완전히 탈피할 길이 없다. 관주식 설교뿐만 아니라 구성이 제대로 되지 못한 설교는 다 위와 같은 문제점에 봉착하게 된다. 그런 설교는 청중에게 나무는 잘 보여 주지만 숲은 결코 보여 주지 못하고 만다. 설교자가 계속 이런 설교를 해서 성도들의 기대에 전혀 부응하지 못하고 오히려 혼란만 가중시킨다면 미구(未久)에 성도들은 이런 설교자로부터 등을 돌리게 될 것이다. 설교자가 청중을 배려하지 않는다면 청중도 설교자를 배려하지 않을 것이며, 설교자가 청중을 존중하면 청중도 설교자를 존중할 것이다.

II. 강해설교란 무엇인가?

A. 강해설교의 정의

위에서 우리는 강해설교가 아닌 것이 어떤 것인지 몇 가지 살펴보았다. 그러면 강해설교란 무엇인가?

먼저, 몇몇 학자들의 정의를 검토해 보고 그 후에 결론을 내리는 것이 바람직하다고 하겠다.

브로더스(John A. Broadus)는 이렇게 정의한다.

일반적인 "강해설교"의 정의는 이렇다. 강해설교란 주로 본문의 강해에 치중하는 설교이다. 본문설교나 제목설교를 정의하는 식으로 강해설교를 정의한다면 설교의 대지나 그 대지의 탐구(Exploration)를 본문에서 이끌어 내는 설교이다. 실제로 설교할 경우, 설교의 대지와 소지는 대체로 본문에서 나온다. 환언하면, 전체의 사고(思考) 내용이 성경에서 나오는 설교이다. 그렇다고 해서 다른 자료를 통한 설명, 예증, 적용 등을 배제한다는 의미는 아니다. 다만 설교의 근본적인 내용이 본문에서 나온다는 의미이다.[7]

라빈슨(Haddon W. Robinson)은 이렇게 말한다.

강해설교란 성서적 개념의 전달인데 이 개념은 본문을 그 문맥에 맞게 역사적, 문법적, 문학적으로 연구해서 나오는 것으로, 성령은 이것을 먼저 설교자의 인격과 경험에 적용시키고 그 후에 그를 통해 청중에게 적용시킨다.[8]

라이펠드(Walter L. Liefeld)는 강해설교의 정의를 한 마디로 표현하는 대신 강해설교의 특징으로서 다섯 가지를 제시한다.[9]

첫째, 강해설교는 하나의 기본적인 본문을 취급한다.
둘째, 강해설교는 성서 해석학적 성실성(Hermeneutical Integrity)을 갖는다. 다시 말하면, 본문에 충실하다는 뜻이다.
셋째, 강해설교는 결집성(結集性; Cohesion)을 갖는다. 다시 말하면, 각 부분을 하나의 전체가 되도록 구성한다는 뜻이다.
넷째, 강해설교는 움직임(Movement)과 방향(Direction)이 있다. 강해설교는 원저자가 의도한 방향으로 청중을 끌고 나가야 한다.
다섯째, 강해설교는 적용을 포함하는데, 적용은 본문의 목적이나 의미에서 벗어나서는 안 된다.

브래가(James Braga)는 강해설교의 정의를 이렇게 내린다.

강해설교란 다소 긴 본문을 하나의 주제와 연관시켜 해석하는 것이다. 설교 자료의 대부분은 직접 본문에서 이끌어 내며, 아웃라인은 하나의 주제를 중심으로 한 일련의 점진적인 사고로 구성되어 있다.[10]

보먼(J. Daniel Baumann)은 강해설교를 이렇게 정의한다.

강해설교는 2절 이상의 성경본문에 근거하고 있다. 주제와 대지는 본문에서 나오며, 중심 내용은 다른 성경구절로부터 빌어 오지 않고 본문으로부터 전개된다. 그것은 하나의 목표와 주제에 의해 통일성을 갖게 되며, 과거와 현재의 간격을 메우려고 한다.[11]

바인즈(Jerry Vines)는 이렇게 정의한다.

강해설교는 성경의 한 단락을 강해하여 그것을 주제와 대지를 중심으로 조직해서 그 메시지를 청중에게 적용하는 설교이다.[12]

메이휴(Richard L. Mayhue)에 의하면, 강해설교는 적어도 다섯 가지 요소를 갖추어야 한다.[13]

첫째, 메시지의 유일한 원천이 성경에 있다.
둘째, 철저한 석의를 통해 성경으로부터 메시지를 도출한다.
셋째, 성경을 그 정상적인 의미와 문맥에 맞게 정확하게 해석해 메시지를 준비한다.
넷째, 메시지는 원래 하나님이 의도하신 성경의 의미를 명확하게 설명하는 것이다.
다섯째, 메시지는 성경의 의미를 오늘날에 적용하는 것이다.

채플(Bryan Chapell)은 강해설교를 다음과 같이 정의한다.[14]

성경적인 개념을 탐구하는 설교이면 넓은 의미에서는 모두 강해설교라고 할 수 있다. 그러나 보다 전문적인 의미에서의 강해설교를 정의한다면, 특정한 성경본문으로부터 대지와 소지를 찾아서 저자의 사상을 전개하고, 주어진 본문 전체를 다 취급하면서 청중의 삶에 적용하는 설교이다.

위에서 강해설교에 대한 몇 가지 정의를 고찰해 보았는데, 강해설교에 대한 정의가 학자마다 다소 다르고, 따라서 그것을 한 마디로 표현한다는 것이 결코 용이하지는 않다. 그러나 필자는 강해설교를 이렇게 정의한다. "강해설교란 주어진 성경본문을 문자적 - 문법적 - 역사적 - 문맥적 방법에 의해 해석하여 일정한 조직 하에 현대의 청중에게 적용시키는 설교이다." 이 정의를 자세히 분석해 보면 강해설교의 요소로서 네 가지가 반드시 포함되어야 한다는 것을 알 수 있을 것이다.

첫째는 본문(Text)이 있어야 한다.

강해설교를 하려면 본문이 어느 정도로 길어야 하느냐에 따라 학자들간에 견해차가 있다. 그러나 엉거(Merrill F. Unger)가 말한 바와 같이 강해설교에 있어서 중요한 것은 본문의 길이가 아니라, 그 본문을 어떻게 취급하느냐 하는 것이다.[15]

강해설교의 본문은 단 한 절일 수도 있다. 그러나 이것은 그리 흔한 경우는 아니다. 일반적으로 말하면, 본문을 교훈문학(Didactic Literature; 예를 들면, 신약의 서신들)에서 택할 경우에는 본문의 길이가 대체로 짧고, 서사문학(Narrative Literature; 이야기식으로 된 부분)에서 취할 경우에는 본문의 길이가 대체로 길다. 그러나 길이가 아무리 짧아도 한 절 이상이 되어야 한다는 사실은 분명하다. 강해설교는 문장(Sentence)을 중심으로 전개되는 것이지, 어느 한 단어(Word)나 구(Phrase)를 중심으로 전개되는 것이 아니기 때문에, 그 길이가 최소한 한 절 이상은 되어야 하는 것이다.[16]

둘째는 해석(Interpretation)이다.

해석이란 간단히 말하면 본문의 의미를 밝히는 것이다. 본문의 의미란 물론 저자의 의미이지, 독자나 해석자의 의미가 아니다. 의미의 결정자는 어디까지나 저자이다. 의미의 결정자로서의 저자가 해석의 현장에서 추방되어 버리면 해석학적 무정부 상태(Hermeneutical Anarchy)는 불가피할 것이다.[17] 이러한 저자의 의미는 본문에 나타나 있으며, 이것은 문자적 - 문법적 - 역사적 - 문맥적 방법으로 밝혀 낼 수 있다. 그렇기 때문에 우화적 해석법(Allegorical Method of Interpretation)은 결코 올바른 해석법이 될 수 없다.

문자적 - 문법적 - 역사적 - 문맥적 해석법만이 가장 타당한 해석법이고 이를 통해서만 본문의 진정한 의미를 밝혀 낼 수 있다. 본문에 충실한 설교가 되기 위해서는 본문의 의미를 바로 밝혀 내지 않고서는 불가능하다. 그렇기 때문에 본문을 해석하는 과정이 올바르지 않으면 진정한 의미의 강해설교는 불가능하게 되고 만다. 잘못된 해석은 필연적으로 잘못된 설교로 귀착되고 말 것이다. 그럼에도 불구하고 실제로는 성경 해석 원리에 대한 기본적인 지식의 부족으로 인해 설교자들은 굉장히 많은 오류를 범하고 있다.[18]

셋째는 조직(Organization or Structure)이다.

하나님은 인간을 당신의 형상(Imago Dei)을 따라 이성적 존재로 창조하셨기 때문에, 인간은 하나님과 마찬가지로 질서에 대한 갈망이 있다. 인간은 비논리적인 것보다는 논리적인 것을, 비조직적인 것보다는 조직적인 것을, 무질서한 것보다는 질서정연한 것을 향해 나아가려 한다. 똑같은 내용의 설교라도 아무런 조직도 체계도 논리도 없이 횡설수설하는 설교보다는 이로정연(理路整然)하게 조직된 설교를 청중은 훨씬 더 잘 이해하게 된다.

구성의 필요성은 설교에만 국한된 것이 아니다. 모든 연설은 다 체계적인 구성을 필수적으로 요구하며, 넓은 의미에서 연설의 일종인 설교도 역시 구성을 필요로 한다. 플루하티(George W. Fluharty)와 로스(Harold R. Ross)는 그들의 공저 『대중 연설』(Public Speaking)에서 조직(또는 구성)에 관해 이렇게 언급하고 있다.

훌륭한 연설은 잡다한 생각(Idea)이나 세목(細目; Details)의 집합체가 아니라 조직된 전체(Organized Whole)이다. 일관성은 절대적으로 필요하다. 연사(演士)는 조직되지 않은 생각들을 잘 기억해서 전달할 수 없고, 청중은 뒤죽박죽이 된 생각들을 기억해서 이해할 수 있을 정도로 체계화시킬 수 없다. 이와는 정반대로 생각들이 통일성 있게 구성되면 청중은 연사의 말에 주의를 기울인 대가를 받게 된다. 즉 상호 연관성이 없는 세목(細目)들로 인해 주의를 빼앗기는 일이 없게 되고, 연사가 전달하는 중요한 내용들을 구별해 낼 수 있게 된다.[19]

그렇기 때문에 연설가나 설교자는 자기가 하고자 하는 말을 논리적으로 일관성 있게 조직해야 한다. 그렇지 않을 경우에는 청중으로부터 좋은 반응을 얻기가 힘들 것이다.

넷째는 적용(Application)이다.

성경과 우리가 살고 있는 현실 사이에는 엄청난 장벽이 있다. 언어적 장벽, 문화적 장벽, 역사적 장벽, 지리적 장벽, 철학적 장벽 등 양자 사이의 장벽은 너무나 크다. 그러나 그 장벽은 뛰어넘을 수 없는 장벽이 아니고, 그 간격(Gap)은 건널 수 없는 간격이 아니다. 이 상이한 두 세계를 연결시켜 주는 교량 역할을 담당하는 자가 바로 설교자이다.

두 개의 상이한 세계를 연결시켜 주는 교량 역할이 제대로 수행되지 못하면 2,000년 이상 된 성경의 메시지는 20세기말에 한국에 사는 청중들에게 아무런 의미를 주지 못한다.[20] 적용이란 바로 2,000년 이상 된 성경의 메시지를 오늘날의 청중에게 의미 있게 만들어 성경의 메시지가 바로 청중 자신을 위한 것이라는 것을 청중으로 하여금 깨닫게 하는 것이다. 그렇기 때문에 적용이 없는 설교는 그 중심 목적을 잃어버린 설교인 것이다.

B. 강해설교의 종류

전통적으로는 설교를 강해설교(Expository Sermon), 본문설교(Textual Sermon), 제목설교(Topical Sermon)로 구분하나, 필자는 이러한 구분 자체가 별의미가 없다고 본다. 필자는 전통적인 의미에서의 강해설교는 물론 모든 설교가 다 강해설교라야 된다고 믿는다. 스타트(John R. W. Stott)는 이렇게 말한다. "나는 강해설교를 여러 가지 설교 중의 하나로 분류하는 것에 만족할 수 없다. 모든 진정한 기독교 설교는 강해설교라는 것이 나의 주장이다."[21] 릿핀(A. Duane Litfin)도 필자의 견해와 대동소이하다. "엄밀한 의미에 있어서 강해설교가 아닌 것은 전혀 설교가 아니다."[22]

강해설교의 종류에 대해서는 학자에 따라 다소 견해차가 있겠지만, 필자는 이를 크게 셋으로 나누어 설명하고자 한다.

첫째는 본문 강해설교이다.

이것은 우리가 일반적으로 "강해설교"라고 할 때 의미하는 설교이다. 즉 어떤 한 본문을 택해서 그것을 연구하여 본문 자체에서 대지를 찾아내 설교하는 형식이다. 본서는 바로 이 형식의 강해설교를 취급하기 위해 저술되고 있다고 해도 과언이 아니다.

이런 강해설교는 성경의 어느 한 책을 택해서 그것을 차례대로 설교해 나가는 방식일 수도 있고, 아니면 그때그때 필요에 따라 성경의 어느 부분에서든지 본문을 택해 설교하는 방식일 수도 있다. 어느 방식을 택하든 그것은 설교자의 자유이겠지만, 필자는 전자(前者)의 방식을 주로 하면서 필요에 따라 수시로 후자(後者)를 활용하는 것이 좋다고 생각한다.

둘째는 제목강해설교이다.

이것은 흔히 말하는 제목설교(Topical Sermon)와는 유사한 점도 있지만 상이한 점도 있다. 일반적으로 말하는 제목설교란 설교자가 제목 또는 주제를 먼저 정한 후 대지는 그가 원하는 대로 정해서 하는 설교를 가리킨다. 여기서 필자가 말하는 제목강해설교(Topical Expository Sermon)는 제목이나 주제를 설교자가 정하고 대지의 선택도 상당한 정도로 설교자의 주관에 의해 좌우된다는 점에서 일반적인 제목설교와 유사하다. 그러나 제목강해설교가 일반적인 제목설교와 크게 다른 점은 각 대지도 본문의 가르침과 일치해야 된다는 것이다.

제목강해설교는 대체로 다음과 같은 순서로 구성해 나가는 것이 좋을 것 같다.

1. 먼저 주제 또는 제목(Theme or Topic)을 정해야 한다. 그 범위는 신학적인 문제일 수도 있고(예: 속죄, 회개, 칭의, 성결, 재림 등), 그리스도인의 생활과 관련된 이슈(Issue)일 수도 있고(예: 고난, 헌신, 그리스도인의 재물관, 이혼, 낙태, 불안, 분노, 열등감 등), 그 외의 문제일 수도 있다. 이 면에 있어서는 일반적인 제목설교와 별 차이가 없다. 어떤 주제이든 간에 설교자가 생각할 때 청중에게 필요한 주제 같으면 문제가 없을 것이다.

2. 선택한 주제와 관련된 성경구절을 수집해야 한다. 성구사전(Concordance)이나 성서사전 등을 사용하여 주제와 관련된 성경구절을 모은 후 그 중에서 가장 중요한 것이나 성도들에게 꼭 필요하다고 생각하는 구절을 3개 또는 4개를 선택해야 한다. 제목강해설교는 본문강해설교와 달리 본문이 여러 개 있음을 기억해야 할 것이다.

3. 일단 본문을 선택하고 나면 그 본문을 하나 하나 문맥에 맞게 해석하고 연구해야 된다.

4. 해석하고 연구한 본문이 선택한 주제와 어떻게 연관되는지를 생각해야 한다.

5. 마지막으로 각 본문으로부터 대지를 도출(導出)해 내야 한다. 각 대지는 설교자가 마음대로 만드는 것이 아니라 선택한 본문의 석의로부터 나와야 한다. 이 면에서 일반적인 제목설교와 큰 차이가 있다. 그리고 나서 각 대지를 논리적인 순서로 또는 설교자가 생각할 때 가장

바람직한 순서로 배열해야 한다.

다음과 같은 설교 아웃라인을 한번 생각해 보자.

제목: 충성된 종
본문: 고린도전서 4:2

I. 충성된 종은 말씀을 전파해야 한다.
II. 충성된 종은 영혼을 사랑해야 한다.
III. 충성된 종은 주님을 위해서만 살아야 한다.
IV. 충성된 종은 자기 일에 최선을 다해야 한다.

위의 설교의 경우, 설교의 구성은 문제될 것이 없지만, 각 대지가 어디서 나왔는지가 문제된다. 대지의 내용 가운데 어느 하나도 잘못된 것을 포함하고 있지는 않다. 그러나 그것이 어느 주어진 본문의 해석을 통해서 나온 것이 아니라 설교자가 하고 싶은 말을 하고 있는 것이기 때문에 문제가 되는 것이다. 다시 말하면, 위의 설교는 전통적인 의미의 제목설교이지 제목강해설교는 아니다.

그러나 다음과 같은 설교의 아웃라인을 한번 생각해 보자.

제목: 그리스도의 피
본문: 베드로전서 1:19; 히브리서 10:19; 마태복음 26:28;
　　　요한계시록 12:11

I. 피의 가치: 피는 하나님께 보배로운 것이다(벧전 1:19).
II. 피의 효능
　　A. 피는 우리를 하나님께 나아가게 하는 기초이다(히 10:19).
　　B. 피는 우리의 죄를 용서한다(마 26:28).
　　C. 피는 우리로 하여금 승리하게 한다(계 12:11).

위의 설교는 제목강해설교인데, 이 설교는 본문이 넷이다. 그러나 각 대지 및 소지는 본문의 가르침과 일치하고 있다. 제1대지, 즉 "피는 하나님께 보배로운 것이다"는 내용이 베드로전서 1:19의 해석에서 나오는 것은 재론할 필요가 없다. 제1대지는 물론 제2대지의 각 소지도 히브리서 10:19; 마태복음 26:28; 요한계시록 12:11의 해석에서 나오는 것은 물론이다.

제목강해설교도 탄탄한 석의적 바탕 위에서 올바로 할 경우에는 문제가 되지 않겠지만, 자칫 잘못하면 설교자의 주관이 너무 강하게 개입될 수 있으므로 주의해야 한다. 필자도 제목강해설교를 하기는 하지만 그 빈도는 본문 강해설교와는 비교도 안 될 정도로 낮다.

셋째는 전기(傳記)강해설교이다. 전기강해설교는 앞서 취급한 제목강해설교와 같으나, 단지 그 내용이 어느 인물의 흐름을 취급한다는 점에서 다를 뿐이다. 전기강해설교는 물론 그 주제를 어느 인물의 생애 내에서 택해야 할 것이다. 전기강해설교 가운데 흔히 많이 취급되고 있는 인물은 아브라함, 모세, 다윗, 야곱, 요셉 등이 있지만, 그 외에도 취급할 인물은 상당히 많으므로, 설교자가 필요에 따라 선택을 해야 할 것이다.

주(註)

1. Billy Apostolon, *Evangelistic Sermon Outlines*, p.38.
2. John Osborn, "Pseudo-Sermons," *Ministry* 53(July 1980): 9.
3. Warren Wiersbe, *Preaching and Teaching with Imagination*, p.204.
4. Ibid.
5. Walter C. Kaiser, *Toward an Exegetical Theology*, pp.43-47; A. Berkeley Mickelsen, *Interpreting the Bible*, p.55.
6. H. Grady Davis, *Design for Preaching*, pp.28-29(필자의 본문 번역은 의역 내지는 번안의 성격이 강하다).

7. John A. Broadus, *On the Preparation and Delivery of Sermons*, pp.58-59.
8. Haddon W. Robinson, *Biblical Preaching*, p.20.
9. Walter L. Liefeld, *New Testament Exposition*, pp.6-7.
10. James Braga, *How to Prepare Bible Messages*, p.53.
11. J. Daniel Baumann, *An Introduction to Contemporary Preaching*, p.102.
12. Jerry Vines, *A Practical Guide to Sermon Preparation*, p.7.
13. Richard L. Mayhue, "Rediscovering Expository Preaching," in *Rediscovering Expository Preaching*, ed., John MacArthur, pp.12-13.
14. Bryan Chapell, *Christ-Centered Preaching*, pp.128-129.
15. Merrill F. Unger, *Principles of Expository Preaching*, p.33.
16. 엄밀히 말하면 단어(Word)나 구(Phrase)는 의미가 없다. 단어는 단지 "의미의 가능성"만 가진다. 의미의 가장 기본 단위는 문장이다. 다시 말하면 의미는 일정한 문맥 하에서 쓰이고 있는 문장을 중심으로 전개된다.

    Cf. Moisés Silva, *Biblical Words and Their Meaning*, pp.38-48.
17. E. D. Hirsch, *Validity in Interpretation*, pp.1-23; cf. Kaiser, pp.31-47.
18. 이 부분에 관해서 더 연구하려면, 장 두만, "성경 해석에 있어서 설교자가 범하기 쉬운 오류," 『그 말씀』(1993년 11월), pp.155-164; D. A. Carson, *Exegetical Fallacies* 등을 참고할 것.
19. George W. Fluharty and Harold R. Ross, *Public Speaking*, p.120.
20. cf. John R. W. Stott, *Between Two Worlds*, pp.135-179, 특히 pp.135-144.
21. Ibid., p.125; D. Martyn Lloyd-Jones, *Preaching and Preachers*, p.75.
22. A Duane Litfin, "Theological Presuppositions and Preaching: An Evangelical Perspective" (Ph. D. dissertation, Purdue University, 1973), pp.169-170.

제 3 장

강해설교의 장단점

(Advantages and Disadvantages of Expository Sermon)

진정한 의미에서의 하나님의 말씀의 전파는 오직 강해설교를 통해서만 가능한데, 그러면 강해설교를 하면 어떤 이점이 있으며, 또 어떤 어려움이 있는가?

Ⅰ. 강해설교의 이점

강해설교를 하면 어떤 유익이 있는가? 스타트(John Stott)는 네 가지를 들고 있다.[1] (1) 강해설교는 설교의 한계를 분명히 설정해 준다(It sets the limit). 왜냐하면, 강해설교는 그 범위를 본문에 국한시키기 때문이다. (2) 그것은 본문에 대한 충실성을 요구한다(It demands integrity). 강해설교는 원저자(Original Author)가 무엇을 말하려고 하는가를 밝혀서 현대의 청중에게 전하는 것이다. (3) 그것은 설교자가 피해야 할 함정을 보여준다(It identifies the pitfalls to be avoided). 스타트에 의하면, 설교자가 피해야 할 함정으로는 설교를 해 나가면서 본문에서 일탈(逸脫)해 자신의 생각을 따라가는 것(Forgetfulness)과 본문에서 벗어나지는 않되 본문의 의미와는 다른 설교를 하는 것이다(Disloyalty). (4) 그것은 설교자에게 확신을 준다(It gives us confidence to preach). 왜냐하면, 강해설교는 자신의 생각이 아니라 하나님의 말씀을 전하는 것이기 때문이다.

필자의 견해도 스타트의 견해와 근본적인 차이는 없다. 그러나 필자는 그 이점을 일곱 가지로 정리해서 말하고 싶다.

첫째, 강해설교는 설교에 신적(神的) 권위를 부여한다.

강단에 서서 외치는 말이라고 해서 다 하나님의 말씀인 것은 아니다. 강단에서 외치는 말 가운데 하나님의 말씀이 아닌 인간의 말이 너무나 많다. 강단의 권위를 빌려 하나님의 말씀을 전파하는 것 같은 그릇된 인상을 청중에게 주면서 실제로는 자신의 견해나 사상을 설파하는 설교자가 너무 많다. 이런 것은 그것에다 무슨 이름을 갖다 붙이든지, 어떻게 전달하든지 상관없이 인간의 말에 불과하지 하나님의 말씀은 아니다. 그러한 것이 어떤 권위를 갖는다면 그것은 단지 설교자 자신의 인간적 권위밖에는 갖는 것이 없다. 다시 말하면, 그러한 것은 설교라고 부르든, 강연이라고 부르든, 강의라고 부르든 아니면 제3의 무엇이라고 부르든 간에 하나님의 권위와는 상관이 없고, 따라서 청중은 그러한 설교에 반드시 순종해야 될 아무런 이유가 없다.

그러나 만일 설교자가 하나님의 말씀을 전파한다면 청중 가운데 개인적으로 그 설교자를 좋아하지 않는 사람이 있다 하더라도 그의 가르침에는 순종해야 한다. 왜냐하면 그 설교자는 자신의 의견이 아니라 하나님의 말씀을 대언하고 있기 때문이다. 그렇기 때문에 그 가르침에 불순종하는 것은 그 설교자에 대한 불순종이 아니라 하나님에 대한 불순종인 것이다. 설교자가 강해설교를 할 경우에는 설교자 자신이 하나님의 말씀을 대언하고 있다는 분명한 확신을 갖게 되고, 그와 동시에 그의 설교는 신적인 권위를 갖게 된다.

사도 바울은 그의 믿음의 아들이요 주안에서의 동역자인 디모데에게 이렇게 권고하고 있다. "너는 말씀을 전파하라 때를 얻든지 못 얻든지 항상 힘쓰라"(딤후 4:2). 여기서 "전파하다"는 동사는 헬라어로 "케

뤼소"(κηρύσσω)인데, 이 단어는 원래 "전령사(傳令使)로 일한다"는 뜻이다.[2] 전령사(Herald)는 자기 자신의 생각이나 견해를 전달하는 사람이 아니라, 왕이나 장군의 명령을 받아 그대로 선포해야 되는 사람이다.[3]

전령사로서의 설교자는 사람 앞에 나아갈 때 그를 보내신 하나님을 대신해서 하나님의 말씀을 전파하는 것이다. 그렇기 때문에 설교자가 전령사로서의 역할을 충실히 수행하면, 그의 메시지는 하나님의 권위를 갖게 되고, 설교자는 확신과 담력을 갖게 된다. 확신에 넘친 설교가 회의와 불확신으로 가득 찬 설교와 같을 수 없다는 것은 부연할 필요조차 없다고 하겠다.[4]

둘째, 강해설교는 설교자로 하여금 하나님의 말씀 전체를 설교하게 한다.

이것은 설교자가 어느 한 책을 택해서 시리즈로 설교할 경우 특히 더 그렇다. 어떤 설교자는 설교할 때마다 자기가 좋아하는 부분만 설교하는데, 이렇게 되면 청중은 식상(食傷)하게 되거나 영적인 편식증(偏食症)에 걸리게 될 것이다.

필자가 미국에서 공부할 때 얼마 동안 출석했던 교회가 있었는데, 이 교회 목사는 거의 언제나 구원에 관한 설교만을 했다. 본문이 어디이든 그것은 전혀 문제가 되지 않았고, 어디서든 간에 항상 구원에 관한 설교만 하는 것이었다. 필자는 곧 식상하게 되었고 따라서 얼마 후 그 교회를 그만 두고 말았다.

편식증은 육체적인 경우에나 영적인 경우에나 다 같이 문제가 된다. 비타민 C가 아무리 몸에 좋다고 해도 비타민 C가 든 음식만 먹는다면 곧 건강 문제에 봉착하게 될 것이다. 비타민 C가 든 음식은 물론 다른 영양소가 든 음식도 골고루 먹어야 건강한 몸을 유지할 수 있듯이, 영적인 건강을 유지하는 데도 하나님의 말씀을 골고루 다 섭취해야 하는 것이다. "균형식"(Balanced Diet)은 육체적인 건강에나 영적인 건강에 다같이 필수 불가결하다.

　필자가 미국에서 귀국한 후 2~3개월 지났을 때의 일이다. 우리 애들(당시 6세와 2세였음)의 얼굴이나 손바닥과 발바닥 등이 노랗게 되기 시작해서 황달병에 걸린 것이 아닌가 하고 염려가 되어 병원에 데리고 갔다. 의사는 우리 애들의 눈을 비롯해 여기저기를 검사하더니 애들의 건강에는 아무런 이상이 없다는 것이었다. 그러면 애들이 왜 노랗게 되느냐고 물어 봤더니 잘 모르겠다면서, 아마 미국서 오래 살다가 한국에 와서 물이나 환경의 변화 때문에 그런 것이 아니겠느냐는 것이었다. 의사의 답변이 도무지 만족스럽지 못했지만 그냥 돌아오는 수밖에는 다른 도리가 없었다.

　그 후 우연히 필자의 형님과 대화하다가 이 문제가 나왔다. 형님은 애들이 아마 귤을 너무 많이 먹어서 그런 것 같으니 얼마 동안 귤을 먹이지 말아 보라고 제안을 하시기에 그대로 했다. 사실 우리 애들은 귤을 무척 좋아해서 한 자리에서 귤 대여섯 개정도 먹는 것은 일도 아니었다. 2~3개월 동안 귤을 거의 먹이지 않았더니 과연 피부 색깔이 제대로 돌아오기 시작했다.

　편식의 결과는 육체의 경우에나 영혼의 경우에 다같이 바람직하지 못하다. 영적인 편식을 방지할 수 있는 최상의 길은 강해설교의 방식으로 성경 전체를 설교하는 것이다.

　셋째, 강해설교를 하면 설교의 자료가 무궁무진하다.

　제목설교를 할 경우에는 설교자가 아무리 박학다식하고 상상력이 풍부하다 할지라도 오래 버티기가 어렵다. 아마 웬만한 설교자의 경우는 1년 정도만 제목설교를 하면 설교 자료가 바닥나 버리고 말 것이다.

　설교할 준비가 되어 있든 안 되어 있든 간에 설교해야 할 시간은 때가 되면 어김없이 찾아온다. 설교자에게 있어서 늘 설교해야 된다는 압박감보다 더 큰 압박감은 아마 없을 것이다. 설교의 자료는 바닥이 나 있고, 설교해야 할 시간은 무자비하게 계속 다가올 때, 설교자는 피가 마르는 것 같은 고통을 느낀다. 이런 저런 설교집을 미친 듯이 뒤져도 도무지 마음에 드는 설교를 발견하지 못할 때 설교자는 때로 목회를 포기하고 싶은 충동조차도 느낄 것이다. "왜 내가 목사가 되었던가?" 하고 후회를 해보아도 아무 소용이 없게 된다. 이런 경우에 어떤 목사는 울기까지 한다는 말을 들은 적도 있다. 목회를 한다는 것은 엄청난 기쁨과 특권인 동시에 형언할 수 없는 중압감과 고통이기도 하다.

그러나 강해설교를 하면, 특히 어느 한 책을 택해서 연속적으로 해나가면, 설교 자료 때문에 걱정할 일은 없을 것이다. 설교가 하나 끝나면 그 다음에 무슨 설교를 할 것인가에 관해 염려할 필요가 없다. 다음번의 설교 자료는 이미 정해져 있다시피 하기 때문에 그것을 제대로 연구만 하면 되는 것이다. 물론 이미 있는 자료를 제대로 요리하는 것도 쉬운 일은 아니다. 그러나 자료 자체가 아예 없다면 얼마나 더 고통스럽겠는가!

넷째, 강해설교를 하면 다루기 힘든 문제(Touchy Subjects)를 원만하게 다룰 수 있다.

목회 경험이 적은 목사들이 흔히 저지르는 실수 가운데 하나는 교회에 어떤 문제가 생길 경우, 그 다음 주일에 바로 그 문제에 관해서 설교함으로 문제를 해결하기보다는 더 큰 문제를 야기하거나 문제의 당사자에게 큰 상처를 주어 결국은 교회를 떠나게 만드는 미숙한 일을 하는 것이다. 목회를 하다 보면 많은 문제에 봉착하게 되고, 그 가운데 어떤 문제는 반드시 강단에서 취급해야 될 경우가 있다. 하지만 이런 경우에 특별히 세심한 주의를 기울이지 않으면 쓸데없는 오해나 더 큰 시험을 초래하게 될 수 있다.

그러나 만일 어느 한 책을 택해 연속해서 시리즈로 강해설교를 해 나간다면 성도들에게 불필요한 오해를 주지 않고서도 다루기 힘든 문제를 다룰 수 있게 된다. 어느 책 한 권 전체를 설교할 경우 설교자는 여러 가지 내용을 골고루 다 설교해야 되고, 교회 내의 여러 가지 문제도 강해설교 시리즈의 일부로 자연스럽게 다룰 수 있게 된다. 그럴 경우에 성도는 목사가 어느 특정인을 공격하기 위해 설교한다고 생각하기보다는 책 전체를 설교하다가 보니 오늘의 본문에 이르렀고, 따라서 저러한 내용으로 설교하는구나라고 생각하게 될 것이다. 따라서 목사는 큰 말썽을 일으키지 않고도 힘든 문제를 다룰 수 있게 되는 것이다(이 경우에도 물론 목사가 그 문제를 지혜롭게 다루어야 한다는 사실은 기억할 필요가 있을 것이다).

다섯째, 강해설교는 설교자와 성도 모두를 하나님의 말씀에 깊이 잠기게 한다.

강해설교를 하게 되면 설교자가 말씀에 깊이 잠기게 된다는 것은 명약관화(明若觀火)한 사실이다. 강해설교는 본문 중심이기 때문에 본문을 제대로 연구하지 않고서는 강해설교를 할 수 없다. 그렇기 때문에 설교자가 강해설교를 계속하면 하나님의 말씀 전체에 깊이 빠져 들어갈 수밖에 없을 것이다.

강해설교는 설교자를 말씀에 빠져 들어가게 할 뿐만 아니라 청중도 역시 하나님의 말씀에 깊이 빠져 들어가게 한다.

강해설교는 청중으로 하여금 설교자에게 주의를 기울이게 하는 대신에 하나님의 말씀에 주의를 기울이게 한다. 설교자가 강해설교를 하면 청중은 설교자가 주어진 본문으로부터 그들이 처한 문제에 대한 해결책을 어떻게 발견하는지를 배우게 될 것이다. 라이펠드(Walter L. Liefeld)가 말한 바와 같이, "회중은 성경이 해답을 가지고 있다는 것을 알 필요가 있을 뿐만 아니라 그들 스스로가 그 해답을 어떻게 발견하는지도 알 필요가 있을 것이다."[5]

강해설교는 성경으로부터 문제에 대한 해결책을 발견하는 법을 가르치는 하나의 좋은 모델이다. 청중은 설교자가 사용하는 모델을 통해 성경 연구법(PBS; Personal Bible Study)을 배우게 될 뿐만 아니라, 그들이 고심하는 문제에 대한 해결책을 성경을 통해 스스로 발견할 수 있다는 것을 배우게 된다. 이렇게 될 경우 그들은 하나님 말씀을 참으로 사랑하게 되고, 그렇게 되면 결국 말씀을 통해 그들의 삶은 변화될 수밖에 없을 것이다.

"정글의 의사"(Jungle Doctor)로 유명한 화이트(Paul White) 박사는 이런 간증을 하고 있다. 그가 의료 선교사로 아프리카에 처음 갔을 때 서양식 침대를 정글에 사용해 보았지만 쓸모가 없었다. 환자들은 그러한 서양식 침대에 익숙하지 않았기 때문에, 퇴원해서 집에 돌아가면 습기 차고 비위생적인 이전의 침대에서 잠을 잘 수밖에 없었고, 그렇게 되면 그들은 다시 병에 걸려 병원 신세를 질 수밖에 없는 악순환을 되풀이했다. 서양식 침대는 그들이 따를 수 있는 모델이 아니었다. 그래서 화이트 박사는 그들 주위에서 쉽게 구할 수 있는 나무와 끈을 이용해 간단한 침대를 만들었다. 그러자 환자들도 쉽게 그런 침대를 따라 만들 수 있었다. 환자들은 일단 퇴원하면 새로운 침대를 만들어 사용했고, 그렇게 하니 그들의 취침 여건은 개선되었고 따라서 그들의 건강도 개선되었다.[6]

강해설교가 바로 그렇다. 청중은 설교자가 제시하는 모델을 통해 성경 연구법을 배우게 된다. 그렇게 되면 성경 말씀 하나 하나가 바로 청중 자신을 위한 것이라는 것을 깨닫게 될 것이고, 따라서 성경 말씀 속으로 깊이 잠기게 될 수밖에 없을 것이다.

여섯째, 강해설교는 성도들을 말씀으로 바르게 먹이는 가장 좋은 방법이다.

오늘날 하나님의 백성들은 영적으로 극심한 기갈 상태를 면치 못하고 있고, 또 말씀에 대해서도 너무나 무지하다. 암송하고 있는 구절은 몇 개나 되며, 영적으로 도움이 필요한 사람에게 말씀을 제대로 찾아서 도와줄 수 있을 정도로 말씀에 해박한 성도는 얼마나 될까? 예수를 믿는다고 말은 하고 있고, 또 열심히 교회에서 봉사도 하고 있지만 뿌리가 없는 신앙을 가지고 있는 교인들이 너무 많다. 영적 수준이나 말씀에 대한 지식이 낙제점에 가까운 사람들이 부지기수이다. 어쩌면 이런 사람들이 오히려 절대다수가 아닐는지 모르겠다. 구원에 관한 기본적인 신앙조차도 없이 그냥 습관적으로 또는 의무 때문에 행하는 종교 생활이 신앙 생활의 전부인 양 착각하고 있는 교인들도 많다. 오늘 죽는다면 천국에 갈는지 지옥에 갈는지도 제대로 모르는 사람들에게 신앙이란 것을 논하는 것 자체가 별의미가 없을는지도 모르겠다. 교회를 다니면서도 미신과 샤머니즘에 젖어 있는 사람의 수가 부지기수이다. 교회 내에서의 생활과 교회 밖에서의 생활은 이원화되어 신앙이 실제 생활에 영향을 미치지 못하는 경우가 엄청나게 많이 있다. 교회 내에서는 다 좋은 성도이고, 집사이고, 장로이다. 그러나 실제 삶에서도 성도로, 집사로, 장로로서의 본을 보이며 사는 사람의 수는 그리 많지 않은 것 같다. 신문이나 TV에 보도되는 대부분의 사건 뒤에는 교인들이 연관되어 있는 서글픈 현실을 누가 부인할 수 있겠는가?

왜 한국 교회가 이 지경이 되었는가? 이유는 많다. 그러나 아마도 가장 중요한 이유는 영적인 양식을 제대로 공급받지 못하고 있거나, 공급은 받아도 도무지 영양가가 없는 음식을 공급받기 때문일 것이다. 카이저(Walter Kaiser)의 말은 이 상황을 적나라(赤裸裸)하게 묘사해 주는 것 같다.

> 세계 도처에서 그리스도의 교회가 전혀 건강하지 못한 상태에 있다는 것은 더 이상 비밀이 아니다. "쓰레기 같은 음식"(Junk Food)에다 인공 방부제가 첨가된 음식, 자연식을 대신하는 음식을 먹다 보니 교회는 영양 실조에 걸리고 말았다. 그 결과, 발암 물질이 들어 있는 음식이나 달리 건강에 유해한 음식을 섭취함으로 건강을 해치는 일이 없도록 하기 위해 거보(巨步)를 내디뎠던 바로 그 세대가 신학적, 성경적 영양 실조 때문에 고통을 당하고 있다. 이것과 때를 같이해 진정한 하나님 말씀 선포의 부재로 인한 전세계적

인 영적 기근(암 8:11)은 세계 대부분의 교회에서 기승을 부리고 있으며, 그러한 현상이 쇠퇴하고 있는 기미는 전혀 보이지 않고 있다.[7]

이러한 영적 기근 상태에 대한 해결책은 무엇인가? 맥아더(John MacArthur, Jr.)는 바로 강해설교가 그 해답이라고 자신 있게 말한다.[8] 하나님의 말씀을 있는 그대로 선포하는 길만이 한국 교회와 거기에 속한 불쌍한 영혼을 살리는 유일한 길이다.

일곱째, 강해설교는 교회 성장의 원동력이 된다.

오늘날 소위 풀러 학파(Fuller Theological Seminary)가 주도하는 교회 성장 운동이 전세계에 풍미하고 있다. 아마도 목회자치고 교회 성장에 관심을 갖지 않는 목회자는 거의 없다고 해도 과언이 아닐 것이다. 그러나 풀러 신학교 교수들 및 그 학교 출신들이 주장하는 성장은 너무 외적이고 양적인데 치중하기 때문에 갖가지 부작용을 일으키고 있다. 단순히 숫자가 많아지는 것만 가지고 성장이라고 할 수 없다. 그것은 비만이라고는 할 수 있을지언정 진정한 의미에서의 성장은 아니다. 예를 들어, 손가락 끝이나 발가락 끝이 지나치게 커질 때 우리는 그것을 말단 비대증이라고 하지 성장이라고 하지는 않는다. 그것은 병적 현상이다. 성장이라는 것은 각 부분이 균형 있게 잘 발전해 나가는 것을 의미한다. 참된 성장이란 질적 향상과 병행하는 양적 증가라고 해야 할 것이다.

교회 성장의 요인은 참으로 복합적이다. 따라서 어느 한 가지만 잘한다고 해서 교회가 곧 성장한다고 말하기는 어렵다. 그러나 성장하는 교회 치고 강단이 약한 교회는 없고, 강해설교를 착실히 하는 교회 치고 성장하지 않는 교회도 없다.

찰스 스윈돌(Charles Swindoll)이 오랫동안 목회했던 "풀러톤 제일 복음적 자유교회"(First Evangelical Free Church of Fullerton)나 잔 맥아더

(John MacArthur)의 "그레이스 지역 교회"(Grace Community Church) 같은 경우는 모두 강해설교가 그 성장의 비결이다. 이 교회들만큼 크지는 않지만 강해설교를 통해 교회 부흥을 가져 온 경우는 일일이 다 열거할 수 없으리만큼 많다.

달라스에 소재한 제일 침례 교회(First Baptist Church)도 강해설교가 성장의 주원인(主原因)이다. 주일 아침 출석 인원이 6,000~7,000명 정도가 되고, 교회의 재정 상태는 미국 내의 어느 교회보다 더 낫고, 약 40,000개의 교회를 가진 미국 남침례 교회(Southern Baptist Convention) 중에서 다섯 손가락 안에 들 정도로 큰 교회가 바로 제일 침례 교회인데, 이 교회의 담임 목사님으로 오랫동안 시무했던 크리스웰(W. A. Criswell) 목사님은 자신의 경험을 이렇게 증언하고 있다.

18년 동안 나는 성경 전체를 설교했다. 창세기 1:1에서 시작해 요한계시록의 마지막 절까지 계속해서 설교했다. 아침에 설교가 끝나면 저녁에 그 다음 부분을 설교했고, 이런 식으로 매주일 아침저녁으로 성경의 메시지를 따라갔다. 하나님은 내가 기대했던 것 훨씬 이상으로 이 방법을 축복하셨다.

사람들의 반응은 내가 놀랄 정도였다. 내가 그 시리즈를 처음 시작했을 때, 교회에서 아주 신중한 성도들 가운데 일부가 주님의 집을 비워 놓을지 모른다고 했다. 그들은 말하기를, 예배에 계속 참석하는 사람은 아무도 없을 것이고, 또 따분하고 공허한 성경의 각 장(章)을 아슬아슬하게 훑어 가는 메시지를 아무도 들으려 하지 않을 것이라고 했다. 그러나 하나님께서는 성경 전체를 설교하는 것이 하나님의 뜻이라는 확신을 내게 주셨다.

그 결과는 이미 잘 알려진 이야기이다. 너무 많은 사람들이 하나님의 집으로 몰려오기 시작했기 때문에 얼마 후에 본당(本堂) - 이것은 미국에서 가장 큰 본당 가운데 하나이다- 은 더 이상 사람을 수용할 수가 없게 되었다. 그래서 결국 우리는 아침 예배를 2부로 나누어 드릴 수밖에 없게 되었다. 두 예배 때 모두 본당은 가득 채워졌다. 성도들은 예배 때 성경을 가져오기 시작했고, 또 읽고 공부하기 시작했다. 그들은 또 이전과는 달리 다른 사람들에게 전도하기 시작했다. 구원받은 영혼은 날로 더해 갔다. 부흥과 갱신의 분위기는 주의 집에서 일상사(日常事)가 되었다. 그것은 내 생애의 최대의 경험이다.[9]

목사가 강해설교로 양들을 먹일 경우 반드시 급격한 교회 성장이 있다고 할 수는 없을지도 모른다. 사실 급격한 성장은 긍정적인 측면보다는 부정적인 측면이 훨씬 더 강하다. 얼마 동안은 점진적으로 성장하다가 교회가 질적으로, 내적으로 다져진 후에 좀더 빠른 성장을 하는 것이 바람직할 것이다. 그렇게 되어야 질과 양의 균형이 가능할 것이다. 이런 성장을 하려면 강해설교는 필수적이라 할 수 있다. 강해설교가 교회를 지속적으로 성장하게 하는 원동력이 된다는 사실은 부인할 수 없는 사실이라고 생각된다.

II. 강해설교의 어려움

위에서 강해설교의 이점 몇 가지를 살펴보았는데, 강해설교는 난점이 전혀 없는가? 그렇지는 않다. 강해설교라고 전혀 어려움이 없는 것은 아니다. 그 어려움 가운데 흔히 제기되는 것 몇 가지를 생각해 보도록 하겠다.

첫째, 강해설교는 많은 시간을 필요로 하기 때문에 바쁜 목사에게는 큰 어려움으로 등장한다.

강해설교가 많은 시간을 요하는 주된 이유는 본문을 깊이 연구하고, 묵상해야 되기 때문이기도 하고, 때로는 연구하고 묵상한 것을 조직적으로 구성해야 되기 때문이기도 하다. 19세기의 영국이 낳은 위대한 설교자 가운데 한 사람이 알렉산더 머클레런(Alexander Maclaren; 1826-

1910)인데, 그의 설교는 오늘날까지 많은 사람에게 읽히고 있다. 그는 외부의 강연이나 특별 초청 같은 것은 거의 다 거절하고 오직 말씀 연구에만 몰두했고, 설교 하나를 만드는데 무려 60시간을 소비했다고 한다.[10]

오늘날과 같은 분주한 사회에서 설교 하나에 60시간을 쏟아 붓기란 불가능할 것이다. 그러나 그 1/5 내지는 1/6 정도는 조금만 애쓰면 가능하리라고 생각한다. 몇 년 전 달라스 신학교(Dallas Theological Seminary) 학생 한 사람이 달라스 신학교를 졸업하고 현재 목회를 하고 있는 동문들을 중심으로 여론 조사를 실시한 적이 있었다. 그 질문 가운데 한 가지는, 설교 하나를 만드는 데 약 몇 시간 정도 소비하느냐는 것이었는데 그 답변을 모아 평균을 내 보니 12시간이었다고 한다. 필자도 한 편의 설교를 작성하는데 평균 10시간 정도 사용한다. 10-12시간이란 결코 적은 시간이 아니다. 그러나 목사의 스케줄을 재조정하고 시간을 지혜롭게 잘 활용하면 이 정도의 시간은 낼 수 있을 것이다.

목사들 가운데 어떤 사람은 게으르거나 여러 가지 일로 너무 바빠서 설교 준비를 위해 제대로 시간을 내지 못하고 있다. 이것은 참으로 불행한 일이다. 설교가 사역에서 차지하는 비중이 얼마나 큰지를 안다면, 다른 어떤 일보다도 설교 준비에 우선을 두어야 할 것이다. 양들에게 풍성한 꼴을 늘 공급할 때 그 결과는 사역에 나타날 수밖에 없다. 꼴이 풍성하지 못하면 양들은 풍성한 초장을 찾아 여기저기 기웃거리게 되고, 결국은 더 풍성한 영적 양식이 공급되는 곳으로 이동하고 말 것이다. 영적인 기갈은 육적인 기갈 못지 않게 견디기가 힘든 것이다.

게을러서 공부하기 싫어하고, 책상에 앉는 것을 죽기보다 더 싫어하고, 그래서 남의 설교를 얼렁뚱땅 베껴서 설교나 하겠다는 사고 방식을 가진 목사는 목사가 되어서는 안 된다. 그런 목사는 속히 강단을 떠나 다른 직장을 찾아보는 것이 바람직할 것이다. 그런 목사가 강해설교를 할 수 없다는 것은 재론(再論)의 여지가 없다. 강해설교는 깊이 있는 연구와 묵상을 통해서만 나올 수 있기 때문이다.

  때를 따라 양들에게 풍성한 꼴을 공급한다는 것은 결코 용이한 일이 아니다. 필립 켈러(Philip Keller)는 그의 목양(牧羊) 경험과 시편 23편을 비교해서 쓴 『양과 목자』에서 이렇게 회고하고 있다.

> 푸른 초장은 우연히 이루어지는 것이 아니었다. 푸른 초장은 엄청난 수고와 시간과 땅의 관리상의 기술의 산물이었다. 푸른 초장은, 거친 자갈밭을 일구어 가시덤불과 나무등걸과 뿌리들을 제거하고 깊이 파서 흙을 부드럽게 고른 다음 풀씨를 뿌리고 특별한 곡식과 콩을 심고 물을 대며 양들을 먹일 꼴들을 정성스럽게 관리한 결과로 이루어졌다.[11]

  스펄전(Charles H. Spurgeon)의 다음과 같은 말은 모든 설교자가 반드시 귀를 기울여야 할 말이다. "배우기를 중지하는 자는 가르치기를 중지하는 자다. 서재에서 뿌리지 않으면 강단에서는 아무 것도 거두지 못할 것이다."[12] 시편 기자가 노래한 바와 같이, "눈물을 흘리며 씨를 뿌리는 자는 기쁨으로 거두리로다 울며 씨를 뿌리러 나가는 자는 정녕 기쁨으로 그 단을 가지고 돌아오리로다"(시 126:5-6).

  하나님은 사도 바울을 통해 이렇게 말씀하신다. "그리고 맡은 자들에게 구할 것은 충성이니라"(고전 4:2). 목사들은 성도들에게만 충성을 요구할 것이 아니라, 목사들 스스로도 충성의 본을 보여야 한다. 사역에서 가장 중요한 위치를 차지하는 말씀 사역에 충성되지 못하고서야 어찌 충성을 논할 수 있겠는가! 사역에 있어서 설교가 차지하는 비중이 엄청나게 크다는 사실을 심각하게 인식하고 있다면 목사는 무엇보다도 말씀 사역에 충성해야 할 것이다. 사도들이 예루살렘 교회의 일곱 일꾼을 세운 것도 사역의 중심인 말씀 사역에 치중하기 위해서가 아니었던가?(행 6:1-6). 주님의 발 아래서 3년 동안 친히 배운 사도들도 말씀 사역에 최우선을 두기 위해서 다른 일을 뒷전으로 미루었다면, 오늘날의 설교자도 마땅히 그렇게 해야 할 것이다. 모든 것을 다 잘할 수 없다면 가장 중요한 몇 가지를 잘하도록 최선을 다해야 할 것이다.

바쁜 설교자들이 공부할 수 있으려면 다음과 같은 제언(提言)을 주의 깊게 경청할 필요가 있을 것이다.

1. 일의 우선 순위를 정하라. 목사는 자기가 꼭 해야 될 일만 하고, 다른 사람이 해도 될 일 같으면 다른 사람에게 맡겨야 하고, 목사가 꼭 해야 될 일 가운데서도 우선 순위를 정해 그대로 할 필요가 있을 것이다.

출애굽기 18:13-27은 이 원리를 잘 보여주고 있다. 200만 명은 족히 될 백성들의 모든 문제를 모세 혼자서 처리함으로 모세는 모세대로 백성들은 백성들대로 지쳐서 불평과 원망이 들끓었다. 그래서 그 장인 이드로의 충고를 따라 십부장, 오십부장, 백부장, 천부장을 세워 작은 일은 그들에게 맡기고 모세는 큰 일만 맡게 되었다. 우선 순위를 따라 적절히 위임할 줄 모르면 효과적인 사역을 감당하기는 힘들 것이다.

2. 가능하면 설교 횟수를 줄이라. 아무리 유능한 설교자라도 설교를 많이 하면 좋은 설교가 나올 수 없다. 어떤 목사들은 1주일에 설교를 10번 이상 하는 경우도 있다고 하는데, 그런 설교가 과연 들을 만한 가치가 있는 설교인지 지극히 의심스럽다. 필자가 믿기로는 1주일에 단 한 번만 설교를 하더라도 좋은 설교를 해서 성도들로 하여금 목사에게 대해 자부심을 갖게 하는 것이 10번 이상 하면서 성도들에게 별 감명을 주지 못하는 설교보다 훨씬 낫다. 성도들은 자기 목사에게 자부심을 느낄 경우 나가서 다른 사람에게 "와 보라!"고 외칠 것이기 때문이다. 성도들이 자기의 목사와 자기의 교회에 대해서 자부심을 느끼는 것은 교회 부흥의 주요 요인 중의 하나이다. 그렇게 될 때에만 성도들은 열성적으로 전도하게 되고 따라서 새로운 사람들이 교회로 들어오게 될 것이다.

그렇기 때문에, 개척 교회인 경우는 어찌 할 수 없을는지 모르겠지만, 가능하면 외래 강사도 자주 초청하고 조력자가 있으면 그에게도 설교할 기회를 주어 설교 횟수를 줄이도록 해야 할 것이다.

3. 일정한 시간을 공부에 할애하라. 11시나 12시쯤 되어서야 잠자리에서 일어나 오전 시간을 허비하지 말고, 7시부터나 8시부터 공부하기 시작해 오전은 내내 공부하는 데 사용할 필요가 있다. 사역은 오후부터 해도 충분할 것이다. 필자는 오전 시간을 온전히 공부에 전념하고 있는 목사를 여러 사람 알고 있는데, 그 중에서 아마 가장 잘 알려진 분이 크리스웰(W. A. Criswell) 목사일 것이다.[13] 매일 아침 시간을 온전히 말씀과 기도에 전무(專務)하는 그를 하나님은 엄청나게 축복해 주셨다는 것을 우리는 이미 잘 알고 있다.

만약 어떤 이유로 오전 시간을 공부에 할애하기 힘든다면 1주일 중 어느 하루를 떼어서 공부에 전념하는 것도 고려할 만한 아이디어라고 생각한다.

둘째, 강해설교는 - 특히 어느 책 한 권 전체를 시리즈로 설교할 경우 - 자칫하면 청중에게 권태감을 주기 쉽다는 것이 큰 어려움으로 등장한다.

부피가 큰 책(예, 창세기) 한 권을 차례대로 다 설교하려면 수개월이 걸리고 때로는 해를 넘기기도 할 것인데, 그렇게 되면 성도들이 그 책에 대해서 권태감을 느낄 가능성이 있기 때문에 설교자에게 다소 부담이 될 수밖에 없을 것이다. 이 경우는 다음과 같은 식으로 하면 권태감을 상당히 감소시킬 수 있으리라고 생각한다.

1. 가령 설교를 주일 아침과 수요일 밤 이렇게 두 번을 한다면, 주일 아침과 수요일 밤에는 각기 다른 책을 택해서 설교하는 것이 좋을 것이다. 어느 한 책을 연속적으로 설교해 나가다가도 절기를 만난다든지 특별한 필요가 있다든지 할 경우는 시리즈를 중단했다가 2-3주 후에 다시 시작할 수 있기 때문에 크게 권태감을 주지 않고도 계속해 나갈 수 있을 것이다.

2. 강해설교를 처음 시작하는 설교자는 가능하면 부피가 작은 책(예,

에베소서, 빌립보서 등)부터 시작하는 것이 좋을 것이다. 그리하여 강해설교에 상당히 자신감을 갖게 된 다음에 부피가 큰 책을 택하면 큰 문제없이 설교해 나갈 수도 있을 것이다.

3. 책 한 권 전체를 다 설교하기가 너무 부담스러우면 어느 한 책의 일부만 설교하는 것도 괜찮을 것이다. 마태복음의 경우는 산상수훈만 뽑아서 할 수 있겠고, 요한복음의 경우는 14-17장만 할 수 있겠고, 요한계시록의 경우는 일곱 교회만 설교할 수도 있을 것이다. 또한 예수님의 비유만을 뽑아서 할 수도 있겠고, 기적에 관한 이야기만 택해서 시리즈로 할 수도 있을 것이다.

뿐만 아니라 부피가 큰 책은 크게 몇 부분으로 나누어서 한 부분을 먼저 설교하고, 그것이 다 끝나면 일단 그 책은 중단했다가 얼마 후에 다시 돌아와서 먼저 번에 끝난 다음 부분을 해 나가는 방법도 있을 것이다. 예를 들어 창세기를 설교한다면, 홍수 이전(1-11장), 아브라함(12-25), 이삭과 그 아들(25-36), 요셉(37-50) 등으로 나누어 먼저 1-11장을 설교한 후, 얼마 후에 12-25장을 설교해 나가는 식으로도 할 수 있을 것이다.

4. 부피가 큰 책을 설교하는 또 하나의 방법은 각 장에서 중심이 되는 단락 하나씩만 설교하고 그 다음 장으로 넘어가는 방식이다. 그렇게 하면 창세기같이 두꺼운 책도 50회의 설교로 다 끝낼 수 있을 것이다. 예를 들면, 창세기 1장의 경우는 26절에서 28절까지를, 2장에서는 18절에서 25절까지를 설교하는 식으로 해 나가고, 몇 년 뒤에 가령 창세기를 다시 설교한다면 먼저 번에 설교했던 부분이 아닌 부분에서 설교하면 성도들에게 권태감을 주지 않고도 성경 전체를 대충 훑어 갈 수 있고, 또 수년 동안 설교 자료 때문에 걱정하는 일도 없을 것이다.

셋째, 강해설교는 범위가 너무 좁지 않느냐 하는 것이 흔히 제기되는 문제점 중의 하나이다. 이 비판은 옳다. 그러나 강해설교의 철학 자체가 넓게 얇게 설교하자는 것이 아니고 좁고 깊이 있게 설교하자는 것이기 때문에 이 문제는 피할 수 없다.

  그러나 이 문제는 그리 어렵지 않게 해결할 수 있을 것이다. 가령, 주일 아침에는 좁고 깊게 하는 강해설교를 하고, 주일 저녁(또는 오후) 예배 때에는 제목설교나 주제별 성경 공부를 하면 아침과 저녁이 상호 보완되므로 좋을 것이라고 생각된다.

주(註)

1. John R. W. Stott, *Between Two Worlds*, pp.126-33; 그 외에도 강해설교의 이점에 관하여는 Walter L. Liefeld, *New Testament Exposition*, pp.10-13; Michael Green, "Expository Preaching," *Asbury Seminarian* 39(Spring 1984):21-22; Keith A. Price, "Is the Best Coming from Your Pulpit?" *Good News Broadcaster* 42(Nov. 1984): 32-35; Merrill F. Unger, *Principles of Expository Preaching*, pp.24-31; Faris D. Whitesell, "The Values of Expository Preaching," *The Sunday School Times and Gospel Herald* 74(July 15, 1976): 30-31; Sidney Greidanus, *The Modern Preacher and the Ancient Text*, pp.12-16을 참조하라.
2. *A Greek-English Lexicon of the New Testament and Other Early Christian Literature*, s.v., "κηρύσσω," p.431; *Theological Dictionary of the New Testament*, s.v., "κηρύσσω," by Friedrich, 3:697.
3. Joseph Thayer, *Thayer's Greek English Lexicon of the New Testament*, s.v., "κήρυξ," p.346.
4. 전령사로서의 설교자에 관하여는 John R. W. Stott, *The Preacher's Portrait*, pp.33-59를 참조하라.
5. Liefeld, p.12.
6. Ibid, pp.12-13.

7. Walter C. Kaiser, *Toward an Exegetical Theology*, pp.7-8.
8. John MacArthur, "The Mandate of Biblical Inerrancy: Expository Preaching," in *Rediscovering Expository Preaching*, ed., John MacArthur, p.24.
9. W. A. Criswell, "Preaching through the Bible," *Christianity Today*(December 9, 1966), p.22.
10. Warren Wiersbe, *Walking with the Giants*, pp.35-36.
11. 필립 켈러, 『양과 목자』, p.46.
12. C. H. Spurgeon, *All-Round Ministry*, p.236. cf. John R. W. Stott, *Between Two Worlds*, pp.180-210.
13. W. A. Criswell, *Criswell's Guidebook for Pastors*, pp.59-60.

제4장
본론 작성의 단계
(Steps of Making the Body of a Sermon)

본론 작성은 크게 여섯 단계로 나누어 생각할 수 있지만, 이것은 어디까지나 편의상 그렇게 하는 것이다. 실제로 본론을 만들어 가다가 보면 어떤 경우에는 순서가 바뀔 수도 있고, 또 어떤 경우에는 몇 단계가 거의 동시에 올 수도 있을 것이다. 그러나 각 단계를 바로 이해하고 나면 설교 준비 과정에서 순서가 바뀌든 몇 단계가 동시에 진행되든 아무런 문제가 없을 것이다.

I. 본문 선택

강해설교를 하려면 무엇보다도 먼저 단일한 사고단위(思考單位; A Single Unit of Thought)를 가지고 있는 본문을 선택해야 한다.

훌륭한 연설이나 설교는 한 번에 한 가지 문제나 주제만 취급해야지 한 가지 이상의 문제를 취급해서는 안 된다. 우물을 파도 한 우물만 파야 하며, 토끼를 쫓아가도 한 마리만 쫓아가야지 그렇지 않으면 소기(所期)의 목적을 달성하기 어렵다. 강해설교는 단추에서부터 관(棺)까지 모두 취급하는 잡화점이 아니라, 한 가지 품목만을 중점적으로 취급하는 전문점인 것이다.

독자들 가운데서는 어렸을 적에 볼록렌즈를 이용해 종이를 태워 본 경험이 있는 분들이 더러 있을 것이다. 볼록렌즈로 종이를 태우려면 렌즈의 초점을 정확히 맞추어 종이의 어느 한 지점에 집중시켜야지 그렇지 않으면 결코 종이를 태우지 못했던 것을 기억할 것이다.

설교나 연설도 마찬가지이다. 효과적인 스피치(Speech)가 되기 위해서는 단일한 주제를 취급해야 된다. 단일한 주제의 필요성은 수사학자나 설교학자 모두가 강조하고 있다. 브리건스(William N. Brigance)는 말하기를, 효과적인 연설은 "하나의 특정한 것 즉, 중심 내용(Central Idea 또는 Big Idea)에 집중한다"고 했고,[1] 릿핀(A. Duane Litfin)도 브리건스와 같은 견해를 표명하고 있다. "연설이 최대한 효과적이기 위해서는 오직 하나의 주요 명제(Major Proposition)를 다소간 충분히 전개하도록 시도해야 한다."[2] 뿐만 아니라, 연설에 있어서 통일성(Unity), 질서(Order), 진보(Progress)의 3요소는 핵심적인 것인데, 하나의 핵심 명제가 연설에 분명히 있을 경우 이 세 가지가 성취될 수 있다.[3]

설교학자들도 수사학자와 의견을 같이 하고 있다. 라빈슨(Haddon W. Robinson)은 이렇게 말한다. "하나의 중심적이고 통일적인 생각이 효과적인 설교의 중심에 있어야 한다는 원리를 무시하는 것은 설교자가 말해야 할 것을 제쳐놓는 것이다."[4] 스팁스(Alan M. Stibbs)[5]나 페리(Lloyd M. Perry)[6] 등도 라빈슨과 모두 의견을 같이하고 있다.

설교가 단일한 주제만을 취급하기 위해서는 본문을 선택할 때 단일한 사고단위가 되는 본문을 선택해야 한다. 본문이 너무 길어서 하나 이상의 주제를 포함하고 있으면 그것을 좀더 짧게 끊어서 하나의 주제만 포함하도록 재조정해야 할 것이고, 너무 짧아서 단일한 사고단위를 구성하지 못한다면 조금 길게 잡아야 할 것이다.

여기서 한 가지 유의해야 할 것은 어떤 본문이 단일한 사고단위가 되느냐 안 되느냐에 대해서는 설교자마다 다소 차이가 있을 수 있음을 인정해야 한다는 사실이다. 다시 말하면, 어떤 설교자는 사고단위를 조금 넓게 잡기도 하고, 또 어떤 설교자들은 다소 좁게 잡기도 하는데, 어느 경우라도 본문이 단일한 사고단위를 구성하고 있다면 용납될 수 있을 것이다.

본문의 길이를 정할 때 우리말 성경에 사용되고 있는 단락 구분 기호(ㅇ)가 상당히 좋은 안내 역할을 하지만, 그것이 항상 맞는 것은 아님을 기억할 필요가 있다. 특히 서신의 경우는 본문을 짧게 잡아야 할 경우가 많기 때문에 단락 구분 기호가 절대적으로 맞지는 않다는 것을 염두에 두어야 한다.

몇 가지 예를 들어보자. 마태복음 6:19-34의 경우, 한글 성경은 이 본문 전체를 하나로 잡고 있지만, 아마 둘로 나누는 것이 더 나을 것이다. 즉 6:19-24까지를 한 단락으로 그리고 6:25-34까지를 다른 단락으로 보는 것이 더 나을 것 같다. 창세기 2:18 이하를 설교한다면 본문은 20절이나 21절에서 끊어서도 안 되고, 3장으로 넘어가도 안 될 것이다. 이 경우는 18절부터 25절까지가 하나의 사고단위인 것이다. 가령 고린도전서 1:4-9을 하나의 사고단위로 생각할 수도 있지만, 조금 넓게 잡아서 4절부터 17절까지를 하나의 사고단위로 볼 수도 있을 것이다.

한 가지 본문만 더 보도록 하자. 만약 요한복음 21:15 이하를 설교한다면, 한글 성경의 단락 구분을 따라 23절까지를 하나의 사고단위로 보고 설교할 수도 있고, 17절까지 끊어서 설교할 수도 있을 것이다. 어느 쪽이든 하나의 사고단위가 되는 것은 분명하지만, 이 경우 본문을 짧게 잡느냐 길게 잡느냐 하는 것은 청중, 설교의 목적, 설교자의 능력이나 취향 등에 따라 어느 정도 융통성이 있을 수 있는 것이다.

II. 중심 내용 파악

단일한 사고단위를 가진 본문을 선택하고 나면 우선 본문을 여러 번 읽어야 한다. 때로는 수십 번을 읽으면서 묵상해야 한다. 그래서 본문 전체에 대한 이해를 확실히 한 후에 그 본문의 중심 내용을 파악해야 한다.

중심 내용(Central Idea)이란 본문이 가르치는 핵심적인 내용을 보편적 진리의 형태인 한 문장으로 표현한 것이다. 어떤 학자들은 이것을 명제(Proposition)라고 부르기도 한다. 어떤 경우에는 본문의 중심 내용과 설교의 중심 내용이 일치하기도 한다. 특히 교훈 문학의 경우에는 본문 자체가 보편성을 갖는 교훈인 경우가 대부분이기 때문에 양자가 일치하는 경우가 많이 있다. 그러나 서사 문학의 경우에는 양자가 일치하지 않는 것이 일반적이다. 그렇기 때문에 본문의 중심 내용이 보편성이 없는 경우가 대부분이다. 따라서 이 경우에는 본문의 중심 내용에서부터 보편적인 원리를 발견해 내어야만 그것이 설교의 중심 내용으로 적합하게 될 것이다(이 부분은 뒤에 "석의적 대지"와 "설교적 대지"를 논할 때 좀 더 자세히 취급될 것이다).

필자가 강해설교 세미나를 수십 차례 인도해 본 경험에 의하면 대부분의 목사들은 본문의 중심 내용을 파악하는 데 상당히 어려움을 겪고 있다는 사실이다. 사실 문장 수련을 제대로 받은 사람들은 본문을 읽고 그 대의(大意)를 파악하는 데 큰 어려움을 겪지 않을 것이다.

본문의 중심 내용을 파악하려면 본문의 주어가 무엇이며, 또 술어가 무엇인지를 먼저 알아내야 하고, 만일 그것이 보편적인 명제이면 그대로, 보편적인 명제가 아니면 보편적인 명제로 바꾸어서 현재 시제로 표현해야 된다.

여기서 말하는 주어란 문법적 주어를 말하는 것이 아니라, 어느 주어진 본문 전체의 주어를 말하는 것이다. 한 본문에서 문법적인 주어는 여러 개가 있을 수 있지만, 본문 전체의 주어는 단 하나밖에 없는 것이다. 여기서 말하는 주어란 쉽게 말하면, "이 본문에서 저자가 무엇을 말하려고 하는가?" "내가 이 본문을 가지고 무엇에 관해서 설교할 것인가?"라는 문제라고 할 수 있다. 이를 주제(Theme)라는 단어로 바꾸어 표현해도 크게 틀리지 않는다. 그리고 여기서 말하는 술어도 물론 문장 전체의 술어를 뜻하고 있다. 술어를 간단히 말하면, "이 본문은 주어(주제)를 어떻게, 무엇이라고 설명하는가?"라는 문제라고 할 수 있다.[7] 설교를 작성하는 과정에서 주어(또는 주제)가 분명하지 않으면 설교에 구심점이 없다. 그런 설교는 산만하고 복잡하게 되어서 청중으로부터 좋은 반응을 얻기가 어려울 것이다.

　독자들 가운데는 도대체 중심 내용을 파악하는 것이 설교와 무슨 상관이 있느냐 하는 의문을 가진 분도 있을 것이다. 필자의 세미나에 참석한 목사들 가운데 그런 의문을 가지고 있는 분들이 상당히 많은 것을 보았다. 그런 의문을 갖고 있던 분들이 여러 번의 훈련과 연습을 통해서 본문의 중심 내용을 파악하는 법을 배우고 나서는 필자의 세미나를 통해 이것 하나 배운 것만으로도 설교에 큰 도움이 된다고 말하는 것을 여러 번 들은 적이 있다. 본문의 중심 내용을 바로 파악하면 설교의 방향이 정해지고, 설교의 목적을 큰 어려움 없이 정할 수 있게 되고, 또 많은 경우에는 설교의 대지까지도 손쉽게 만들 수 있는 것이다.

　가령 마태복음 6:13-16을 본문으로 할 경우 중심 내용을 무엇이라고 해야 하는가?

　아마 대부분의 독자들은 주저하지 않고 "빛과 소금"이라고 말할 것이다. 그러면 과연 본문은 우리가 아는 하늘의 태양이나 염전에서 생산되는 소금에 관한 것을 말하려고 하는가? 그렇지 않다는 것은 본문에서 어렵지 않게 발견할 수 있다. 여기서 말하는 빛이나 소금은 다른 무엇을 가리키기 위한 수사적 표현이지, 문자적인 빛이나 소금을 지칭하는 것은 아니다. 그러면 빛과 소금으로 표현하고자 하는 "그 무엇"은 과연 무엇인가? 그것은 그리스도인의 삶 또는 행실과 관계가 있다고 보는 것이 가장 바람직할 것이다. 그래서 필자는 본문의 주어로서는 "영향력 있는 삶"이 어떨까 하고 제시해 보고 싶다.

　그러면 술어를 무엇이라고 하는 것이 좋은가? 본문에서는 그리스도인의 삶이 빛과 소금으로 비유되고 있기 때문에 "영향력 있는 삶은 빛과 소금 같다"고 하면 무난할 것이다.

본문을 야고보서 3:13-18로 할 경우 중심 내용을 무엇이라고 하는 것이 가장 좋은가? 본문을 몇 번 읽어보면 본문이 "지혜"에 관해서 말하고 있다는 것을 어렵지 않게 짐작할 수 있을 것이다. 본문은 물론 "지혜"에 관해서 말하고 있지만 이것만 가지고는 너무 막연하다. "지혜"에는 여러 종류의 지혜가 있지 않은가? 인간적인 지혜, 세상적인 지혜, 하나님으로부터의 지혜 등 여러 가지가 있기 때문에 "지혜"라는 것만 가지고는 본문의 주제가 무엇인지 분명하게 알기 어렵다. 그렇기 때문에 본문이 언급하고 있는 지혜는 어떤 종류의 지혜인지 좀 더 구체적으로 표현할 필요가 있다. 본문의 15절과 17절에 유의해 보면 본문이 말하고 있는 지혜는 다른 종류의 지혜가 아니고 "위로부터의 지혜", "신적(神的)인 지혜", 또는 "경건한 지혜"를 말하고 있음을 발견하게 될 것이다.

그러면 이 주어에 대한 술어는 무엇이라고 보아야 하는가? 본문은 "위로부터의 지혜"에 관해서 무엇이라고 설명하거나 묘사하고 있는가? 본문은 위로부터의 지혜를 여러 가지 말로 표현하고 있다. 그것은 선행으로 나타나며, 자랑하지 않으며, 거짓말하지 않으며, 성결하고, 화평하고, 관용하고, 양순하고, 긍휼과 선한 열매가 있고, 편벽과 거짓이 없고, 화평케 한다. 이 모든 것을 다 포함하는 표현을 사용하면 "위로부터의 지혜"라는 주어에 대한 술어로서 아무 문제가 없을 것이다. 그러나 그런 포괄적인 표현을 찾는다는 것은 결코 쉬운 일이 아니다. 몇 가지 가능성이 있는 표현으로는 의의 열매, 성령의 열매, 선한 열매, 선행 등을 들 수 있겠다. 어느 것이나 사실상 그 의미는 거의 유사한 것이기 때문에 여기서는 크게 문제되지 않을 것 같다. 따라서 본문의 중심 내용은 "위로부터의 지혜는 선행으로 나타난다"든지 "위로부터의 지혜는 풍성한 영적인 열매로 나타난다"고 보면 크게 틀리지 않을 것 같다.

그러면 베드로전서 3:1-6을 본문으로 택했을 경우에는 어떻게 하면 좋은가? 본문의 중심 내용을 파악하려면 우선 본문을 여러 번 읽어야 한다. 충분히 본문을 읽고 난 후에 본문 전체가 무엇을 말하고 있는지를 생각해 보아야 한다. 독자들은 본문이 무엇에 관해서 말하고 있다고 생각하는가?

본문을 여러 번 읽어보고 나면, 본문이 "아내"에 관한 것을 말하고 있다는 것을 큰 어려움 없이 찾아낼 수 있을 것이다. 그러면 본문에서의 주어(또는 주제)는 "아내"인가? "아내"라는 주어만으로는 사실 너무 막연하고 또 범위가 너무 넓다. 본문을 좀더 자세히 읽고 묵상해 보면 본문이 분명히 "아내"에 관해 말하고 있긴 하지만 "아내"에 관한 일반적인 면이 아니고 어느 특정한 면을 말하고 있다는 것을 발견할 수 있을 것이다. 독자들은 본문이 아내의 어떤 면을 말하고 있다고 생각하는가?

몇 가지 가능성이 금세 부상(浮上)하는 것을 볼 수 있다. 아내의 행위, 아내의 신앙, 아내의 치장 등이 후보자로 등장하겠지만, "아내의 순종"으로 보는 것이 가장 좋을 것 같다. 특별히 6:1,5,6 등을 보면 본문이 남편에 대한 아내의 순종을 중점적으로 말하고 있다는 것을 발견할 수 있을 것이다.

본문의 주어를 "아내의 순종"으로 잡았다고 해서 아직 본문의 중심 내용을 다 파악한 것은 아니다. 본문이 "아내의 순종"을 다루고 있긴 하지만, "아내의 순종"만 가지고는 무슨 말을 하고 있는지 정확히 알 길이 없다. 아내의 순종은 시대착오적 사고 방식이란 것을 말하려고 하는지, 아내의 순종은 비성서적이라는 것을 말하려고 하는 것인지, 아니면 아내의 순종은 바람직하다는 것을 말하려고 하는 것인지 도무지 알 수가 없다. 아내의 순종이 어떠하다는 것 즉, 아내의 순종을 설명해 주는 부분이 있어야만 비로소 무엇을 말하려고 하는지 감이 잡히게 된다. 이 부분이 바로 술어인데, 독자들은 "아내의 순종"이란 주어에 대한 술어가 무엇이라야 된다고 생각하는가?

우선 손쉽게 생각할 수 있는 술어는 "행위"와 관련되어 있다고 볼 수 있을 것이다. 즉, "아내의 순종은 행위로 표현되어야 한다"라든지 이와 유사한 표현이라고 할 수 있을 것이다. 그러나 이렇게 되면 2절, 3절, 4절 등과는 별로 관계가 없어지고 만다. 2-4절은 내면적인 미덕 내지는 아름다움을 말하고 있는데, 이것이 "행위"와 어떻게 연관되는지 쉽게 납득이 가지 않을 수 있기 때문이다. 그래서 만약 "행위"와 "내면적 아름다움"을 합친다면 어떨까 하고 생각해 볼 수 있다. 다시 말하면, "아내의 순종은 내적인 아름다움으로부터 나오는 행위로 표현된다"라든지 이와 유사한 표현으로 말이다. 아마 이것이 본문의 중심 내용을 보편성을 갖는 한 문장으로 간단히 표현하고 있다고 해도 크게 틀리지는 않을 것 같다.

지금까지는 교훈문학을 중심으로 생각해 보았다. 그러면 서사문학의 경우는 어떤가? 사도행전 16:19-34을 본문으로 선택해서 그 중심 내용을 한번 찾아보자.

본문을 몇 번 읽어보고 난 후에 먼저 주어를 생각해 보도록 하자. 우선 생각할 수 있는 주어는 "빌립보 간수의 구원"이라고 할 수 있을 것이다. 독자들은 "빌립보 간수의 구원"이 본문의 주어(또는 주제)라고 생각하는가? 필자의 견해로는, 본문이 주로 말하고 있는 것은 간수의 구원이 아니라고 본다. 그의 구원이 본문에 언급되어 있는 것은 사실이지만 그것은 어디까지나 결과론적인 현상이라고 보아야 할 것이다. 그렇기 때문에 본문은 바울과 실라의 고난 또는 그 고난 중의 태도나 신앙과 어떤 관계가 있는 것으로 보는 것이 더 나을 것 같다. 본문을 자세히 읽어보면, 바울과 실라가 복음 때문에 감옥에 갇히게 되었으나 그 감옥에서도 실의와 좌절과 자기 연민에 빠지지 아니하고 찬송과 기도를 하게 되었고, 그 결과로 간수와 그 가족이 구원받게 되었다고 가르치고 있는 것같이 보인다. 그렇다면 주어를 "바울과 실라의 신앙"으로 보고, 중심 내용을 "바울과 실라는 고난 중에도 찬양과 기도를 함으로 옥문이 열리고 간수가 구원받는 놀라운 체험을 했다"고 하면 어떤가? 이 경우에는 문제가 있다. 본문은 서사문학이기 때문에 "바울과 실라의 신앙"이라고 하면 보편성이 없다. 또 술어도 문제가 있다. "옥문이 열리고 간수가 구원받는 놀라운 체험을 했다"는 것도 보편성이 없다. 이런 중심 내용은 오늘날의 독자나 청중과의 연계성이 없어지고 만다.

이제 우리의 과제는 보편성이 없는 석의적 중심 내용을 보편성이 있는 설교적 중심 내용으로 바꾸는 것이다. 설교적 중심 내용은 석의적 중심 내용에 근거를 두면서도 보편성을 가지고 있어야 한다. 극한 고난 가운데서도 굴하지 않고 오히려 찬양과 기도를 한 바울과 실라의 신앙을 보편성이 있게 표현하면 "환경을 초월한 신앙"이라고 하는 게 좋을 것이다. 아마도 사람이 갈 수 있는 곳 가운데 가장 비참한 곳은 감옥일 것이다. 그것도 자기 자신에게는 아무런 죄가 없이 감옥에 들어가 채찍에 맞고 착고에 채여 꼼짝 못하는 상황이라면 더 견디기 어려울 것이다. 웬만한 사람이라면 그 환경에 짓눌려 참으로 비참하게 되고 말 것이다. 그러나 바울과 실라는 달랐다. 그 가운데서도 찬양과 기도를 할 수 있었던 것은 그들의 신앙이 환경에 좌우되지 않음을 보여주는 것이다.

그러면, 본문의 주어는 일단 "환경을 초월한 신앙"으로 정하기로 하고, 이제는 이 주어에 대한 술어를 생각해 보아야 할 것이다. 본문은 "환경을 초월한 신앙"이라는 주어가 어떻다고 설명하는가? 본문은 바울과 실라가 복음으로 인한 고난 가운데도 위축되거나 좌절되지 않고 감옥에서도 하나님께 영광을 돌릴 때 옥문이 열리고 그 결과 간수와 그 가족이 구원받게 되었다고 가르친다. 그렇다면 술어는 이 모든 것을 다 포함하는 어떤 표현이라야 할 것이다. 몇 가지 가능한 표현은, "환경을 초월한 신앙은 죄인의 구원을 가져왔다" "환경을 초월한 신앙은 하나님의 위로를 가져왔다" 등이 있을 것 같다. 그러나 아마도 보편성을 가지면서 동시에 본문의 의도를 살릴 수 있는 표현은 "환경을 초월한 신앙은 믿음의 승리를 가져온다"라고 하는 것일 것이다. "믿음의 승리"라는 표현은 사도들의 꿋꿋한 신앙, 하나님의 기적의 역사, 간수와 그 가족의 구원을 다 포함하는 포괄적인 표현이라고 볼 수 있을 것이다.

이제 마지막으로 한 가지 본문만 더 고찰해 보도록 하겠다.

본문을 서사문학인 사무엘하 6:1-15에서 택한다면 그 중심 내용을 어떻게 보아야 하는가? 본문을 몇 번 정독(精讀)해 보면 본문은 다윗이 언약궤를 예루살렘으로 옮기는 문제와 관련되어 있음을 발견하게 될 것이다. 이를 좀더 구체적으로 표현하면, 다윗이 처음에는 언약궤를 수레에 실어 옮기려 하다가 실패했으나, 두번째는 레위 사람들의 어깨에 메어서 옮김으로 무사히 언약궤를 예루살렘으로 옮기게 된 것을 기록하고 있다.

그러면 본문의 주어와 술어는 무엇이라고 해야 하겠는가? 우선 가능한 중심내용은 "다윗은 언약궤를 레위인의 어깨에 메게 함으로 예루살렘으로 옮길 수 있었다"는 것일 것이다. 그러나 위의 경우에는 주어가 "다윗이 언약궤를 옮긴 방법"이라든지 또는 이와 유사한 문구(文句)가 될 것이기 때문에 보편성이 전혀 없어져 버리고 만다. 그것은 너무 석의적(釋義的)이고 과거 지향적이기 때문에 본문의 가르침에는 충실하지만 현대의 청중과는 너무 유리되어서 그들로부터 아무런 관심도 끌지 못할 것이다. "다윗이 언약궤를 어떤 식으로 옮겼건 그것이 나와 무슨 상관이란 말인가?" 하는 냉소적인 반응을 얻기 쉬울 것이다. 그렇기 때문에 이를 보편적인 진리의 형태로 표현하는 것이 좋다. 그렇게 하기 위해서는 다윗이나 언약궤같이 시간의 제한을 받는 단어를 사용하지 않는 것이 좋다. 다윗이 언약궤를 예루살렘으로 옮긴 것은 훌륭한 하나님의 일이었기 때문에 주어를 "하나님의 일을 하는 방법"이나 "하나님의 일의 성취"라고 할 경우 별 문제가 없을 것같이 보인다.

이제 술어를 한번 생각해 보도록 하자. 다윗이 언약궤를 성공적으로 옮길 수 있었던 것은 그것을 수레에 싣지 않고 레위 사람들의 어깨에 메게 했기 때문이다. 민수기 4:15과 7:9을 보면 언약궤를 레위 사람의 어깨에 메어서 옮겨야 함을 알 수 있다. 다시 말하면, 다윗은 언약궤를 하나님이 정하신 방법으로 옮길 때 성공했지만 그렇게 아니할 때 실패했던 것이다. 그렇다면 "하나님의 일의 성취"라는 주어에 대한 술어는 "하나님의 방법으로 해야 한다"라고 하는 것이 좋을 것이다. 그래서 중심 내용은 "하나님의 일의 성취는 하나님의 방법으로 해야 한다"라든지, 아니면 "하나님의 일은 하나님의 방법으로 해야 한다"라고 표현하면 본문의 가르침에도 부합하면서 현대의 청중에게도 어필(Appeal)할 수 있는 좋은 표현이 될 것이다.

여기서 중심 내용의 파악과 관련하여 한 가지 언급해야 될 것은 위와 같은 방식으로 발견한 중심 내용은 어디까지나 잠정적이라는 사실이다. 중심 내용을 발견했다고 해서 그것으로 완결된 것이 아니고, 잠정적인 중심 내용을 가지고 본문을 연구하면서 본문과 맞아 들어가지 않으면 수정을 해야 된다. 그런 과정을 거치고 나야 잠정적인 중심 내용이 본문의 중심 내용으로 확정될 수 있다는 의미이다.

이제 다음과 같은 본문의 중심 내용을 어떻게 표현해야 좋을는지 독자들이 스스로 한번 연구해 보기 바란다.

1. 예레미야 1:4-19
2. 다니엘 1:1-21
3. 누가복음 12:13-21
4. 누가복음 18:1-8
5. 로마서 12:1-2
6. 고린도전서 3:10-15
7. 고린도후서 6:14-7:1

8. 갈라디아서 6:6-10
9. 골로새서 3:1-4
10. 야고보서 2:14-26

III. 본문 연구 및 자료 수집

단일한 사고단위를 가진 본문을 선택한 후 그 본문의 중심 내용의 파악이 되고 나면, 본문을 깊이 연구하고 자료를 수집해야 된다. 자료가 없이 어떻게 설교할 수 있겠는가?

A. 필요한 참고서

본문을 연구하고 자료를 수집하려면 개인적인 기도와 묵상도 필요하지만 다른 참고서의 도움도 역시 필요하다. 어떤 설교자들은 설교 준비를 할 때 성경 한 권만 가지고 하는 경우가 있는데, 그 이유는 공부하기 싫고 게을러서 그렇기도 하고, 영적인 교만 때문에 즉, 다른 사람들보다 내가 영적으로 더 깊이가 있고, 더 복음적이고, 더 신령하기 때문에 볼 만한 책이 없다는 식의 사고 방식 때문이기도 하다. 교만 중에 영적 교만만큼 무섭고 독선적이고 파괴적인 것도 없다. 영적 교만과 독선으로 가득 찬 설교자가 과연 좋은 설교자가 될 수 있을는지는 극히 의문스럽다.

독서하지 않는 설교자는 발전이 없고, 설교자가 발전하지 않으면 교회도 발전하지 않는다. 독서하지 않고 공부하지 않는 설교자로부터 먹을 만한 꼴이 부단히 공급되는 경우는 거의 없다. 요한 웨슬리(John Wesley)는 사역에 있어서의 독서가 생명줄인 것을 알았기 때문에, "독서를 하든지 사역을 그만 두든지 하라"("Either read, or get out of the ministry")고 말하지 않았던가?

현재 달라스 신학교 총장으로 재직 중인 찰스 스윈돌(Charles R.

Swindoll) 목사는 달라스 신학교에서 개최된 목회자 학교에서 "목사와 강단"이란 제목으로 강연하면서 그 자신의 독서에 관해서 이렇게 말했다.

> 나는 스타인벡(Steinbeck)에서부터 밤벡(Bombeck - 이러한 작가는 실제로 없지만 "스타인벡"과 같은 음으로 끝나는 단어를 사용해 표현을 재미있게 하기 위한 것임)에 이르기까지 시간이 있으면 모두 다 읽는다. 나는 다른 주석서들을 읽는다. 나는 다른 목사들(의 책)을 읽는다. 나는 과거의 목사들의 책을 읽는다. 나는 논문도 읽고, 될 수 있는 한 잡지도 읽는다. 여행 중에도 나는 독서를 한다. 여행할 때 나는 아직 읽기를 시작하지 않았지만 읽고자 하는 책 7권을 가지고 간다. 독서, 독서, 독서! 왜냐하면 그것은 나의 세계이기 때문이다. 독서하지 않으면 나는 생기를 잃어버리고 시대에 뒤지게 된다. 나는 우리 성도들이 읽고 있는 책이 무엇인지 관심을 갖는다. 나는 그런 식으로 내 가까이에서 세상 돌아가는 얘기를 해주는 상이한 사람들로부터 자극을 받는다.[8]

공부하고 독서하는 설교자만이 성장할 수 있고, 성장하는 설교자만이 신선한 생명의 양식을 양들에게 부단히 공급할 수 있다.

설교자가 그의 서재에 갖추어야 될 책은 너무나 많기 때문에 일일이 다 열거한다는 것은 불가능하다. 여기서는 그 중 몇 가지만 언급하고자 한다.

(1) 성경

설교자 가운데 특히 원어에 자신이 없는 분들은 성경 번역판을 몇 종류 사용할 필요가 있다. 한글 개역판은 물론 새 번역, 표준 번역, 『현대인의 성경』, 『현대어 성경』 등도 참고서로 사용할 수 있다. 『성서 원어 대전』(한국 성서 연구원)이나 『헬 - 한 대조 신약 성경』(지평 서원) 등을 활용할 수 있다.

또 영어를 안다면 영어 번역판도 몇 종 갖출 필요가 있다. 영어 번역판 가운데는 KJV(King James Version), NKJV(New King James Version), NASB(New American Standard Bible), NIV(New International Version) 등이 좋다. 그러나 한국 사람들이 성경 공부를 하기 위해서 사용한다면 NKJV나 NASB가 가장 좋을 것이다. NKJV는 KJV의 문체는 따르되 KJV에서 사용된 고어(古語), 오역(誤譯) 등은 수정하였기 때문에 KJV보다 개선되었다고 생각한다. NASB도 KJV나 NKJV와 같이 원문에 충실하게 번역하려고 했고, 또 그 번역진은 보수적인 학자들이다. NIV도 보수적인 학자들에 의해 번역되긴 했지만, KJV, NKJV, NASB 등과는 번역의 철학이 다르다. NIV는 직역보다는 원문의 의미 전달에 강조를 두고 있기 때문에 때로는 의역(意譯)의 성격이 강하게 보인다. 그러나 이것도 참고하기에 좋은 번역판이다.[9]

그러면 KJV(흠정역)의 경우는 어떤가? 언어는 역사성과 사회성을 갖는다. 따라서 그것은 세월이 지나고, 또 사회적 환경이 바뀌면 그 의미에 변화를 가져온다. KJV는 1611년에 출판된 성경이기 때문에 현대인에게는 너무 낡았다. 이는 우리 나라로 말하면 임진왜란 직후에 해당되는데, 그 때의 조선어를 지금도 그대로 사용하자고 한다면 모두 다 웃을 것이다. 지금도 미국 사람들 가운데는 KJV만 사용하는 사람들이 꽤 많이 있다. 불편하기는 하지만 오랫동안 사용해 왔고 익숙하기 때문에 계속 고집을 하고 있는 것이다. 한글 개역 성경에 어느 정도 문제가 있지만 우리가 이것을 고집하는 것과도 유사하다고 할 수 있다. 이런 정도는 충분히 이해할 수 있는 상황이라고 할 수 있다.

그런데 근자에 이르러는 이송오가 대표로 있는 소위 "말씀 보존 학회"에서는 KJV와 그 한국어 번역판("한글 킹 제임스 성경")만이 유일무이한 성경이고 그 외의 모든 번역판은 사탄의 모조품이고 하나님의 말씀을 변개(變改)한 것이라고 주장한다. 미국에서도 피터 럭크만(Peter

Ruckman) 같은 극단적인 사람들이 KJV는 영감된 성경이고 그것만이 유일하다는 식으로 학문적으로 검증되지 않은 하나의 학설을 진리인 양 주장해 전문적인 지식이 없는 많은 사람들을 오도하고 있는데, 이송오는 럭크만의 주장을 그대로 답습해 한국에서 퍼뜨리고 있다. KJV가 좋은 번역판 중의 하나이고 따라서 전반적으로 믿을 만하다는 데 대해서는 이의를 제기할 사람들이 거의 없을 것이다. 그러나 그것이 영감되었다든지, 유일무이한 번역판이라는 주장은 용납할 수 없다. 영감은 원본에만 해당되는 것이지 번역판에는 결코 해당이 되지 않는다.[10]

그러면 과연 KJV는 절대무오한 번역판인가? 이 문제를 전문적으로 다루기 위해서는 사본학과 본문 비평학 분야에 관한 논의가 필요하기 때문에 그리 단순한 문제는 아니다. 그렇기 때문에 여기서 전문적인 문제까지 언급하는 것은 그리 바람직하지 않다고 생각한다. KJV나 한글 킹 제임스 성경에는 오역이 상당히 많이 있지만 여기서는 그 중 몇 가지만 언급함으로 KJV 같은 번역판의 무오성을 주장할 수 없다는 것만 말하고자 한다.

① 창세기 1:28

한글 개역판: "하나님이 그들에게 복을 주시며 그들에게 이르시되 생육하고 번성하여 땅에 충만하라"

한글 킹 제임스: "하나님께서 그들에게 복을 주시고, 하나님께서 그들에게 말씀하시기를 다산하고 번성하며 땅을 다시 채우고"

KJV: "And God blessed them, and God said unto them, Be fruitful, and multiply, and replenish the earth"

히브리어 원문: … וּמִלְאוּ אֶת־הָאָרֶץ ("그리고 땅을 채우라")

여기서 문제가 되는 히브리어 단어는 "말레"(מָלֵא)라는 단어인데, 브라운-드라이버-브릭스(Brown-Driver-Briggs)의 히브리어 사전에 의하면, 이 단어의 의미는 "채우다"(fill), "가득하다"(be full)이다.[11] 『구약 원어 신학 사전』(Theological Wordbook of the Old Testament)에서도 동일한 설명을 하고 있다.¹² 그렇기 때문에 "말레"라는 단어는 "다시 채운다"는 의미가 아니고, 그냥 "채운다"는 의미인 것이다. 따라서 KJV는 분명한 오역이고, 한글 킹 제임스는 KJV의 오역을 그대로 답습하고 있는 것이다.

그러면 "채우다"와 "다시 채우다"의 차이는 무엇인가? 창세기 1:1과 1:2사이에 간격이 있다는 "갭 설"(Gap Theory)의 근거가 바로 KJV 번역에 입각한 창세기 1:28이라는 사실을 안다면 왜 일부 사람들이 고집스럽게 "다시 채운다"는 번역을 고집하는지 이해할 수 있을 것이다.¹³ 갭 설은 성경적 근거가 희박하기 때문에 오늘날에는 극소수의 사람들에 의해서만 지지를 받고 있다.

② 민수기 33:52

한글 개역판: "그 땅 거민을 너희 앞에서 다 몰아내고 그 새긴 석상과 부어 만든 우상을 다 파멸하며 산당을 다 훼파하며"

한글 킹 제임스: "그 땅 거민을 너희 앞에서 다 몰아내고 그들의 모든 그림들을 파괴하고 모든 부어 만든 형상들을 다 파괴하며 산당들을 다 뽑아낼 것이며"

KJV: "Then ye shall drive out all the inhabitants of the land from before you, and destroy all their pictures, and destroy all their molten images, and quite pluck down all their high places"

히브리 원문: ··· וְאִבַּדְתֶּם אֵת כָּל־מַשְׂכִּיֹתָם ("그리고 그 모든 석상들을 멸하며")

여기서 문제의 핵심이 되는 단어는 "마스키트"(מַשְׂכִּית)라는 단어이다. 브라운-드라이버-브릭스의 히브리어 사전에 의하면, 이 단어는 "show-piece, specifically carved figure of idolatrous symbols"(전시물, 특히 우상적 상징의 새긴 상), "figure"(상), "imagination, conceit"(상상)

등의 의미가 있다고 했다.[14] 『구약 원어 신학 사전』에서도 "마스키트"의 의미를 동일한 맥락에서 설명하고 있다.[15] 그렇기 때문에 민수기 33:52은 KJV나 한글 킹 제임스같이 "그림"으로 번역해서는 안되고 "새긴 상(像)" 또는 "석상(石像)"으로 번역해야 될 것이다. 히브리어를 아는 지 모르는 지 알 수는 없지만 원어의 의미와는 상관없이 KJV의 번역을 맹신하는 럭크만(Peter Ruckman)은 사람들이 KJV의 "그림"이라는 번역을 따르지 않기 때문에 사람들이 각종 그림이나 TV를 즐기고 있다고 주장하고 있다.[16]

③ 사도행전 19:37

한글 개역판: "전각의 물건을 도적질하지도 아니하였고 우리 여신을 훼방하지도 아니한 이 사람들을 너희가 잡아왔으니"

한글 킹 제임스: "이 사람들은 교회들의 물건을 훔치지도 않았고 너희의 여신을 모독하지도 아니하였는데 너희가 여기로 데려왔으니"

KJV: "For ye have brought hither these men, which are neither robbers of churches, nor yet blasphemers of your goddess"

헬라어 원문: ··· οὔτε ἱεροσύλους οὔτε βλασφημοῦντας τὴν θεὸν ἡμῶν ("신전의 물건을 훔치지도 아니하였고 우리 신을 모독하지도 아니하였는데")

여기서 문제의 초점이 되는 헬라어 단어는 "히에로쉴루스"(ἱεροσύλους)라는 단어의 의미이다. 이 단어는 KJV나 한글 킹 제임스 성경같이 "교회의 물건을 훔치는 자들"이 아니고 "헬라인의 신전의 물건을 훔치는 자들"을 의미한다. 바우어(Walter Bauer)의 헬라어 사전에 의하면, 이 단어는 분명히 "신전 물건을 훔치는 도둑"(temple robber)을 의미한다.[17] 문맥적으로도 "교회 물건을 훔치는 자"로 번역하는 것은 말이 안 된다. 바울 사도가 이 지역에서 처음으로 복음을 전파하는 것이기 때문에 에베소 지역에 기존 교회란 있을 수가 없다. 그러나 KJV나 한글 킹 제임스 성경은 교회가 이미 존재하고 있는 것같이 말하고 있기 때문에 이 부분은 KJV나 한글 킹 제임스 성경의 분명한 오역이다.

④ 로마서 1:18

한글 개역판: "하나님의 진노가 불의로 진리를 막는 사람들의 모든 경건치 않음과 불의에 대하여 하늘로 좇아 나타나나니"

한글 킹 제임스: "하나님의 진노가 불의 가운데서 진리를 붙잡는 사람들의 모든 불경건과 불의에 대하여 하늘로부터 계시되거니와"

KJV: "For the wrath of God is revealed from heaven against all ungodliness and unrighteousness of men, who hold the truth in unrighteousness"

헬라어 원문: … $επι$ $πασαν$ $ασεβειαν$ $και$ $αδικιαν$ $ανθρωπων$ $των$ $την$ $αληθειαν$ $εν$ $αδικια$ $κατεχοντων$ ("불의로 진리를 막는 사람들의 불경건과 불의에 대하여")

이 구절에 관해서 KJV 맹신자인 럭크만은 이렇게 말하고 있다.

> 성경 66권 중 어디에서도 여기에서보다 성경에 대한 배교적인 왜곡이 더 명백하게 나타난 곳은 없다. 이 로마서 1장에는 배교자들의 모든 것이 나타나는데, 교수들과 진화론자들과 동성연애자들과 완고하고 거만한 자들과, 특히 하나님을 알았던 그 죄인들(21절)은 단지 하나님께서 "진리로써" 계시하셨다는 것을 좋아하지 않았다. 그래서 하나님께서는 진리를 붙들되 배교자들처럼 불의 가운데서 붙들고 있는 사람들에게 진노하심에도 불구하고, 이 역본에 의하면 당신은 단지 "진리를 막지만" 않으면 배교자가 되지 않는 것이다.[18]

여기서 문제의 핵심이 되는 단어는 "카테코"($κατεχω$)인데, 이 단어가 여기서 어떤 의미로 사용되고 있느냐 하는 것이 밝혀진다면 긴 논쟁은 불필요하게 될 것이다. "카테코"는 신약 성경에서 모두 19회 사용되고 있는데, "막다, 방해하다, 억누르다,(감옥에) 가두다, 붙잡다, 간직하다" 등의 의미를 가지고 있다.[19]

"카테코"는 물론 KJV의 경우와 같이 "붙잡다"로 번역될 수도 있다. 그러나 여기서는 "막다, 억누르다"로 번역하는 것이 옳다고 본다. 그 이유는 다음과 같다. 첫째, 로마서 1:18-32은 이방인의 죄에 관해서 말하고 있다. 19절 이하에서 바울 사도가 말하는 바는 자연 계시를 통해서 하나님에 관해서 어느 정도 알려졌지만 이방인들은 하나님을 영화롭게도 아니하고 하나님 대신 우상숭배를 함으로 각종 범죄에 빠진 것을 말하고 있다. 그런데 18절에서 그 이방인들이 진리를 붙들고 있고, 그것을 간직하고 있다고 하는 것은 어불성설이다. 그러나 "카테코"를 "막다, 억누르다"로 번역하면 19절 이하의 내용과 잘 부합된다. 둘째, 만약 "카테코"를 KJV같이 "붙잡다"로 번역하면, 이방인들은 불경건한 상태에서 진리는 간직하고 있으면서 행동은 불의하게 나타났으니 위선자라고 할 수 있는데, 바울 사도는 본문에서 그들의 위선적인 죄에 관해서는 공격하고 있지 않다. 그렇기 때문에 "막다, 억누르다"는 번역이 옳다. 셋째, 성경 어디에서도 이방인이 예수 없이도 하나님에 관한 진리를 소중히 간직하고 있다고 가르치지 않고 있다. 그렇지 않다면 예수 없이도 이방인들이 구원받을 수 있다는 말이 되는데, 이는 성경의 가르침과는 정면 배치(背馳)된다. 끝으로 주석가들이나 헬라어 사전 및 KJV 이외의 다른 번역판들은 모두 로마서 1:18을 "막다, 억누르다"로 번역하고 있다는 사실도 간과해서는 안 될 것이다. 그렇기 때문에 KJV의 "붙잡다"는 분명한 오역이라고 단정지을 수 있다.

⑤ 빌립보서 1:13

한글 개역판: "이러므로 나의 매임이 그리스도 안에서 온 시위대 안과 기타 모든 사람에게 나타났으니"

한글 킹 제임스: "이는 그리스도 안에서 나의 갇힘이 모든 궁진 안과 다른 모든 곳에도 알려졌음이라"

KJV: "So that my bonds in Christ are manifest in all the palace, and in all other places"

헬라어 원문: … ἐν ὅλῳ τῷ πραιτωρίῳ καὶ τοῖς λοιποῖς πᾶσιν ("모든 시위대 안과 그 밖의 다른 사람들에게")

여기서 문제의 핵심이 되는 단어는 "프라이토리온"(πραιτώριον)인데, 이 단어는 여기서 "황제의 시위대"를 의미한다. 물론 때로는 "프라이토리온"이 총독이나 왕의 관저를 의미할 수도 있지만, 이 당시에 벌써 로마 황제의 궁전 전체에 복음이 증거되었다는 증거는 찾아볼 수 없다. 뿐만 아니라 바울은 황제의 궁전 안에 갇혀 있는 것이 아니라 "셋집"에 살면서 착고에 매여 시위대의 감시를 받고 있었던 것을 볼 수 있다(행 28:30). 그렇기 때문에 여기서 "프라이토리온"을 "궁전"이라고 하는 것은 오역이다.

본문의 의미를 좀더 정확히 파악하기 위해서 할 수만 있으면 여러 가지 번역판을 서로 대조해 보는 것은 좋은 일이다. 그러나 만일 단 한 가지의 번역판만 가지고 있다면 어느 구절의 표현이 모호할 때 그 번역판의 내용을 그대로 따라 가거나, 아니면 결론을 내리는 데 큰 어려움을 겪을 것이다. 그러나 몇 가지 번역판을 가지고 있다면 그것들을 서로 대조해봄으로써 그 의미를 좀더 분명하게 파악할 수 있을 것이다.

(2) 성구 사전

성구 사전(Concordance)은 잘 모르는 성구를 찾는 데 도움이 될 뿐만 아니라 단어 연구를 하는 데 있어서도 필수 불가결하다. 어느 주어진 단어가 특정한 문맥 내에서 어떤 의미로 사용되고 있는가를 연구하려면 성구 사전을 이용해야 된다. 한글로 된 것 가운데는『성구 대사전』(혜문사),『최신판 성구 사전』(한국 성서 협회) 등이 있으나, 필자의 생각에는 두 권으로 된『성구사전』(기독교 문화 협회)이 가장 좋은 것 같다.

원어와 영어를 아는 설교자들은 훨씬 더 많은 도움을 받을 수 있을 것이다. 구약의 경우에는 위그럼(George V. Wigram)의 *The Englishman's Hebrew and Chaldee Concordance of the Old Testament*(기독교 문화 협회에서 우리말로 번역했음)가 이용하기에 용이하고, 조금 전문적인 것으로는 맨덜컨(Salomon Mandelkern)의 *Concordance on the Bible*이 있다. 신약의 경우는 모울턴과 기던(W. F. Moulton and A. S. Geden)의 A Concordance to the Greek Testament 나 위그럼(George V. Wigram)의 *The Englishman's Greek Concordance of the New Testament*(기독교 문화 협회에서 번역했음)가 좋을 것이다.

(3) 주석

설교자는 성경 각 권당 최소한 3-4권의 주석은 필수적으로 갖추어야 할 것이다. 주석은 시리즈로 된 것을 구입할 수도 있고, 낱개로 된 것을 구입할 수도 있을 것이다. 구약 주석 시리즈로 카일과 델리치의 주석(기독교 문화사)이 좋다. 이상근 박사의 구약 주석 시리즈도 좋은 주석이다. 신·구약을 다 포함하고 있는 주석 시리즈로는 『두란노 강해 주석』이 간결하면서도 핵심을 잘 다루고 있기 때문에 좋은 주석이다. 미국의 보수 신학자들이 저술하여 프랭크 게이블라인(Frank Gaebelein)이 편집한 『엑스포지터스 성경 연구 주석』(기독 지혜사)도 좋고, 베이커 석의 주석(*Baker Exegetical Commentary*) 시리즈, 워드 주석(*Word Biblical Commentary*) 시리즈도 전반적으로 좋은 주석이다. 『성경 주석 뉴 인터내셔널』(생명의 말씀사)도 추천할 만한 책이다(이 시리즈의 구약편은 현재 미국에서 계속 출간 중에 있음). 이상근 박사의 신약 주석이나 『알포드 신약 원어 주해』(기독교 문화사)도 좋은 주석이며, 주석은 아니지만 원어 연구에 도움이 되는 책으로는 로버트슨(A. T. Robertson)의 『신약 원어 해설』(요단출판사)이 있다. 어느 한 저자의 주석이 아니고 여러 저자의 주석을 모자이크식으로 편집한 소위 종합 주석 가운데에는 『호크마 주석』이 비교적 좋은 것 같다.

그 밖에도 주석은 많이 있다. 그러나 필자는 가능하면 최근에 나온 것, 그리고 학문성과 보수성을 동시에 갖춘 저자의 주석을 우선적으로 구입하고 그 외의 것들은 경제적인 여유가 있을 때 구입하라고 권고하고 싶다.

(4) 사전류

사전류에는 원어 사전과 성서 사전의 두 종류가 있는데, 원어 사전 가운데 한글로 된 것 중에는 쓸 만한 것이 전무한 상태이다. 영어로 된 것 가운데는 발터 바우어(Walter Bauer)의 헬라어 사전(*A Greek-English Lexicon of the New Testament and Other Early Christian Literature*)과 브라운-드라이버-브릭스(Brown, Driver and Briggs)의 공편(共編)인 히브리어 사전(*A Hebrew and English Lexicon of the Old Testament with an Appendix Containing the Biblical Aramaic*)이 타의 추종을 불허한다. 그 외에도 히브리어 사전으로는 루트비히 쾰러와 발터 바움가르트너(Ludwig Koehler and Walter Baumgartner)의 공편인 *Lexicon in Veteris Testament Libros*와 *Theological Dictionary of the Old Testament*(TDOT), *Theological Wordbook of the Old Testament*(TWOT) 등이 좋고, 헬라어 사전으로는 *Theological Dictionary of the New Testament*(TDNT), *New International Dictionary of New Testament Theology*(NIDNTT), J. P. 루와 유진 나이다(J. P. Louw and Eugene A. Nida)의 공편인 *Greek-English Lexicon of the New Testament Based on Semantic Domains*, 호르스트 발쯔와 게르하르트 슈나이더(Horst Balz and Gerhard Schneider)의 공편인 *Exegetical Dictionary of the New Testament* (EDNT) 등이 좋은 사전이다. 이 가운데 TWOT는 『구약 원어 신학 사전』이란 제목으로, 단 권으로 된 TDNT(Ed., Gerhard Kittel)는 『신약 성서

신학 사전』이란 제목으로 요단출판사에서 번역되었는데, 적극 권장하고 싶은 책들이다.

성서 사전으로는 『위클리프 성경 사전』(지평서원), 『성서 대백과』(기독지혜사), 『기독교 대백과 사전』(기독교문사) 등이 추천할 만한 책이라고 하겠다. 영어로 된 것 가운데에는 *Baker Encyclopedia of the Bible*(Ed., Walter A. Elwell), *Zondervan Pictorial Encyclopedia of the Bible*(Ed., M. C. Tenney), *International Standard Bible Encyclopedia*(Ed., G. W. Bromiley), Dictionary of Jesus and the Gospels(Eds., Joel B. Green, Scott McKnight and I. Howard Marshall), *Dictionary of Paul and the Letters*(Eds, Gerald F. Hawthorne, Ralph P. Martin and Daniel G. Reid) 등을 추천하고 싶다. 진보적 입장에서 저술된 *Anchor Bible Dictionary*(Ed., David N. Frredman)도 항목에 따라서는 좋은 내용이 있으므로 선별적으로 사용하면 도움이 될 것이다.

(5) 기타

위에 언급한 책들 외에 성서 배경에 관한 책들을 몇 권 갖추는 것이 좋을 것 같다. 성서 고고학에 관한 저서도 한두 권 구비해야 하고, 성서 지리나 유대인들의 관습에 대한 책도 몇 권 갖추어야 할 것이다. 유태인의 관습에 관한 책으로는 롤랑 드 보(Roland de Vaux)의 『구약 시대의 생활 풍속』(대한 기독교 출판사)과 프레드 와이트(Fred Wight)의 『성지 이스라엘의 관습과 예의』(보이스사), 윌리엄 콜만(William Coleman)의 『성경시대의 상황과 풍습』(서울서적) 등이 추천할 만한 책이다. 최명덕 교수가 쓴 『유대인 이야기』(두란노)도 유대인 관습 이해에 주요한 길잡이가 될 것으로 생각한다.

이 밖에 다른 설교자의 설교집이나 강해집 같은 것도 구비해서 참고로 사용할 필요가 있다. 남의 설교를 베낀다는 것과 참고한다는 것은 엄청나게 다르기 때문에 참고하는 것은 적극 권장할 만하되 베끼는 일은 절대 금물이다. 그것은 표절(剽竊) 행위로서, 말하자면 남의 지식을 도둑질하는 행위라고 할 수 있다. 남의 설교집을 전혀 참고하지 않는 설교자는 사실상 거의 없다고 해도 과히 틀린 말은 아닐 것이다. 필자도 남의 설교집을 참고하기도 하고, 다른 사람이 만든 설교 아웃라인 중에서 마음에 드는 것이 있으면 사용하기도 한다. 그러나 지금까지 한 번도 남의 설교를 그대로 베껴 본 적은 없다.

B. 연구 방법

강해설교는 귀납적 성경 연구(Inductive Bible Study)에 근거하고 있다. 귀납적 성경 연구 자체가 강해설교는 아니지만 강해설교와 귀납적 성경 연구는 불가분의 관계를 가지고 있다. 귀납적 성경 연구에 의해 얻어진 결과가 곧 바로 강해설교로 이어진다. 귀납적 성경 연구를 하기 위해서는 미국 달라스 신학교 교수로 재직하고 있는 하워드 헨드릭스(Howard Hendricks)가 그 아들과 공저(共著)한 『삶을 변화시키는 성경 연구』(*Living by the Book*)와 로버트 트레이너(Robert Traina)의 『귀납적 성경 연구』(*Methodical Bible Study*)가 참고할 수 있는 좋은 책이다.

(1) 관찰(Observation)

하나님의 말씀을 제대로 가르치고 설교하기 위해서 관찰을 잘 하는 것이 얼마나 중요한가 하는 것은 아무리 강조해도 지나침이 없다.

마케도니아(Macedonia) 대왕 필립 2세(B.C. 382-336)에게 참으로 구하기 힘든 명마가 있다면서 말을 팔러 온 사람이 있었다. 눈으로 보기에도 무척 훌륭해 보이는 말이기에 왕은 수하에 있는 명장들에게 한번 시승해 보라고 했다. 그런데 그 말을 타겠다고 자청한 백전 노장들이 하나같이 모두 실패하고 말았다. 백전 노장도 제대로 다룰 수 없는 말이라면 더 이상 쓸모가 없다고 생각한 왕은 그 말을 돌려보내려고 하는데, 옆에 서 있는 어린 알렉산더 왕자가 "말을 다룰 줄도 모르고 대담하지도 못하기 때문에 저렇게 훌륭한 명마를 알아보지 못하는구나" 라고 중얼거렸다. 처음 이 말을 들은 왕은 예사로 생각했는데 몇 번이나 거듭 한탄조로 말하는 아들의 말이 귀에 걸려서 왕이 한 마디 했다. "너는 저 말을 탈 수 있겠느냐?" "예." "천하의 명장들도 다 못타고 말았다. 만약 실패하면 어떻게 하겠느냐?" "말 값을 제가 물겠습니다." "그래. 그러면 한번 타 보아라."

알렉산더는 깨끗이 성공했고, 그 날부터 명마 부케팔루스(Bucephalus)는 알렉산더의 분신(分身)같이 알렉산더와 하나가 되어 천하를 질주하며 대공(大功)을 세웠다. 부왕은 내노라 하는 명장들도 실패한 것을 어린 왕자가 성공한 것이 너무 대견스러워 "오, 내 아들아! 너는 너에게 알맞은, 그리고 너에게 부끄럽지 않은 왕국을 찾음이 좋겠다. 마케도니아는 너에게 너무 작기 때문이야"라고 덕담(德談)을 해주었다고 한다.

그러면 알렉산더는 다른 사람들이 못타는 말을 어떻게 탈 수 있었을까? 그는 실패자들을 유심히 관찰하면서 말이 지니고 있는 약점을 정확히 파악했던 것이다. 그 말은 비록 천하의 명마임에는 틀림이 없었으나 그림자 공포증과 고성(高聲) 공포증을 가지고 있었던 것이다.[20]

관찰의 힘은 그렇게 위대한 것이다. 그러면 설교자가 본문을 연구하기 위해서 주로 관찰해야 할 부분은 어떤 것일까? 설교자가 반드시 관찰해야 될 대상은 크게 네 가지이다. 즉, 단어(Key Words), 문장의 구조(Structure), 문학 장르(Literary Form) 및 분위기(Atmosphere)이다.[21]

첫째, 중요한 단어(Key Words)를 관찰해야 한다.

본문에 나오는 단어나 표현 중 잘 이해가 안 되는 단어, 생소한 단어, 신학적으로 중요한 단어가 있으면 반드시 관찰하고 연구해야 한다.

둘째, 문장의 구조(Syntax)를 관찰해야 한다.

구조란 두 단어 이상이 모여 형성하는 상호간의 관계를 말한다. 설교자가 관찰해야 할 관계에는 문법적 관계(Grammatical Relationships)가 있다. 명사와 동사가 모이면 주어와 술어의 관계가 형성될 것이고, 형용사와 명사가 모이면 수식어와 피수식어의 관계가 형성된다. 단어가 여러 개 모이면 주어, 목적어, 술어의 관계가 형성될 것이다. 뿐만 아니라, 설교자는 논리적 관계(Logical Relationships)도 관찰해야 한다. 한 문장과 다음 문장이 인과관계, 목적, 조건, 결과, 대조, 비교, 설명, 예증 등의 관계를 가질 수 있기 때문에 설교자는 이런 관계를 주의해서 본문을 읽고 연구해야 한다. 시간적 관계(Chronological Relationships)나 지리적 관계(Geographical Relation- ships)도 결코 경시하지 말아야 할 관계이다.

셋째, 문학 장르(Literary Genre)를 관찰해야 한다.

교훈 문학은 상당히 논리적으로 전개되기 때문에 논리의 흐름에 주의를 기울여야 한다. 뿐만 아니라, 교훈 문학은 압축된 언어를 사용하고 있기 때문에 단어 연구의 비중이 상대적으로 커진다. 서사문학은 사건 전체가 무엇을 말하려는지를 바로 파악해야 한다. 시가 문학은 수사적인 표현을 많이 사용하고 있기 때문에 이 부분에 관한 배려가 필요하다. 뿐만 아니라, 시란 절제된 감정을 정제된 언어로 표현하기 때문에 시인의 감정을 바로 이해하는 것도 중요하다.

넷째, 분위기(Atmosphere)를 관찰해야 한다.

저자의 분위기가 슬픔의 분위기인지, 공포의 분위기인지, 외경의 분위기인지, 기쁨의 분위기인지 등을 관찰하는 것도 본문 이해에 중요한 역할을 한다.

그러면 설교자가 본문을 관찰함으로 얻을 수 있는 것은 무엇인가? 그것은 크게 두 가지로 말할 수 있을 것이다.

첫째는, 사실의 발견이다.

설교자는 설교하기 전에 자신이 택한 본문을 샅샅이 연구해야 한다. 본문에 어떤 내용이 담겨 있는가를 발견해야 하는 것은 물론, 본문에서 반드시 취급해야 될 중요한 부분을 간과(看過)하지는 않았는지 세심하게 연구해야 할 것이다. 사실을 발견하기 위해서는 육하원칙(六何原則), 즉 누가, 무엇을, 언제, 어디서, 왜, 어떻게 했는가 하는 원리를 적용하면 될 것이다.

둘째는, 관찰에 있어서 사실의 발견보다도 더 중요한 것은 영적 원리(진리)를 발견하는 것이다.

교훈 문학의 경우에는 원리가 본문에 이미 나타나 있는 것이 일반적인 경우이므로 원리를 찾기 위해서 크게 고심할 필요가 없을 것이다. 그러나 서사문학에 이르게 되면 상황이 완전히 바뀌게 된다. 서사문학에서는 때로 원리를 찾는 것이 어렵기 때문에 본문을 우화적으로 해석해서 원리 아닌 원리를 가지고 적용해서 설교하기도 하고, 어떤 경우에는 본문의 내용을 다소 각색(脚色)하거나 윤색(潤色)해서 다시 들려주는 것으로 설교를 끝내기도 한다. 그러나 이것은 서사문학을 바르게 설교하는 방법이 아니다. 서사문학을 우화화(寓話化)하지 않고 바르게 설교할 수 있는 유일무이한 방법은 『원리화』(Principlization)이다. 원리화란 "서사문학에서 오늘날의 신자에게 적합성이 있는 영적, 도덕적, 또는 신학적 원리를 찾으려는 노력"이라고 정의할 수 있겠다.[22] 대지를 만들 때에도 원리화의 과정을 통해서 나온 대지는 『설교적 대지』라고 하여 『석의적 대지』와는 사뭇 다른 것임을 알아야 한다(이에 관한 자세한 논의는 제3장 제5절을 참고할 것).

서사문학의 경우에는 사건 자체만 나타나 있기 때문에 이것만 가지고는 설교할 만한 것이 없는 경우가 대부분이다. 그러나 그 사건에서 원리를 찾게 되면 설교할 내용은 굉장히 풍부해 진다.

예를 들어, 마가복음 2:1-4을 중심으로 하면 어떤 원리가 가능하겠는가? 여러 가지 가능성이 있지만, "협동하면 불가능한 것도 가능하게 된다", "힘을 합치면 난관을 극복할 수 있다" 등의 원리가 나올 수 있을 것이다. 마가복음 4:35-37에서는 어떤 원리가 가능하겠는가? "주님과 동행해도 어려움은 있다", "영적으로 바로 서 있어도 역경은 있다" 등의 원리가 가능할 것이다.

(2) 문맥 연구

첫째, 본문의 문맥(Context)을 연구하라.

본문 연구에 있어서 문맥의 중요성은 아무리 강조해도 지나치지 않는다. 윗키(Bruce K. Waltke)는 이렇게 말한다. "스피치에 있어서 가장 우선적이고 중요한 규칙은 문맥이 의미를 결정한다는 것이다."[23] 실바(Moisés Silva)도 같은 의견이다.

> 문맥은 우리로 하여금 의미를 이해하는 데 도움을 주는 정도가 아니라, 사실상 문맥이 의미를 만들어 낸다. 대표적인 언어학 개론서는 우리에게 이렇게 말한다. "어떤 단어가 가지고 있는 다양한 의미 가운데서 의식(意識)상태로 표출(表出)되는 의미는 문맥에 의해 결정된 의미이다. 모든 다른 의미는 폐지되고, 소멸되고, 존재하지 않게 된다. 이 원리는 단어의 의미가 확정된 것 같이 보이는 경우에도 그대로 해당된다."[24]

몇 가지 예를 통해서 문맥이 얼마나 중요한가를 생각해 보자.

"죽었다"는 단어의 경우, 우리는 흔히 이 단어를 "사망"과 연관시키지만 문맥에 따라서 "죽었다"라는 단어는 전혀 다른 의미가 된다. "옷 색깔이 죽었다"라든지 "영희는 코가 죽었다"라고 하는 경우에 "죽었다"는 단어는 사망과는 아무 관계가 없다. "옷 색깔이 죽었다"는 것은 옷의 색깔이 산뜻하지 못하고 거무튀튀하다는 뜻이고, "코가 죽었다"는 것은 코가 납작하다는 뜻이다.

헬라어의 "로고스"(λόγος)라는 단어의 경우, 우리는 요한복음 1장을 염두에 두고 "로고스"를 항상 "말씀"과 연관시키는 버릇이 있다. 그러나 문맥에 따라서 "로고스"는 전혀 다른 의미가 되고 만다. 예를 들어, 마태복음 5:32을 한번 보자. "나는 너희에게 이르노니 누구든지 음행한 연고 없이 아내를 버리면 이는 저로 간음하게 함이요 또 누구든지 버린 여자에게 장가드는 자도 간음함이니라." 여기서 "음행한 연고 없이"라는 부분은 헬라어로 "파렉토스 로구 포르네이아스"(παρεκτὸς λόγου πορνείας)인데 여기에 쓰인 "로고스"가 "말씀"의 의미가 아님은 부연할 필요조차 없다. 문맥상으로 볼 때 이 경우 "로고스"는 "이유, 동기, 연고"의 의미로 해석해야 한다.

"로고스"는 로마서 14:12; 마태복음 12:36; 사도행전 19:40 등에서는 "계산"(account, computation, reckoning)이라는 의미로 사용되고 있고, 사도행전 8:21; 15:6 등에서는 "일, 문제" 등의 의미로 사용되고 있다.

문맥을 떠나서 본문을 연구하고 해석할 경우, 사실상 성경으로부터 거의 모든 것을 증명할 수 있다.

벌써 오래 전 이야기이지만, 필자가 구원받은 직후 필자는 어떤 선교사가 그리스도인은 영화관에 가서는 안 된다고 하면서 그 증거로 사도행전 19:31을 인용하는 것을 본 적이 있다. 그 당시에는 사도행전 19:31이 그 선교사가 주장하는 그런 의미인지 아닌지 판단할 만한 능력이 없었기 때문에 그의 주장을 액면 그대로 받아들였다. 그러나 그 후 신학 공부를 체계적으로 하면서 그 선교사의 해석이 문맥을 떠난 해석의 전형적인 경우인 것을 발견했다.

그러면 사도행전 19:31이 문맥 내에서는 어떤 의미인지 한번 보도록 하겠다. 본문은 이렇다. "또 아시아 관원 중에 바울의 친구된 어떤 이들이 그에게 통지하여 연극에 들어가지 말라 권하더라." 아시아 관원 중 어떤 사람들이 바울에게 연극장으로 들어가지 말라고 한 이유는 연극이나 영화 관람을 금지하기 위한 것이 아니라 바울을 해치려는 사람들이 연극장으로 몰려들었기 때문이다. 19:23-30을 읽어보면 19:31의 의미를 제대로 파악하게 된다.

그러면 성경을 연구할 때 고려해야 될 문맥에는 어떤 것들이 있는지 몇 가지 생각해 보도록 하겠다.

① 가까운 문맥(Immediate Context)

주어진 어느 본문을 연구하고 해석할 때 그 본문의 앞에 있는 구절과 뒤에 따라 나오는 구절을 잘 살펴보아야 주어진 본문의 의미를 바로 파악할 수 있게 된다.

갈라디아서 5:4을 한번 예로 들어보자. "너희는 그리스도에게서 끊어지고 은혜에서 떨어진 자로다." 이 구절 자체만 가지고 본다면 구원받은 사람이 구원을 잃어버린다는 의미같이 보인다. 그러나 이것을 전후 문맥에 비추어 보면 그리스도인이 구원을 잃어버린다는 것을 의미하고 있지 않다는 것을 알게 될 것이다. 사도 바울이 말하는 바는, 만일 누군가가 율법으로 구원을 받으려고 한다면, 그는 모든 율법을 다 지키든가 아니면 그리스도와 상관없이 되던가 둘 중의 하나이다. 그러나 어느 누구도 모든 율법을 다 지킬 수 없기 때문에 율법으로 구원받으려는 자는 그리스도에게서 단절된 사람이요, 하나님의 은혜와는 상관이 없는 자이다.[25]

잠언 4:8-9을 한번 보자. 본문은 이렇다. "그를 높이라 그리하면 그가 너를 높이 들리라 만일 그를 품으면 그가 너를 영화롭게 하리라 그가 아름다운 관을 네 머리에 두겠고 영화로운 면류관을 네게 주리라 하였느니라." 필자는 오랫동안 "그"가 예수 그리스도를 뜻하는 것으로 해석했다. 그러나 훨씬 후에 필자가 미국에서 신학 공부를 제대로 하면서 비로소 여기서 말하는 "그"는 그리스도가 아니라 "지혜"를 가리킨다는 것을 알게 되었다. 전후 문맥을 읽어보면 "그"가 무엇을 가리키는가 하는 것이 명명백백해진다.

마태복음 10:24-25 상반절의 경우를 한번 보자. 본문은 이렇다. "제자가 그 선생보다, 또는 종이 그 상전보다 높지 못하나니 제자가 그 선생 같고 종이 그 상전 같으면 족하도다." 너무나 많은 설교자들이 이 구절을, "제자는 그 인격이나, 신앙, 학식 등에서 선생을 능가할 수 없다"는 의미로 해석한다. 그리고 어떤 주석 성경에서는 이 구절에 대한 참고 구절로서 누가복음 6:40을 제시하고 있다.

그러나 마태복음 10:24-33을 읽어보면 본문에서 주님께서 말씀하시고자 하는 주제는 핍박에 관한 것이다. 그렇기 때문에 24절과 25절도 핍박과 관련된 것으로 해석해야 된다. 주님께서 말씀하시고자 하는 바는 이렇게 표현될 수 있을 것이다. "사람들이 집주인인 나를 바알세불이라고 하면서 비난하고 핍박하는데 그 집에 속해 있는 너희들(=제자들)이라고 핍박을 면할 수 있겠느냐? 그러나 너무 두려워하지 말아라. 너희들이 아무리 큰 핍박을 받아도 너희들의 선생인 내가 받는 핍박보다는 훨씬 작다." 그렇기 때문에 누가복음 6:40을 참고 구절로 사용하는 것은 문맥을 완전히 무시하고 성경을 인용하는 것이다. 그러나 요한복음 15:20은 참고 구절이 된다.

누가복음 17:21도 문맥과 상관없이 많이 인용되는 구절 중 하나이다. 본문은 이렇다. "또 여기 있다 저기 있다고도 못하리니 하나님의 나라는 너희 안에 있느니라." 많은 설교자들이 이 본문을 가지고 "하나님의 나라는 눈에 보이는 것이 아니라 사람의 심령 가운데 임한다. 심령 천국이 이루어져야 영원 천국도 이루어진다"는 식으로 설교한다. 이것도 문맥을 완전히 무시한 잘못된 해석이다. 17:20부터 읽어보면 "너희"는 거듭난 그리스도인들을 가리키는 것이 아니라 믿음이 없이 그리스도를 반대하는 바리새인들을 가리킨다는 것을 쉽게 알게 될 것이다. 구원도 받지 아니한 바리새인들의 심령 가운데 하나님의 나라가 임해 있다는 것은 한 마디로 어불성설(語不成說)이다. 여기서 "너희 안"은 "너희들 가운데, 너희들 사이에"(among you, in the midst of you)로 이해해야 될 것이다. 이 본문은 하나님의 나라를 가지고 와서 지금 바리새인들 사이에 계신 메시야 자신을 가리키는 말씀인 것이다.

② 먼 문맥(Distant Context)

어떤 경우에는 주어진 본문의 전후에 있는 몇 절만 읽으면 의미가 분명해지지만, 어떤 경우는 한 장(章) 전체나 몇 장을, 또 어떤 경우에는 그 본문이 포함된 책 전체를 읽어야 의미를 올바로 파악하게 될 수도 있다.

에스겔 37장을 한번 생각해 보자. 많은 부흥사들이나 설교자들은 뼈를 우리의 메마른 심령으로, 인자는 설교자로, 생기는 성령 또는 성령의 능력으로, 마른 뼈가 힘을 얻는 것은 중생으로 해석한다. 사실 필자 자신도 과거에는 이런 식으로 설교했다. 지금 생각하면 참으로 부끄럽기 그지 없는 설교였다.

본문의 문맥을 잘 살펴보면, 특히 11절을 보면 마른 뼈는 이스라엘 족속을 나타내고 있음을 분명히 알 수 있다. 마른 뼈가 생기를 얻는 것은 이스라엘의 회복을 가리키고 있으며, 그 회복은 마지막 때에 일어날 것이라는 것은 36장에서 39장까지의 문맥을 보면 확실하다. 36장에서 39장까지는 말세에 관한 예언이기 때문에 37장도 이러한 관점에서 이해해야 할 것이다.

(3) 문자적 의미의 연구

둘째, 문자적으로 연구, 해석하라.

본문을 문자적으로 연구, 해석한다는 것은 두 가지 면을 포함한다.

① 그것은 우선 우화적으로 해석하지 말라는 의미이다.

우화적 해석(Allegorical Method of Interpretation)이란 문자적 의미 뒤에 숨겨져 있는 깊은 의미를 발견하려는 노력인데, 이는 원래 희랍에서 시작된 것이다. 희랍 사람들은 철학적 - 역사적 전통과 함께 종교적 - 신화적 전통도 동시에 가지고 있었는데, 종교적 전통에는 신화적 공상적 요소는 물론 불합리하고 부도덕한 요소까지도 포함되어 있었다. 철학적 - 역사적 전통의 관점에서 볼 때 종교적 - 신화적 전통은 받아들이기가 어려웠다. 그럼에도 불구하고 희랍인들이 종교적 전통에 대해 갖는 애착 때문에 이를 쉽게 포기할 수가 없었다. 그래서 이 양자(兩者)간의 갈등을 해소하기 위해 종교적 전통을 우화적으로 해석하기 시작했다. 다시 말하면, 종교적 전통에 속한 신화적, 비이성적 요소들을 문자 그대로 해석하는 대신 신화적 언어를 사용하여 표현하려고 하는 진정한 의미는 문자 뒤에 놓여 있다고 함으로 철학적 - 역사적 전통과 종교적 - 신화적 전통 사이의 갈등을 해결하려고 한 것이다.[26]

이러한 우화적 해석법은 헬레니즘 문화의 중심지인 알렉산드리아에 자연스럽게 유입(流入)되었고, 거기에 거주하던 유대인에게도 전파되어 결국은 이들을 통해 교회에 침투하게 된 것이다. 알렉산드리아의 유태인 가운데 우화적 해석법을 사용한 대표적 인물은 필로(Philo)이다. 필로는 희랍 문화에 심취해 있었는데, 희랍의 철학과 성경, 특히 모세 오경과의 충돌을 해결하기 위해 우화적 해석법을 광범위하게 사용했다.[27] 그의 해석이 얼마나 황당무계(荒唐無稽)했는가는 그의 글을 보면 너무도 명백하게 드러난다. 하나님께서 동방에 에덴 동산을 만드신 것(창 2장)에 관해서 그는 이렇게 말한다.

> 미덕(Virtue)은 낙원(Paradise)이라고 불리고 있으며, 낙원을 위한 적절한 장소가 에덴인데, 이는 사치(Luxury)를 의미한다. 미덕을 위한 가장 적절한 분야가 평화와 안락(Ease)과 즐거움인데, 참된 사치는 바로 여기에 있는 것이다. 더욱이 낙원은 동방에 세워졌다고 했는데, 그 이유는 올바른 이성은 (해가 지듯이) 지거나 소멸되지 않고 항상 솟아오르는 것이 그 본질이기 때문이다. 그리고 내가 상상하건대, 솟아오르는 태양이 흑암을 빛으로 채우듯이 미덕이 인간의 영혼 속에서 솟아오르면 그것은 안개조차도 빛나게 하며, 칠흑 같은 흑암도 물리친다. 모세는 또 이렇게 말한다. "그 지으신 사람을 거기 두시고"(창 2:8b). 하나님은 선하시고 또 미덕을 위해서 인류를 지으셨기 때문에 마음(Mind)을 미덕 안에 놓아두셨는데, 이는 훌륭한 농부같이 마음이 오직 미덕만을 배양하고 거기에만 치중하게 하기 위해서이다.[28]

알렉산드리아의 유태인들은 알렉산드리아의 그리스도인들에게 영향을 미치게 되었고, 그 결과 우화적 해석법은 어렵지 않게 교회 내에 들어오기 시작했다. 알렉산드리아의 그리스도인 가운데 우화적 해석법으로 잘 알려진 사람으로는 클레멘트(Clement of Alexandria)와 오리겐(Origen)을 들 수 있을 것이나, 후자가 교회에 훨씬 더 큰 영향을 끼쳤다.

오리겐에 의하면, 성경은 세 가지 의미, 즉 문자적(Literal), 도덕적(Moral), 신비적(Mystic) 의미를 갖는데, 이는 사람이 몸, 혼, 영으로 구성된 것과 같다는 것이다. 그가 세 가지 의미를 말하고 있기는 하지만, 실제로는 세번째 의미에만 치중해 우화적 해석법을 광범위하게 사용하고 있다.[29]

예를 들면, "그 소녀(리브가)는 보기에 심히 아리땁고 지금까지 남자가 가까이 하지 아니한 처녀더라"(창 24:16)는 구절은 사람이 회개하면 예수께서 그 영혼의 남편이 되지만 타락하면 사탄이 영혼의 남편이 된다는 의미라는 것이다.[30] 뿐만 아니라 리브가가 물을 길러 우물에 갔다가 아브라함의 종을 만난 것은 우리가 날마다 그리스도를 만나기 위해서 성경이라는 우물로 가야 한다는 의미라는 것이다.[31]

필로나 오리겐 같은 우화주의자(Allegorist)는 본문 자체가 저자와 최초의 독자에게 어떤 의미였는가 하는 것에는 관심이 없었고, 본문 뒤에 숨겨져 있는 깊은 영적 의미를 찾는 데만 급급한 나머지 갖가지 상상과 억측으로 뒤범벅이 된 해석 아닌 해석을 내놓고 말았다.

유감스럽게도 우화적 해석법은 아우구스티누스(St. Augustine) 같은 대학자에게도 지대한 영향을 미쳤다. 그는 올바른 해석법의 중요성을 잘 인식하고 있었음에도 불구하고, 우화적 해석법을 상당히 폭 넓게 사용했다. 예를 들면, 다윗이 눕고, 자고, 깬 것은(시 3:5) 예수님의 죽음과 부활을 가리키는 것이고, 아담과 이브의 타락의 기사에서 무화과 잎은 위선을, 가죽옷은 죽음을, 그리고 네 강은 네 가지 미덕을 의미한다는 것이다.[32]

우화적 해석법은 해석이라기보다는 상상력의 장난에 불과하고, 해석자의 주관적 상상력이 모든 것을 좌우하게 되는 것이다.

그렇기 때문에 성경의 본문을 바로 연구하고 해석하기 위해서는 문자적 해석법(Literal Method of Interpretation)을 따라야 할 것이다. 성경을 문자적으로 해석한다는 것은 우리가 다른 문헌을 이해할 때 사용하는 방법과 똑같은 방법을 사용한다는 것을 뜻한다.[33] 예를 들어, 만약 석간 신문의 사회면에 "1999년 9월 25일 서울 청계천 4가에서 교통 사고로 인해 146번 버스의 승객 10명이 중경상을 입고 현재 고려대 안암 병원과 이대 동대문 병원에 입원 가료중이다"라는 기사가 실렸다면, 이 기사를 어떻게 이해해야 되는가? 1999란 숫자의 숨은 의미를 찾고, 9나 25의 깊은 뜻을 발견하려고 노력해야 되는가? 청계천의 숨겨진 의미나 10이란 숫자의 이면적(異面的) 의미를 발견해야 되는가? 어느 누구도 위의 신문 기사를 이런 식으로 이해하지 않고 기록된 그대로 이해할 것이다. 성경도 인간의 언어로 기록되어 있기 때문에 언어의 법칙에 맞게 해석해야 된다는 데에는 이의가 있을 수 없다.

만일 성경이 수사법(Figures of Speech)을 사용하고 있을 경우에는 수사법의 원칙에 맞게 해석하면 되는 것이다. 문자적 해석법은 수사적 표현도 문자적으로 해석하는 소위 "목석 같은 문자주의"(Wooden Literalism)를 의미하지는 않는다. 우리가 사용하는 표현에는 문자적 표현(Literal Expressions)과 수사적 표현(Figurative Expressions)이 있는데, 문자적 표현은 문자적으로, 수사적 표현은 수사법의 원칙에 따라 해석하자는 것이다.[34] 예를 들면, 예수님께서 "나는 길이다"(요 14:6)라고 말씀하실 때 그것이 아스팔트로 포장되어 사람이나 자동차가 다니는 길이라는 것을 뜻하지는 않는다. 이것은 수사법에서 일컫는 은유법이기 때문에 은유법의 해석 원칙에 따라 해석하면 되는 것이다.

성경을 문자적으로 해석하면 1,000은 1,000을 의미하지 완전수를 의미하지 않으며, 이스라엘은 이스라엘을 의미하지 교회를 의미하지 않으며, 이스라엘 각 지파 가운데 12,000명은(계 7장) 이스라엘 각 지파 가운데 12,000명을 의미하는 것이지, 여호와의 증인을 의미하는 것도, 한국의 어느 종파를 의미하는 것도, 교회를 의미하는 것도 아니다. 만약 우화적 해석법이 올바른 해석법이라면 해석학은 무정부 상태(Hermeneutical Anarchy)를 면하지 못할 것이다. 여러 해석자의 해석이 상이하고 상충될 경우 어느 것이 올바른 해석인지 판단할 기준이 없다. 그러한 경우에는 모든 해석을 다 맞다고 인정하든 다 틀렸다고 하든지 둘 중의 하나인데, 그렇게 되면 결국 성경 해석이라는 것은 불가능하게 되고, 따라서 성경은 아무런 소용이 없는 책이 되어 버리고 만다.

② 본문을 문자적으로 연구, 해석한다는 것은 본문에 쓰인 단어의 의미를 연구, 분석하라는 의미이다.

설교자가 본문을 연구할 경우 본문에 있는 단어를 깊이 연구해야 된다는 것은 재론의 여지가 없다. 그러나 많은 경우에(특히 본문이 긴 경우에), 단어 하나 하나를 다 깊이 연구한다는 것은 사실상 거의 불가능하다. 그렇기 때문에 설교자는 연구할 만한 가치가 있는 단어나 구(句)를 골라서 그러한 부분을 집중적으로 연구할 필요가 있다. 신학적으로 중요하거나, 윤리적으로 중요하거나, 이해하기에 어렵거나, 설교자가 생각할 때 청중에게는 어려울 것같이 보이거나 하는 부분은 반드시 연구할 필요가 있다.[35] 우리가 아주 흔히 쓰지만 그 의미를 간단하고 구체적으로 설명해 보라면 할 수 없는 단어나 구(句)도 특별히 연구할 필요가 있다. 예를 들면 "믿음", "의", "피", "육", "옛 사람" 같은 표현은 설교자의 상용어(常用語) 가운데 하나이지만, 이를 간결하게 설명할 수 있는 설교자는 그리 많지 않을 줄로 안다.

"덕을 세우다"라는 표현을 한번 생각해 보자. 이것은 우리가 굉장히 자주 쓰는 표현 가운데 하나이지만, 그 의미를 구체적으로 말하라고 하면 참으로 난감하기 그지없다. 그러나 이 표현을 깊이 연구해 보면 참으로 유익한 결과를 가져오게 됨을 알 수 있다. "덕을 세우다"라는 표현은 헬라어의 "오이코도메오"(οἰκοδομέω)라는 단어를 번역한 것인데, 이 단어가 복음서에서는 24번 가운데 23번은 문자적으로 집을 짓는다(build)는 의미로 사용되고 있다(마 16:18은 예외로 간주할 수 있을 것 같다. 마 7:24, 26; 21:33; 막 12:1, 10; 눅 4:29; 7:5; 요 2:20 등).

그런데 이 단어가 서신에서는 대개 "덕을 세우다"(edify)라는 의미로 쓰이고 있다(고전 8:1; 10:23; 14:4; 살전 5:11 등). 그러니까 "덕을 세우다"라는 표현과 "집을 짓는다"는 표현은 밀접하게 연관되어 있는 것을 알 수 있다. 복음서에서는 집을 짓되 문자적, 물질적인 집이라면, 서신에서는 집을 짓되 영적인 집을 짓는 것을 의미한다는 것을 알 수 있다.

예수 그리스도를 구세주로 영접해 거듭난 모든 그리스도인은 그 순간부터 주님 앞에 가는 순간까지 예수 그리스도를 터로 삼아 그 위에 신앙의 집을 짓는 사람이다(cf. 고전 3:10-15). 그리스도인은 신앙의 집을 짓되 자기 자신의 집을 잘 짓도록 노력해야 되는 것은 물론이지만, 다른 그리스도인이 신앙의 집을 잘 짓도록 도와주는 일도 해야 한다. "다른 사람에게 덕을 세운다"는 것은 다른 사람이 더 크고, 아름답고, 찬란하고, 웅장한 신앙의 집을 짓도록 도와주는 것을 의미하고, "덕이 되지 못하는 것"은 남의 신앙의 집을 망가뜨리고 마는 것을 의미하는 것이다.

이와 같이 설교자가 "덕을 세운다"와 같은 막연하고 추상적인 표현을 조금만 시간을 내서 연구하면 참으로 구체적인 결과를 얻게 되는 경우가 많다. "덕을 세우는 것"과 "집을 짓는 것"을 연관시켜 설명하면 청중은 그 구체적인 의미를 생생하게 기억할 것이다.

마태복음 14:22-33을 본문으로 해서 설교할 경우를 한번 보자. 여기서 반드시 연구해야 될 단어 가운데 하나는 22절에 나타나는 "재촉하다"라는 단어이다. 헬라어로는 이 단어가 "아낭카조"(ἀναγκάζω)인데, 마태복음 14:22과 마가복음 6:45에서는 "재촉하다"로, 누가복음

14:23에서는 "강권하다"로, 사도행전 26:11에서는 "강제로 하게 하다"로, 사도행전 28:19에서는 "마지못하여 …하다"로, 갈라디아서 2:3, 14; 6:12에서는 "억지로 …하게 하다"로 번역되어 있다. 그러니까 헬라어를 잘 모르는 사람도 "아낭카조"가 "억지로 … 하게 하다" "강제로 … 하게 하다"(compel, force)의 의미라는 것을 조금만 연구하면 발견해 낼 수 있을 것이다.

예수님께서 제자들로 하여금 억지로 배를 타고 건너편으로 가게 하셨다는 것을 발견한 설교자는 마음속에 한 가지 의문을 갖게 될 것이다. 즉, "예수님께서는 제자들이 도중에 풍랑을 만나 죽을 고생을 할 줄 아시면서도 왜 제자들을 억지로 가게 하셨을까?" 이런 의문을 가지고 본문을 연구하면(특히 31절에 주의해서) 상당히 좋은 결과를 가져오리라 믿는다.

"보증"이라는 단어도 상당히 연구할 만한 가치가 있는 중요한 단어라고 생각한다. 만일 고린도후서 1:22; 5:5; 에베소서 1:14 등을 본문으로 해서 설교한다면 "보증"이란 단어를 연구해야 할 필요가 있을 것이다. "보증"은 헬라어로 "아라본"(ἀρραβών)인데, "아라본"은 우리가 생각하는 "보증"과는 다소 차이가 있다. "아라본"은 미국에서 아주 흔하게 사용하는 "다운 페이먼트"(down payment)를 의미한다. 미국 사람들은 값이 아주 비싼 물건을 구입할 때(예: 집, 자동차)이를 현금으로 한꺼번에 다 지불하고 구입하는 경우는 그리 흔하지 않다. 대개 총액의 약 10% 정도만 물건을 인수할 때 현금으로 지불하고 나머지는 몇 년에 나누어서 지불하는데, 맨 처음에 현금으로 지불하는 돈을 가리켜 "다운 페이먼트"라고 한다. 다시 말하면, "아라본"은 "구입 가격의 일부를 미리 지급하여 그 물건에 대한 법적인 소유권을 확보하는 행위"라고 할 수 있는데,[36] 이를 통해 쌍방간의 계약은 유효하게 되고, 물건 구입자는 완불할 때까지 계속 돈을 지불해야 될 의무를 지게 되는 것이다.[37]

성령께서 바로 우리의 "아라본"이라는 사실은 얼마나 놀라운가! 세상의 물건을 거래할 때는 잘못하면 계약이 취소되기도 하고, 계약을 이행할 수 없는 형편이 되기도 하지만, 하나님은 성령을 "아라본"으로 주심으로 그 약속이 절대로 취소되거나 불이행되지 않음을 보여주고 계시는 것이다.

만일 고린도후서 2:12-17을 본문으로 해서 설교한다면 연구해야 될 부분이 상당히 많이 있을 것이지만 17절의 "혼잡케 한다"는 표현을 반드시 연구할 필요가 있을 것이다(14절과 15절은 후에 역사적 - 문화적 배경 문제를 취급할 때 언급할 것임). 여기서 사도 바울은 이렇게 말하고 있다. "우리는 수다한 사람과 같이 하나님의 말씀을 혼잡하게 하지 아니하고 곧 순전함으로 하나님께 받은 것 같이 하나님 앞에서와 그리스도 안에서 말하노라." "하나님의 말씀을 혼잡하게 하지 아니한다"는 것은 무엇을 의미하는가?

"카펠류오"(καπηλεύω ; "혼잡하게 하다")는 신약 성경에서는 단 한 번밖에 사용되지 않고 있지만, 일반 헬라 문헌에서는 상당히 많이 쓰이고 있다. "카펠류오"는 "카펠로스"(κάπηλος)에서 나왔는데 "카펠로스"는 "소매상"이란 뜻이다. 그러나 이 단어는 그냥 소매상을 가리키는 것이 아니고, 사람들을 속여서 부당한 이익을 취하는 소매상이란 뜻을 내포하고 있다. 이 단어는 또한 희랍의 궤변론자들(Sophists)이 돈을 목적으로 지식을 팔아먹는 것을 매도할 때에도 사용되었고, 순수한 포도주에 물을 섞어 부당한 이익을 얻는 경우에도 사용되었다(cf. 사 1:22).

사도 바울이 고린도후서 2:17에서 "카펠류오"라는 단어를 사용할 때 위와 같은 것을 배경으로 했을 것은 아마 거의 틀림이 없을 것이다. 사도 바울이 "하나님의 말씀을 혼잡하게 하지 아니하고"라고 말할 때 그는 금전을 목적으로 하나님의 말씀을 팔아먹는 일이나, 어떤 이익을 얻기 위해 하나님의 말씀을 변조(變造)시키는 일을 하지 아니하고 하나님의 말씀을 있는 그대로 전한다는 것을 의미한다.[38]

위에서 몇 가지 예를 통해 문자적 연구가 얼마나 본문의 의미를 생생하고 구체적으로 전달해 주는가를 살펴보았다. 때때로 단어의 연구는 설교자가 기대한 바를 다 충족시켜 주지 못할 때도 있지만, 이 연구가 설교 작성 과정에서 참으로 중요하다는 것은 부연할 필요가 없을 것이다.

(4) 문법 및 구문의 연구

셋째, 문법(Grammar) 및 구문(Syntax)을 연구하라.

원어의 구문 및 문법을 연구할 수 있는 능력이 없는 설교자는 어쩔 수 없지만, 그러한 능력이 있는 설교자라면 이 과정을 통해서 본문의 의미를 명백하게 이해하기도 하고 난문제를 해결할 수도 있을 것이다.

몇 가지 예를 들어서 문법 및 구문의 연구가 왜 중요한지를 살펴보고자 한다.

오늘날 어떤 목사는 "모든 그리스도인은 다 방언을 해야 한다"는 식으로 가르치고 있는 것을 볼 수 있는데, 이것은 성경적인 가르침인가? 과연 모든 그리스도인들은 방언을 해야 하는가? 이 질문에 대한 해결책은 고린도전서 12:29-31을 구문론적으로 분석해 보면 그리 어렵지 않게 발견할 수 있을 것이다. 본문은 이렇다. "다 사도겠느냐 다 선지자겠느냐 다 교사겠느냐 다 능력을 행하는 자겠느냐 다 병 고치는 은사를 가진 자겠느냐 다 방언을 말하는 자겠느냐 다 통역하는 자겠느냐." 원문을 잘 관찰해 보면 각 문장이 모두 "메"($\mu\dot{\eta}$)로 시작하는 부정 의문문인 것을 알 수 있다(즉, $\mu\dot{\eta}\ \mu\acute{\alpha}\nu\tau\epsilon\varsigma\ \dot{\alpha}\pi\acute{o}\sigma\tau o\lambda o\iota; \cdots \mu\dot{\eta}\ \pi\acute{\alpha}\nu\tau\epsilon\varsigma\ \gamma\lambda\acute{\omega}\sigma\sigma\alpha\iota\varsigma\ \lambda\alpha\lambda o\tilde{\upsilon}\sigma\iota\nu, \cdots$).

헬라어에서는 부정 의문문을 "우"($o\dot{\upsilon}$)로 시작할 수도 있고, "메"($\mu\dot{\eta}$)로 시작할 수도 있는데, "우"로 시작할 경우는 질문자가 "예"(yes)라는 긍정적 답변을 기대하고 묻는 것이다. 예를 들면, 마태복음 13:55에서 고향 사람들이 예수님을 가리켜, "이는 그 목수의 아들이 아니냐"

(οὐχ οὗτός ἐστιν ὁ τοῦ τέκτονος υἱός;)라고 물었을 때, 물은 사람들은 긍정적인 답변을 기대하고 있었다.

이와 반대로 질문을 "메"로 시작할 경우, 질문자는 "아니"(no)라는 부정적인 답변을 기대하고 있는 것이다.[39] 예를 들면, 요한복음 9:40에서 "바리새인 중에 예수와 함께 있던 자들이 이 말씀을 듣고 가로되 우리도 소경인가"라는 질문이 기록되어 있는데, 이 질문은 "메"로 시작한 것으로 보아(μή καὶ ἡμεῖς τυφλοί ἐσμεν;) 질문자가 부정적인 답변을 기대하고 있음을 알 수 있다.

고린도전서 12장에서 사도 바울이 "다 선지자겠느냐… 다 방언을 말하는 자겠느냐…"로 질문할 때 "메"라는 단어를 쓰고 있는 것으로 보아 "아니"라는 답변을 기대한 것이 분명하다. 다시 말하면, 사도 바울의 마음속에는 모든 그리스도인이 다 사도일 수 없고, 모든 그리스도인이 다 선지자일 수 없고, 모든 그리스도인이 다 선생일 수 없고, 모든 그리스도인이 다 방언할 수 없고, 모든 그리스도인이 다 신유의 은사를 가질 수 없다는 것이 분명했다. 성령의 인도하심으로 하나님의 말씀을 기록한 사도 바울이 "모든 그리스도인이 다 방언하는 자일 수는 없다"라고 가르치면 더 이상 무슨 이론이 필요하겠는가?

마태복음 28:16-20에 나타난 예수님의 지상명령(Great Commission)도 구문을 잘 연구해 보면 우리가 일반적으로 이해하는 의미와는 다르다는 것을 발견하게 될 것이다.

많은 설교자들은 본문을 네 개의 명령어(命令語)로 요약한다. 즉, "가라", "제자를 삼으라", "침례(세례)를 주라", "가르치라"는 식으로 말이다. 그러나 헬라어 원문에서는 흔히 우리가 이해하는 식으로 네 개의 명령 동사가 사용되고 있는 것이 아니라, 단 하나만의 명령 동사가 사용되고 있다. 주님께서 우리에게 주시는 명령은 "제자를 삼으라" (μαθητεύσατε)는 명령 하나밖에는 없고, 그 외의 것은 전부 현재분사이다(즉, πορευθέντες, βαπτίζοντες, διδάσκοντες). 따라서 구문론적으로 볼 때 "포류덴테스"("가서"), "밥티존테스"("침례를 주고"), "디다스콘테스"("가르쳐")는 모두 "마데튜사데"("제자를 삼으라")라는 동사에 종속되어 있다. 다시 말하면, 제자를 삼는 과정 안에 가는 것(= 전도 훈련), 침례주는 것(= 그리스도와의 동일시), 가르치는 것(= 양육)이 다 포함되어야 한다는 것을 알 수 있다.

요한일서 3:6이나 3:9 같은 구절에서의 문제점도 구문론적 연구를 통해서 쉽게 해결할 수 있을 것이다. 3:6에서는 "그 안에 거하는 자마다 범죄하지 아니하나"(πᾶς ὁ ἐν αὐτῷ μένων οὐχ ἁμαρτάνει)라고 했고, 3:9에서는 "하나님께서 난 자마다 죄를 짓지 아니하나니"(πᾶς ὁ γεγεννημένος ἐκ τοῦ θεοῦ ἁμαρτίαν οὐ ποιεῖ)라고 했다.

사실 이 구절을 읽어 본 그리스도인 가운데 당황하지 않은 사람은 거의 없을 것이다. 이 두 구절에 의하면 거듭난 사람은 범죄치 않는다고 했는데, 실제로는 그리스도인들이 얼마나 자주 넘어지고 범죄에 빠지는가! 본문은 중생한 그리스도인은 그 순간부터 죄라고는 아예 짓지 않는다는 것을 의미하는가? 이 문제는 위의 두 본문에 쓰인 동사의 시제가 현재라는 데 주목함으로 해결될 수 있을 것 같다. 헬라어의 현재시제는 여러 가지 용법이 있는데, 위의 두 구절은 "습관적 용법"(Customary Use)으로 보면 무난할 것 같다. 이 경우에 3:6은 "그 안에 거하는 자는 늘 계속해서 습관적으로 범죄하지 아니하나니"라는 의미가 되어 큰 문제를 야기시키지 않게 되는 것이다.

요한복음 20:17도 많은 그리스도인들의 의아심을 자아내는 구절 중의 하나이다. 부활하신 후 예수님께서 마리아에게 나타나서서, "나를 만지지 말라 내가 아직 아버지께로 올라가지 못하였노라"고 하셨다. 이 구절을 읽는 사람들은 "왜 예수님께서 마리아에게 '나를 만지지 말라' 고 하셨을까" 하는 의문을 금치 못할 것이다. "여성 차별적인 발언인가, 아니면 이제 막 부활하신 몸이기 때문에 누가 손을 대면 부정 타기 때문일까?" 이런 식으로 생각한 사람들이 적지 않을 것이다.

이러한 의문도 본문의 구문론적 연구를 통하여 해결할 수 있을 것이다. 원문은 이렇다. "레게이 아우테 예수스. 메 무 합투"(λέγει αὐτῇ Ἰησοῦς. Μή μου ἅπτου…). 여기서 "합투"(ἅπτου)는 "합토마이"(ἅπτόμαι)의 현재 명령형이므로 동작의 시작(begin to touch)을 뜻하는 것이 아니라, 이미 시작된 동작의 계속(cling to, hold on to)을 나타낸다는 것을 알 수 있다. 그러므로 "메 무 합투"(Μή μου ἅπτου)는 "나를 붙잡고 늘어지지 마라", "나에게 매달리지 마라"라는 의미로 이해해야 할 것이다.[40] 그러니까 예수님께서 하시는 말씀은 다음과 같이 표현할 수 있겠다. "마리아야, 내가 죽었다가 다시 나타났기 때문에 너는 나를 다시는 잃어버리지 않겠다는 마음으로 붙잡고 늘어지는데 그렇게 하지 말아라. 너는 아직도 한동안 나를 다시 볼 수 있단다. 아직까지는 내가 아버지께로 돌아가지 않았기 때문이야."[41]

요한계시록 20:4-6도 많은 논쟁을 불러일으키는 본문 가운데 하나이다. 본문을 아무 선입관 없이 읽어보면 천년왕국과 함께 두 종류의 육체적 부활을 가르치고 있다는 것을 알게 될 것이다. 그런데 그 두 부활은 동시적인 것이 아니라 두 부활 사이에 1,000년이라는 간격이 있다는 것을 본문은 말하고 있는 것 같다("…자들이 살아서 그리스도로 더불어 천년 동안 왕 노릇하니 그 나머지 죽은 자들은 그 천년이 차기까지 살지 못하더라…").

그럼에도 불구하고 어떤 학자들은 모든 신자와 모든 불신자가 함께 부활하는 단 하나의 일반 부활(General Resurrection)만이 세상 끝에 있을 것이라고 주장한다.[42] 이들은 대개 요한계시록 20:4의 첫번째 부활은 영적인 부활, 즉 중생(重生)으로 해석하고, 20:5의 부활은 육체적 부활로 해석한다. 성경은 물론 영적인 부활에 관해서 가르치고 있는데(엡 2:4-7), 이는 영혼이 중생할 때 일어나는 것이다. 그러나 요한계시록 20:4의 부활은 결단코 중생을 의미할 수가 없다. 왜냐하면 그들은 이미 중생해서 신앙을 지키려고 하다가 순교한 사람들이기 때문에 이들이

본론 작성의 단계 111

또 영적으로 부활한다는 것은 어불성설(語不成說)이라 아니할 수 없다.

본문을 헬라어의 구문론적 입장에서 한번 검토해 보도록 하자. 원문은 이렇다. "카이 에제산 카이 에바실류산 메타 투 크리스투 킬리아 에테, 호이 로이포이 톤 네크론 우크 에제산 아크리 텔레스데 타 킬리아 에테"(καί ἔζησαν καί ἐβασίλευσαν μετά τοῦ Χρίστου χίλις ἔτη. οἱ λοιποί τῶν νέκρων οὐχ ἔζησαν ἄχρι τελέσθη τὰ χίλια ἔτη). 여기서 문제의 초점이 되는 것은 두 개의 "에제산"(ἔζησαν)이라는 동사의 의미와 용법이다. "에제산"은 "자오"(ζάω)의 아오리스트(aorist; 不定過去 또는 單純過去) 시제인데, 여기서 "에제산"은 아오리스트 시제 가운데 "기동(起動)의 용법"(Ingressive or Inceptive Use)으로 이해해야 한다.[43] "기동의 용법"이란 어떤 새로운 상태로 들어가는 것을 의미하는데, 예를 들면, "가난하게 되었다"(ἐπτώχευσεν; 고후 8:9), "살아나게 되었다"(ἔζησαν; 롬 14:9) 같은 것이 그것이다.[44] 두 동사는 한 문맥 내에서 동시에 사용되고 있기 때문에 강력한 반증(反證)이 없는 한 같은 용법으로, 또 같은 의미로 쓰이고 있다고 보아야 한다. 그런데 본문에서는 두 동사가 다른 용법으로, 또 다른 의미로 쓰이고 있다는 아무런 반증도 발견할 수 없다. 그렇기 때문에 두 동사는 모두 "살아나게 되었다"로 이해해야 되며, 또 양자는 모두 영적인 부활을 의미하든지 모두 육체적 부활을 의미하든지 둘 중의 하나로 이해해야 될 것이다. 그렇기 때문에 하나는 영적인 부활을, 다른 하나는 육체적 부활을 의미한다는 주장은 구문론적으로나 석의적으로 설득력을 갖기 어렵다. 알포드(Henry Alford)는 이렇게 말한다.

> 본문 자체(계 20:4-5)에 관해서 말하자면, 본문을 올바로 취급할 경우 요즈음 인기 있는 소위 영적 해석 같은 것은 나올 수가 없을 것이다. 만일 두 부활을 언급하고 있는 구절에서, 다시 말하면 어떤 영혼은 처음에 살아나게 되고 나머지 죽은 자들은 첫 부활 후의 일정한 기간의 마지막에 살아나게 되는 구절에서, 첫번째 부활은 그

리스도와 함께 영적으로 부활하는 것을 의미하고 두번째 부활은 무덤에서의 문자적 부활을 의미하는 것이라면, 언어는 그 중요성을 다 잃게 되고, 성경이 무엇을 확실하게 증거한다는 것도 불가능하게 된다. 만일 첫번째 부활이 영적인 것이라면, 두번째 부활도 그러해야 하는데, 이것을 주장할 정도로 무모한 사람은 없을 것이다. 그러나 만일 두번째 부활이 문자적이라면, 첫번째 부활도 역시 그러해야 하는데, 이는 전체 초대 교회는 물론 많은 현대의 주석가들과 일치하는 견해이며, 필자 자신도 이것을 신앙 및 소망의 조항으로 주장하고 수용(受容)한다.[45]

위에서 본 바와 같이 문법 및 구문의 연구는 난문제 해결에 도움이 되기도 하고 본문의 새로운 이해나 올바른 이해에도 중요한 역할을 하기 때문에 문법 및 구문을 연구할 수 있는 능력이 있는 설교자는 이 과정을 소홀히 하거나 간과해서는 안 될 것이다.

(5) 역사 및 문화의 연구
넷째, 역사적 - 문화적 배경을 연구하라.
성경은 지금으로부터 최소한 2,000년 전에 고대 중근동(ANE; Ancient Near East)이라는 지역을 배경으로 해서 기록된 책이다. 오늘 우리와는 언어도 다르고, 지리적 환경, 역사적 상황도 다르고, 사고 방식도 다르고, 습관이나 풍속도 다르다. 우리 조상이 쓴 책이라 하더라도 2,000여 년 전의 책이라면 바로 읽고 이해하기가 힘들 것인데, 하물며 모든 배경이 상이한 성경임에랴!

그래서 성경을 바로 알기 위해서는 당시의 역사적 - 문화적 배경에 대한 지식을 필수적으로 구비해야 한다. 역사적 - 문화적 배경에 대한 올바른 지식은 성경을 깊이 이해하는 데 큰 도움이 되기도 하고, 때로는 역사적 - 문화적 배경에 관한 지식이 없이는 성경을 아예 이해하지 못하기조차 하기도 한다.

성서 고고학에 관한 지식은 성경의 세계와 우리의 세계 사이에 놓여 있는 시간적 - 문화적 - 공간적 간격을 메워 주는 데 많은 기여를 할 것으로 생각한다. 때로는 좋은 주석이 그 간격을 메우는 데 도움을 줄 수도 있을 것이다. 성서 지리나 이스라엘의 관습에 관한 이해도 많은 도움이 될 것으로 믿는다.

역사적 - 문화적 배경에 관한 이해가 얼마나 중요한가 하는 것을 여기서는 몇 가지만 예로 들어서 설명하고자 한다.

창세기 15장을 역사적 - 문화적 배경에 대한 이해가 없이 읽을 경우 그 의미를 제대로 파악하기조차 힘들다. 아브라함이 짐승을 잡아 둘로 쪼개고, 아브라함은 깊은 잠에 빠져 있고, 횃불이 쪼갠 고기 사이로 지나가고…하는 것이 도대체 무엇을 의미하는가? 역사적 - 문화적 배경을 모르는 설교자는 본문을 영적으로 해석해 버리거나 아예 취급도 제대로 하지 않고 대강 얼버무리고 만다.

본문을 바로 이해하기 위해서는 그 당시의 계약(또는 언약; בְּרִית)에 관한 관습을 이해해야 한다. 쌍방이 피의 언약(Blood Covenant)을 맺을 경우 짐승을 잡아 둘로 쪼개고 그 쪼갠 사이로 언약을 맺는 당사자가 동시에 지나감으로 그 언약에 대한 조인을 성립시켰던 것이다.

15:9-10에서 짐승을 잡아 둘로 쪼갠 것은 언약을 맺는 데 사용하기 위한 것이며, 솔개가 짐승 위에 내려서 먹으려는 것은 아브라함이 하나님과 언약 맺는 것을 사탄이 방해하는 것을 나타낸다. 13절 이하에서 애굽 노예 상태를 예언한 것으로 볼 때 솔개와 애굽이 비교 대조되어 나타나고 있음을 알 수 있다. 솔개가 아브라함과 하나님과의 언약을 방해하듯이 애굽이 또한 그 언약을 방해하는 것이다(솔개는 그 언약의 조인을, 애굽은 그 언약의 성취를 방해한다). 바로가 남자를 다 죽여 버리면 이스라엘은 결국 멸종되고, 그렇게 되면 하나님께서 아브라함과 맺은 언약은 성취될 대상을 잃어버리고 마는 것이다. 이렇게 볼 때 솔개와 애굽은 모두 언약에 대한 적인 것이다.[46]

그런데 이 언약에는 특이한 점이 있다. 그것은, 이 언약은 분명히 하나님과 아브라함 쌍방간의 언약인데(18절에 이르기를, "그 날에 여호와께서 아브라함으로 더불어 언약을 세워…"라고 했다), 아브라함은 깊은 잠에 떨어져 있고(12절), 하나님 혼자서만 횃불의 형태로 쪼갠 고기 사이로 지나가신 것이다(17절). 그럼에도 불구하고 본문은 언약이 분명히 조인되었음을 보여 주고 있다. 18절에서 "여호와께서 아브람으로 더불어 언약을 세워"(בָּרַת יְהוָה אֶת־אַבְרָם)라고 하여(특히 "카라트"(בָּרַת)는 조약을 맺을 때 사용하는 보편적인 용어였음) 쌍방간의 언약의 성립을 명백히 말하고 있다. 이것은 무엇을 의미하는가? 그것은 "아브라함과의 언약"(Abrahamic Covenant)은 비록 쌍방간의 언약이지만 무조건적 언약(Unconditional Covenant)이며, 그 언약의 궁극적 성취에 대한 책임을 하나님이 일방적으로 온전히 담당하시겠다는 것을 의미한다.[47]

고린도후서 2:12-17의 경우, 역사적 - 문화적 배경에 대한 지식이 본문에 대한 이해를 깊고 풍성하게 한다는 것을 볼 수 있다.

14절에서 16절까지는 당시의 로마 풍습을 알면 훨씬 더 잘 이해 할 수 있을 것이다. 당시 로마에서는 장군이 원정(遠征)에서 승리할 경우 포로를 끌고 돌아올 때 향을 태워서 그 냄새가 퍼져 나가도록 하는 관습이 있었는데, 사도 바울은 여기서 이러한 로마의 관습을 염두에 두고 있는 것 같다는 것이 많은 주석가들의 견해이다.[48] 여기서 사도 바울은 그리스도에 관한 지식을 향기에 비유하여 그 향기가 우리를 통해서 도처에 퍼져 나감을 말하고 있다. 그리스도의 향기를 간직하고 퍼뜨려야 될 책임이 있는 우리 그리스도인들이 어떤 삶을 살아야 할까를 본문을 통해서 다시 한번 생각하는 계기로 삼아야 할 것이다.

역사적 - 문화적 배경에 대한 지식은 요한계시록 2-3장에 언급되어 있는 일곱 교회에 대한 생생한 이해에도 많은 도움을 준다.

라디오게아 교회의 경우를 한번 보자(계 3:14-22). 라오디게아는 그 당시 유명한 것이 많은 도시였는데, 그 가운데 하나가 부(富)였다. 이

도시는 은행의 중심지로 유명했는데, A. D. 60년에 이 도시가 지진으로 엄청나게 파괴되었을 때에도 로마 정부의 도움 없이 자력으로 재건할 수 있을 정도로 부유했다. 부유한 도시의 안일(安逸)한 사고 방식이 교회 내에도 침투해 들어와 이 교회는 "나는 부자라 부족한 것이 없다"(계 3:17)고 말하나, 영적으로는 곤고하고 가련하고 가난하기 그지없던 것이다(계 3:17).

라오디게아는 또 물 사정이 좋지 않기로도 유명했다. 물의 부족문제를 해결하기 위해 수도관을 통해 다른 도시로부터 물을 가져 왔다. 라오디게아로부터 남쪽으로 약 16km 떨어진 골로새는 차가운 물로 유명했는데, 그 물이 16km나 떨어진 라오디게아로 수도관을 통해서 오는 동안에 미지근하게 되어 버리고 말며, 또 북쪽으로 약 11km 떨어진 히에라폴리스는 뜨거운 온천으로 유명했는데, 그 물도 11km떨어진 라오디게아에 도달할 때쯤에는 역시 미지근하게 되고 마는 것이다. 그래서 라오디게아 사람들은 미지근한 물이 얼마나 마시기에 역겹다는 것을 일상생활을 통해 잘 알고 있었던 것이다. 주님께서 "내가 네 행위를 아노니 네가 차지도 아니하고 더웁지도 아니하도다 네가 차든지 더웁든지 하기를 원하노라 네가 이같이 미지근하여 더웁지도 아니하고 차지도 아니하니 내 입에서 너를 토하여 내치리라"(계 3:15-16)고 하신 것은 위와 같은 배경 하에서 이해할 때 훨씬 더 실감이 날 것이다.

그 밖에도 이 도시는 검은 색 모직물 생산이나 안약 제조로도 이름을 떨쳤다. 이 도시의 유명한 안약도 영적인 시력 회복에는 전혀 도움이 되지 못했고("네 눈 먼 것과"), 그 유명한 모직물로도 영적으로 벌거벗은 몸을 가리워 주지 못했다("네 벌거벗은 것을").[49]

주님께서는 라오디게아 교회를 책망하실 때 그 도시의 상황을 잘 활용하고 계시기 때문에 오늘날의 설교자도 그 도시의 역사적 - 문화적 상황을 잘 알고 있어야 주님께서 라디오게아 교회에 하신 말씀을 잘 이해할 수 있게 될 것이다.

역사적 - 문화적 배경을 연구할 때 봉착하는 하나의 큰 난관은 성경의 어느 구절이 "문화적 용어"(Cultural Terms)로 표현되어 있을 경우 그것을 어떻게 해결해야 하는가 하는 문제이다. 다시 말하면, 문화적 제약을 받는 표현(Culturally Bound Expressions)의 경우, 그 표현 자체를 액면 그대로 취할 것인지, 그러한 표현을 통해 전달하고자 하는 원리를 취할 것인지, 아니면 양자를 다 버리거나, 다 취할 것인지 등이 문제로 등장한다. 그렇기 때문에 이런 문화적 표현 문제를 해결하는 데 도움이 되는 몇 가지 지침(指針)이 필요할 것 같다.[50]

1. 일반적으로, 문화적 제약을 받는 표현의 경우 그 형태(Form)는 변경하여 그에 상응하는 현대적 형태로 바꾸어 표현할 수 있으나, 그러한 표현이 가르치는 원리는 불변한다.

예를 들면, "너희가 거룩한 입맞춤으로 서로 문안하라"(롬 16:16; 고전 16:20 등)는 명령의 경우, 만일 오늘날도 그 형태를 그대로 유지해 교회에서 서로 "키스"함으로 문안한다면 어떻게 될까?

만일 동성(同性)끼리 그렇게 한다면 교회는 동성 연애의 온상으로 낙인찍힐 것이고, 이성(異性) 간에 그렇게 한다면 교회는 부도덕과 성적 타락의 표본으로 지탄을 받지 않을까? 더구나 요즈음같이 "후천성 면역 결핍증"(AIDS) 노이로제에 걸린 시대에 서로 "키스"함으로 문안하면 어떻게 될까?

초대 교회 때에는 서로 입맞춤으로 문안하는 것이 일반적 풍습이었기에 교회 내에서 그렇게 해도 아무런 문제가 될 수 없었던 것이다. 그러나 오늘날의 경우, 특히 한국의 경우, 입맞춤으로 문안하는 것은 용납될 수 없는 것이다. 그렇기 때문에 이것은 그에 상응하는 현대적 형태로 바꾸어서 표현해야 한다. 예를 들면, 악수 같은 것이 이에 해당될 것이고, 때에 따라서는 동성간의 가벼운 포옹으로도 표현될 수 있을 것이다. 그럼에도 불구하고 "너희가 거룩한 입맞춤으로 서로 문안하라"는 표현이 가르치는 원리, 즉 사랑으로 서로 따뜻하게 영접하라는 원리는 불변한다.

2. 어떤 표현이 비록 문화적 제약을 반영한다 해도 그것이 불변하는 하나님의 성품에 근거를 두고 있다면 그것은 변함없이 그대로 유지되어야 한다.

예를 들면, 창세기 9:6의 경우 "무릇 사람의 피를 흘리면 사람이 그 피를 흘릴 것이니 이는 하나님이 자기 형상대로 사람을 지었음이니라"고 했는데, 이 명령은 노아와 그 아들들에게 주어진 것이 분명하지만, 이 명령은 오늘날도 그대로 유효하다. 즉, 살인자는 사형에 처해야 되는데, 그 이유는 인간이 하나님의 형상대로 창조되었기 때문에 그런 것이다. 그렇기 때문에 오늘날 일부 기독교인들이 사형 폐지론을 주장하는 것은 성경적으로 설득력을 얻기 어렵다. 물론 정치범이나 사상범까지도 사형하라고 성경은 가르치지 않는다. 그러나 살인자에 대한 사형은 하나님의 불변의 명령이다. 살인죄로 사형 당하기를 원치 않으면 다른 사람의 생명도 자신의 생명과 똑같이 중요하다는 사실을 깊이 인식하면서 인명을 중시하는 것을 배웠어야 할 것이다.

3. 문화적 표현이 하나님의 창조 질서와 관련되어 있을 경우 그것은 영속적이다.

예를 들면, "여자는 일절 순종함으로 종용히 배우라 여자의 가르치는 것과 남자를 주관하는 것을 허락지 아니하노니 오직 종용할지니라"(딤전 2:10-11)는 명령은 오늘날도 그대로 유효한데, 이는 하나님의 창조 질서와 관련되어 있기 때문이다. 결혼과 이혼 문제(마 19)도 하나님의 창조 질서에 근거하고 있기 때문에 오늘날도 구속력이 있다.

4. 이방인의 관습으로 하나님의 도덕적 성품과 관련되어 있기 때문에 신·구약에서 금지된 것은 지금도 여전히 금지된다.

예를 들면, 동성 연애(롬 1:26-27; 레 18:22), 수간(레 18:23) 같은 것은 구약 시대에나 초대 교회 시대에는 물론 지금도 여전히 금지되고 있는데, 이는 하나님의 형상에 대한 모독이기 때문이다. 특별히 오늘날 일부 교회에서는 동성연애를 용인하려고 하는 경향이 있는데, 이것은 분명히 반성경적인 범죄임을 알아야 할 것이다.

5. 역사나 문화와 관련되어 있지만 하나님의 성품이나 창조 질서와 관련되지 않은 명령은 그 적용에 있어서 융통성이 있을 수 있다.

예를 들면, 레위기 24:8-9에서 진설병은 아론과 그의 자손만 먹으라고 했는데, 사무엘상 21:1-6에 보면 다윗과 그의 군대가 곤경에 처했을 때 먹은 것을 볼 수 있고, 주님도 비상시에는 그러한 것이 허락될 수 있음을 가르치고 계신다(마 12:1-5).

6. 어떤 가르침이나 명령이 본문에서 어떻게 취급되고 있는지를 잘 살펴서, 본문에서 취급한 대로 취급해야 한다.

예를 들면, 본문 자체가 어떤 명령이나 가르침에 대한 적용을 제한할 경우(cf. 고전 7:8; 출 3:5; 마 21:2-3), 그것은 오늘 우리에게는 구속력이 없다. 그러나 본문이 그러한 제약을 가하지 않을 경우, 그 가르침이나 명령은 역사적 - 문화적 상황을 뛰어 넘어서 보편성을 갖는다(cf. 살전 4:11,18).

위에 제시한 여섯 가지 일반적 지침을 따를 경우, 대부분의 문화적 표현은 큰 어려움 없이 해결할 수 있을 것이고, 오늘날의 청중에게 적용시키는 데에도 별 문제가 없을 것으로 생각한다.

(6) 본문 연구의 실례

이제 마지막으로 실례(實例)를 통해서 본문 연구 방법을 구체적으로 살펴보려고 한다.

가령, 마가복음 14:3-9을 본문으로 택해서 설교할 경우, 어떤 부분을 중심으로 연구할 필요가 있을까?

1. 본문을 연구하려면 먼저 본문에 기록된 사건과 같은 사건인 요한복음 12:1-8과 비교 대조하면서 연구할 필요가 있을 것이다.

2. 향유를 바친 여인에 대한 연구를 해야 할 것이다. 본문을 요한복

음 12장과 비교해 보면 이 여인은 바로 나사로와 마르다의 형제인 마리아라는 것을 알게 될 것이다. 이것에 연이어서 마리아는 그녀의 오빠 나사로가 죽음 가운데서 살아나는 기적을 목도했고, 그로 인해 주님에 대한 놀라운 사랑이 있었음도 알게 될 것이고, 또 그 가정이 그렇게 부유하지 않았음도 알게 될 것이다.

3. 옥합에 대한 연구도 간단히 할 필요가 있다. 옥합은 우리가 흔히 생각하듯이 상자 모양이 아니라 목이 가늘고 긴 플래스코 모양이라는 것을 성서사전 같은 것을 통해서 어렵지 않게 발견할 것이다.

4. 4절의 "어떤 사람들"에 대한 연구도 할 필요가 있다. 이것을 요한복음 12장과 비교해 보면, "어떤 사람들"은 가룟 유다와 몇몇 제자들이란 것을 알게 될 것이다. 마리아는 자기가 가지고 있던 귀한 것을 주님을 위해 기꺼이 바치겠다는 자세인데, 어떤 사람들은 그녀의 희생과 헌신을 비난하고 있다.

5. "허비"라는 단어를 연구할 필요가 있다. 허비란 도대체 무엇인가? 마리아는 자기의 귀한 것을 전혀 허비라고 생각하지 않았는데, 왜 어떤 제자들은 그것을 허비라고 했을까? 허비는 어떤 물건의 액수와 관계있는가, 아니면 그것을 누가 받느냐, 어떠한 태도로 바치느냐 하는 것과 관계 있는가? 이러한 것들을 반드시 연구할 필요가 있다.

6. "300 데나리온"에 관해서도 반드시 연구해야 한다. 한 데나리온은 어느 정도의 금액이며, 300데나리온을 오늘 한국에서의 구매력으로 환산하면 어느 정도일까?

7. 예수님은 이 여인의 헌신에 대해서 어떤 태도를 가지셨는가(6절)? 그녀의 헌신에 대해 주님은 무슨 약속을 하셨는가? 그것이 오늘날로 말하면 어떤 의미인가?

마가복음 14:3-9을 설교할 경우 위에서 필자가 대강 언급한 것보다 더 자세히 연구하기를 원하는 설교자도 있을 것이지만, 최소한도로 필자가 언급한 정도는 연구할 필요가 있을 것이다.

요한복음 3:1-15을 본문으로 설교할 경우 연구해야 될 내용은 어떤 것일까?

1. 니고데모가 바리새인이라는 사실을 연구해야 한다. 바리새인이 어떤 사람들이란 것을 연구해야 니고데모가 중생하지 못한 이유나 배경을 더 잘 부각시킬 수 있을 것이며, 종교적 환경이나 전통도 중생과 직접 관계가 없다는 것이 드러날 것이다.

2. 니고데모가 유대인의 관원이란 것도 연구해야 한다. 이것은 무엇을 말하는가? 어느 정도의 신분인가? 사회적 신분이 중생과 관계 있는가?

3. 니고데모는 왜 밤에 예수님을 찾아왔을까? 낮에는 남의 눈이 두려워서 그랬을까, 아니면 조용한 밤에 자신의 영적 문제를 예수님과 깊이 있게 상의하기 위해서였을까?

4. 2절에 나타난 니고데모의 태도를 연구해야 한다. 그는 예수님을 어떻게 생각했나? 그는 예수 그리스도와 개인적인 관계를 맺은 사람인가?

5. 3절에 있는 예수님의 답변을 깊이 연구해야 한다. "거듭난다"는 것은 무엇을 의미하는가? 사람이 하늘 나라에 들어가기 위해서는 어떤 조건이 필요한가? 좋은 종교적 배경, 높은 사회적 신분이 필요한가? 아니면 다른 무엇이 필요한가?

6. 4절에 나타난 니고데모의 반응은 어떠했는가? 니고데모는 예수님의 말씀을 바로 이해했는가? 예수님께서 말씀하시는 출생과 니고데모가 이해한 출생은 어떻게 다른가? 왜 이런 엄청난 오해가 생기게 되었나? 이것은 니고데모의 영적인 상태가 어떠함을 보여 주는가?

7. 5절에 "물과 성령으로 난다"는 것은 무슨 의미인가? 좋은 주석을 보면 여러 가지 견해가 있음을 알게 될 것이나, 설교할 때에는 그 모든 견해를 다 언급할 필요가 없다. 그 모든 견해의 장단점을 다 언급한다면 그것은 학교 강의이지 설교는 아니다. 설교는 강의가 아니다. 여러

가지 견해의 장단점은 설교자가 서재에서 혼자 씨름할 문제이다. 강단에서 외칠 때에는 그 여러 가지 해석 중에서 가장 타당하다고 결론지은 것 하나만 언급해야 할 것이다.

8. 육으로 난 것과 성령으로 난 것은 어떻게 다른가(6절, 7절)?

9. 8절의 비유는 무슨 의미인가? 바람과 성령은 어떤 관계이며, 여기에 나타난 비유는 중생의 신비와 어떤 관계가 있는가?

10. 9절에 나타난 니고데모의 영적 무지를 다시 한번 보자. 그럼에도 불구하고 그가 남을 가르치고 인도하는 "선생"이었다니(10절)!

11. 11절로부터 13절에서 하늘의 진리를 확신 있게 가르치는 예수님의 모습을 연구해 볼 필요가 있다.

12. 14절과 15절은 무슨 의미인가? 중생의 진리에 대한 결론으로 이 말씀을 하신 이유는 무엇인가? 민수기 21:5-9의 사건과 예수 그리스도의 십자가는 어떤 관계가 있는가?

끝으로, 마태복음 7:21-23의 경우는 어떤 부분을 주로 연구해야 하겠는가?

1. "나더러 주여 주여 하는 자마다 천국에 다 들어가는 것이 아니요"(v.21a)

로마서 10:9-10에는 "네가 만일 네 입으로 예수를 주로 시인하며… 입으로 시인하여 구원에 이르느니라"고 했는데, 이는 본문의 말씀과 상충되는 것 같이 보이지 않는가? 그 차이는 무엇인가?

2. "다만 하늘에 계신 내 아버지의 뜻대로 행하는 자라야 들어가리라"(v.21b).

"내 아버지의 뜻"이란 무엇인가? 그리고 그것을 행한다는 것은 무슨 뜻인가? 사람이 무엇을 "행"(行)함으로, 즉 행위로 천국에 들어간다는 의미인가?

3. "그 날에 많은 사람이 나더러 이르되"(v.22a.)

"그 날"은 언제인가? 예수님께서 이들에게 내가 너희를 도무지 알지 못한다"고 선포하시는 일은 어느 때에 있을 것인가? 그리고 이 때에 예수님에 의해서 거절당하는 사람의 숫자가 많다는 사실에 주의할 필요가 있다. 가짜 그리스도인은 우리가 상상하거나 짐작하는 것 이상으로 그 수가 훨씬 많은 것이다.

4. "주여 주여 우리가 주의 이름으로 선지자 노릇하며 주의 이름으로 귀신을 쫓아내며 주의 이름으로 많은 권능을 행치 아니하였나이까 하리니"(v.22b).

주의 이름을 열심히 부르는 것 자체가 천국 들어가는 것과 어떤 관계가 있는가? 기적이나 권능을 행하는 자가 다 구원받은 자인가? 성령의 능력이 아니고도 이적과 기사를 행할 수 있는가?(cf. 출 7:20-22; 8:1-7; 살후 2:9-10)

5. "그 때에 내가 저희에게 밝히 말하되 내가 너희를 도무지 알지 못하니 불법을 행하는 자들아 내게서 떠나가라"(v.23).

주님의 태도가 얼마나 강경하고 단호한가에 먼저 주목할 필요가 있다. 천국 들어가는 문제에 대해서는 적당주의가 절대로 통하지 않는다. "내가 너희를 도무지 알지 못하니"라는 것은 어떤 의미인가? 주님이 이들을 한 때는 아셨다가 잊어버리셨다는 의미인가, 아니면 이들은 아예 처음부터 주님과 아무런 상관이 없었던 자들인가? 이들은 왜 "불법을 행하는 자들"이라고 불렸는가? 이들은 주님의 이름도 열심히 부르고 선지자 노릇도 하고, 귀신도 쫓아내고, 권능도 행하고, 방언도 하고 신유도 하고 …했는데, 왜 이런 것들이 주님 보실 때에는 다 불법으로 인정되었는가? 주님께서 "내게서 떠나가라" 하시면 그 운명은 어떻게 될 것인가? 그들이 주님을 떠나서 갈 곳은 어디인가?

IV. 청중 분석과 설교 목적의 결정

본문의 선택, 중심 내용의 파악, 본문의 연구 등이 끝나면, 청중의 필요를 발견하고 그에 맞는 설교의 목적을 결정해야 한다.

A. 청중 분석

설교 학자나 스피치 학자가 흔히 사용하는 아주 오래된 철학적 수수께끼가 하나 있다. "만일 숲 속에서 나무가 큰 소리를 내면서 쓰러질 경우 아무도 그 소리를 듣는 사람이 없다면 그 나무는 소리를 낸 것인가, 안 낸 것인가?" 어떤 사람들은 소리는 오직 귀에 들릴 때에만 소리이고 그 전까지는 오직 "소리의 가능성"(Potential Sound)일 뿐이라고 주장한다.[51]

설교는 산천초목을 대상으로 외치는 것도 아니고, 허공을 향해 부르짖는 것도 아니다. 아무도 들어줄 사람이 없다면 설교는 그 존재 이유를 상실하고 말 것이다. 설교는 특정한 장소에 특정한 목적을 위해 모인 사람들을 대상으로 하는 것이기 때문에, 설교자가 그의 청중과 그들의 필요를 더 잘 알면 알수록, 그의 설교는 청중에게 더 잘 적용될 수 있는 것이다. 그럼에도 불구하고 설교자가 흔히 이 면을 간과(看過)하고 있는 것같이 보인다. 이 면을 데이비스(Ken Davis)가 잘 지적하고 있다.

> 우리가 설교를 준비할 때 흔히 설교를 잘 하는 데에만 너무 집중한 나머지 커뮤니케이션의 나머지 절반 팀, 즉 청중을 잊어버리는 일이 있다. 그들이 없이는 커뮤니케이션이 불가능하다.(설교에 성공적이기 위해서) 설교자는 청중을 움직여야 한다. 커뮤니케이션 과정에서 그들이 많이 연관되면 될수록 청중은 설교에 더 민감할 것이고 그만큼 그들이 들은 것을 더 오래 기억할 것이다.[52]

그렇기 때문에 설교에 있어서 청중을 제대로 아는 것이 얼마나 중요한가 하는 것은 아무리 강조해도 지나침이 없다 하겠다. 필자가 달라스 신학교에서 공부할 때 교수들로부터 귀가 아프게 들은 말 중의 하나는 "본문을 석의하기 전에 청중을 석의하라"는 것이었다. 이 말은 본문 석의가 먼저냐, 청중 분석이 먼저냐를 말하기 위한 것이라기보다는 본문 석의 못지 않게 청중 분석이 중요하다는 것을 말하기 위한 것으로 생각된다. 청중 분석의 중요성에 관해서 플루하티와 로스(George W. Fluharty and Harold R. Ross)는 이렇게 갈파한다.

> 청중 분석을 정확히 한다는 것은 힘들다는 것을 인정해야 한다. 그럼에도 불구하고 연설가는 그 일을 시도해야 한다. 왜냐하면 분석 없이 연설을 한다는 것은 진단도 없이 약을 주는 것과 같기 때문이다. 환자라는 환자에게는 모조리 아스피린을 처방해 주는 의사가 과연 성공적일 수 있겠는가? 청중에 대한 지식 없이 연설하는 연설자가 성공한다면 그것은 우연히 그렇게 된 것에 불과할 것이다.[53]

어떤 요소는 모든 청중에게 공통적으로 다 해당되지만, 어떤 요소는 청중에 따라 크게 달라진다. 그렇기 때문에 설교자는 그의 설교를 듣는 청중이 여타의 청중과는 어떤 다른 특성이 있는지 잘 알아야만 된다. 그래서 길먼(Wilbur E. Gilman)과 앨라이(Bower Aly)와 라이드(Loren Reid)는 그들의 공저(共著)에서 이렇게 말한다. "청중을 분석한다는 것은 본질적으로 이중적인 문제이다. 다시 말하면 어느 정도로 그들이 서로 유사하며 어느 정도로 서로 다른지를 발견하는 것이다"라고 했다.[54] 담임 목회를 할 경우에는 설교자가 그의 청중을 대체로 잘 안다고 할 수 있다. 그러나 특별히 외부의 어떤 모임에 초청 받을 경우에는 특히 신경을 써야 한다.

설교자가 설교 초청을 받을 경우 어떤 때에는 초청자가 설교자에게 여러 가지 정보를 제공해 주지만, 어떤 경우에는 그렇지 않을 때도 있는데, 이 경우에는 설교자가 그의 설교를 들을 청중에 관해서 자세히 물어서 가능하면 많은 정보를 얻도록 해야 할 것이다.

설교자가 분석해야 할 부분은 크게 둘로 나누어서 생각할 수 있다.

(1) 외적 요인

외적 요인(External Factors)으로 가장 중요한 것은 경우(Occasion)이다. 다시 말하면, 어느 교회의 창립 예배인지, 창립 몇 주년 기념 예배인지, 누구의 결혼식 설교인지, 장례식 설교인지, 어떤 성도의 개업 예배인지, 아기의 돌잔치인지, 누구의 회갑연인지 등을 잘 알아야 그 경우에 맞는 설교를 할 수 있게 될 것이다. 쉬운 예로, 회갑연에서 할 설교를 아기의 돌잔치에서 한다면 그것은 엄청난 희극이 되고 말 것이다.

청중의 규모(Size)도 고려해야 될 외적 요인 가운데 하나이다. 5-6명이 모이는 집회인지, 20-30명이 모이는지, 아니면 수백 명 또는 수천 명이 모이는지에 따라서 음성의 크기나 몸의 움직임, 손의 움직임 등이 달라야 할 것이다.

집회의 장소나 분위기 등도 알아 둘 필요가 있는 외적 요인에 속한다. 장소가 옥외인지 옥내인지, 분위기가 아늑한지 소란한지 등도 알아두어서 그에 맞는 조치를 취할 필요가 있을 것이다.

(2) 내적 요인

내적 요인(Internal Factors)은 외적 요인보다 더 중요한데, 청중 분석 시 고려해야 될 내적 요인으로서는 우선 청중의 연령층을 들 수 있다. 청중이 중·고등 학생인지, 청년인지, 장년인지, 노년인지 등을 알아 둘 필요가 있다. 예를 들어, 노인 대학 같은 데 초청을 받았는데 거기서 중·고등학생들에게나 알맞는 설교를 해서는 안 될 것이다.

청중의 성별도 고려해야 될 내적 요인 가운데 하나이다. 여자 대학교에서 설교하는지, 아니면 남자들만의 모임에서 하는지, 남녀 혼성의 모임인지 등도 알아 둘 필요가 있다.

청중의 사회적 신분이나 지적 능력, 교육 정도 등도 고려해야 될 중요한 내적 요인으로 꼽을 수 있다. 청중이 중상류 층인지, 중하류 층인지, 시골 사람들인지, 대학생들인지, 목사나 전도사의 모임인지, 국회의원이나 어느 특정 그룹의 회원의 모임인지, 전반적인 지적 수준이나 교육 수준이 아주 낮은지, 보통인지, 아주 높은지, 아니면 뒤섞여 있는지 등을 사전에 자세히 알아둘 필요가 있다. 어떤 설교는 모든 계층의 사람들에게 다 할 수 있지만, 어떤 설교는 그렇지 못하다. 빈민촌에서나 적합한 설교를 부촌(富村)에 가서 한다면 청중들로부터 좋은 반응을 얻기가 어려울 것이다.

청중들의 신앙 상태도 반드시 고려해야 될 내적 요인 가운데 하나이다. 청중의 대부분이 거듭난 그리스도인인지, 아니면 대부분이 불신자인지 알아야 될 필요가 있다.

필자는 청중 분석을 제대로 못해 크게 당황한 적이 몇 년 전에 있었다. 어떤 목사님으로부터 자기 교회에서 이틀 동안 중·고등학생들을 대상으로 집회를 해 달라는 부탁을 받았다. 필자가 이해하기로는 그 교회에 늘 출석하는 학생들을 대상으로 해서 말씀을 증거해 달라는 것이었다. 그 날 집회를 위해서 그 교회에 가보니 "중·고등학생 전도 집회"라는 현수막이 붙어 있는 것을 보고 적잖게 당황했다. "전도 집회"라니? 아니 이럴 수가 있는가! 필자는 신자인 학생들을 대상으로 생각하고 그에 맞는 설교를 준비했고, 설교 원고도 딱 하나만 가지고 왔는데 불신 학생을 대상으로 한 전도 집회라니! 어떻게 해야 좋을까? 곰곰이 생각했지만 결론을 쉬이 내리지 못하고 강단에 올라갔다. 약 300여 명의 학생들이 모였는데, 사회자가 처음 나온 학생은 손을 들어보라고 하니 약 200명이 손을 들었다. 청중의 2/3가 불신자인데 그래도 신자를 위해서 준비한 설교를 그대로 해야만 되는가? 그 경우 약 200여 명은 설교와는 별 상관이 없어지고 말고, 그렇다고 이제 와서 설교를 바꿀 수도 없고 하니 참으로 진퇴양난이 아닐 수 없었다. 아무리 생각하고 기도해 봐도 필자가 준비해 온 설교를 그대로 해서는 안되겠다는 결론을 얻고는 강단에 앉아서 설교를 하나 만들기로 했다. 필자가 과거에 해본 적이 있는 설교 가운데 전도 집회에 적합한 것을 하나 생각해서 대충 원고 구상을 하고는 온전히 주님께 맡겼다. 그 때만큼 절박하게 주님을 의지했던 경우는 그 이후에도 별로 없었던 것 같다. 게을러서 설교 준비를 하지 않은 것이 아니라 부득이한 상황이었기 때문에 짧은 시간에 최선을 다해서 설교 정리를 한 후 성령님께 온전히 의뢰했더니, 그 다음날 제대로 준비해 간 설교보다 주님께서 더 축복해 주셨고, 예수 믿겠다고 손을 든 학생도 그 다음 날보다 더 많았던 것을 본 적이 있다. 참으로 좋은 경험이었지만 진땀 나는 경험이기도 했다.

청중을 분석하는 동안에 설교자는 한 가지 질문을 그의 마음속에 간직한 채 분석해야 한다. 즉, "이들이 필요로 하는 것은 무엇인가?" 하는 질문이다. 어떤 경우에는 그 필요가 직접적으로 표면에 잘 드러나 있어 청중이 그들의 필요를 잘 의식하고 있다. 그러나 어떤 필요는 청중이 구체적으로나 직접적으로 의식하지 못하고 있는 잠재적인 것일 수도 있다. 설교자는 표면에 드러난 필요는 물론 잠재적 필요까지도 발견해서 그것을 채워 주어야 한다.

여기서 한 가지 분명히 기억해야 할 것은 청중의 필요(Need)와 청중의 욕구(Want)가 반드시 일치하는 것은 아니라는 사실이다. 양자가 다 일치한다면 별문제가 안 되겠지만, 양자가 다를 경우에는 어떠해야 하는가? 그런 경우에는 청중의 욕구 중심이 아니라 필요 중심이라야 된다. 청중의 욕구에만 영합한다면 삯꾼이 되고 말 것이다. 목사는 하나님을 기쁘게 하기 위해서 말씀을 전하는 것이지 사람의 귀를 즐겁게 하기 위해서 전하는 것이 아니다. 비록 청중이 듣기 원치 않는 것이라도 그들에게 필요한 것이라면 담대하게 전해야 한다. 예를 들면, 죄나 회개에 관한 설교를 듣고 싶어하는 사람은 전혀 없는지도 모르겠다. 그러나 그것은 한 영혼이 구원받기 위해서 반드시 필요한 것이기 때문에 청중의 기호(嗜好)에 영합하지 말고 전해야 할 것이다.

B. 설교 목적의 결정

청중을 분석해 그들의 필요를 발견한 후 또는 그와 동시에 설교 목적을 정해야 한다. 청중의 필요와 설교의 목적은 별개의 것이 아니라 같은 동전의 표리에 해당된다고 할 수 있겠다.

설교의 목적이란 한 마디로 표현한다면 설교의 결과로 청중에게 일어나기를 바라는 변화라고 할 수 있겠다.[55] 리차드(Ramesh Richard)에 의하면, 설교 목적은 다음과 같은 질문을 던짐으로 발견할 수 있다고 했다. 즉, "본문의 중심 내용에 근거해서 하나님께서는 나의 청중이 무엇을 이해하고 무엇을 순종하기 원하시는가?"[56]

설교자는 자신의 설교가 청중의 필요(Need)를 제대로 충족시킬 수 있는지 없는지에 관해서 상당한 관심을 기울여야만 된다. 청중의 필요와 설교의 목적이 괴리될 때 그 설교는 허공을 치게 되고 만다. 뿐만 아니라 설교의 목적은 본문의 가르침과 일치해야 한다. 청중의 필요에 부응하기 위해서 본문을 왜곡시켜서도 안 되고 본문에 없는 것을 억지로 갖다 붙여도 되지 않는다. 설교의 목적은 본문의 가르침으로부터 자연스럽게 흘러 나와야 된다.

설교에 있어서 확실한 목적의 필요성에 대해서는 아무리 강조해도 지나치지 않는다. 목적이 없는 설교는 설교할 만한 가치가 없다. 리차드는 분명한 설교 목적의 필요성을 여섯 가지로 제시하고 있다.

1. 그것은 설교 서론의 초점을 분명하게 해준다.
2. 그것은 설교 본론에 포함되어야 할 것이 무엇이며 제외되어야 할 것이 무엇인지 결정할 수 있게 한다.
3. 그것은 설교의 결론과 적용에 영향을 미친다.
4. 그것은 예화 선택에 도움을 준다.
5. 그것은 설교의 성공 여부를 측정할 수 있는 보다 객관적인 방법을 제공한다.
6. 가장 중요한 것으로, 설교의 목적이 분명할 경우 중심 주제가 어

떤 형태를 취해야 할지를 알게 해준다.⁵⁷

목적이 없는 설교는 비유컨대 목적이 없는 운동 경기와 같다고 할 수 있다.⁵⁸ 예를 들어, 축구 경기를 한번 보자. 두 팀이 시합을 한다면 거기에는 패스(Pass)도 있고, 드로우 인(Throw In)도 있고, 프리 킥(Free Kick)도 있고, 코너 킥(Corner Kick)도 있다. 갖가지 활동과 묘기가 백출하겠지만, 왜 그렇게 하는가? 목적은 단 한 가지, 즉 상대방 팀보다 득점을 많이 해서 시합에 이기는 것밖에는 없다. 이러한 확고한 목적이 없이 시합한다면 그것은 연습에 불과하다.

그러면 설교자는 왜 설교하는가? 설교의 목적에는 일반적인 목적과 특정한 목적이 있는데, 일반적인 목적에는 크게 세 가지가 있으며, 일반적인 목적 내에 많은 특정한 목적이 포함된다.

(1) 설명

이것은 일반적인 성경의 어떤 교리나 가르침이 무엇을 의미하는지 분명하게 하기 위한 경우에 있을 수 있는 설교 목적이라 할 수 있겠다.

일반 연설의 경우에는 어떤 사실의 설명이나 정보(Information)제공을 위한 연설이 상당히 많이 있겠지만 설교의 경우에는 순전히 설명이나, 정보 제공의 목적만으로 설교하는 경우는 그리 흔하지 않을 것이다.

(2) 설득

이것은 설명의 단계에서 진일보(進一步)하여 청중들로 하여금 성경의 어떤 교리나 가르침을 사실(또는 진리)로 받아들여 믿게 하려는 경우에 있을 수 있는 설교 목적이라 하겠다.

예를 들면, 예수 그리스도의 동정녀 탄생을 진리로 받아들여 믿게 한다든지, 그리스도의 부활이 사실이었음을 믿게 한다든지 하는 것이 다 설득을 목적으로 하는 설교라고 하겠다.

(3) 행동 촉구

이것은 설득의 단계에서 진일보하여 청중으로 하여금 설교자가 기대한 어떤 목적에로 향해 행동하게 하려는 경우에 있을 수 있는 설교 목적이라 하겠다. 어떤 목표를 향해 청중을 움직이기 위해서는 그 예비 단계로서 설명(또는 정보 제공)과 설득이 필요하겠지만, 행동 촉구를 목적으로 하는 설교는 설명이나 설득으로 끝나지 않고 한 단계 더 나아가는 설교이다.

예를 들면, 청중으로 하여금 그리스도를 구세주로 영접하게 한다든지, 주의 종이 되도록 헌신하게 한다든지, 십일조를 하지 않던 성도로 하여금 십일조를 하도록 하는 경우에 가능할 것이다.

설교의 목적 결정은 어떤 경우에는 상당히 용이하지만, 어떤 경우에는 상당히 고심한 결과로 나올 수 있음을 알 필요가 있다. 다시 말하면, 어떤 본문의 경우에는 본문의 중심 내용을 바르게 파악하면 별로 힘들이지 않고 설교의 목적을 정할 수 있다. 그러나 어떤 경우에는 본문의 중심 내용을 아무리 잘 파악해도 목적 결정이 그리 쉽지 않을 경우도 있다.

몇 가지 예를 들어서 생각해 보자. 가령, 베드로전서 3:1-6을 본문으로 해서 설교한다면 본문의 중심 내용은 "아내의 순종은 내적인 아름다움으로부터 나오는 행위로 나타난다"라고 할 수 있겠고, 설교의 목적도 이와 유사하게 정할 수 있을 것이다. 즉, 이 경우 설교의 목적은 "아내들로 하여금 마음으로부터 남편에게 순종하는 태도를 갖게 하기 위해서"라든지 이와 유사하게 정할 수 있을 것이다.

가령, 야고보서 3:13-18을 본문으로 할 경우, 중심 내용은 "위로부터의 지혜는 풍성한 영적인 열매로 나타난다"라고 할 수 있겠고, 설교의 목적은 "성도들로 하여금 위로부터 지혜를 추구하게 하기 위해서"라고 할 수 있을 것이다.

위의 두 가지 경우는 본문의 중심 내용을 찾는 일이나, 설교의 목적을 정하는 일이 그리 어렵지 않게 보인다. 그러나 만일 본문을 마가복음 16:1-4로 한다면, 중심 내용을 파악하기도 힘들고, 설교의 목적을 정하기는 더 힘들 것같이 보인다.[59]

먼저 중심 내용을 찾아보도록 하자. 우선 본문을 읽어보면, 몇몇 여인들이 예수님의 무덤 앞에 있는 돌을 어떻게 해야 굴러 버리고 예수님의 시신에 향유를 바를까 하고 염려하면서 와 보니 돌은 이미 굴려지고 없음을 발견했다는 것이 기록되어 있다는 것은 큰 어려움 없이 발견할 것이다. 그러나 이것 가지고는 중심 내용이 무엇인지도 알기 어렵고, 더구나 이런 본문으로는 어떤 목적의 설교를 성도들에게 할 수 있을는지 도무지 감이 잡히지 않는다.

먼저 본문의 주제부터 한번 생각해 보도록 하자. 우선 쉽게 떠오르는 주제는 "예수님의 무덤에 온 여인들" 또는 "예수님께 향유를 바르려고 온 여인들" 같은 식으로 생각할 수 있겠다. 그러나 이것만 가지고는 다소 미흡하다는 생각이 든다. 본문에서 강조하고 있는 것은 그냥 "여인들"이 아니고 그들의 마음의 상태인 것같이 보인다. 그들이 예수님의 무덤을 찾았을 때 그들의 마음은 염려 때문에 무겁기만 했던 것이다. 그렇기 때문에 주어를 "예수님의 무덤에 온 여인들의 염려"라고 정하면 어떨까 생각해 본다.

그러면 이 주제에 대한 술어는 어떻게 표현하면 좋을까? 이 여인들이 무덤에 왔을 때 무거운 돌은 이미 굴려져 버리고 없었고 그들의 염려는 완전히 기우에 불과했음을 발견한다. 그렇기 때문에 술어는 "…하나님의 능력으로 극복되었다"는 식으로 표현하면 될 것이다. 그래서 중심 내용은 "예수님의 무덤을 찾던 여인들의 염려는 하나님의 능력 때문에 불필요하게 되어 버렸다"는 식으로 정리할 수 있을 것이다. 그러나 이것은 우선 보편성이 없고, 과거 시제로 표현되고 있기 때문에 "예수님의 무덤을 찾던 여인들의 염려"는 "우리의 염려"나 "그리스도인의 염려"라고 바꾸어서 표현해야 될 것이고, 또 술어에 나타난 과거 시제는 현재 시제로 바꾸어야 할 것이다. 따라서 중심 내용은 "우리(또는 그리스도인)의 염려는 하나님의 능력으로 극복된다"든지 "우리의 염려는 하나님의 능력 앞에서는 불필요하게 된다"는 식으로 표현하면 될 것이다.

이쯤 하면 설교의 목적을 정하기가 그리 어렵지 않게 될 것이다. 처음에는 설교의 목적을 무엇이라고 정해야 할는지 참으로 난감하기 짝이 없었는데, 이제 중심 내용을 파악하고 나니 서광이 비치기 시작하는 느낌이 든다. 그래서 설교의 목적은 "그리스도인으로 하여금 염려하지 않게 하기 위해서"라든지 "그리스도인으로 하여금 염려하는 대신에 하나님의 능력을 의지하게 하기 위해서"로 정하면 크게 틀림이 없을 것이다.

마지막으로 골로새서 1:15-18을 본문으로 할 경우를 한번 보도록 하자.[60] 본문의 중심 내용은, "예수께서 만물보다 위에 계신 이유는 그의 하나님과의 관계, 피조물과의 관계, 교회와의 관계 때문이다"라고 할 수 있겠다. 그러면 설교의 목적은 무엇이라고 정해야 할까? 만일 "예수께서 만물보다 더 우월하심을 알게 하기 위해서"라고 한다면, 청중의 필요와는 별 관계가 없어지고, 따라서 아무런 흥미나 관심이 없는 설교가 되어 버리고 말 것이다. 설교의 목적은 본문의 가르침과 동떨어져서도 안되지만, 청중의 필요와 괴리되어서도 안 된다. 그렇기 때문에 "성도들로 하여금 예수께서 만물보다 더 우월하심을 알게 하기 위해서"라는 설교 목적은 적합하지가 못하다. 사실 조금만 더 묵상을 하면 아주 적절한 목적을 발견해 낼 수가 있기 때문이다.

예수님께서 만물보다 더 우월하시다면 성도 한 사람 한 사람이 개인 생활에 있어서도 가장 우월한 자리를 차지해야 될 것은 명약관화(明若觀火)하다. 그렇기 때문에 설교의 목적도 이러한 방향으로 정해야 할 것이다. 즉, "성도들로 하여금 예수님을 생활의 모든 면에서 가장 윗자리를 차지하게 하기 위해서"라고 말이다. 이렇게 되면 설교의 목적은 본문의 가르침과도 조화를 이루고 청중의 필요에도 부응할 수 있게 될 것이다.

V. 본론의 전개 방법 결정

단일한 사고단위를 가진 본문을 선택해 그 중심 내용을 파악하고 본문의 각 부분을 깊이 연구해 청중의 필요에 부응하는 설교의 목적을 정했으면 이제는 본론을 어떻게 전개해야 할까 하는 문제를 생각해야 될 단계이다.

여기서는 크게 두 가지 내용을 취급하고자 한다. 한 가지는 석의적 대지와 설교적 대지는 어떻게 다른가 하는 것이고, 또 다른 한 가지는 본문을 구성하는 여러 가지 방식에 관한 것이다.

A. 석의적 대지와 설교적 대지

많은 설교자들이 석의적 대지(Exegetical Outline)와 설교적 대지(Homiletical Outline)를 제대로 구분하지 못해서 설교를 하는지 석의를 하는지 제대로 알 수 없는 경우가 비일비재(非一非再)한 것이 한국 교계와 한국 목사들의 현주소가 아닌가 생각한다. 아마도 그 주된 이유는 석의(Exegesis)와 강해(Exposition)를 제대로 구분하지 못하는 데 기인하는 것 같다.

설교자가 강해설교를 제대로 하기 위해서는 먼저 석의를 해야 한다. 이 부분에 관해서는 본서 제3장 제3절("본문 연구")에서 자세히 취급했기 때문에 여기서 다시 반복할 필요는 없을 것이다. 그러나 석의에서 설교로 넘어가는 과정이 제3장에서는 언급되지 않았기 때문에 여기서는 이 부분을 집중적으로 취급하고자 한다.

이미 언급했듯이, 석의(釋義)는 주어진 본문의 의미가 무엇인지를 밝히는 데 주안점이 있기 때문에 그것은 과거 지향적이고, 따라서 보편성이 없다. 어떤 설교자들은 석의의 결과만 가지고 그대로 설교를 하는데, 때때로 석의 결과만 가지고도 설교할 수 있는 경우가 있다. 특별히 석의적 대지와 설교적 대지가 사실상 동일한 경우에는 그렇게 해도 별 문제가 안 될 것이다. 그러나 원칙적으로 이런 설교는 바람직하지 않다. 본문 석의의 결과만 가지고는 주석을 만드는 데는 충분하겠지만 설교로는 부족하다. 설교자는 주석을 설교화하는 노력을 반드시 해야 한다. 석의의 결과를 설교화하는 노력을 게을리 하고 석의만으로 설교하려는 설교자는 효과적인 설교자가 되기는 어려울 것이다.

그러면 석의의 결과를 그대로 사용한 석의적 대지와 석의를 설교화한 설교적 대지는 어떻게 다른가? 양자간의 차이를 분명히 아는 것은 설교의 대지를 만들 때에는 물론 중심 내용의 표현이나 적용 등에 모두 필요하다. 이를 도표로 표시해 보면 다음과 같이 될 것이다.

석의적 대지	설교적 대지
과거 지향적이다	현재 지향적이다
원리가 포함되어 있지 않다	원리가 포함되어 있다
특정적이고 제한적이다	보편적이고 제한이 없다
청중에 대한 배려가 없다	청중이 포함되어 있다

이제 두 대지를 구체적으로 비교해 보도록 하자.[61]
석의적 대지: 하나님은 이스라엘 백성이 도둑질하는 것을 금하셨다.
설교적 대지: 하나님은 도둑질을 금하신다.
위의 두 대지에서 전자는 과거 지향적이고, 이스라엘을 향하여 주신 말씀이다. 그러나 후자는 보편적이고, 따라서 누구에게나 적용될 수 있다.
다음의 예를 보자.
석의적 대지: 바울 사도는 교회에서 여자들이 남자들의 지도력에 복

종해야 한다고 가르쳤다.

설교적 대지: 여자들은 교회에서 남자들의 지도력에 복종해야 한다.

이제 창세기 4:1-15을 중심으로 하여 석의적 대지와 설교적 대지를 비교해 보도록 하자.[62]

먼저 본문의 석의적 대지를 구성해 보도록 하자.

I. 가인은 자신의 제사는 열납이 안 되고 아벨의 제사만 열납된 것을 보고 분노했다(vv.1-7).
   A. 아담과 이브의 두 아들 가인과 아벨은 각각 다른 직업을 가졌다(vv.1-2).
      1. 이브는 두 아들의 출생을 하나님의 은혜로 생각했다(vv.1-2a).
      2. 가인과 아벨은 농부와 목동이 되었다(v.2b).
   B. 아벨의 제물은 열납되고 가인의 제물은 거절되었다(vv.3-7).
      1. 가인은 농산물을 제사로 드렸다(v.3).
      2. 아벨은 양의 첫 새끼로 제사 드렸고 그것은 열납되었다(v.4).
      3. 가인은 자신의 제물이 거절되는 것을 보고 오히려 분노했다(vv.5-7).
II. 가인은 자신의 제물이 거절되자 그 동생을 죽이고 말았다(vv.8-9).
   A. 그들이 들에 있을 때 가인은 아벨을 살해했다(v.8).
   B. 하나님께서 가인에게 책임을 묻자 가인은 회피했다(v.9).
III. 살인은 가인에게 징계를 가져왔고, 가인은 유리하는 자가 되었다(vv.10-15).
   A. 하나님은 비옥한 땅으로부터 가인을 추방하셨다(vv.10-12).
   B. 가인은 형벌이 너무 심하다고 하나님께 항변했다(vv.13-14).
   C. 하나님은 가인의 보호를 약속하셨다(v.15).

이제 위에서 예로 든 창세기 4:1-15을 본문으로 해서 설교적 대지를 한번 구성해 보도록 하자.

위의 석의적 대지에서는 전체 주제가 무엇인지 언급되지 않고 있다. 그러나 본문을 여러 번 읽고 묵상해 보면 아벨의 신앙에 대비된 가인의 불신앙이 두드러지게 부각되고 있음을 보게 된다. 따라서 가인에게 초점을 맞춘다면 본문의 주제는 불신앙임을 알 수 있을 것이다. 그래서 필자는 본문의 주제를 "불신앙의 비극"이라고 하고 싶다(이 주제는 설교 제목으로 그대로 사용해도 좋음).

이제 "불신앙의 비극"이라는 주제를 중심으로 설교적 대지를 구성하면 다음과 같이 될 것이다.

본문: 창세기 4:1-15
제목: 불신앙의 비극
중심내용: 불신앙은 비극을 초래한다.
설교목적: 성도들로 하여금 불신앙의 자세를 버리고 바른 신앙적 자세를 갖게 하기 위해서

서론
  1. 우리에게 불행한 일이 많이 있지만 서로 믿지 못하는 것만큼 불행한 일도 없을 것이다.
  2. 상대방에 대한 믿음이 전혀 없다면 우리는 정상적인 삶을 영위할 수 없다(예: 버스 탈 때).

I. 불신앙은 하나님을 기쁘시게 할 수 없다(vv.1-7).
  A. 아담의 두 아들은 각각 다른 길을 갔다.
    1. 아담과 이브 사이에 가인과 아벨이 태어났다.
    2. 이들이 성장해서 가인은 농부의 길을, 아벨은 목동의 길을 갔다.
    3. 때가 되어 둘 다 제사를 드렸다.

① 가인의 제사는 거절되었다.
　　　② 아벨의 제사는 열납되었다.
　B. 그러면 가인의 근본적인 문제는 무엇이었나?
　　우선 그것은 제물이 농산물이냐 짐승의 고기냐 하는 문제가 아님을 기억해야 한다. 그러면 가인의 문제는 무엇이었는가?
　1. 가인은 가장 좋은 것을 드리지 않았다.
　　① 아벨은 "양의 첫 새끼와 그 기름"으로 드렸다.
　　　양의 첫 새끼가 가장 소중하다는 생각은 그 후에도 계속되었다(cf. 잠 3:9,10; 출 13:2,12).
　　② 그러나 가인의 제물에 관해서는 그런 언급이 없다.
　　　가인은 그냥 의무를 수행하는 것으로 만족했음을 알 수 있다.
　　③ 나는 지금 어떻게 하고 있는가?
　　　내게 있는 가장 좋은 것이 하나님께 드려지고 있는가, 아니면 의무감 때문에 눈 가리고 아웅하는 식인가?
　2. 가인의 또 다른 문제는 믿음이 없이 드렸다는 것이다.
　　① 히브리서 11:4에 의하면, 아벨은 믿음으로 제사를 드렸다고 했다. 그러니까 가인은 믿음이 없이 제사를 드렸다는 것을 알 수 있다.
　　② 하나님은 믿음이 없는 제사, 마음의 자세가 바로 안 된 형식만의 것을 가증히 여기신다(cf. 사 1:10-14).
　　③ 요즈음 말로 하면, 교회에 출석도 하고, 찬송도 하고, 헌금도 하고, 기도도 하면서 외형은 진짜와 비슷하지만 마음의 자세가 바로 안 되어 있다는 말이다.
　　④ 경건의 모양은 있으나 경건의 능력은 없고, 입술로는 하나님을 존경하지만 마음은 멀리 가 있는 것이다.
　　⑤ 이게 바로 나의 모습이 아닌가?

이왕 예수를 믿을 바에야, 이왕 예배를 드릴 바에야 하나
님이 기뻐하시는 믿음의 자세로 해야 할 것이 아닌가?
3. 가인의 마지막 한 가지 문제는 회개가 없었다는 사실이다
(vv.5-7).
① 그는 자신의 제물이 거절되자 화를 내었다.
이것은 화를 낼 문제가 아니라 회개할 문제다. 자신의 제
사의 문제가 무엇인지 돌이켜 볼 수 있는 기회다.
② 사실 하나님은 가인이 회개할 수 있는 기회를 주셨다
(vv.6-7).
"네가 옳은 일을 했다면 왜 분노하느냐?"
"죄가 사나운 짐승같이 문에서 너를 기다린다. 더 큰 죄
에 빠지지 않기 위해서 돌이키라." 그러나 그는 회개하
지 않았다.
③ 회개가 없이는 참 신앙이 없다.
오늘날 예수님을 믿는다고 하면서 참 회개를 해본 적이
없는 사람이 많다. 그런 믿음은 올바른 믿음이 아니다.

II. 불신앙은 무서운 결과를 가져온다(vv.8-15).
A. 그것은 살인을 가져왔다(vv.8-9).
1. 불신앙을 회개하지 않을 때, 그것을 계속 마음에 간직할 때,
무서운 죄를 가져왔다.
2. 자신의 친동생까지도 죽이는 끔찍한 일을 저질렀다.
3. 그리고서도 양심의 가책도 없이 뻔뻔스러운 모습을 보여주
고 있다(v.9).
① 하나님께서 물으실 때 거짓말을 했다. "내가 알지 못하
나이다."
② 오히려 하나님에게 도전했다. "내가 내 아우를 지키는

자니이까?"

  B. 그것은 무서운 저주를 자초했다(vv.10-15).

    1. 죄를 감추려 하고 하나님을 속이려 했지만, 하나님은 속일 수 없었다(v.10).

    2. 그는 비옥한 땅에서 추방당해야 했고, 늘 생명의 위협을 받으면서 살 수밖에 없었다(vv.11-14).

    3. 하나님의 보호로 생명은 가지고 있었지만 불안과 초조 가운데 매순간을 살 수밖에 없는 불쌍한 인생이 되었다(v.15).

  C. 이것이 오늘 우리의 모습이다.

    1. 불신앙은 또 다른 불신앙을 낳고, 죄는 더 큰 죄를 낳는다.

      ① 죄의 바퀴 속에 한번 깔리기 시작하면 빠져 나오기 어렵다.

      ② 비극적인 결말을 보고서야 끝이 날 수 있다(예: 도박).

    2. 그뿐만이 아니라 죄는 우리의 마음에 쉼이 없게 한다.

      ① 끊임없이 도망하며, 끊임없이 방황하게 한다(cf. 마 11:28-30).

      ② 하나님 안에서 참된 안식을 찾을 때까지 우리에게는 참된 안식이 없다.

* 설교적 대지에서는 석의적 대지에 나타난 II, III을 하나로 합쳤다. 그 이유는 양자의 성격이 연관되어 있기 때문이다. 설교적 대지를 만들 때 연관성이 있으면 하나로 묶는 것이 설교하기에 좋다.

B. 구성의 방식

본론을 전개하는 방식은 본문에 따라 달라질 수밖에 없기 때문에 굉장히 다양하다. 그렇기 때문에 그 모든 방식을 다 취급한다는 것은 불가능하다. 따라서 여기서는 그 중 대표적인 것 몇 가지만 고찰해 보도록 하겠다.

(1) 대조형

이 구성법은 본문의 구조가 허락하면 어떤 종류의 장르(Genre)에도 다 사용할 수 있는 구성법이다. 이 경우는 대개 설교가 2대지로 구성된다. 1대지에서는 부정적인 측면을, 2대지에서는 긍정적인 측면을 다루는 방식이 될 수도 있고, 1대지에서는 나쁜 면을, 2대지에서는 좋은 면을 다루는 방식이 될 수도 있다.[63]

야고보서 2:14-26을 예로 들어보자. 야고보서는 그리스도인의 삶을 강조하는 책이다. 참된 신앙이 있다면 그것은 올바른 행실로 나타나야 한다는 것이 야고보서 전체의 큰 흐름이다. 그러면 본문은 어떤가? 본문은 참된 믿음을 강조하는가, 아니면 행함을 강조하는가? 본문 14절, 17절, 18절, 20절, 22절, 26절 등에 주목해 보면 본문이 가르치려는 바는 산 믿음 또는 온전한 믿음인 것을 알 수 있다. 그러면 산 믿음은 어떻게 나타나는가? 그것은 바로 행함으로 나타난다. 따라서 본문의 중심 내용은 "산 믿음은 행함으로 나타난다", "온전한 믿음은 행함과 병행한다"와 같이 표현하면 될 것이다.

이제 본문의 설교 아웃라인을 한번 구성해 보자.

본문: 야고보서 2:14-26
제목: 살아 있는 믿음
중심내용: 산 믿음은 행함으로 나타난다.
설교목적: 성도들로 하여금 믿음에 상응하는 행함이 있게 하기 위해

서론
1. 우리 시대는 말의 홍수 시대다.
2. 그래서 말로 전도하고, 말로 신앙적 영향을 미치기는 굉장히 어렵다.

3. 말도 좋지만, 그 말을 뒷받침할 수 있는 행동이 동시에 필요하다.

I. 믿음에는 죽은 믿음이 있다(vv.14-19).
   A. 말만의 믿음은 죽은 것이다(vv.14-17).
     1. 말은 돈 들이지 않고 생색낼 수 있는 가장 쉬운 방법이다.
     2. 나는 어떤 형제나 자매를 위해서 단돈 1,000원 한 장도 쓸 의사가 없으면서 말만 번지르르하게 늘어놓는 사람들이 많다.
     3. 이런 믿음은 믿음이 아니다.
     4. 요한일서 3:17-18
     5. 오늘 나의 믿음이 이런 믿음이 아닌가?
   B. 지식만의 믿음은 죽은 것이다(vv.18-19).
     1. 귀신 - 천사장 루시퍼와 함께 타락한 천사들로서, 사탄의 졸개들이다.
     2. 주님께서 지상에 계실 때 귀신을 많이 쫓아내셨다.
        ① 귀신도 하나님이 살아계심을 안다.
        ② 귀신도 지옥이 있음을 안다.
        ③ 귀신도 예수 그리스도가 하나님의 아들인 것을 안다.
     3. 그러나 귀신은 구원받지 못한다.
     4. 지식만 가지고는 소용이 없다는 말이다.
     5. 나의 믿음은 어떤 믿음인가?

II. 믿음에는 산 믿음이 있다(vv.20-26).
   A. 그것은 행함이 따르는 믿음이다.
   B. 두 가지 예
     1. 아브라함: 그의 믿음은 한 마디로 말하면 희생적인 믿음이다. 독자까지도 드릴 수 있는 믿음이다.
     2. 라합: 듣기만 하고서도 믿고 행하는 믿음이다.
   C. 오늘 우리에게는 이러한 믿음이 필요하다.

(2) 설명형

성경의 중요 교리나 진리를 청중에게 이해시키려 할 때 설명의 방식을 취할 수 있을 것이다. 이 경우에 각 대지는 단계적으로 중심 내용을 설명해 나가게 된다. 이 방식은 주로 교훈 문학을 본문으로 택할 경우에 흔히 쓸 수 있는 방법이다.

본문을 마태복음 6:1-4로 해서 한번 생각해 보자. 본문의 주제가 "구제"라는 것은 그리 어렵지 않게 발견할 수 있을 것이다. 따라서 중심 내용은 "올바른 구제는 은밀한 중에 해야 한다"로 잡으면 별 문제가 없을 것이다.

이제 이 본문을 중심으로 설교 구성을 한번 해보자.

본문: 마태복음 6:1-4
제목: 왼손도 모르게
중심내용: 올바른 구제는 은밀한 중에 해야 한다
설교목적: 성도들로 하여금 바른 동기와 방법으로 남을 도울 수 있게
하기 위해

서론
 1. 해마다 연말이 되면 어김없이 등장하는 광경 가운데 하나는 구세군의 자선 냄비이다.
 2. 이렇게 모아서 가난한 사람들을 돕기 위한 것이라는 것은 삼척동자도 다 아는 사실이다.
 3. 우리 주위에는 구세군의 자선 냄비같이 기독교의 간판을 내걸고 행해지는 선행이나 구제 사업도 있고, 기독교와 상관없는 것도 있다.
 4. 그러면 기독교의 간판을 내걸고 어떤 단체나 개인이 선행을 하면 다 하나님이 기뻐하시는 것인가?
 5. 하나님이 원하시는 선행, 하나님이 기뻐하시는 선행은 어떤 것

인가?
I. 선행은 하나님께 보이기 위해서 해야 한다(vv.1-2).
   A. 먼저 그리스도인은 반드시 "의"(= 선행)를 행해야 한다.
      1. 그리스도인은 개인적으로든 교회적으로든 선을 행하며 남을 도우며 살아야 한다.
         야고보서 4:17 - 선을 알고도 행치 않으면 죄다.
      2. 오늘날 교회가 잘못되어서 교회에서 성도간에 돕는 것이나 남을 돕는 것이 제대로 되지 않고 있다.
         수백억을 들여 으리으리한 예배당을 짓고, 이태리제 대리석으로 장식하고, 수십억씩 하는 오르간을 갖다 놓고 하면서 남을 돕는 일에는 인색한 경우가 많다.
      3. 초대 교회는 그렇지 않았다.
      4. 우리 교회도 그래야 된다.
         ① 교회 내에서 성도간에 돕는 일 - 조금은 되고 있다. 지목헌금을 통해서 어려운 형제 자매 돕는 것은 참 좋다. 서로간에 관심과 사랑을 표현하는 일은 정말 좋은 일이다.
         ② 교회 밖을 향한 우리의 손길은 아직 너무 약하다.
            교회 헌금의 50%이상을 교회 밖을 위해 쓸 수 있게 기도하자.
         (우리는 반드시 선을 행해야 한다.)
   B. 선행을 하되 하나님에게 보이기 위해서 해야 한다.
      1. 선행의 초점은 결국 누구를 기쁘게 하느냐 하는 것이다.
         ① 하나님이냐, 자신이냐?
         ② 다른 말로 하면, 선을 행하는 동기가 무엇이냐 하는 것이다. 하나님은 결과도 중시하지만 동기도 중시하신다.
      2. 선을 행하면서 나팔 불고 광고하고 떠벌리는 것은 하나님을 기쁘시게 하는 것이 아니라 자신을 기쁘게 하는 것이다.

그것은 바리새적인 선행이다.

(예) 사도행전 5장 - 아나니아와 삽비라
3. 우리는 바른 동기로 하나님만 기쁘게 하기 위해서 선을 행해야 된다.
4. 그렇지 않으면 이미 상 다 받았다.

사람의 칭찬 받기 위해 떠벌리고 나팔 부는 자는 "외식자"이다.

"외식자"($ὑποκριτής$) - 가면을 쓰고 자기 아닌 다른 사람 행세를 하는 배우를 가리키는 단어다.

자신은 슬프지 않은데도 대본 때문에 울어야 한다.

자신은 기쁘지 않은데도 대본 때문에 웃어야 한다.

자신은 착하지 않은데도 대본 때문에 착한 척 해야 한다.

외식자의 선행을 해서는 안 된다.

잘못된 동기로 해서는 안 된다.

II. 선행은 은밀하게 행해야 한다(vv.3-4).
  A. 그것은 나 자신에게도 숨겨져야 한다.
    1. 나팔을 불거나 선전하지 말아야 한다.
    2. 뿐만 아니라 자신에게도 선전하지 말아야 한다.

"오른 손이 하는 일을 왼손이 모르게 하라."

① 어떻게 이런 일이 가능한가?

② 주님께서 의도하신 바는 무엇인가?

그것은 선을 행하고 완전히 잊어버리라는 뜻이다.

③ 어떤 형제에게 신발을 사주고, 어떤 자매에게 고기를 사주고, 어떤 자매에게 쌀을 사주고 했을 때 수첩에 적고, 일기장에 적고, 머리 속에 새겨서 늘 자신을 과시하고 그것 통해 기쁨 얻어서는 안 된다.

④ 분명히 기억하자. 내가 기록하지 않아야 하나님이 기록

하신다.

(구제는 자기 자신에게도 숨겨져야 할 뿐만 아니라)

B. 그것은 은밀하게 행해져야 한다.

1. 선을 행하되 근본적인 동기가 올바르면 은밀히 할 수 있다.
2. 사람이 인정해 주든 안 해주든 하나님께 인정받는 것으로 만족하면 은밀하게 할 수 있다.
    ① 많은 사람이 목사의 칭찬을 받기 위해서 한다. 목사는 하나님 아니다. 목사를 하나님 자리에 놓지 마라.
    ② 하나님의 칭찬을 구하는 사람이라면, 자신의 선행이 드러나 사람에게 칭찬 받게 되면 오히려 화를 내야 한다. 왜냐하면 하나님의 상급을 빼앗기 때문이다.
3. 우리 가운데는 은밀한 구제가 행해져야 한다.
    ① 교회 올 때마다 나의 도움을 필요로 하는 사람이 없나 살펴 보라.
    발가락이 나온 운동화를 신고 오는 사람, 겨울인데도 여름 신발을 신고 오는 사람, 같은 옷을 주일마다 계속 입고 오는 사람, 모습이 초췌하고 파리하게 보이는 사람들은 도움이 필요하다.
    ② 은밀한 구제를 통해 하나님을 높이자.

(3) 문제 해결형

이 방식은 1대지에서 어떤 문제를 먼저 제시하고 그 다음 대지에서 그 문제에 대한 해결책을 제시하는 방식으로 구성된다. 이 구성법은 "질의 응답형"이라고 부를 수도 있다. 본문의 성격이 문제 제기와 그 해결책을 제시하는 내용이라면 본문의 문학 장르와 관계없이 어떤 본문에도 이 구성법이 사용될 수 있을 것이나 이런 성격의 본문이 그리 많지는 않다.

본문을 야고보서 4:1-12을 중심으로 해서 생각해 보자. 이 본문은 다른 방식으로도 구성이 되겠지만 문제 해결형으로 하면 좋을 것 같다.

본문: 야고보서 4:1-12
제목: 다툼을 종식시키려면
중심내용: 다툼을 종식시키려면 다툼의 원인과 해결책을 바로 알아야 한다.
설교목적: 성도들이 다툼 대신 서로 화목하게 하기 위해서

서론
  1. 자녀를 키우는 부모들의 마음은 동서고금을 막론하고 큰 차이가 없다.
    ① 자녀가 한 명이면 문제가 안 된다.
    ② 그러나 둘 이상이면 문제가 생긴다.
      서로 다투고, 사이좋게 안 지내면 보기 싫고, 속이 상한다.
      서로 아껴 주고 위해 주면 너무 사랑스럽고 예쁘게 보인다.
      그래서 시편 133:1 - "형제가 연합하여 동거함이 어찌 그리 선하고 아름다운고!"
  2. 교회도 마찬가지다.
    ① 우리는 육신적으로 모두 남남이다.
    ② 그러나 주안에서는 한 형제이다 - 한 하나님을 아버지로 모시고 있는 형제요 자매다.
  3. 한 부모 밑에서 자라는 육신의 형제간에도 다툼이 있고 갈등이 있듯이, 영적인 형제 사이에도 그런 것이 있을 수 있다.
  4. 왜 다툼이 생기는가? 그리고 그 해결책은 무엇인가?
    "다툼을 종식시키려면"이란 제목으로 상고하자.
I. 다툼의 원인은 무엇인가? (vv.1-5)
  두 가지 원인 있다.

A. 개인적인 욕심 때문이다(vv.1-3)
  1. 욕심은 분쟁의 원인이 된다.
    ① 국가와 국가 사이에도 한 사람의 욕심 때문에 다툼이 생기고 여러 사람을 불행하게 한다.
    ② 회사와 회사간에도 서로 일등 하려는 욕심 때문에 다툼이 생긴다. 그래서 산업 스파이가 활개친다.
    ③ 개인과 개인간에도 욕심은 문제를 일으킨다.
  2. 심지어 영적인 것조차 욕심으로 한다.
    ① 기도도 욕심으로 한다 - 그러니 응답이 안 된다.
    ② 여기서 우리는 기도에 관해서 사람들이 크게 잘못되고 있음을 본다. 기도는 내 욕심을 이루기 위해 하나님을 이용하는 것이 아니다. 그 반대로 하나님의 뜻을 이루기 위해 내가 드려지는 것이 기도다.
    ③ 이것을 잘못 이해해서 내 욕심을 채우기 위한 도구로 기도를 하니 응답될 리가 없다.
  3. 우리는 영적인 일에도 항상 육적인 것이 개입할 수 있음을 알아야 한다.
    ① 영적인 일 속에 포함된 육적인 독소를 바로 알아야 한다.
    ② 독(毒) - 한꺼번에 많이 마시면 즉사한다.
      그러나 조금씩 먹으련 금세 표가 안 난다.
      조금씩 쌓여서 일정 수준에 도달하면 치명적이 된다.
  4. 우리는 주님일을 욕심으로 해서는 안 된다.
    ① 내 이름 드러내자. 내가 좀 유명해지자.
    ② 내가 좀 인정받자. 내가 좀 칭찬 받자. 이런 생각이 다툼의 원인이 된다. 이것은 하나님의 교회를 썩게 만든다.
      그 반대로
    ① 나는 죽어지자.

② 나는 드러나지 말자.
③ 주님만 드러내자는 자세가 필요하다.
　　왜 다툼이 생기는가? 개인적 욕심 때문에 생긴다.
　　또 한 가지 이유가 있다.
B. 세상과 벗이 되기 때문이다(vv.4-5).
　1. "간음하는 여자" - 영적으로 우리는 모두 그리스도의 신부다. 그렇기 때문에 "여자" 라고 한 것이다.
　　이것은 우리 모두를 의미한다
　2. 세상과 친구 되는 것이 간음하는 일이고, 하나님과 원수 되는 길이다.
　　"세상" 이란 무엇인가?
　　존 웨슬리(John Wesley) - "그리스도에 대한 사랑을 식어지게 만드는 것이 세상이다."
　3. v.5 - "성령의 시기" - 무엇인가?
　　사랑하면 상대방을 온전히 요구한다.
　4. 하나님은 우리를 사랑해서 우리를 100% 요구하시는데 우리의 마음은 자꾸 세상으로 빼앗긴다.
　　① 세상은 화려하게 보인다.
　　② 세상은 재미있게 보인다.
　　③ 세상은 멋있게 보인다.
　　④ 구원받은 사람도 자칫하면 세상에 시선을 빼앗긴다.
　5. 세상을 바라보고, 세상을 사랑하고, 세상과 짝하면, 우리의 영적인 눈은 자꾸 어두워져서 형제를 못 본다.
　　① 형제가 아파하는 것도 못 본다.
　　② 형제가 슬퍼하는 것도 못 본다.
　　③ 형제가 괴로워하는 것도 못 본다.
　　　그래서 상처를 준다. 형제간에 서운함을 주게 된다. 다툼이 된다.

6. 세상과 벗이 되면 개인적인 신앙이나, 성도간의 관계는 뒤죽박죽이 된다.

세상에서 눈을 떼야 일이 풀린다.

II. 해결책은 무엇인가?(vv.6-12)

세 가지가 제시되어 있다.

A. 겸손으로 마귀를 대적해야 한다(vv.6-7).

1. 마귀와 교만은 오랜 인연이 있다 - 찰떡 궁합이다.

천사장 루시퍼 - 교만 때문에 타락해 사탄이 되었다.

하나님과 같아지려고 하다가 마귀가 되고 말았다.

2. 그렇기 때문에 사탄은 지금도 한이 맺혀 있다.

그래서 한풀이를 하려고 한다.

지금도 우리 속에 교만을 심어서 자기와 한 패로 만들려고 한다.

교만을 심어서 성도간에 다툼을 일으키려 한다.

3. 마귀를 대적하는 가장 좋은 길은 겸손이다.

① 낮아지면 된다.

② 상대방을 높이면 된다.

③ 남을 섬기는 자리로 납작 엎드리면 된다.

B. 하나님께 가까이 가야 한다(vv.8-10).

1. v.8a - 어떻게 가까이 가는가?

말씀에 바로 서서 기도로 가는 것이다.

다른 방법으로는 하나님께 가까이 못 간다.

2. 하나님은 늘 우리가 그분께 가까이 오기 원하신다.

그러나 억지로 하지 않으신다. 기다리신다.

3. 내가 먼저 가야 한다. 무릎으로 가야 한다.

가까이 가면 내 죄를 본다.

v.8 - 손 - 행위로 하는 죄

　　　마음 - 내 속의 죄

4. 그러할 때 애통할 수밖에 없다.

　① 하나님 앞에서 나의 추한 모습을 본다.

　② 다른 형제를 시기하고 질투하는 것을 본다.

　③ 내 속의 욕심을 본다.

　④ 마음속에 있는 좋지 못한 동기를 본다.

　　마태복음 5:4 - 애통하는 자 - 위로 있다.

5. 그때 우리의 죄가 정결하게 된다.

죄의 장벽이 제거된다.

그러면 내 눈이 밝아져 다른 형제가 경쟁의 대상이 아니고, 사랑의 대상임을 보게 된다.

그러면 모든 다툼은 끝이 나 버린다.

C. 형제 비방을 중지해야 한다(vv.11-12).

1. 우리는 모두 죄의 성품을 물려받은 자다.

2. 다른 사람이 내 기분을 상하게 하고 내 마음을 아프게 하면 "언젠가는 갚아 주겠다"는 마음이 있다.

　① 가시 돋친 말을 한마디 던져야 직성이 풀린다.

　② 내가 받은 상처에다가 이자까지 보태서 갚아 주고 싶은 마음이 있다.

3. v. 11 - 비방하지 말라 - 피차에

　① 비방하고 싶을 때 중단해야 한다. 하나님의 절대적인 명령이다.

　② v. 12 - 내 형제를 판단하는 자는 내가 아니다. 하나님밖에 없다.

　③ 억울한 일, 속상한 일을 주님께 맡겨라. 서로 비방하지 말자.

서로 헐뜯지 말자. 갈라디아서 5:15

(4) 증명형

이 방식은 설교의 중심 내용을 증명해 나가는 방식으로서, 이 경우에 설교자는 중심 내용을 변호하는 입장이 되고, 각 대지는 중심 내용을 증명해 주는 이유나 증거가 된다.

고린도전서 15:12-19이 좋은 예가 될 것 같다.[64] 여기서 사도 바울은 우리의 신앙에서 육체적 부활이 얼마나 중요한가 하는 것을 증명하고 있다. 따라서 본문의 중심 내용은, "육체의 부활은 우리의 신앙을 의미 있게 만든다"고 하면 좋을 것 같다. 이 경우에 설교의 목적은 물론 "청중으로 하여금 육체적 부활은 기독교 신앙의 핵심적 진리임을 보여 주기 위해서"라든지, 이와 유사하게 정해야 될 것이다. 이제 이것을 아웃라인 형식으로 표현해 보면 다음과 같이 될 것이다.

본문: 고린도전서 15:12-19
제목: 부활이 없다면
중심내용: 육체적 부활은 우리의 신앙을 의미 있게 만든다.
설교목적: 청중으로 하여금 육체적 부활은 기독교 신앙의 핵심적 진리임을 보여주기 위해서

서론
  1.
  2.
Ⅰ. 부활이 없으면 복음은 그 내용을 잃게 된다(vv.12-14).
  A. 죽은 자의 부활이 없으면 그리스도의 부활이 없다.
  B. 그리스도의 부활이 없으면 복음은 하나의 망상에 불과하다.
  C. 복음이 망상에 불과하다면, 신앙은 실체를 상실한다.
Ⅱ. 부활이 없으면 설교자는 거짓말쟁이가 된다(v.15).
  A. 부활이 없으면 부활을 전파하는 설교자는 거짓 증인이 된다.

  B. 부활이 없으면 부활을 사실이라고 전파하는 설교자는 사기꾼이 되고 만다.
III. 부활이 없으면 그리스도인은 소망을 잃게 된다(vv. 16-19).
  A. 부활이 없으면 그리스도의 부활도 없고, 그의 죽음은 아무 것도 성취하지 못한다.
  B. 부활이 없으면 죽은 성도도 망하고 만다.
  C. 부활을 기대하는 그리스인은 가장 불쌍한 자가 되고 만다.

(5) 원리 적용형

이 방식은 설교자가 서론이나 첫째 대지에서 원리를 제시하고 나머지 대지에서는 그 원리를 하나씩 적용시켜 나가는 방식이다.

베드로전서 2:11-3:9은 원리 적용의 방식으로 본문을 구성하는 것이 좋을 것 같다.[65] 본문의 중심 내용은 "인간의 제도에 대한 그리스도인의 태도는 순종이어야 한다" 또는 "그리스도인은 인간의 제도에 순종해야 한다"라고 할 수 있겠고, 설교의 목적은 "그리스도인으로 하여금 권위에 대해 순종하는 태도를 갖게 하기 위해서"라고 할 수 있겠다. 이것은 아웃라인 형식으로 표현하면 다음과 같다.

본문: 베드로전서 2:11-3:9
제목: 순종하는 삶
중심내용: 그리스도인은 인간의 제도에 순종해야 한다.
설교목적: 그리스도인으로 하여금 권위에 대해 순종하는 태도를 갖게 하기 위해서

서론
 1.
 2.
I. 우리는 그리스도 때문에 인간의 제도에 순종해야 한다(2:11-12,

21-25).
  A. 순종은 하나님께 영광을 돌리는 한 방법이다(2:11-12).
  C. 예수님께서 순종에 대한 본을 보이셨다(2:21-25).
II. 순종의 원리는 우리의 생활 전반을 지배하는 원리여야 한다.
  A. 국민은 정부에 순종해야 한다(2:13-17).
  B. 피고용자는 고용주에게 순종해야 한다(2:18-20).
  C. 아내는 남편에게 순종해야 한다(3:1-6).

(6) 귀납적 구성법

이 방법은 서사문학(Narrative Literature = 이야기식으로 된 부분)에서 본문을 택할 경우 흔히 사용하는 방식인데, 귀납적 구성법을 취할 경우 아웃라인은 다음과 같은 형태가 된다. 즉,

서론
 I. 이야기
 II. 원리
 III. 적용

누가복음 10:38-42을 예로 들어서 생각해 보면 좋을 것 같다.[66] 본문의 중심 내용은 "그리스도의 제자는 그리스도를 관심의 초점에 두어야 한다"로 하고, 설교의 목적은 "그리스도인들로 하여금 그리스도에게 초점을 맞추는 삶을 살게 하기 위해서"라고 정할 수 있겠다. 이를 아웃라인 형식으로 표현해 보면 다음과 같다.

본문: 누가복음 10:38-42
제목: 이것이냐, 저것이냐?
중심내용: 그리스도의 제자는 그리스도를 관심의 초점에 두어야 한다.
설교목적: 그리스도인들로 하여금 그리스도에게 초점을 맞추는 삶

을 살게 하기 위해서

서론
    1.
    2.

Ⅰ. 마리아와 마르다는 관심의 초점이 서로 달랐다.
    A. 마리아와 마르다는 각각 다른 모양으로 예수님을 대했다 (vv.38-40).
        1. 마리아는 모든 관심을 오직 주님에게만 쏟았다(vv.38-39).
        2. 마르다는 음식 마련하는 일에 관심을 쏟았다(v.40).
    B. 주님은 마르다를 책망하시고 마리아를 칭찬하셨다(vv.41-42).
        1. 주님은 마르다의 문제가 무엇인지 지적하셨다(v.41).
        2. 주님은 마리아의 선택을 더 좋은 것으로 인정하셨다(v.42).

Ⅱ. 제자도의 관건은 예수님께 초점을 맞추는 것이다.
    A. 손님을 맞는 주인으로서의 마르다의 사역도 역시 필요하고 또 중요하다.
    B. 그러나 마르다는 더 중요한 일을 게을리 했다.
    C. 마리아는 가장 중요한 일에 초점을 맞추었다.
    D. 예수님께 초점을 맞추는 것은 그리스도의 제자에게 언제나 가장 중요한 일이다.

Ⅲ. 그리스도의 제자로서 우리는 항상 그리스도를 관심의 중심에 두어야 한다.
    A. 우리에게 유익하고 중요한 것들이 상당히 많이 있다.
    B. 그러나 우리는 항상 가장 중요한 것을 우리의 관심의 초점으로 삼아야 한다.

귀납적 구성법은 위와 같은 형태를 취할 수 있지만 약간의 변형도 가능하다. 이 경우에는 전체 이야기를 몇 가지 구성 요소로 분해해서, 각 요소를 위에서 언급한 방식으로 구성하는 설교이다. 이를 간단히 표시해 보면 다음과 같이 될 것이다.

I. 원리
   A. 이야기
   B. 원리
   C. 적용
II. 원리
   A. 이야기
   B. 원리
   C. 적용
III. 원리
   A. 이야기
   B. 원리
   C. 적용

마태복음 8:18-27을 본문으로 해서 생각해 보자. 본문의 내용은 "그리스도를 따르는 자는 희생적인 순종과 불굴의 신앙을 가져야 한다"라고 할 수 있겠고, 설교의 목적은 "그리스도인으로 하여금 예수 그리스도를 바로 따르기 위해서는 희생적인 순종과 불굴의 신앙이 필요함을 알게 하기 위해서"라고 정할 수 있겠다. 이를 아웃라인 형식으로 표현하면 다음과 같다.

본문: 마태복음 8:18-27
제목: 주님을 따르려면
중심내용: 그리스도를 따른 자는 희생적인 순종과 불굴의 신앙을 가져야 한다.
설교목적: 그리스도인으로 하여금 그리스도를 바로 따르기 위해서

는 희생적인 순종과 불굴의 신앙이 필요함을 알게 하기 위해서

서론
1. 삼성이나 현대 같은 일류 회사에 들어가려면 까다로운 자격이 요구된다.
   학력, 전공, 영어 실력, 컴퓨터 실력 등
2. 주님의 회사에 들어가 주님을 따르는 데에는 어떤 자격이 필요한가?
   일류대학을 졸업한 자라야 하는가?
   헬라어와 히브리어에 능통해야 하는가?
   요즈음은 국제화 시대이니까 영어를 아주 잘해야 하는가?
3. "주님을 따르려면"이란 제목으로 상고하자.

I. 주님을 따르려면 대가를 치를 각오를 해야 한다(vv. 18-20).
   A. 본문
   1. 예수님 주위에는 거의 언제나 많은 군중이 함께 했다.
      ① 본문에서도 그렇다. - v.18
      ② 그러나 그들은 예수님을 따르는 사람들이라고 할 수 없다. 그냥 막연한 호기심을 가지고 무리 지어 다니는 사람들은 진정한 의미에서 주님을 따르는 사람은 아니다.
   2. 그런 무리를 헤치고 한 청년이 나타났다.
      ① 그의 특이한 복장은 그가 서기관인 것을 보여준다.
      ② 그 당시 대부분의 서기관들이 예수를 반대하고 핍박하는 사람들이다.
      ③ 그러나 이 서기관은 예수님을 따르겠다는 마음으로 나아왔다.
         v.19 - "선생님이여, 어디로 가시든지 저는 좇으리이다."

④ 그는 단단한 각오를 가지고 나온 것 같이 보인다.
3. 그러나 그에게는 문제가 있었다
① 그는 하나님으로서의 예수보다 선생으로서의 예수를 따르기 원했다(v.19).
그는 하나님으로서의 예수에 대한 절대적 권위에 순종할 마음 없었다.
② 그뿐 아니라 예수 따르는 것이 얼마나 힘든지 몰랐다 (v.20).
1) 그에게는 예수 따르는 게 좋아 보였다.
2) 화려하게 보였다. 인기 있는 길같이 보였다.
3) 그는 그 길이 얼마나 험난한 길인지 몰랐다.
4) 그 길은 고난의 길이고, 희생의 길인 것을 몰랐다.
5) 집도 없고, 거처도 없는 고생길인 것을 그는 몰랐던 것이다.

B. 적용
1. 허다한 무리같이 막연히 예수를 따르기 위해서는 희생이 필요 없다.
2. 아무런 대가를 치르지 않고도 예수를 따를 수 있다.
3. 그러나 예수님을 가까이서 따르기 위해서는 값을 치러야 한다.
4. 대가를 치르지 않고 평안히 예수를 믿겠다는 사람은 절대로 주님께 의미 있는 사람, 소중한 사람이 될 수 없다.
① 잠자고 싶은 것 다 자고 주님을 제대로 따를 수는 없다.
그렇기 때문에 남이 잠자는 시간에 나는 일어나야 하는 경우가 많다
② 내가 쓰고 싶은 것 다 쓰고 주님을 제대로 따를 수는 없다. 그렇기 때문에 물질의 일부를 포기해야 할 때도 있다.

③ 내가 편하고 싶은 대로 다 편하고서 주님을 제대로 따를 수는 없다. 그렇기 때문에 때로 육신의 편안함과 안일을 희생해야 할 때도 있다.

④ 오늘 나는 나의 왕이신 예수를 위해 무엇을 희생했나?

5. 예수님을 제대로 따르는 길은 쉽지 않다. 나의 시간과 물질과 재능과 안일함을 희생할 때만 가능하다.

II. 주님을 따르려면 주님을 최우선에 두어야 한다(vv.21-22).

  A. 본문

    1. 서기관과는 다른 한 제자가 주님께 왔다.

    2. 이 사람은 예수를 "선생" 이라고 부르지 않고 있다.
       주님 이라고 부른다.
       제자로서 따를 준비가 된 것 같이 보인다.

    3. 그러나 그는 먼저 가서 아버지를 장사하겠다고 했다.

       ① 이 말은 그의 아버지가 돌아가셨다는 말 아니다.

       ② 연로하신 아버지를 모시고 봉양하다가 돌아가시면 장례까지 치르고 난 뒤에 주님을 좇겠다는 뜻이다.

    4. 주님의 답변 - v.22(영적으로 죽은 자들로 하여금 육적으로 죽은 자를 돌보게 하라)

  B. 적용

    1. 주님을 제대로 따르려면 유혹이 많다.
       주님보다 앞서서 해야 될 것 같이 보이는 게 많다.

    2. 그러나 그것은 모두 사탄의 속임수다.

    3. 주님보다 먼저 추구해야 될 만큼 중요한 것은 하나도 없다.

    4. 이것을 혼동하고, 착각하면 신앙의 비극이 시작된다.

       ① 어떤 사람들은 아파트 한 채 장만한 뒤에 예수 잘 믿겠다 - 사탄의 속임수다.

       ② 어떤 사람들은 고 3짜리 아들 대학 보낸 뒤에 예수 잘 믿

겠다 - 사탄의 속임수다.

③ 어떤 사람들은 대학 졸업해 반반한 직장 얻은 뒤에 예수 잘 믿겠다 - 사탄의 속임수다.

④ 어떤 사람들은 시집이나 가고 나서, 아들 키우고 나서 예수 잘 믿겠다 - 사탄의 속임수다.

그런 것들은 죽은 자들이 하는 것이다. 산 자는 산 자의 일을 해야 한다.

⑤ 내일은 항상 있다.

그 내일을 오늘로 앞당기는 것은 나의 결단이다.

주님을 그 어느 것 보다 우선에 두고, 오늘 그를 제대로 따르기로 하는 사람만이 참 제자가 된다.

III. 주님을 따르려면 불굴의 신앙이 있어야 한다(vv.23-27).

  A. 본문

    1. 일단의 제자들이 주님을 좇아 배에까지 오르게 되었다.

    2. 그 배는 큰 폭풍 때문에 언제 뒤집힐 지 모르는 위기 상황이었다. 그런데 주님은 그냥 주무시기만 하고 계셨다.

    3. 산더미 같은 파도가 몰아 닥치니 겁에 질려 살려 달라고 부르짖을 수밖에 없었다. 주님을 깨웠다.

    4. v.26 - "어찌하여 믿음이 작은 자들아…"

      ① 강한 믿음과 두려움은 공존할 수 없다.

      ② 강한 믿음이 있으면 두려움은 사라진다.

      ③ 제자들은 결심하고 주님을 따랐지만 하나님이신 예수 그리스도에 대한 불굴의 신앙이 없었다.

    5. 바다조차 복종하는 그 주님을 그들은 의지하지 못했다.

  B. 적용

    1. 우리 주님은 당신을 신뢰하지 못하는 사람과는 가까이 하실 수 없다.

2. 우리의 신앙이 어떻게 시작되었나? 예수께서 갈보리 위에서 내가 갚아야 할 죄의 값을 대신 갚으셨다는 것을 믿는 데서 시작되었다. 그 때 구원받아 신앙이 시작되었다. 그 때 100% 그를 의지했다.
  3. 구원 후에도 흔들리지 않은 신앙이 필요하다.
     ① 불 속에서도 주님을 의지하는 신앙이 필요하다
     ② 폭풍 속에서도 주님을 의지하는 신앙이 필요하다
     ③ 절망 속에서도 주님을 의지하는 신앙이 필요하다
     ④ 모든 것이 끝장났다는 상황에서도 주님을 의지하는 신앙이 필요하다
  4. 그를 온전히 신뢰하는 사람을 통해 큰 일을 이루신다.
  5. 신앙의 힘이 얼마나 위대한지는 형언할 수 없다.
  6. 오늘 우리에게 이런 신앙이 필요하다.
     나의 신앙은 어떤가?
     어떤 상황에서도 불굴의 신앙을 갖기 바란다.
     그래야 주님 제대로 따르는 제자가 된다.

결론
  1. 제자의 길은 힘들다.
  2. 희생이 필요하다.
     주님을 최우선에 두어야 한다.
     불굴의 신앙 필요하다.
  3. 이왕 예수 따를 바에야 제대로 따르자.

신명기 1:19-38을 예로 들어보자. 본문은 이스라엘 백성들이 가데스 바네아에서 실패한 역사적 사건을 회고하는 내용이다. 본문의 주제는 "이스라엘의 영적 실패"라고 할 수 있겠고, 또 그들이 영적으로 실패한 이유는 하나님에 대한 불신앙 때문이므로 이것을 술어로 하는 것이 좋

을 것이다. 따라서 중심 내용은 "가데스 바네아에서의 이스라엘의 영적인 실패는 그들의 불신앙에서 연유했다"고 생각할 수 있겠다. 그러나 이것은 보편성이 없으므로, 이것을 보편적인 진리의 형태로 표현하려면 "가데스바네아"나 "이스라엘"이라는 단어가 포함되지 않아야 될 것이다. 그렇게 되면 중심 내용은 "영적인 실패는 하나님에 대한 불신앙에서 연유한다"고 해야 될 것이다.

이 경우 설교의 목적은 "성도들로 하여금 부단히 하나님을 의뢰하는 태도를 갖게 하기 위해서"라고 정하면 좋을 것이다. 이제 본문을 아웃라인 형식으로 표현해 보면 다음과 같이 될 것이다.

본문: 신명기 1:19-38
제목: 영적 실패
중심내용: 영적인 실패는 하나님에 대한 불신앙에서 연유한다.
설교목적: 성도들로 하여금 늘 하나님을 의지하도록 하기 위해

서론
  1. 배경 설명
  2. 과거의 대한 회고(vv.19-25).
Ⅰ. 환경에 눈을 돌릴 때 우리는 영적으로 실패한다(vv.26-28).
  A. 사람들이 우리를 낙심케 할 수도 있다(vv.26-28a).
  B. 환경이 우리를 낙심케 할 수도 있다(v.28b).
Ⅱ. 하나님께서 과거에 우리를 위해 하신 일을 잊어버릴 때 우리는 영적으로 실패한다(vv.29-31).
  A. 하나님께서는 이스라엘에게 크게 역사하셨으나 이스라엘은 이것을 망각해 버렸다.
  B. 오늘 우리도 그렇게 할 수 있다.
Ⅲ. 하나님의 약속을 믿지 않을 때 우리는 영적으로 실패한다(vv.32-38).

A. 대부분의 이스라엘 백성은 하나님의 약속을 믿지 않았으므로 실패했다(vv. 32-35).
　　B. 갈렙과 여호수아만이 하나님의 약속을 믿었다(vv. 36-38).
　　C. 오늘 우리도 갈렙과 여호수아와 같은 신앙을 가져야 한다.

(7) 연역적 구성법

서사 문학에서 본문을 택해 설교할 경우 귀납적 구성법과 함께 연역적 구성법도 많이 쓰이는데, 이 방법은 다음과 같이 표현할 수 있겠다. 즉,

　서론
　Ⅰ. 원리
　Ⅱ. 이야기
　Ⅲ. 적용

　역대하 18:1-34을 본문으로 해서 연역적 구성법을 생각해 보도록 하자. 본문의 중심 내용을 먼저 생각해 보는 것이 좋겠다. 역대하 17장에서는 여호사밧이 영적으로 승리하는 모습이 기록되어 있음에 반해 18장은 그의 실패를 기록하고 있다. 그의 부귀와 영화가 극에 달하게 됨에 따라(대하 18:1) 그의 신앙은 점점 해이해 지고 죄와 타협하게 되고, 그 결과 그는 엄청난 패배를 맛보았던 것이다. 따라서 본문의 중심 내용은 "신앙의 타협은 신앙의 패배를 초래한다"라고 하면 되겠고, 설교의 목적은 "성도들로 하여금 타협하지 않는 신앙을 갖게 하기 위해서"라고 할 수 있겠다. 이제 본문을 아웃라인 형식으로 표현하면 다음과 같이 될 것이다.

　본문: 역대하 18:1-34
　제목: 영적 타협
　중심내용: 영적인 타협은 영적인 실패를 초래한다.

설교목적: 성도들로 하여금 타협하지 않는 신앙을 갖게 하기 위해서

서론
   1.
   2.
Ⅰ. 영적인 타협은 영적인 패배를 가져온다.
Ⅱ. 여호사밧이 그러했다.
   A. 그는 죄에 대해 점점 관대해지기 시작했다(vv.1-3).
   B. 영적인 타협이 계속됨에 따라 하나님 말씀대로 행하기가 점점 힘들어지게 되었다(vv.4-28).
   C. 타협의 결과는 엄청난 패배였다(vv.29-34).
Ⅲ. 오늘 우리도 영적인 패배를 맛보지 않기 위해서는 타협하지 않는 신앙이 필요하다.

(8) 기타 방법

본론 전개 방식은 위에서 언급한 것 외에도 많이 있다. 변증법적 구성법, 원인 - 결과식 구성법 등도 있고, 몇 가지 방식을 결합한 방식도 있을 수 있다. 어떤 설교를 어떤 방식으로 구성하느냐 하는 것은 본문의 성격에 의해 좌우되는 것이므로 구성법에 대한 이해와 본문의 철저한 연구만 있으면 크게 어려움 없이 본론을 구성할 수 있을 것이다.

Ⅳ. 아웃라인의 작성

이제 본론 작성의 맨 마지막 단계로서 아웃라인을 작성하는 단계에 이르렀다. 아웃라인은 건축에 있어서의 청사진과 같다. 건축가가 아무리 좋은 아이디어를 가지고 있더라도 그것을 청사진으로 만들지 않으면 소용이 없다. 설교에 있어서도 그렇다. 지금까지의 여러 단계는 사

실상 아웃라인을 만들기 위한 준비 단계에 불과하다고 할 수 있다. 앞에서 논의한 다섯 가지 단계는 아웃라인으로 총결산을 하게 된다. 아름다운 건물이 좋은 청사진에서 나오듯이 훌륭한 설교는 훌륭한 아웃라인에서 나온다.

A. 아웃라인의 기본 형태

설교자마다 아웃라인의 형태에 차이가 있을 수 있는데, 필자는 다음과 같은 형태가 가장 바람직하다고 생각한다.

본문 _____
제목 _____
중심내용 _____
설교목적 _____

서론 _____
  1. _____
  2. _____
  (경과구) _____
I. 첫째 대지
  A. 첫째 소지 _____
    1. 소소지 _____
    2. 소소지 _____
  B. 둘째 소지 _____
    1. 소소지 _____
    2. 소소지 _____
    3. 소소지 _____
  (경과구) _____
II. 둘째 대지 _____

A. 첫째 소지 _____
　　B. 둘째 소지 _____
　　　1. 소소지 _____
　　　2. 소소지 _____
　　　(경과구) _____
　Ⅲ. 셋째 대지 _____
　　A. 첫째 소지 _____
　　B. 둘째 소지 _____
　　　1. 소소지 _____
　　　2. 소소지 _____
　　C. 셋째 소지 _____
　　　1. 소소지 _____
　　　2. 소소지 _____
　　　(경과구) _____
　결론 _____
　　1. _____
　　2. _____

B. 아웃라인의 목적

아웃라인은 왜 필요한가? 좋은 아웃라인은 어떤 가치가 있는가? 그 중요성을 몇 가지 열거해 보면 다음과 같다.[67]

첫째, 아웃라인은 설교에 통일성을 주어 설교자로 하여금 횡설수설하지 않게 한다.

둘째, 아웃라인은 설교를 명쾌하게 해주어 청중이 설교의 흐름을 잘 따를 수 있게 해준다.

셋째, 아웃라인은 설교자에게 설교 각 부분 상호간의 관계를 한눈에 보아 알 수 있게 해주며, 또한 중요한 부분과 그렇지 않은 부분을 일목

요연하게 알 수 있게 한다.

넷째, 아웃라인은 설교 준비시 좀더 깊이 연구해야 될 부분과 그렇지 않은 부분을 쉽게 구별할 수 있게 해준다.

C. 아웃라인 작성의 원칙

좋은 아웃라인을 만들기 위해서는 반드시 지켜야 할 몇 가지 원칙이 있다.[68]

첫째, 각 대지나 소지, 소소지에는 반드시 하나의 내용만 포함해야 한다. 아웃라인의 목적 가운데 하나는 각 부분간의 상호 관계를 보여주는 것이기 때문에 한 대지나 소지 안에 두 개 또는 그 이상의 내용이 포함되어 있으면 그 목적을 달성할 수 없다. 그렇기 때문에 한 대지에는 하나의 내용만 포함시켜야 한다.

둘째, 한 대지는 다른 대지와, 한 소지는 다른 소지와 구별되어야 하며, 따라서 유사한 대지나 소지는 만들지 말아야 한다. 예를 들어, 다음과 같은 두 개의 대지가 어떤 설교에 포함되어 있다고 가정해 보자.

I. 참된 사람은 지속적이다.
II. 참된 사랑은 변함이 없다.

이 경우에 두 대지는 서로 내용이 유사해서 그 차이가 무엇인지 사실상 구별이 잘 안 된다. 그렇기 때문에 이러한 식의 대지는 피해야만 된다.

셋째, 가능하면 같은 형태의 표현을 계속 반복해서 사용하는 것이 좋다. 그렇게 할 때 청중이 기억하기 쉽고, 또 그 기억은 오래 지속될 것이다. 그렇기 때문에 각 대지나 소지가 서술형이면 서술형으로, 의문형이면 의문형으로 해야지 여러 가지를 뒤섞어서 사용하는 것은 바람직하지 않다. 다음과 같은 대지를 한번 보자.

Ⅰ. 우리는 서로 사랑해야 한다.
Ⅱ. 당신은 참으로 헌신적인가?
Ⅲ. 서로 용서하라.

이 대지는 서술형, 의문형, 명령형 등 세 가지 다른 형태의 종지형(終止型)을 사용하고 있어서 좋지 못하다.

넷째, 각 대지는 완전한 문장으로 표현하고, 소지도 가능하면 문장으로 표현하는 것이 좋다. 단어나 구(句)만으로는 완전한 뜻을 전달하지 못하기 때문에, 각 대지나 소지는 독립적으로 의미를 전달할 수 있는 문장의 형태로 표현하는 것이 가장 바람직하다.

다섯째, 번호는 일관성 있게 사용해야 한다. 모든 대지는 항상 같은 번호로, 또 소지는 대지와는 다르게, 그러면서 모든 소지는 똑같은 번호로 표기해야 한다. 그렇지 않으면 뒤범벅이 되어서 아웃라인은 그 존재 이유를 상실해 버리고 말 것이다.

여섯째, 설교에서 모든 부분이 다 동일하게 중요한 것이 아니기 때문에 가장 중요한 부분이나 포괄적인 부분은 대지가 되고, 대지를 뒷받침해주는 부분은 소지가 되어야 한다. 이것은 다음과 같이 표시할 수 있을 것이다.

Ⅰ. 첫째 대지: 중심 내용을 뒷받침한다.
  A. 첫째 소지: 첫째 대지를 뒷받침한다.
  B. 둘째 소지: 역시 첫째 대지를 다소 다른 각도에서 뒷받침한다.
Ⅱ. 둘째 대지: 중심 내용을 첫째 대지와는 다른 면에서 뒷받침한다.
  A. 첫째 소지: 둘째 대지를 뒷받침한다.
    1. 첫째 소소지: 첫째 소지를 뒷받침한다.
    2. 둘째 소소지: 첫째 소지를 뒷받침한다.
  B. 둘째 소지: 역시 둘째 대지를 다소 다른 측면에서 뒷받침한다.

일곱째, 연구하고 묵상하여 수집해 놓은 자료 가운데 설교에 포함시키기에 부적당한 것이나 설교의 흐름을 방해하는 것은 과감히 잘라 버리고, 이런 것은 아웃라인에 아예 포함시키지도 말고 설교할 때 언급하지도 말아야 한다. 어떤 구절은 해석상의 어려움으로 서너 가지 견해가 있을 수도 있다. 이런 경우 설교자가 개인적으로 연구할 때는 각 견해를 다 검토해야 되겠지만 아웃라인을 작성하기 전까지는 어느 견해가 가장 타당한지 결정을 내리고, 아웃라인에서나 실제 설교에서는 이 견해만 언급해야 할 것이다. 설교는 학교 강의가 아니기 때문에 설교자의 연구 과정이나 결론 도출 과정을 실제 설교할 때 다 언급할 필요가 없고, 오직 그 결과만 체계적으로 제시하면 되는 것이다.

어떤 경우에는 본문 중 어느 한 절 또는 한 두절이 전체 주제와 방향이 다소 다를 경우가 있을 수 있는데, 이런 경우에는 어떻게 해야 할 것인가? 어차피 설교자는 자신의 본문 한 절 한 절에 똑같은 비중을 둘 수 없다. 아무래도 어떤 구절에는 좀더 큰 비중을 둘 수밖에 없을 것이다. 그렇기 때문에 설교자가 택한 본문 전체를 관통하는 분명한 주제가 있으면서도 일부 구절이 다소 이질적인 내용을 담고 있다면 그런 구절은 다소 가볍게 취급할 수밖에 없을 것이다.

여덟째, 각 대지와 소지는 가능하면 간단 명료해야 한다. 길고 복잡한 문장보다는 간단한 것이 기억하기에 쉽다. 그렇기 때문에 설교자는 그 대지를 중문(重文)이나 복문(複文)으로 표현하기보다는 단문(單文)으로 표현하는 것이 좋다.

아홉째, 한 대지에서 다음 대지로 넘어갈 때, 그리고 때로는 한 소지에서 다음 소지로 넘어갈 때, 경과구(經過句)를 사용해야 하고, 또 경과구는 아웃라인에서 괄호 안에 묶어서 표시해야 한다.

여기서 경과구(Transition)에 관해서 좀 설명할 필요가 있을 것 같다.[69] 한 대지에서 다른 대지로, 때로는 한 소지에서 다른 소지로 넘어간다는 것을 청중으로 하여금 알게 하고, 또 그 과정을 부드럽고 무리 없이 처리하기 위해서 경과구를 반드시 사용해야 한다.

설교자는 눈앞에 아웃라인을 가지고 있기 때문에 각 부분 상호 간의 관계를 일목요연하게 알 수 있지만, 청중은 그렇지가 못하다. 설교자가 아무리 준비를 많이 하고 좋은 아웃라인을 가지고 있다 하더라도 청중이 제대로 따라오지 못하면 효과는 반감되고 말 것이다. 청중이 설교의 흐름이나 각 부분 상호간의 관계를 잘 이해하여 설교자가 가지고 있는 설교의 구조를 그대로 따라올 수 있게 하기 위해서 경과구가 필요한 것이다.

경과구는 다양한 형태를 취할 수 있지만, 이것을 대별(大別)하면 세 가지 유형이 될 것이다.

첫째는 부가적(附加的) 형태이다. 이것은 앞에서 이미 말한 것에다 새로운 것을 덧붙이는 형태이다. 예를 들면, "지금까지 우리는 그리스도의 보혈이 하나님 보실 때에 어떤 가치가 있나 하는 것을 생각해 보았습니다. 이제 둘째로 이 보혈이 어떤 효능을 갖는지, 우리 개개인에게 어떤 의미를 주는지를 생각해 보고자 합니다"와 같은 것이 부가적 형태가 되겠다.

둘째는 추론적 형태이다. 이것은 앞에서 취급한 내용이나 주장으로부터 어떤 논리적 결과나 원리 같은 것을 추출해 낼 때 사용하는 형태이다. 예를 들면, "예수께서 핏값으로 우리를 사셨기 때문에 우리는 주님의 것이고 주님을 위해서 살아야 합니다"와 같은 것이 추론적 형태에 속한다고 하겠다.

셋째는 대립적 형태이다. 이는 앞에서 취급한 내용과 반대되는 것을 도입할 때 사용하는 형태이다. 예를 들면, "우리는 1절로부터 3절에서 하나님의 뜻대로 순종할 때 어떻게 되는가를 생각해 보았습니다. 이제 두번째로 4절부터 6절에서 하나님께 불순종할 때 어떻게 되는지를 함께 생각하고자 합니다"가 대립적 형태에 속한다고 보겠다.

위의 세 가지 유형을 설명할 때 든 예를 주의 깊게 살펴보면, 설교자가 앞에서 취급한 내용을 한 두 문장으로 간단히 요약한 후 이것을 새로 도입할 부분과 연관시키고 있음을 알 수 있을 것이다. 이러한 "요약-예고"(Summary-Preview) 방식이 가장 일반적이고 손쉬운 방법이기 때문에 어떤 설교자라도 조금만 유의하면 사용할 수 있을 것이고 그렇게 되면 앞에서 취급한 내용을 간단히 복습해 청중의 기억을 새롭게 함과 동시에 다음 부분과의 자연스런 연결을 가능케 한다는 이중적 목적을 성취할 수 있게 될 것이다.

D. 아웃라인의 전달

설교자가 설교의 아웃라인을 단순하고 명쾌하게 만드는 것도 중요하지만 그렇게 만든 아웃라인을 청중에게 잘 전달하는 것도 똑같이 중요하다. 설교자는 자신의 아웃라인을 직접 보고 있기 때문에 어느 것이 대지인지, 어느 것이 소지인지, 그리고 대지와 소지가 어떻게 연관되고 있는지를 어렵지 않게 알 수 있다. 그러나 청중은 오직 귀만 가지고 있기 때문에 설교자의 아웃라인을 볼 수가 없다. 그렇기 때문에 설교자는 아웃라인을 명쾌하게 만드는 것도 중요하지만, 그렇게 만든 아웃라인을 청중에게 잘 전달하는 것도 똑같이 중요하다. 그러면 아웃라인을 제대로 전달하려면 어떻게 해야 하는가?

첫째, 경과구를 잘 사용하면 대지와 소지의 변화를 청중에게 어렵지 않게 보여줄 수 있다.

예를 들면, 본서의 부록 2에 실린 "믿음의 경주"라는 설교의 대지는 다음과 같다.

1대지: 우리는 모든 방해물을 제거하고 경주해야 한다(v.1 a,b).
    1소지: 무거운 것을 벗어야 한다.
    2소지: 죄를 벗어야 한다.
2대지: 우리는 인내로써 경주해야 한다(v.1c).

3대지: 우리는 그리스도를 바라보며 경주해야 한다(v.2).

위의 설교에서 1대지와 2대지 사이에 다음과 같은 경과구를 넣어 보자. "우리는 어떠한 태도로 믿음의 경주를 해야 합니까? 모든 방해물을 제거하고 경주해야 합니다. 그러나 그것만 가지고는 되지 않습니다. 본문 1절 하반절에 보면 또 하나의 자세가 필요한 것을 볼 수 있습니다." 경과구는 1대지에서 2대지로 바뀐다는 것을 보여주는 신호가 되기 때문에 청중이 아웃라인을 아는 데 도움이 된다.

둘째, 열거를 제대로 하면 대지의 변화를 어렵지 않게 전달할 수 있다.

위에서 예로 든 "믿음의 경주"라는 설교에서 전달해야 될 최소한의 아웃라인은 3개의 대지와 1대지에 속한 2개의 소지이다. 여기에서 "첫째, 둘째"라는 말을 마구 써 버리면 그 "첫째"가 1대지를 가리키는지, 1대지의 1소지를 가리키는지 구별이 안 되어 청중을 혼란 속으로 몰아 넣게 된다. 그렇기 때문에 "첫째, 둘째"라는 표현을 사용하려면 요령이 있게 사용하여야 한다. 가령 "첫째, 둘째"라는 표현은 대지를 나열할 때 사용하고, 1대지에 속한 2개의 소지는 "첫째, 둘째"라는 표현을 사용하지 않고 열거하는 것이다. "우리가 벗어야 할 방해물 가운데 한 가지는 무거운 것입니다… 우리가 벗어야 할 또 다른 한 가지의 방해물은 죄입니다"라는 식으로 하면 "첫째, 둘째"라는 표현을 사용하지 않고서도 1대지에 속한 두 개의 소지를 열거하는 데 어려움이 없을 것이다.

셋째, 대지나 소지의 숫자를 예고하는 것이다.

위에서 예로 든 "믿음의 경주"라는 설교의 서론이 끝날 무렵에 "… 오늘 우리는 방금 읽은 히브리서 12:1-2에서 신앙의 경주를 하는 자는 어떤 자세로 해야 하는지를 세 가지로 정리해서 상고하고자 합니다"라고 하면 오늘 설교는 대지가 셋인 것을 청중에게 미리 알려주기 때문에 청중이 아웃라인을 이해하는 데 도움이 된다.

E. 아웃라인 작성 연습

이제 위에서 언급한 아웃라인 작성의 원리를 실제에 적용시키는 연습을 한번 해보는 것이 좋을 것 같다.

〈연습 1〉 다음 각 항을 아웃라인 형식으로 빈칸에 채워라.

제목: 퓨리태니아의 최근의 상황

1. 매년 평균 학교 선생의 수가 2,000명이 증가되었다.　I. ＿＿＿＿
2. 퓨리태니아는 동 그라우스타크와 대사를 교환했다.　A. ＿＿＿＿
3. 민주적 제도가 도입되었다.　B. ＿＿＿＿
4. 국영 오케스트라가 명성을 떨쳤다.　C. ＿＿＿＿
5. 동 그라우스타크와 평화 조약을 맺었다.　II. ＿＿＿＿
6. 양원제 의회가 활동을 개시했다.　A. ＿＿＿＿
7. 대외 관계가 향상되었다.　B. ＿＿＿＿
8. 작년 1억 3천만 불이 학교 건물 신축을 위해 사용되었다.　1. ＿＿＿
9. 퓨리태니아는 범 보스포러스 상호협력 기구에 가입했다.　2. ＿＿＿
10. 6년간의 의무교육이 제도화되었다.　III. ＿＿＿＿
11. 보통선거가 성공적으로 실시되었다.　A. ＿＿＿＿
12. 교육 및 문화의 수준이 향상되었다.　B. ＿＿＿＿
13. 퓨리태니아와 동 그라우스타크와의 국경분쟁이 해결되었다.　C. ＿＿＿＿
14. 새로 발족된 문화공보부의 주관 하에 많은 진보가 이루어지고 있다.　D. ＿＿＿＿
15. 혁명 후의 독재정치는 10년 전에 붕괴되었다.　1. ＿＿＿
16. 예술 및 음악을 위한 특별 기금이 조성되었다.　2. ＿＿＿

* 퓨리태니아와 그라우스타크는 가상적인 나라이고, 보스포러스는 가상적인 국제기구이다.

〈연습 2〉 다음 각 항을 서론, 본론, 결론의 형식으로 배열하라.

제목: 매연 방지책

1. 경제적이고도 효과적인 매연 방지책이 고안되었다.
2. 극심한 매연은 태양 빛을 흐리게 한다.
3. 매연은 대중에서 해를 끼친다.
4. 매연으로 인해 야기되는 여러 가지 문제 때문에 많은 대도시에는 매연 방지책이 강구되었다.
5. 가정에서는 석탄 대신 가스나 전기를 사용할 수 있을 것이다.
6. 많은 어린이들이 호흡기 질환을 앓고 있다.
7. 매연은 해롭지만 방지가 가능하기 때문에 매연 문제에 대한 긴급한 해결책이 필요하다.
8. 매연의 해독을 바로 인식하고 그 방지를 위해 노력하면 매연방지는 효과를 거둔다.
9. 매연은 통풍을 방해한다.
10. 대도시에서의 매연방지는 의무적으로 시행되어야 한다.
11. 전기 기관차가 증기 기관차 대신으로 사용될 수 있을 것이다.
12. 석탄은 허파를 오염시킨다.

〈연습 3〉 다음의 성경본문을 사용해 본서 pp.165-166에 나타난 형태대로 설교의 아웃라인을 만들어 보라.

1. 출애굽기 15:22-27
2. 여호수아 1:1-9
3. 아모스 5:18-24
4. 마태복음 6:19-24

5. 누가복음 1:5-25
6. 누가복음 24:13-35
7. 요한복음 6:1-13
8. 요한복음 6:39-45
9. 고린도전서 1:4-17
10. 히브리서 12:1-8

주(註)

1. William N. Brigance, *Speech: Its Techniques and Disciplines in a Free Society*, p.35.
2. A. Duane Litfin, *Public Speaking*, p.80.
3. Ibid., pp.80-83.
4. Haddon W. Robinson, *Biblical Preaching*, p.35. 좀더 자세한 연구를 위해서는, *The Big Idea of Biblical Preaching*, eds. Keith Willhite and Scott Gibson, pp.13-107을 참고할 것.
5. Alan M.Stibbs, *Expounding God's Word: Some Principles and Methods*, p.40.
6. Lloyd M.Perry, *Biblical Preaching for Today's World*, pp.47-48.
7. cf. J. Daniel Baumann, *An Introduction to Contemporary Preaching*, pp.123-128; James Braga, *How to Prepare Bible Messages*, pp.113-135; John A. Broadus, *On the Preparation and Delivery of Sermons*, pp.45-48; Litfin, pp.78-83; Robinson, pp.39-44; Craig Skinner, *The Teaching Ministry of the Pulpit*, pp.162-164.
8. Charles R. Swindoll, "Pastor and His Pulpit," A Message Delivered at Sixtieth Anniversary Pastor's Conference, Dallas Theological Seminary, 1984.

9. cf. Robert L. Thomas, "Bible Translations and Expository Preaching," in *Rediscovering Expository Preaching*, ed. John MacArthur, pp.303-320.
10. 성경의 영감이나 무오성에 관해서는 필자의 졸저 『성경의 무오성과 권위』 pp.31-70을 참고할 것; King James 성경의 문제점을 연구하려면 필자의 졸고, "킹 제임스 성경만이 하나님의 말씀인가?" (I)(II) 『목회와 신학』(1998년 6월호 및 7월호); James R. White, *The King James Only Controversy*, 특히 pp.223-241을 참고할 것.
11. *A Hebrew and English Lexicon of the Old Testament with an Appendix Containing the Biblical Aramaic*, eds. F. Brown, S. R. Driver and C. A. Briggs, s.v., "מָלֵא," pp.569-571.
12. *Theological Wordbook of the Old Testament*, eds. R. L. Harris, G. L. Archer and B. K. Waltke, s.v., "מָלֵא," by Walter C. Kaiser, 1:1195-96; S.v., "שׂכה," by Gary G. Cohen, 2:876.
13. 피터 럭크만, 『배교의 결정판 NIV』, p.29.
14. *A Hebrew and English Lexicon of the Old Testament with an Appendix Containing the Biblical Aramaic*, eds. F. Brown, S. R. Driver and C. A. Briggs, s.v., "מַשְׁכִּית," p.967.
15. *Theological Wordbook of the Old Testament*, eds. R. L. Harris, G. L. Archer and B. K. Waltke, s.v., "שׂכה," by Gary G. Cohen, 2:876
16. 럭크만, p.41.
17. Walter Bauer, *A Greek-English Lexicon of the New Testament and Other Early Christian Literature*, s.v., "ἱερόσυλος," p.373.
18. 럭크만, p.93.
19. Walter Bauer, *A Greek-English Lexicon of the New Testament and Other Early Christian Literature*, s.v., "κατέχω," pp.422-423.
20. 노의일, 『머리를 굴린 사나이』, pp.68-69.
21. 이 부분에 관한 자세한 연구를 위해서는 Robert A. Traina,

Methodical Bible Study, pp.31-80; Howard & William Hendricks, *Living by the Book*, pp.36-39, 47-63 ; Ramesh Richard, *Scripture Sculpture*, pp.33-44를 참고할 것.

22. Henry A. Virkler, *Hermeneutics*, p.212; 원리화에 관해서는 Walter Kaiser, *Toward an Exegetical Theology*, pp.150-163; 197-198; Warren Wiersbe, *Preaching and Teaching with Imagination*, pp.214-216 등을 참고할 것.

23. Bruce K. Waltke, "Historical Grammatical Problems," in *Hermeneutics, Inerrancy and the Bible*, eds., E. D. Radmacher and R. D. Preus, p.99.

24. Moisés Silva, *Biblical Words and Their Meaning*, p.139. cf. Walter Kaiser, *Toward an Exegetical Theology*, pp.69-85; William Klein, Craig Blomberg and Robert Hubbard, *Introduction to Biblical Interpretation*, pp.156-171; A. Berkeley Mickelsen, *Interpreting the Bible*, pp.99-100; Milton S. Terry, *Biblical Hermeneutics*, pp.218-219; J. Vendryes, *Language: a Linguistic Introduction to History*, p.177; Roy B. Zuck, *Basic Bible Interpretation*, pp.106-112.

25. cf. Kaiser, p.85.

26. Bernard Ramm, *Protestant Biblical Interpretation*, pp.24-25; cf. Walter Kaiser and Moises Silva, *An Introduction to Biblical Hermeneutics*, pp.211-227; Klein, Blomberg and Hubbard, pp.21-39; Zuck, pp.27-44.

27. Frederic W. Farrar, *History of Interpretation*, pp.136-157; Ramm, pp.27-28; Terry, pp.611-614.

28. Philo, *Treatise on the Allegories of the Sacred Laws*, Book I, Section xi(Cited by Terry, p.613).

29. Farrar, p.197.

30. Ibid., p.199.

31. Ibid.
32. Ibid., p.238
33. Terry, p.173.
34. 이 부분에 관해서 좀더 깊이 연구하려면 필자의 졸저, 『예언서 해석의 원리』, pp.19-69를 참고할 것; 그 외에도 다음의 문헌을 참고하면 도움이 될 것이다. Kaiser and Silva, pp.92-98; Klein, Blomberg and Hubbard, pp.241-252; Grant Osborne, The Hermeneutical Spiral, pp.100-108; Roy B. Zuck, Basic Bible Interpretation, pp.143-168.
35. Walter L. Liefeld, New Testament Exposition, pp.41-43.
36. A Greek-English Lexicon of the New Testament and Other Early Christian Literature, s.v., "ἀρραβών," p.109.
37. Ibid.
38. Theological Dictionary of the New Testament, s.v., "καπηλεύω," by Windisch, 3: 603-605.
39. Friedrich Blass and Albert Debrunner, A Greek Grammar of the New Testament and Other Early Christian Literature, p.220; H. E. Dana and Julius R. Mantey, A Manual Grammar of the Greek New Testament, pp.265-266; Eugene V. Goetchius, The Language of the New Testament, p.302; C. F. D. Moule, An Idiom Book of New Testament Greek, p.156; J. H. Moulton, A Grammar of New Testament Greek, p.283; A. T. Robertson, A Grammar of the New Testament in the Light of Historical Research, p.1175; Maximilian Zerwick, Biblical Greek, p.447.
40. Zerwick, p.80.
41. Ibid. cf. Leon Morris, The Gospel according to John(NICNT), pp.840-841; Merrill C. Tenney,"The Gospel of John" in Expositor's Bible Commentary, ed. Frank Gaebelein, 9: 191-192.
42. L. Berkhof, Systematic Theology, p.724; P. E. Hughes, Interpreting

Prophecy, p.120 ; A. Kuyper, *Chiliasm or the Doctrine of Premillennialism*, p.26 ; *International Standard Bible Encyclopedia*, ed. James Orr, s.v., "Eschatology of the NT" by G. Vos, 2:986; G. Vos, *The Pauline Eschatology*, pp.215-216.
43. Daniel B. Wallace, *Greek Grammar Beyond the Basics*, p.559; Moulton, p.71 ; Robertson, p.833.
44. Wallace, pp.558-559; Robertson. p.834.
45. Henry Alford, *Alford's Greek Testament*, 4 : pp.732-733.
46. Allen P. Ross, "Genesis," in *Bible Knowledge Commentary : OT*, eds. John F. Walvoord and Roy B. Zuck, p.55.
47. cf. J. Dwight Pentecost, *Things to Come*, pp.65-94.
48. David K. Lowery, "Second Corinthians," in *Bible Knowledge Commentary : NT*, eds, John F.Walvoord and Roy B. Zuck, pp.559-560; F. F. Bruce, *First and Second Epistles to the Corinthians*(NICNT), pp.77-82.
49. John F. Walvoord, *The Revelation*, pp.89-99 ; G. E. Ladd, *A Commentary on the Revelation of John*, pp.64-69; Robert Mounce, *The Book of Revelation*(NICNT), pp.122-130.
50. Walter Kaiser, *Exegetical Theology*, pp.114-121; Kaiser, "Legitimate Hermeneutics," in *Inerrancy*, ed. Norman Geisler, pp.142-144; J. Robertson McQuilkin, "Problems of Normativeness in Scripture: Cultural versus Permanent," in *Hermeneutics, Inerrancy and the Bible*, eds, Radmacher and Preus pp.219-240.
51. Ken Davis, *Secrets of Dynamic Communication*, p.93.
52. Ibid.
53. George W. Fluharty and Harold R. Ross, *Public Speaking*. p.38.
54. Wilbur E. Gilman, Bower Aly and Loren D. Reid, *The Fundamentals of Speaking*, p.379.

55. Robinson, p.108.
56. Richard, p.80.
57. Ibid.
58. Robinson, p.107.
59. cf. Braga, pp.116-117, 119.
60. Robinson, p.117.
61. 그랜트(Reg Grant)와 리드(John W. Reed)는 "석의적 명제"(exegetical proposition)와 "신학적 원리"(theological principle)라는 용어를 사용하는데, 이는 필자가 사용하는 "석의적 대지"(exegetical outline)와 "설교적 대지"(homiletical outline)라는 용어와 사실상 동일한 개념이다(Reg Grant and John W. Reed, Power Sermon, pp.31-41).
62. 장 두만, "창세기 강해설교의 실제," 『그 말씀』(1993년 1월호), pp.112-120.
    cf. Allen P. Ross, *Creation and Blessing*, pp.152-163.
63. Broadus, p.69.
64. Robinson, pp.119-120.
65. Ibid., pp.121-122.
66. Litfin, pp.349-350.
67. George E. Sweazy, *Preaching the Good News*, pp.72-73; Braga, pp.137-138; Robinson, p.128.
68. Baumann, pp.150-152; Braga, pp.139-147; Charles Gruner, C. M. Logue, D. L. Freshley and R. C. Huseman, *Speech Communication in Society*, pp.131-135; Litfin, pp.176-188.
69. Braga, pp.147-149; Broadus, pp.120-124; Karen Calson and Alan Meyers, *Speaking with Confidence*, pp.170-171; Donald E. Demaray, *Proclaiming the Truth*, pp.62-64; Fluharty and Ross, pp.104-105 ; Gruner, Logue, Freshley and Huseman, p.130 ; Litfin, pp.189-190; Perry, pp.48-53.

제 5 장
적 용
(Application)

　적용이란 하나님의 말씀을 청중 개개인에게 초점을 맞추어 그가 메시지에 긍정적 반응을 보이도록 하는 것이다. 적용을 다른 말로 표현한다면, "내가 무엇을, 어떻게 해야 하나?"에 대한 답변이라고 할 수 있다. 오순절에 베드로가 외친 설교를 듣고 3천여 명이 "형제들아 우리가 어찌할꼬?"하고 부르짖었을 때(행 2:37), 베드로는 "너희가 회개하여 각각 예수 그리스도의 이름으로 침례(세례)를 받고 죄사함을 얻으라 그리하면 성령을 선물로 받으리니"(행 2:38)라고 답변했다. 베드로의 적용은 아주 명백했고 또 구체적이었다. 그렇기 때문에 그의 설교를 듣고 3,000여 명이 회개하고 거듭나는 역사가 일어나지 않았던가? 적용은 청중이 진리를 체험할 수 있는 순간이요, 또 성령께서 역사하실 수 있는 순간이기도 하다. 적용에 관해서 위어스비(Warren Wiersbe)가 상당히 구체적으로 언급하고 있다.

　　적용이란 하나님의 진리와 하나님의 백성을 하나가 되게 하여, 하나님의 백성들이 그 진리를 마음(Heart)으로 느끼게 하고, 머리(Mind)로 그 진리를 이해하게 하고, 하나님의 말씀으로부터 들은 바 진리에 근거해 의지적인 행동을 하게 하는 것이다.[1]

디모데후서 3:16은 이렇게 말씀하고 있다. "모든 성경은 하나님의 감동으로 된 것으로 교훈과 책망과 바르게 함과 의로 교육하기에 유익하니." 이 말씀을 설교의 적용과 연관하여 설명하면 다음과 같이 될 것이다.[2]

> 교훈 - 옳은 것이 무엇이냐?(What is right?)
> 책망 - 옳지 않은 것이 무엇이냐?(What is not right?)
> 바르게 함 - 어떻게 하면 옳게 될 수 있느냐?(How to get right?)
> 의로 교육 - 어떻게 하면 옳은 데 머물러 있느냐?(How to stay right?)

적용이란 위의 네 가지를 수행하는 것이라고 말해도 틀림이 없을 것이다.

적용이 없는 설교는 강연이나 연설이나 석의(釋義)는 될지언정 설교는 될 수 없다. 설교에서 적용이 없으면 그 설교는 청중과 아무런 상관이 없게 된다. 설교에 적용이 없을 때 청중은 "내가 왜 저 설교를 들어야 하는가?"라는 회의를 마음에 품게 된다. 그래서 스펄전(C. H. Spurgeon)은 "적용이 시작될 때 설교가 시작된다"고 했고,[3] 이터(J. W. Etter)는 "적용이 없는 설교를 하는 설교자는 마치 그의 환자에게 일반적인 건강에 관해 강의만 하고는 처방전을 지어 주기를 잊어버린 의사와 같다"고 했다.[4] 적용의 중요성에 관해서 보면(Daniel Baumann)은 이렇게 갈파한다.

> 설교는 적용과 흥망을 같이 한다. 사실상, 모종(某種)의 적용을 전혀 포함하지 않은 설교가 참으로 설교인지조차도 의심스럽다. 혹자(或者)들이 주장하는 바와 같이 - 필자도 이 주장이 옳다고 믿는다 - 어떤 담화(Discourse)가 적용을 포함하지 않으면 그것은 연설(Declamation)이나 독백(Monologue)이지 설교는 아니다.[5]

리차드(Ramesh Richard)는 적용에 관해서 이렇게 말하고 있다.

적용이 없는 성경 강해는 영적 변비증을 낳는다. 설교자가 학문적으로 아무리 정확해도 그 정보(Information)가 당신의 청중을 변화시키지 못한다면 아무런 소용이 없다. 설교자가 청중을 움직여서 청중이 단순히 계시를 받아들이는 데서 하나님의 진리를 수행(Implementation)하는 단계로까지 나아갈 때 비로소 적용이라고 할 수 있다.[6]

학교 강의나 세미나를 통해서 신학생들과 목사들의 설교를 들어보면 석의 쪽에는 엄청난 비중을 두면서 적용 쪽은 너무나 가볍게 다루고 지나가는 것을 많이 본다. 많은 설교자들이 석의만 제대로 하면 설교자의 의무를 다한 것으로 착각하고 있는 것같이 보일 때가 비일비재하다는 말이다. 이것은 설교의 근본적인 목적 자체를 오해하고 있는 것이다. 석의는 과거 지향적이나, 적용은 현재 지향적이다. 석의는 머리를 향하여 말하는 것이지만, 적용은 가슴을 향하여 말하는 것이다. 그렇기 때문에 석의 쪽에 지나치게 비중을 두는 설교는 지식 제공이나 정보 제공에 치우치는 설교이고, 따라서 이런 설교는 청중을 제대로 변화시키지 못한다. 지식은 오히려 사람을 교만케 한다. 효과적인 적용이 있어야 설교의 목적인 삶의 변화가 성취될 수 있다.

그렇기 때문에 설교자는 설교가 끝났을 경우에 청중이 다음과 같은 세 가지 질문에 대해 명쾌하게 답변할 수 있게 해야 한다.[7]

첫째, 설교자가 무엇에 관해서 말했는가?(What did the preacher speak about?)

이 부분은 성경의 권위에 근거하고 있다. 설교자가 중심 내용에 근거해서 하나님의 말씀을 제대로 선포하면 첫번째 질문에 대해 답변을 하는 것은 그리 어렵지 않을 것이다.

둘째, 설교자가 한 말이 나와 무슨 상관이 있는가?(So what difference does or should it make?)

이 부분은 설교자가 가지고 있는 설교 목적과 연관이 있다. 본문 석의와 청중 분석을 통해서 설교의 목적을 제대로 설정하고 그것을 제대로 전하면 이 질문에 대한 명쾌한 답변이 가능하게 될 것이다.

셋째, 그러면 이제 나는 어떻게 해야 하는가?(Now what do I do with God's claims in this sermon?)

이 부분은 설교자의 권위와 연관이 있다. 하나님께서 당신의 백성에게 전하고자 하는 바를 설교자가 현대의 청중에게 제대로 전달하면 이 질문에 대한 답변이 가능하게 될 것이다.

I. 적용의 영역

설교가 우리의 삶에 적용되어야 할 영역은 크게 다섯 분야이다. 이것은 청중도 인식하고 있어야 하겠지만, 무엇보다도 설교자 자신이 명쾌한 인식을 가지고 있어야 할 것이다. 그래야 설교할 때마다 다섯 가지 영역 중에 어느 부분에 초점을 맞출 것인지 분명하게 할 수 있을 것이다.[8]

1. 개인적 삶(Personal Life)

이 영역에 포함되는 것으로는 영적인 면과 육체적 - 정신적인 면이 있을 것이다. 영적인 면에 있어서 적용해야 될 부분에는 크게 구원 부분과 성장 부분이 있다. 구원의 부분은 너무나 자명하다. 성장의 부분에 있어서는 성경 읽기나 암송을 규칙적으로 하는지, 성경 공부에는 어느 정도 시간을 투자하는지, 기도 생활이나 전도 생활은 어떤지, 경건서적은 얼마나 읽는지, 주재권(Lordship)은 어느 정도로 확립되어 있는지, 삶이 다른 사람에게 본이 되는지 아니면 지탄을 받는지, 그리스도를 닮기 위해서 얼마나 애쓰는지, 성령의 인도함을 받는지 등이 있을 것이다. 그리고 육체적 - 정신적인 부분에 있어서는 적당한 운동을 하는지, 식사나 휴식을 적절하게 하는 지, 화를 잘 내는지, 성적으로 방종하지 않은지, 인내심을 제대로 발휘하는지 등의 면에서 설교를 적용할 수 있을 것이다.

2. 가정생활(Family Life)

이 영역에 포함되는 것으로는 일정한 귀가 시간이 있는지, 배우자와 가끔씩 외출해 단 둘만의 시간을 갖는지, 직장에서 안 좋았던 일을 가정에 가져와서 아내나 자녀에게 쏟아 놓는지, 가정에 대한 책임을 다 하는지, 가정에서 본이 되는 삶을 사는지, 부모를 잘 봉양하는지, 가정에 예산이 있으며, 그 예산의 범위 내에서 생활을 하는지, 가장인 경우에는 가정 예배를 정기적으로 인도하며, 아이들과 시간을 갖는지 등이 있다.

3. 교회생활(Church Life)

이 영역에 포함되는 것으로는 설교대로 살아보려고 얼마나 애를 쓰는지, 십일조, 감사헌금, 선교헌금, 구제헌금 등의 헌금생활을 제대로 하는지, 교회 예배나 교회의 여러 가지 프로그램에 적극적으로 동참하는지, 목사나 다른 성도를 위한 중보 기도를 규칙적으로 하는지, 자신의 영적 은사를 알고 그 은사를 따라 교회에서 적극적으로 봉사하는지 등이 있다.

4. 직장생활(Work)

이 영역에 포함되는 것으로는 직장에서 충실하게 일을 해서 남에게 인정을 받는지, 자기 전공 분야에서 끊임없는 진보를 보이는지, 직장을 너무 자주 옮기지 않는지 등의 문제가 있을 수 있다.

5. 지역사회(Community)

이 영역에 속하는 것으로는 세금을 제대로 내는지, 시민으로서의 각종 의무를 제대로 이행하는지, 지역사회에서 좋은 평판을 받는지, 어려운 이웃을 조금이나마 돕고 있는지 등이 있다.

II. 적용의 원리

훌륭한 적용은 저절로 성취되는 것이 아니다. 몇 가지 원리를 잘 준수할 경우에만 훌륭한 적용은 가능하게 될 것이다.

첫째, 적용은 어떠한 경우에든 간에 항상 본문의 가르침과 일치해야 한다.

흔히들 말하기를 "해석은 하나이나 적용은 여럿이다"라고 한다. 최소한 그 원리상으로 볼 때 한 본문에 대한 해석은 하나여야 하나, 거기에서 나올 수 있는 적용은 여럿일 수가 있다. 그렇다고 해서 적용은 아무런 제한을 받지 않고 설교자가 원하는 대로, 다시 말하면 이현령 비현령식으로 할 수 있다는 뜻은 결코 아니다.

적용은 여럿이 있을 수 있다. 그러나 그 어느 것도 본문의 가르침을 떠나서는 안 된다. 예를 들면, 고린도후서 6:14-18을 본문으로 해서 설교할 경우, 이를 기도나 사랑 같은 데 적용시켜서는 안 된다는 말이다. 본문은 성별(聖別)된 생활, 또는 분리된 생활을 가르치고 있기 때문에 성별된 생활이라는 원리에서 일탈(逸脫)하지 않는 범위 내에서 적용은 여럿일 수가 있다. 성별된 생활을 목사에게 적용시킬 수도 있고, 사업가에게 적용시킬 수도 있고, 일반 성도에게 적용시킬 수도 있다. 그리고 그 각 경우에 성별된 생활이라는 교리가 주는 중요성(Signficance)이 다 같지는 않다. 그러나 그 모든 것이 하나의 원리, 즉 성별된 생활이라는 데서 나왔다는 사실에는 의심의 여지가 없는 것이다.

둘째, 적용은 구체적이어야 한다.

어떤 설교자는, "하나님께서 이 말씀을 각자의 심령 속에 적용시키시기 바랍니다"라고 하고서 전혀 적용을 하지 않든지, 또는 적용을 하더라고 아주 일반적이고 애매하고 추상적으로 한다. 이러한 적용은 설득력이 없다. 추상적이고 막연한 진리는 힘이 없다. 그러한 경우 청중은 말씀을 구체적으로 스스로에게 적용하지 않는다. 그 한 가지 이유는 그들은 말씀을 구체적으로 적용할 수 있는 능력이 없거나 약하기 때문이요, 그 다른 이유는 마음속에 있는 죄 때문이다. 신앙이 아무리 성장해도 그 마음속에는 여전히 죄가 잔존해 있다. 그렇기 때문에 성경 말씀이 그 자신의 죄 문제와 관련되어 있을 경우, 일반적으로 청중은 그것을 스스로에게 적용시키기보다는 빨리 그 말씀에서 벗어나고 싶어한다.

예를 들면, "성도들이여, 우리는 서로 사랑해야 합니다"라고 할 경우, 말씀 자체는 나무랄 데가 없다. 성도들이 서로 사랑해야 된다는 데에는 이의(異議)가 있을 수 없다. 그러나 이런 식의 적용은 아무런 힘도 없고, 설득력도 없다. 그냥 "서로 사랑하자"고 하는 대신에 사랑이 무엇인지, 그리고 어떻게 사랑할 수 있는지 구체적으로 보여 주어야 한다.

그러면 "서로 사랑하자"는 진리를 어떻게 하면 구체적으로 적용할 수 있을까 하는 문제를 한번 생각해 보자. 막연하고 추상적인 진리를 구체적인 진리로 변화시키는 최상의 방법은 구체적인 예화를 사용하는 것이다.

필자가 시무하는 교회에 C라는 형제가 있다. 이 형제는 북한에서 귀순한 형제이다. 그의 아내는 분명히 거듭난 자매로서, 그 아내 때문에 교회에 나오기 시작했지만, 김일성 유일사상에서 벗어나는 것은 쉬운 일이 아니었던 것 같다. 남한 사회에 충분히 적응하기도 전에 사업을 하려고 하다가 아내와 갈등도 많이 겪었다. 아내의 만류에도 불구하고 고집을 부려서 다른 사람과 함께 사업을 시작했다. 그러는 동안에 먼 곳으로 이사를 했고, 약 2년간은 교회에 거의 출석도 하지 않았다. 그 와중에서도 우리 교회의 W 집사 부부는 그 부부에 대한 관심과 접촉을 포기하지 않고 수시로 전화도 하고 가끔 찾아가기도 했다. 그러다가 그 형제는 경험부족으로 결국 사업이 망하게 되어 버렸다. 집도 다 날아가 버리고 당장 현금 100만 원이 없으면 구속될 지경까지 되어 버렸다. 이것을 알고 W 집사와 몇몇 형제들이 십시일반으로 갹출을 하고 또 교회에서도 일부를 보태서 100만 원을 만들어 주고, 또 W 집사와 다른 형제가 신원 보증까지 서 주었다. 그의 주위에서 사업을 함께 했던 사람들은 다 그를 속이고 이용해 먹고 그를 감옥에까지 보내려고 했지만 교회 형제들은 진정한 관심과 사랑으로 그를 도우려 한다는 것을 깨달은 C 형제는 그 사랑의 빛 때문에 다시 교회에 나오게 되었고, 그러다가 1998년 4월 춘계 부흥 사경회 기간 중에 거듭나는 감격을 맛보게 되었다. 지금 이 형제는 신실하게 직장 생활을 하면서 교회에서도 열심히 제자훈련을 받고 있는 중이며, 그 아내는 결혼 후 지금같이 행복한 적이 없었다고 한다.

그냥 "서로 사랑하자"는 것보다도 구체적인 예화를 들려주는 것이 훨씬 더 감명 깊은 것이다. 사랑은 진정한 관심이며, 사랑은 주는 것이라는 진리를 조금만 시간을 들여 생각하면 실감나게 증명해 보일 수 있을 것이다.

셋째, 적용은 청중의 필요에 부응해야 한다.

이미 앞에서 설교의 목적과의 관련하에서 청중의 필요에 관해서 언급했지만, 설교의 목적은 결국 적용을 통해서 성취되는 것이다. 그렇기 때문에 설교의 목적이 잘 성취되려면, 적용이 적절해야 되고, 적용이 적절하기(Relevant) 위해서는 청중의 필요에 부응해야 되는 것이다. 청중의 필요가 제대로 고려되지 않을 때 설교는 허공을 치게 된다. 청중을 염두에 두지 않을 때, 설교자는 이미 구원받은 사람에게 구원의 복음을 전파한다든지, 청중이 이미 익히 알고 있는 진리를 가르친다든지, 묻지도 않거나 관심도 없는 문제를 열심히 논의한다든지 하는 식의 설교를 하게 된다. 그러한 설교는 청중이 가려워하는 부분은 다 피해 버리고 가렵지 않은 부분만 열심히 긁어 주는 결과가 되고 만다.[9] 그렇기 때문에 청중의 필요에 둔감한 설교자는 효과적인 설교를 할 수 없다.

넷째, 적용할 때 사용하는 용어에 주의해야 한다.

"그들", "사람들", "누군가"와 같은 3인칭 복수나 부정(不定) 대명사는 가능하면 적게 쓰거나 쓰지 않는 것이 좋다.[10] 그러한 용어는 청중으로 하여금 "나에게 말하고 있구나" 하는 느낌보다 "다른 사람들에게 말하고 있으니 나와는 별 상관이 없구나" 하는 생각을 하게 만든다.

일반적으로는 적용할 때 설교자 자신까지도 포함시키는 것이 가장 바람직하다. "성도 여러분들! 열심히 기도하십시오"라는 표현보다는 "우리 모두가 열심히 기도해야 합니다"라든지 "저와 여러분(또는 "강단에 서 있는 목사로부터 성도 한분 한분에 이르기까지 이곳에 모인 모든 사람들")이 모두 열심히 기도하는 일에 매진합시다"라고 하는 것이 더 좋다. 왜냐하면 기도는 성도들만 열심히 해야 하는 것이 아니라 목사 자신도 열심히 기도해야 되기 때문이다. 다시 말하면, 청중이나 설교자가 다 함께 말씀의 가르침에 순종해야 될 의무가 있는 것이다.

그러나 때로는 적용 시에 설교자가 자기 자신은 제외해야 될 경우가 있다. 예를 들면, 구세주로서의 예수 그리스도를 전파하고 난 후에, "여러분들은 이 예수를 어떻게 할 것입니까?"라고 해야지 "우리가 이 예수를 어떻게 해야 합니까?"라는 것은 적합하지 못하다. 왜냐하면, 대부분의 경우에 설교자는 이미 구원받아 구세주로서의 예수 그리스도와 개인적인 관계를 맺은 사람이기 때문이다(물론 구원받지 못한 채 목사가 된 사람도 많이 있다).

다섯째, 적용은 청중 전체를 위한 것이어야 한다.

일반적으로 말하자면, 적용은 어느 개인이나 어느 그룹만을 위한 것이어서는 안되고 청중 전체를 위한 것이어야 한다. 물론 예외적인 경우도 있을 수 있겠지만(예, 목사 안수 예배), 청중 가운데 일부만을 대상으로 해야 하는 경우는 그리 빈번하지 않을 것으로 본다.

그러면 헌신 예배의 경우에는 어떻게 해야 할까? 자기 교회의 헌신 예배나 다른 교회의 헌신 예배에 특별 강사로 초청 받았을 경우, 그 그룹(예, 여전도회 헌신 예배의 경우는 여전도 회원이 여기에 해당됨)을 위해서만 설교해야 하나? 헌신 예배는 예배의 목적 자체가 어느 특정 그룹을 위한 것이기 때문에 그 그룹만을 위해서 설교한다 하더라도 크게 문제가 되지는 않을 것이다. 그러나 필자가 볼 때 더 바람직한 방법은 그 특정 그룹에는 물론 전체 성도들에게 다 해당될 수 있는 설교를 하는 것이라고 생각한다. 예를 들면, 충성이나 헌신이나 기도에 관해서 설교한다면 어느 특정 그룹에는 물론 모든 성도들에게 다 같이 적용될 수 있을 것이다.

적용의 원리와 관련시켜서 적용 시에 흔히 저지르기 쉬운 실수 몇 가지를 지적할 필요가 있을 것 같다.

어떤 적용은 상상력 결여로 인해 아무런 재미가 없을 뿐만 아니라, 청중이 그 설교를 다 듣지 않아도 어떤 식으로 적용되어 나갈지 미리 다 짐작해 버리는 경우가 있다. 적용이 이런 식으로 되어 버리면 참으로 불행한 일이 아닐 수 없다.

어떤 경우에는 적용이 청중에 대한 모독으로 변할 수도 있다. 이것은 청중이 뻔히 다 알 정도로 명백한 것을 자세히 설명하는 경우에 일어날 수 있다. 청중을 너무 무시하거나 얕잡아 보아서도 안 되고, 청중이 너무 많은 것을 알고 있다고 생각해서도 안 된다. 청중의 수준에 맞게 적용해야 할 것이다.

어떤 경우에는 적용만 잘하면 모든 것이 다 되는 것으로 생각한다. 그러나 사람을 변화시키는 것은 궁극적으로 하나님의 능력이라는 사실을 결코 간과해서는 안 될 것이다. 설교자가 최선을 다해 준비한 후 하나님에게 온전히 맡겨야 한다. 준비할 때에는 설교자가 자신의 힘으로 모든 것을 다 하는 것같이 해야 되고, 강단에 올라가서는 하나님께서 모든 것을 다하시는 것 같이 맡겨야 한다. 그러할 때 사람을 변화시키는 설교가 될 수 있다. 인간적인 감동은 설교자 자신의 힘으로도 가능할는지 모르겠지만 사람을 변화시키는 것은 성령의 능력이 아니고서는 불가능한 것이다. 워커(Daniel D. Walker)의 말은 새겨들을 만한 가치가 있는 것 같다. "평신도가 주일 아침에 교회를 떠날 때, 예배하는 동안에 무엇이 일어났는가가 아니라, 예배하느라고 보낸 시간 때문에 무엇이 일어날 것인가에 감명을 받고 가야 한다."[11]

III. 적용의 시기

설교에서 적용은 언제 하는 것이 가장 좋은가? 적용의 시기는 물론 메시지의 내용이나 설교의 구성 방법에 따라 차이가 있을 수 있다. 그러나 대체로 다음과 같은 몇 가지 방법은 설교자가 기억해 둘 필요가 있을 것이다.

첫째, 일반적으로 말하면, 적용은 영적 진리가 선포될 때마다 하는 것이 가장 좋을 것이다. 설교자가 설교를 해 나가면서 수시로 적용을 하기 때문에 청중이 큰 관심을 가지고 계속 말씀을 듣게 된다는 큰 이점이 있다.

둘째, 때로는 각 소지 끝이나 대지 끝마다 적용을 하는 것도 좋다. 이 방법도 앞의 방법과 같이 처음부터 끝가지 계속 청중들의 주의를 끌게 되기 때문에 사용하기에 좋은 방법이라고 하겠다. 이것은 다음과 같이 표현할 수 있겠다.

   서론
I. 대지
   A. 과거 - 본문 자체의 해석
   B. 현재 - 현대 청중에 대한 적용
II. 대지
   A. 과거
   B. 현재
III. 대지
   A. 과거
   B. 현재

결론

셋째, 어떤 경우에는 적용을 유보(留保)시켜 두었다가 설교의 맨 마지막에 할 수도 있다. 예를 들면, 설교를 귀납적으로나 연역적으로 구성할 경우에는 적용이 설교의 맨 마지막 부분에 오기 때문에 그 때 가서 적용할 수밖에 없을 것이다. 그 밖의 다른 형태의 설교에서도 설교 중간에 적용을 하기가 곤란한 경우에는 하는 수 없이 마지막 순간까지 기다려야 한다.

그러나 가능하면 적용은 수시로 하는 것이 좋다. 가령 30분 설교 가운데 마지막 10분이 적용이라면 처음 20분은 지리하고 무의미한 시간이 될 수도 있기 때문에, 그렇게 하지 않으려면 수시로 적용하는 것이 좋을 것이다.

적용이 설교의 맨 마지막 부분에 올 경우 한 가지 기억해야 될 것은 적용을 위해서 충분한 시간을 할애할 수 있도록 시간 배정을 잘 하라는 것이다. 어떤 경우에는 30분의 설교 시간이 주어졌는데도 27-28분은 다른 얘기를 하다가 나머지 2-3분 동안에 허둥지둥 적용을 하려는 경우가 있는데, 이것은 설교에서 가장 중요한 부분이 어느 것인지를 망각하기 때문에 그렇다. 30여분의 설교 시간이 주어졌다면 최소한 10분 이상은 적용을 위해서 사용해야 할 것이다.

IV. 적용의 형태

적용은 여러 가지 형태가 있겠지만 이를 크게 나누면 직접 적용과 간접 적용의 두 가지가 있겠다.[12]

A. 직접 적용

직접 적용은 청중이 필요로 하는 것(또는 설교자가 생각할 때 필요하다고 생각하는 것)을 직접적으로 제시하는 것을 말한다. 예를 들면, "이제 회개하고 예수님을 영접하십시오"라든지 "직분을 맡은 사람들은 일사(一死)각오 하고 자기 직분에 충성해야 합니다" 같은 것이 다 직접 적용에 속한다. 직접 적용에도 여러 가지 형태가 있을 수 있다.

첫째는 권고(Admonition 또는 Exhortation)가 있다.

이것은 청중이 해야 할 일을 명쾌하게 밝혀서 청중이 메시지에 대해 긍정적 반응을 보이게 하고자 할 때 사용하는 방식이다. 이 경우 설교자는 이슈(Issue)가 무엇인지 분명히 하여 청중이 어떤 반응을 보여야 하며 어떻게 행동해야 하는가에 대해서 애매함이나 혼란 같은 것이 일어나지 않도록 제대로 배려해야 한다. 빌리 그래햄(Billy Graham)의 전도 집회에서의 적용은 대체로 직접적인 권고의 형태에 속한다고 하겠다.

그러나 권고형의 적용에서 특별히 설교자가 청중들로 하여금 어떤 죄를 버리라고 할 경우 담력과 함께 지혜와 연민의 정(Compassion)이 필요하다. 죄를 지적할 때 사람들의 눈치를 살피거나 그들의 인기 같은 것을 의식하지 않고 말씀을 말씀 그대로 증거하는 담력도 있어야 하지만, 죄를 짓고 있는 사람들에 대한 사랑과 연민의 정도 반드시 필요하다. 주님은 죄를 미워하시지만, 죄인은 사랑하신다는 사실을 기억할 필요가 있다. 주님의 종인 설교자도 주님과 마찬가지로 죄는 증오해야 하나 죄인은 증오해도 안 되고 멸시해도 안 될 것이다. 그들을 위해서 눈물을 흘리는 연민의 정이 함께 있을 때 설교자의 권고는 단순한 권고로 끝나지 않고 죄인의 마음을 움직여서 변화되게 할 수 있을 것이다.

둘째는 질문의 형태로 직접 적용을 할 수 있다.

적용을 할 때 질문을 던짐으로써 잠자던 영혼의 마음을 뒤흔들어 놓기도 하고, 제대로 의식하지 못하고 있던 문제를 깊이 의식할 수 있는 계기가 되기도 한다. 그러할 때 청중은 설교자의 질문으로 인해 어떤 결심을 할 수 있게 될 것이다. 예를 들면, "주님께서는 그 때와 마찬가지로 지금도 일꾼을 찾고 계십니다. 누가 주님의 부르심에 응하겠습니까?"라든지 "베뢰아 사람들은 말씀을 상고하고 연구하는 사람들이었는데 오늘 우리는 어떻습니까?"라는 것이 모두 질문식 적용에 속한다고 하겠다.

셋째는 과장법을 사용함으로 직접 적용을 할 수도 있다.

과장법을 너무 자주 사용하게 되면 청중들의 감성(感性)이 너무 무디어지게 되어 더 이상 반응을 보이지 않게 될 수도 있기 때문에 이것을 남용하는 것은 별로 바람직하지 않다. 그러나 때때로 과장법을 적절하게 사용하면 몽롱한 상태에 있던 사람들의 정신을 바싹 차리게 할 수도 있다.

예수님도 이 방법을 종종 사용하신 것을 볼 수 있다. 예를 들면, 마가복음 9:43이하에서 예수님은 이렇게 말씀하신다. "만일 네 손이 너를 범죄케 하거든 찍어 버리라 불구자로 영생에 들어가는 것이 두 손을 가지고 꺼지지 않는 지옥 불에 들어가는 것보다 나으니라 만일 네 발이 너를 범죄케 하거든 찍어 버리라 절뚝발이로 영생에 들어가는 것이 두 발을 가지고 지옥에 던지우는 것보다 나으니라 만일 네 눈이 너를 범죄케 하거든 빼어버리라 한 눈으로 하나님의 나라에 들어가는 것이 두 눈을 가지고 지옥에 던지우는 것보다 나으니라." 주님께서 문자 그대로 손을 찍어 버리고 발을 찍어 버리고 눈을 빼어 버리라는 의미가 아님은 명백하다. 주님께서 의미하시는 바는, 지옥은 참으로 끔찍한 곳이기 때문에 어떠한 희생을 치르더라도 절대로 지옥에만은 들어가지 말라는 것을 강조하시기 위해서 이러한 과장법을 쓰신 것이다. 때때로 이러한 방법을 사용하는 것은 상당히 좋은 효과를 가져 올 수 있을 것이다.

B. 간접 적용

직접 적용은 청중이 해야 할 일을 명명백백하게 하나씩 제시해 나가는 방법이다. 그러나 간접 적용은 청중이 할 일을 구체적으로 제시하는 것이 아니라 은근히 암시적으로 제시하여 청중 스스로가 성령의 도우심을 통해 메시지를 자기 자신에게 적용시키도록 하는 방법이다. 설교자는 흔히 직접 적용만이 효과가 있고 간접적이고 암시적인 적용은 별로 효과가 없을 것이라고 생각하나 반드시 그런 것은 아니다. 어떤 경우에는 간접 적용이 직접 적용보다 훨씬 더 좋은 결과를 가져오기도 한다. 어느 방법을 사용하느냐 하는 것보다도 어떤 방법을 어떻게 사용하느냐가 더 중요한 것이다.

간접 적용의 중요 형태로는 세 가지를 들 수 있겠다.

첫째는 예화의 형태가 있다.

청중이 공감할 수 있는 훌륭한 예화는 청중이 해야 할 일을 구체적이고도 명백하게 제시하지는 않지만, 청중이 그 스스로 예화 중의 어떤 인물과 동일시하게 되므로 "나도 저 사람과 같이 되어야 되겠다"든지 "나는 저 사람 같이는 하지 않겠다"는 식으로 결심을 할 수 있게 만든다. 이 경우 적용의 효과는 사실 예화의 내용에 의해 크게 좌우된다. 예화가 참으로 감동적이고 적절하면서도 청중이 쉽게 공감할 수 있는 성질의 것일 경우 어느 직접 적용보다 더 좋은 결과를 가져 올 수 있다.

둘째는 선다형(選多型)이 있다.

이 형태는 설교자가 선택 가능한 몇 가지 경우를 제시한 후 청중으로 하여금 스스로 어느 한가지를 선택하도록 하는 방식이다. 예를 들면, 갈멜산상에 모인 이스라엘 백성을 향해 엘리야는 이렇게 외쳤다. "너희가 어느 때까지 두 사이에서 머뭇머뭇 하려느냐 여호와가 만일 하나님이면 그를 좇고 바알이 만일 하나님이면 그를 좇을 지니라"(왕상 18:21). 여호수아 24장에서 여호수아도 이스라엘 백성을 향해 여호와나 "너희 열조가 강 저 편에서 섬기던 신"이나 "너희의 거하는 땅 아모리 사람의 신" 중에서 하나를 택하라고 함으로 선다형의 방식을 택하고 있다(수 24:15).

엘리야나 여호수아가 사용했던 선다형의 적용 방식을 오늘날의 설교자도 사용할 수 있음은 물론이다. 이 방법을 효과적으로 잘 사용하면 어떤 결과를 가져오는가 하는 것은 엘리야와 여호수아를 통해서 잘 증명이 되고 있지 않는가? 청중이 무엇을 해야 할지를 직접 보여주지 않으면서도 설교자가 원하는 것을 청중이 결정하도록 하는 것은 참으로 훌륭한 테크닉이라고 할 수 있겠다.

셋째는 간증의 형태가 있다.

이것은 설교자가 자기 자신의 어떤 체험이나 결정을 청중들에게 말함으로 청중이 스스로 올바른 신앙의 결단을 내리도록 촉구하는 방식이다. 이것은 예화와 유사하지만, 예화는 주로 타인의 경험을 말하는 것임에 반해 간증은 설교자 자신의 경험이라는 면에서 상이하다. 설교자 자신의 영적 성공담을 청중에게 들려주는 것도 중요하지만, 실패담을 솔직히 드러내 놓는 것은 더 중요하다. 설교자도 청중과 꼭 같이 영적으로 실패할 수 있고 또 실패한다는 것을 청중에게 들려줌으로 청중은 설교자와 동일시할 수 있게 될 것이고, 설교자를 통해서 나오는 메시지는 더 감동적이 될 것이다. 사람들은 다른 사람들의 성공을 통해서도 많이 배우지만, 다른 사람의 실패를 통해서 더 많이 배운다. 실패가 실패 그것으로만 끝날 때 그것을 청중에게 얘기한다는 것은 창피스러운 일이지만, 실패를 통해서 뼈저린 교훈을 배우고 그것을 거울 삼아 진일보하게 되었다면, 그러한 실패담은 청중에게 격려와 축복은 될지언정 설교자의 치욕은 되지 않을 것이다.

그러면 직접 적용과 간접 적용 두 가지 방법 가운데 어느 것이 더 좋은가? 어느 것이 좋다고 단정적으로 말하기는 힘들 것 같다. 어떤 방법이든 그것을 사용하는 사람의 역량에 따라 효과는 달라질 수밖에 없을 것이다. 그때 그때의 형편에 따라 직접 적용의 형태도 사용하고 간접 적용의 형태도 사용하여 양자가 균형을 취하도록 하는 것이 좋을 것이다.

그러나 일반적으로 말하면 청중의 지적 수준에 따라 방법을 달리 하는 것이 좋을 것 같다. 청중의 지적인 수준이 전반적으로 낮을 경우에는 간접 적용보다 직접 적용을 더 많이 사용하고, 청중의 지적인 수준이 대체로 높은 경우에는 직접 적용보다는 간접 적용을 더 많이 사용하는 것이 좋을 것이다. 하블런드(Carl Hovland)와 재니스(Irving Janis)와 켈리(Harold Kelley)는 그들의 공저에서 이렇게 말하고 있다.

> 고도(高度)로 지적인 개인들로 구성된 청중의 경우에는 어떤 전제(Premises)의 함축적 의미(Implications)를 자세하게 설명할 필요가 줄어들게 되고 또 전달자 자신이 추출해 낸 결론이 청중에게 큰 유익이 되지 않는다. 반대로, 덜 지적인 개인들의 경우에는 전제만 가지고 스스로의 힘으로 올바른 결론에 도달할 수 있는 가능성이 더 작은 것이다.[13]

그래서 설교자는 그의 청중이 어떤 수준인지 잘 알아야 되고, 그것을 감안해서 어느 방법을 더 많이 쓰는 것이 효과적일는지를 결정해야 할 것이다.

주(註)

1. Warren W. Wiersbe, *Preaching and Teaching with Imagination*, p.217.
2. Ibid., p.218.
3. John A. Broadus, *On the Preparation and Delivery of Sermons*, p.165.
4. John W. Etter, *The Preacher and His Sermon*, p.372.
5. J. Daniel Baumann, *An Introduction to Contemporary Preaching*, p.243.

6. Ramesh Richard, *Scripture Sculpture*, p.116.
7. Ibid., pp.119-120.
8. 다섯 가지 영역과 그에 대한 개괄적인 설명을 보려면, Howard & William Hendricks, *Living by the Book*, pp.295-296을 참고할 것.
9. Baumann, p.246.
10. Woodrow M. Kroll, *Prescription for Preaching*, p.178.
11. Daniel D. Walker, *Enemy in the Pew?*, p.94.
12. Baumann, pp.247-251; Roy Taylor, "So What?" *Journal of Pastoral Practice* 4:4(1980): 109-114.
13. Carl Hovaland, I. L. Janis, and H. H. Kelly, *Communication and Persuasion*, p.103.

제 6 장
보조 자료
(Supporting Materials)

보조 자료란 설교를 보다 명쾌하고 흥미 있고 이해하기 쉽게 하기 위해 사용하는 여러 가지 자료들을 통칭한다. 이를 대개 예화(例話)라고 일컫지만, 엄밀히 말하면 예화는 여러 가지 보조 자료 가운데 하나에 불과하다고 하겠다.

우리 주님은 설교하실 때 보조 자료를 참으로 효과적으로 잘 사용하셨다. 주님은 여러 종류의 보조 자료를 통해 사람들이 이해하기 힘든 진리, 다소 추상적인 진리들을 명쾌하게 이해할 수 있도록 하셨다. 하늘의 진리를 땅의 사람들이 이해하기 쉽게 하기 위해서 생활 주변에서 일어나는 여러 가지 일을 예로 들어 설명하셨던 것이다. 반석 위의 집과 모래 위의 집(마 7:24-27), 돌아온 탕자(눅 15:11-32), 열 처녀(마 25:1-13), 포도원의 품군(마 20:1-16) 등은 우리가 너무 잘 알고 있는 것들인데, 이것들은 그 당시 사람들에게는 아주 익숙한 내용들이었다.

보조 자료는 건물의 창문에 비유할 수 있다.[1] 집에 창문이 없다고 해서 집이 안 되는 것은 아니지만 무엇인가가 결여된 상태라고 하지 않을 수 없다. 그런 집에서도 사람이 생활을 할 수야 있겠지만, 무언가 막힌 것 같고, 답답하고, 불편한 것은 분명하다. 마치 창고나 감옥 같은 집이라고 할 수 있을 것이다. 설교에 있어서도 마찬가지다. 설교에서 보조 자료가 전혀 없다고 해서 설교가 아니라고 할 수는 없다. 그러나 그런 설교는 지겹고 답답하며, 청중을 숨막히게 만든다. 따라서 대부분의 경우에 그런 설교는 효과적인 설교와는 거리가 멀게 되고 만다.

I. 보조 자료의 가치

설교에서 보조 자료는 왜 사용해야 되나? 그것은 설교에 어떤 도움을 주는가?

첫째, 보조 자료는 설교를 명쾌하게 해준다.

설교자가 강단에서 외치는 설교 내용 가운데 어떤 부분은 분명하기 때문에 더 자세히 부연(敷衍)하거나 사족(蛇足)을 달 필요가 없을 때가 있다.

그러나 설교자는 항상 명쾌한 내용이나 진리만을 전파할 수는 없다. 어떤 경우에는 추상적인 진리도 전파해야만 한다. 신약의 교훈문학 같은 것은 대개 내용이 추상적이기 때문에 짤막한 예화나 예가 서사문학의 경우보다 더 많이 필요하다. 그렇지 않으면 전반적으로 설교가 상당히 무미 건조하게 될 가능성이 많다.

추상적인 진리는 설교자에게 늘 두통거리가 되고 있다. 추상적인 진리는 대부분의 청중이 이해하는 데 어려움을 겪으며, 설사 이해한다 하더라도 마음속에 큰 감명을 주기가 어렵고, 따라서 청중의 뇌리에서 금세 사라지고 만다. 추상적인 것은 언제나 힘이 없다. 설교자는 진리를 전하되 그 진리를 실감나게 전해야 한다. 청중으로 하여금 "정말 그렇구나!" 하고 마음으로부터 공감할 수 있게 해주어야 한다. 그렇지 않고 단순히 머리에만 전달되는 진리는 힘이 없고, 따라서 삶의 변화를 가져올 수 없거나 가져오기 힘든다. 그렇기 때문에 설교자는 특별히 추상적인 진리를 전할 때에는 그 진리를 명쾌하고 구체적인 진리로 바꾸기 위해서 최선을 다해야 하고, 그 방법 가운데 하나가 적절한 보조 자료를 사용하는 것이다.² 예를 들면, 사랑, 충성, 헌신, 믿음 등은 참으로 중요한 개념이지만, 이것만으로는 분명하지 못하다. "믿음으로 삽시다"라는 말을 수십 번 되풀이하는 것 보다 믿음으로 산 사람의 예를 하나 드는 것이 훨씬 더 진리를 분명하게 전해 준다.

둘째, 보조 자료는 청중의 흥미를 돋구어 준다.

우리가 어떤 책이나 잡지를 읽을 경우에 만일 그것이 아주 지리하고 졸리운 내용이라면 일단 그것을 접어 두고 다음에 읽기로 작정한다든지 아니면 심한 경우에는 아예 읽기를 포기하고 말 것이다.

만일 동일한 상황이 설교에서 나타난다면 어떻게 될까? 설교가 너무 지리하고 흥미가 없을 경우 어떤 사람은 염치 불구하고 졸 것이고, 어떤 사람은 계속 하품을 하면서 시계만 들여다 볼 것이고, 또 어떤 사람들은 졸거나 하품하는 식의 무례는 범치 않겠지만 마음 문은 완전히 닫아 버리고 다른 생각에 탐닉하게 될 것이다. 이쯤 되면 설교는 귓가를 울리는 메아리에 불과하게 되어서 영혼을 변화시키는 역사는 거의 나타나지 않게 될 것이요. 이런 설교가 계속 강단에서 전파된다면 청중의 수는 감소 일로를 걸을 수밖에 없을 것이다.

그러나 만일 이 때에 갑자기 설교의 흐름을 변화시켜서 예화를 끄집어내면 정신이 다소 흐리멍덩해지기 시작하던 사람들의 귀가 번쩍 뜨이게 될 것이다. 사람들은 다 이야기를 좋아한다. 성(性)의 남녀나 연령의 고하를 막론하고 이야기를 싫어하는 사람은 없다. 설교자가 이야기를 시작하면 청중의 주의나 관심을 끌려는 특별한 노력이 없이도 청중은 자동적으로 설교자에게 귀를 기울이게 된다. 이야기는 사람의 주의를 끄는 마력이 있기 때문이다. 이야기가 참으로 재미있고 유익하면 청중은 긴장이 풀어지게 되고, 그 결과 예화 다음에 이어서 나오는 진리에 더욱 주의를 집중하게 된다.³

설교자는 청중의 주의력 지속 기간에 한계가 있음을 망각해서는 안 된다. 예를 들면, 유치부 어린이의 경우 주의력 지속 기간은 길어야 10

분이고 짧은 경우는 2분에 불과하다. 초등 학생의 경우는 주의력 지속 기간이 길어야 15분이고 짧으면 7분 정도밖에 되지 않는다. 성인의 경우는 지속 기간이 대개 30분 내외이다. 그러나 30분이란 것도 설교자가 전파하는 내용에 무엇인가 들을 만한 것이 있을 경우를 말하는 것이고, 설교의 내용이 지루하기 짝이 없다면 단 10분도 청중의 주의를 사로잡지 못하고 말 것이다. 그렇기 때문에 설교자가 청중의 주의력을 가능하면 오랫동안 붙잡아 놓기 위해서는 설교를 재미있게 하도록 최선의 노력을 기울여야 할 것이고, 재미있게 하는 방법 가운데 가장 손쉬운 방법은 재미있는 예화를 설교 중에 가끔씩 사용하는 것이다. 따라서 설교자는 예화를 효과적으로 사용하는 방법을 반드시 터득해야 할 것이다.

셋째, 보조 자료는 진리를 생생하고 실감나게 해준다.

옛말에 "백문이 불여일견이라"(百聞不如一見)는 말이 있다. 필자가 어렸을 때에 세계에서 제일 높은 건물은 뉴욕의 엠파이어 스테이트 빌딩(Empire State Building)이라는 말을 누누이 들어 왔지만, 필자가 실제로 뉴욕에 가서 엠파이어 스테이트 빌딩의 전망대에 올라가서 뉴욕 시가지를 내려다보기 전에는 별로 실감이 나지 않았다.

필자가 고등 학교에 다닐 때에는 국어 교과서에 "기차는 원의 중심을 달린다"는 제목의 미국 기행문이 실려 있었다. 우리 나라같이 국토의 대부분이 산으로 둘러 싸여 있는 나라에서 살던 필자는 도대체 미국 땅이 얼마나 크기에 사면을 둘러보아도 지평선만 보일 정도로 그렇게 크냐고 생각했었다. 그러나 필자는 텍사스주의 달라스에서만도 6년을 살면서 여기저기를 자동차로 여행할 때 "기차는 원의 중심을 달린다"는 말이 참으로 실감나는 표현임을 절실히 느낀 적이 한두 번이 아니었다. 말의 힘은 위대하지만 동시에 말은 많은 제약성을 갖고 있기도 하다. 펭귄을 한 번도 본 적이 없는 사람에게 아무리 많은 말로 펭귄을 묘사하더라도 단 한 번 실제로 펭귄을 보여 주는 것만 같지는 못하다.

 설교도 어차피 언어를 매체로 하기 때문에 언어가 갖는 일반적 한계성을 초극(超克)할 수는 없다. 아무리 노력해도 그 한계를 완전히 극복할 수는 없다는 것을 인정해야 한다. 그렇다고 해서 그 한계성을 극복하기 위한 노력조차 포기할 수는 없는 것이다. 언어의 한계성을 극복해서 언어에 회화적(繪畵的) 요소를 가미해 주는 가장 손쉬운 방법은 좋은 예화를 사용하는 것이다. 그러할 때 설교는 생기를 띠게 되고 실감이 나게 되는 것이다.

 현대인은 예외 없이 회화적 감각이 발달해 있다. 어린 시절부터 TV나 영화, 컴퓨터 게임은 물론 그림책 같은 것을 늘 가까이하면서 생활하고 있다. 그렇기 때문에 회화적 요소가 전혀 없이 논리적 관계로만 일관하고 있는 설교를 30분 정도 듣는다는 것은 엄청난 정신적 피로를 초래하고 만다. 정신적으로 피로하게 되면 설교에 귀를 기울이지 않는다. 사람들은 생활 속에서만 그림을 원하는 것이 아니라 설교에서도 역시 그림을 원한다.[4] 그래서 설교자는 좋은 예화를 사용함으로 이런 욕구를 충족시킬 수 있는 것이다.

 넷째, 보조 자료는 진리를 기억하게 한다.

 심리학자들의 연구에 의하면, 어떤 내용을 단순히 귀로만 들었을 경우 3일 후에는 그 내용의 10% 정도밖에 기억을 하지 못하고, 눈에 보여주기만 할 경우에는 20%, 귀로 들려주면서 동시에 눈으로 보게 할 경우에는 70%를 기억한다는 것이다. 설교에서 좋은 예화를 사용하는 것은 청각과 시각을 동시에 사용하는 것과 같은 효과를 갖기 때문에 청중의 기억률을 훨씬 더 제고(提高)시켜 주게 되는 것이다.[5]

 설교를 듣는 청중은 많은 경우에 설교의 내용보다 설교자가 사용한 예화를 훨씬 더 오랫동안 기억하는 경향이 있다. 머카트니(Clarence E. Macartney)는 그의 저서 『노우트 없는 설교』(*Preaching Without Notes*)에서 어떤 목사의 체험을 기술하고 있는데, 그 목사는 자기 성도 20여 명에게 그가 몇 달 전에 한 어떤 설교의 내용을 얼마나 기억하느냐고 물은 적이 있었다. 그런데 응답자 가운데 설교의 아웃라인이나 그 밖의 중요한 내용을 기억한 성도는 한 두 명에 불과했다. 그러나 그 목사가 맨 마지막에 들려준 예화는 거의 모든 사람들이 다 기억하고 있었다.[6]

청중은 설교 그 자체보다 예화를 더 오랫동안 기억하는 경향이 있기 때문에 설교자는 다음의 두 가지 문제에 특히 주의를 기울여야 한다.

그 하나는, 설교자가 어떤 예화를 사용할 경우에, 그가 선포하는 진리와 그 진리를 보다 분명히 하기 위해 사용하는 예화가 각각 따로 놀게 해서는 안 된다는 것이다. 설교자의 입장에서는 청중이 예화는 잊어버리더라도 그가 선포한 진리는 기억했으면 하고 바랄 것이다. 그런데 만일 그 반대 현상이 일어난다면 그것은 주객(主客)이 완전히 전도(顚倒)된 상황이 아닐 수 없다.

실제적인 현상은 청중이 예화를 잘 기억한다는 사실이고, 설교자의 소망은 예화보다는 진리 자체를 기억했으면 하는 것이기 때문에, 이상과 현실 사이의 괴리(乖離)는 많은 경우에 설교자에게 큰 고통이 되고 있다. 이 양자간의 괴리를 좁히기 위해서 설교자가 사용할 수 있는 한 가지 방법은 그가 선포하는 진리와 예화를 잘 연결시키는 것이다. 설교자가 이 작업을 제대로 해내지 못할 때 청중은 설교자의 예화는 기억하지만 그 예화가 무엇을 가르치는 것인지, 설교자가 그 예화를 어떤 목적으로 사용했는지는 도무지 기억을 못할 것이다. 그러나 만일 설교자가 그 연결 작업을 효과적으로 잘 해내면 청중은 예화와 함께 설교자가 선포한 진리도 연상해 내거나, 아니면 최소한 그 예화가 무엇을 가르치고 있는가를 기억하는 데 도움이 될 것이다.

청중이 예화를 오랫동안 기억하기 때문에 설교자가 주의해야 될 또 한 가지 사실은 같은 예화를 반복해서 사용하기를 피해야 한다는 것이다. 아주 좋은 예화라면 한 번쯤 더 사용해도 청중이 양해를 할는지 모르겠지만, 같은 예화를 계속 반복해서 사용하는 습관을 갖게 되면 청중은, "피! 또 서 얘기야! 한 번 더 들으면 백번째 듣는데!"라는 식의 반응을 보이게 될 것이고, 따라서 설교자는 청중으로부터 신뢰감을 얻지 못하게 될 것이다. 청중에게 같은 예화를 재탕 삼탕해서 들려주지 않으려면 설교자는 새로운 예화의 발굴에 상당한 주의와 관심을 가져야 된다.

다섯째, 보조 자료는 진리를 증명해 준다.

설교자가 선포하는 진리가 다소 이해하기 힘들고 또 청중이 쉽게 수긍할 수 없는 경우라도 좋은 예를 들면 그 진리가 금방 이해되어 지고 증명되어진다. 예를 들면, "내 이웃이 누구오니까?"(눅 10:29)라는 율법사의 질문에 대해 예수님은 사마리아인의 비유를 통해 누구든지 곤경에 처해서 우리의 도움을 필요로 하는 사람이면 바로 우리의 이웃이라는 것을 증명해 보이신 것이다.

사도 바울은 로마서 7장에서 그리스도인은 율법에 대해서 죽었기 때문에 율법에서 해방되었다는 진리를 가르치고 있는데, 이 진리가 어떤 사람들에게는 쉽게 이해가 되지 않기 때문에 아내와 남편에 관한 예를 통해서 이를 증명해 보이고 있다. 그는 이렇게 시작한다. "형제들아 내가 법 아는 자들에게 말하노니 너희는 율법이 사람의 살 동안만 그를 주관하는 줄 알지 못하느냐?"(롬 7:1). 어떤 남자와 결혼한 여자는 살아 있는 동안에는 그 남자의 지배하에 있게 되지만 남편이 죽어 버리면 더 이상 그 남편의 지배하에 있지 않게 되고, 결혼 관계는 해소가 되는 것이다. 그런데 여기서 죽는 것은 사실상 남편이 아니라(왜냐하면 율법은 천지가 없어지기 전에는 없어지지 않으므로) 아내인 것이다. 어떤 사람이 아무리 흉악한 죄를 지었더라도 법이 무덤 저편에까지 살아서 쫓아올 수는 없는 것이다. 죽음은 땅 위에서의 모든 관계를 해소시켜 버리고 마는 것이다.

이 여인은 죽음을 통해서 첫 남편, 즉 율법에서 해방되어서 둘째 남편, 즉 예수님께 시집가서 편안히 살게 되는 것이다. 그리스도인은 율법에서 해방되었다는 어려운 진리가 짤막한 하나의 예를 통해서 설득력 있게 증명이 된 것이다.

여섯째, 보조 자료는 청중이 진리를 적용하기에 쉽게 해준다.

설교의 목적은 청중이 하나님의 말씀을 듣고 깨달아서 삶의 변화를 가져오게 하기 위해서다. 그런데 청중은 구두 논증(Verbal Argumentation)보다 시각적이고 흥미 있는 예화를 통해서 결정을 내리는 경향이 훨씬 더 강하다. 예화는 단순히 설교를 흥미 있게 하는 것으로 끝나지 않는다. 채플(Bryan Chapell)의 말대로, "예화는 설득하고, 동기를 부여하고, 사람의 의지를 움직이고, 마음에 감동을 주고, 설명해 주고, 결정을 내리게 한다."⁷ 좋은 예화는 말 보다 더 빠르게 사람의 생각과 행동을 변화시킬 수 있다.

II. 보조 자료 사용의 원칙

보조 자료가 설교에서 차지하는 중요성에 대해서는 아무리 강조해도 지나침이 없다. 그러나 그것이 중요한 만큼 사용할 때에도 지켜야 될 몇 가지 원칙 내지는 주의 사항이 있다.⁸

첫째, 보조 자료는 어디까지나 핵심적 진리에 대한 보조 역할을 해야 한다.

예화를 올바로 사용하지 못하게 되면 청중의 관심은 설교자가 선포하는 진리에로 향하는 것이 아니라 예화 쪽으로 향하게 되고 만다. 이렇게 되면 본(本)과 말(末)이 완전히 뒤바뀌는 결과가 되는 것이다. 그래서 데이비스(H. Grady Davis)는 이렇게 말하고 있다.

> 예화는 예화 그 자체에가 아니라 설교자의 주장에 관심을 집중시키는 한에서만 가치가 있다. 따라서 자연스러운 예화, 즉 그 자신에게가 아니라 진리에게로 관심을 모으는 예화야말로 가장 가치가 있는 예화이다. 만약 예화가 그 자신에게로 관심을 모으게 되면,

그 예화는 사고의 전달을 도와주는 대신 오히려 방해하고 있는 것이다.[9]

만일 어두운 방에 명화가 걸려 있고 그 명화를 사람들에게 보이기 위해 촛불을 켠다면, 그 촛불을 명화의 한 가운데 놓아서 사람들이 명화를 감상하는 것을 방해해서는 안 될 것이다. 오히려 그것은 한쪽 옆으로 옮겨 놓아야만 명화를 밝게 해서 사람들이 감상하는 것을 돕는 역할을 제대로 수행할 수 있게 될 것이다.[10] 설교에서 사용하는 예화도 마땅히 그러해야 한다.

둘째, 보조 자료는 적절해야 한다.

보조 자료는 설교자의 어떤 주장이나 가르침을 더 잘 이해하게 하기 위한 것이기 때문에 그것은 항상 어떤 주장이나 가르침과 관련 있는 것이라야만 된다. 어떤 설교자는 단순히 청중의 긴장을 풀기 위한 목적으로, 그저 한 번 웃겨 보기 위해서, 말하자면 예화 그 자체를 위한 예화를 사용하는 경우가 종종 있다. 그러나 이것은 공연한 시간 낭비에 불과하고 설교 자체에는 아무 유익이 되지 못하고 오히려 해만 끼치게 되고 만다. 설교자가 선포하는 진리를 뒷받침해 주지 못하는 보조 자료는 그 존재 가치가 없다.

그러나 이와 반대로 적절한 시기에 적절한 예화를 제대로 사용하면 그것은 수십 마디의 설명보다도 더 큰 효과를 가져올 수 있는 것이다.

가령 마태 복음 25:14-30을 본문으로 해서 충성에 관해서 설교한다면 다음과 같은 예화가 상당히 적절할 것으로 본다.

A. D. 79년에 인류 역사에 영원히 기록될 큰 비극적인 사건이 이탈리아에서 발생했다. 베수비우스산(Mt. Vesuvius)에서 화산이 폭발해 그 산 아래에 있던 폼페이(Pompeii) 시 전체가 완전히 매몰되어 버리고 말았다. 그 후 사람들이 매몰된 폼페이 시에 대한 발굴 작업을 전개했는데, 어떤 사람들은 화산재와 용암에서부터 살아남아

보려고 높은 다락방으로 피신했다가 거기서 죽어 있었는가 하면, 어떤 사람들은 깊은 지하실에서 용암의 습격을 받아 꼼짝 못한 채 죽은 모습도 발견되었다. 사람들은 화산의 재난에서 살아남기 위해 갖가지 모양으로 여기 저기 피신을 한 흔적이 역력히 보였다. 이 가운데 발굴자들의 가슴을 뭉클하게 한 모습이 하나 발굴되었는데, 그것은 로마 군대의 보초병이었다. 그는 그 도시의 성문 앞에 무기를 손에 든 채 부동 자세로 서서 죽은 모습이 발견되었다. 도시 전체는 서로 살아 남겠다고 아비규환의 지옥이었고, 시커먼 화산재가 하늘을 새까맣게 덮었고, 용암이 홍수같이 밀어닥치던 그런 상황에서도 그는 꼼짝도 하지 않고 최후까지 임무를 수행하다가 순직한 것이다. 주님은 우리에게도 이 보초와 똑같은 정도의 충성을 요구하시고 기대하신다.

셋째, 보조 자료는 분명해야 한다.

보조 자료는 선포된 진리를 보다 분명히 하기 위해 사용하는 것이기 때문에, "설명을 필요로 하는 예화는 전혀 무가치한 것이다."[11] 그렇기 때문에 설교자는 설교를 준비하는 과정에서 어떤 예화를 사용하고 싶으면 그 예화의 내용이 분명한지 안 한지를 사전에 점검해서, 분명하지 못한 예화는 아무리 좋아 보여도 사용하지 않도록 해야 할 것이다.

보조 자료는 분명해야 된다는 말은 또 다른 한 가지 의미를 갖는다. 어떤 경우에는 설교자가 그의 주장이나 가르침을 뒷받침하기 위해서 어떤 예화를 사용하지만, 설교자가 선포하는 진리와 그가 사용하는 예화가 어떤 관계인지 분명하지 않을 경우가 있다

어떤 예화는 분명하기 때문에 그것을 선포된 진리와 연관시키는 데 아무런 문제가 없다. 그러나 어떤 경우에는 그렇지 않기 때문에 예화만으로 끝을 맺어서는 안 되고, 예화가 끝난 다음에 그 예화가 선포된 진리를 어떻게 뒷받침하는지 몇 문장으로 간단히 설명할 필요가 있다. 앞에서 예로 든 로마 보초병의 경우, 맨 끝 부분에 "주님은 우리에게도

이 보초와 똑같은 정도의 충성을 요구하시고 기대하신다"는 것이 바로 연결 문장에 해당되는 것이다.

넷째, 보조 자료는 믿을 만해야 된다.

현실성이 너무 없는 예화는 가능하면 피하는 것이 좋다. 설교자가 현실성이 희박한 예화를 너무 자주 사용하면 청중은 설교자가 너무 과장되게 말한다고 생각하거나 아니면 현실성이 거의 없는 이야기를 사실이라고 믿을 정도로 너무 나이브(Naive)하다고 생각하게 될 것이다.

물론 때에 따라서는 현실성이 희박한 예화도 사용해야 될 경우가 있다. 특별히 예화가 어떤 과학적 사실이나 자연 관찰에서 나온 것이거나, 어떤 그리스도인의 특별한 신앙 체험에서 나온 것일 때에는 현실성이 희박하더라도 별 문제가 되지 않을 것이다.

보조 자료의 신빙성 문제를 논할 때 한 가지 더 언급해야 될 것은 남의 경험을 나의 것인 양 표절하지 말라는 것이다. 표절은 남의 글을 내 것인 양 사용하는 것은 물론 남의 말을 나의 말인 양 마구 사용하는 것도 역시 포함하고 있다. 남의 경험을 나의 경험인 것같이 표절하다가 봉변을 당할 수 있는 가능성이 항상 있음을 잊지 말아야 할 것이다. 남의 경험을 표절하다가 성도 가운데 혹시라도 그 문제가 직접 관련된 사람이 있다면 설교자에 대한 신뢰감은 완전히 실추하고 말 것이다. 그렇기 때문에 남의 경험을 사용할 때에는 그것이 남의 경험이라고 솔직히 시인하고 사용하는 것이 표절하다가 발각되는 것보다 훨씬 더 나을 것이다.

다섯째, 보조 자료는 그 길이가 적절해야 한다.

보조 자료는 어디까지나 보조의 역할을 하는 것이기 때문에 가령 30분 설교에서 20분 정도를 보조 자료에 할애해서는 안 될 것이다. 이 말은 설교가 예화만을 연결한 것으로 형성되고 성경은 중간 중간에 양념으로 끼어서는 안 된다는 의미임과 동시에, 하나 하나의 예화의 길이가 적절해야 된다는 뜻이다. 예화 하나가 10분이나 그 이상 걸릴 정도로 길어서는 안 될 것이다. 물론 간혹 어떤 예화는 예외적으로 길 수가 있을 것이다. 그러나 그러한 경우에는 다른 예화의 길이가 상대적으로 짧도록 특별히 배려해야 할 것이다.

여섯째, 설교자가 보조 자료를 사용할 경우에는 완전히 소화한 후에 해야 한다.

설교자가 어떤 책에서 좋은 보조 자료를 발견했을 경우 그 책을 강단으로 가지고 가서 그 내용을 그대로 읽어 주는 것은 바람직하지 못하다. 설교자는 그 보조 자료의 내용을 자기 자신의 말로 표현할 수 있을 정도로 충분히 소화한 후에 그것을 사용해야 할 것이다. 필요하다면 메모해서 가끔씩 보아 가면서 하는 것은 별로 문제가 없을 것이나, 그대로 읽어 주는 것은 피해야 한다.

III. 보조 자료의 종류

보조 자료라고 하면 곧 예화를 생각하지만, 보조 자료에는 예화 이외에도 여러 가지 종류가 있는데, 여기서는 그 중 대표적인 것 몇 가지만 보도록 하겠다.

A. 예화(Illustration)

예화는 여러 가지 보조 자료 가운데 가장 널리 쓰이고 있는데, 예화는 대체로 서사문의 형태를 취한다. 다시 말하면, 예화는 설교를 돕기 위해 사용하는 여러 종류의 이야기를 가리킨다. 그것은 역사적 사건일 수도 있고, 어느 개인의 일화(逸話)일 수도 있고, 농담이나 해학일 수도 있고, 어느 개인의 전기(傳記)에서 나올 수도 있다.

예화는 대체로 두 종류로 구분할 수 있을 것이다.[12]

첫째는 가상적(假想的) 예화(Hypothetical Illustration)이다.

가상적 예화라는 것은 실제로는 일어나지 않았지만 충분히 일어날 가능성이 있는 이야기를 말한다. 가상적 예화는 물론 상상적인 이야기지만, 현재까지의 우리의 경험과 일치하는 것이라야만 된다. 다른 말로 하면, 사실보다 더 사실에 가까운 허구(虛構)라야 된다는 말이다.

둘째는 사실적(事實的) 예화(Factual Illustration)이다.

사실적 예화란 실제로 일어났던 이야기를 가리킨다. 사실적 예화는 실제로 일어난 사건을 취급하기 때문에 이런 종류의 예화를 효과적으로 잘 사용하면 굉장히 설득력을 갖게 된다.

B. 통계 자료(Statistics)

통계라고 하면 우리는 흔히 숫자로 된 것은 모두 여기에 속하는 것으로 생각하지만 숫자가 다 통계인 것은 아니다. 통계는 단순한 숫자가 아니라 어떤 대상에 있어서 그 개체 상호간의 관계를 보이기 위해 사용하는 숫자를 말한다. 이 숫자는 주어진 대상에 속한 각 개체에 양적인 증감 관계를 보여 주기도 하고, 크기의 대소 관계를 보여 주기도 하고, 한 현상이 다른 현상에 대해 어떤 영향을 주는가 하는 것을 보여 주기도 한다. 어떤 대상을 선택해 그에 관한 여러 가지 자료를 적절한 방법으로 수집. 분석. 정리하면 그 결과는 객관적인 사실이 되어 버리고, 이 사실은 청중을 설득하기 위한 강력한 도구로 사용될 수 있는 것이다.[13]

그러나 설교자가 통계 자료를 설교에 사용할 때에는 몇 가지 유의해야 될 사실이 있다.[14]

첫째, 꼭 필요한 경우가 아니면 개략적 수치(數値)만 언급해야 한다. 예를 들면, 2,002,913 같은 수를 말할 때 약 2백만이라고 말하면 족할 것이다. 청중이 수치를 정확히 기억한다는 것은 불가능하기 때문에 개략적 수치만으로도 소기의 목적은 달성할 수 있다.

둘째, 통계는 많은 내용을 간략하게 압축한 것이기 때문에 한꺼번에 너무 많은 통계 자료를 제시하지 말아야 한다. 한 설교에 부득이 통계 자료를 여러 번 사용해야 될 상황이라면 한꺼번에 다 언급하는 것보다는 가능하면 여기 저기 분산시켜서 하도록 해야 할 것이다.

셋째, 통계 자료는 일견(一見) 숫자의 나열같이 보이기 때문에 청중이 그 의미를 즉각적으로 이해하기가 힘든 경우가 많다. 그렇기 때문에 설교자는 통계 자료를 제시할 뿐만 아니라, 그것이 무엇을 뜻하는지 반드시 해석도 해야만 된다. 또 필요하다면 일반 청중이 알아들을 수 있는 용어로 쉽게 풀어서 설명하기도 해야 할 것이다.

예를 들어, 다음과 같은 가상적인 통계를 한번 보자.

구분연도	결혼(쌍)	이혼(쌍)
1996	275,215	137,910
1997	289,326	143,724
1998	298,723	148,126
1999	305,217	152,623

이 통계를 설교에 사용을 한다면 설교자가 각 연도별로 결혼한 쌍의 수와 이혼한 쌍의 수를 천 자리 정도까지는 언급해야 할 것이다. 그러나 만일 그것으로 끝나 버리면, 이 통계 자료는 설교에 전혀 도움이 되지 못한다. 그렇기 때문에 설교자는 이 통계에 의하면 1999년의 경우 이혼율이 약 50%라는 것을 설명해 주어야 한다. 그리고 이것은 두 쌍이 결혼하면 한 쌍은 이혼한다는 것을 의미하며, 1999년도의 경우 매일 이혼한 수가 418쌍에 이르고, 이것은 매 시간마다 약 17쌍이 이혼하는 것을 의미한다는 식으로, 청중이 이해하기 쉽도록 해석할 필요가 있다.

넷째, 통계 자료를 특별히 설득의 목적으로 사용할 경우, 숫자가 정확하고 신빙성 있어야 한다. 어떤 경우에는 수치를 다소 변경시켜서라도 설득할 수 있다면 그렇게 하고 싶은 유혹을 느낄 때도 있을 수 있겠지만, 그럼에도 불구하고 설교자는 자료의 정확성에 최우선을 두어야 할 것이다. 설교자는 자료의 정확성과 그것의 개략화(概略化)를 혼동해서는 안 될 것이다. 예를 들어, 실제로는 72,325인데 이를 82,325라고 하는 것은 부정확한 것이다. 그러나 이것을 약 72,000이라고 하는 것은 개략화이다. 설교자는 청중의 이해를 돕기 위해 통계 숫자를 개략화할 수는 있지만 그것을 임의로 조작해서는 안 될 것이다.

설교자가 정확한 통계 숫자는 물론 그 통계 숫자를 발표한 단체까지 언급하면 자료의 신빙성을 더 한층 제고(提高)시키는 데 도움이 될 것이다. 예를 들면, "1999년 8월 1일자 뉴욕 타임즈(New York Times)의 조사 결과에 의하면…"이라는 식으로 통계 자료를 발표한 공신력(公信力)이 있는 단체명을 통계 자료와 함께 언급하면 청중은 설교자가 제시하는 통계 자료에 대해 훨씬 더 큰 신뢰감을 가질 수 있게 될 것이다.

C. 인용(Quotations)

다른 사람의 말이나 글을 인용하는 것도 설교를 뒷받침하는 좋은 방법 가운데 하나이다. 우리가 설교할 때나 글을 쓸 때 다른 사람의 말을 인용하는 이유는 대체로 두 가지이다. 첫째는 설교자가 하고 싶은 말을 어떤 저자가 아주 적절하게 표현했기 때문이다. 그 저자의 표현이 너무 멋있고, 적확(的確)하고, 효과적이 때문에 그 저자의 말을 직접 인용하지 않고는 충분한 효과를 기대하기 어려울 때 설교자는 다른 저자를 인용하게 된다. 둘째는 그 저자가 갖는 권위 때문에 인용하는 경우도 있다. 어떤 권위 있는 저자를 인용함으로 그 저자의 권위를 빌어서 설교자의 어떤 주장에 대한 권위를 부여할 수 있는 것이다. 예를 들면, 담배의 해독을 말하려면 대한 의학 협회의 보고를 인용한다든지 어떤 권위 있는 연구소나 학자의 말을 인용하면 족할 것이다.

그런데 다른 사람의 말이나 글을 아무런 원칙이 없이 인용하면 그 효과가 감소될 수 있으므로 인용시에 반드시 주의해야 될 사항이 몇 가

지 있다.[15]

 첫째, 어떤 저자를 인용할 경우 반드시 그 소재(所在)를 밝혀야 한다. 그 저자에 관한 설명이 길면 그 중에서 청중에게 꼭 필요한 부분만 언급하면 된다. 그러나 그런 경우에도 누구의 저서에서 인용하고 있는가 하는 것은 반드시 밝혀야 한다.

 둘째, 인용은 가능하면 간결해야 한다. 너무 길게 인용하면 청중이 곧 싫증을 내게 된다. 긴 내용을 반드시 인용해야 될 경우에도 군데군데 설교자가 원저자의 말을 의역한다든지 해서 짧은 글을 여러 개 인용하는 형식을 취하는 것이 좋을 것이다.

 셋째, 어떤 저자의 권위에 호소하기 위해서 인용한다면, 그 저자가 청중에게 반드시 존경받는 인물이어야 한다. 예를 들면, 이완용이나 송병준 같은 민족반역자라든지, 전두환이나 노태우 같은 사람이 아무리 권위 있는 말을 했다 하더라도 그런 후안무치(厚顔無恥)한 사람들의 말은 인용하지 않아야 될 것이다.

 넷째, 한 설교에 너무 많은 인용을 해서는 안 될 것이다. 브룩스(Phillips Brooks)는, "설교에 있어서 끊임없이 인용을 하는 것은 조악성(粗惡性)의 증거라고 생각한다"고 했다.[16] 설교라는 것이 여러 저자들의 글을 페어 놓은 것같이 되어서는 안 될 것이다.

D. 설명(Explanations)

 설교자가 흔히 사용하는 보조 자료 가운데에는 설명이 있다. 설명이란 것은 본문에 나타난 어떤 단어나, 구(句)나, 문장의 의미를 이해하기 쉽도록 풀어서 말하는 것을 가리킨다. 어떤 설교자들은 설명이란 것이 무슨 보조 자료가 되겠느냐고 생각할는지도 모르겠지만 실상은 그렇지가 않다.

 예를 들어, 마가복음 14:3-9을 본문으로 해서 설교할 경우, 본문에 나오는 단어나 개념 가운데 설명을 필요로 하는 것이 많이 있지만, 300데나리온이 무엇을 뜻하는지 현대의 청중이 이해할 수 있도록 반드시 설명할 필요가 있다. 한 데나리온은 그 당시 일꾼의 하루 품삯이었으니 300데나리온은 약 300일 분의 품삯이요, 여기에다 약 60일 정도의 공휴일을 감안한다면 300데나리온은 1년분의 봉급에 해당되는 것이다. 오늘날 한국의 근로자의 한달 평균 급료를 약 100만 원으로 계산한다면 300데나리온은 약 1,200만 원에 해당된다. 이런 식으로 300데나리온의 의미를 설명한다면 설교가 훨씬 더 이해하기 쉽게 될 것이다.

E. 유사어 반복(Restatement)

유사어 반복이란 단순한 반복(Repetition)과는 달리, 같은 말을 그대로 다시 한 번 되풀이하는 것이 아니라, 동일한 내용을 다른 말로 다시 표현하는 것을 말한다. 설교자가 어떤 진리를 강조하고자 하거나, 어떤 진리가 특히 중요하다고 생각할 경우, 단 한 번 언급하고 지나쳐 버리면 청중에게 깊은 인상을 남기지 못할 가능성이 있기 때문에, 청중의 기억을 돕기 위해 여러 가지 다른 표현으로 동일한 진리를 몇 차례 반복해서 말할 필요가 있을 경우가 종종 있다.[17]

에스겔 선지자가 이스라엘 목자들의 죄에 대한 하나님의 심판을 선포할 때 유사어 반복을 통해 이스라엘 목자들의 죄악상과 하나님의 심판을 강조하고 있다.

> 여호와의 말씀이 내게 임하여 가라사대 인자야 너는 이스라엘 목자들을 쳐서 예언하라 그들 곧 목자들에게 예언하여 이르기를 주 여호와의 말씀에 자기만 먹이는 이스라엘 목자들은 화 있을진저 목자들이 양의 무리를 먹이는 것이 마땅치 아니하냐 너희가 살찐 양을 잡아 그 기름을 먹으며 그 털을 입되 양의 무리는 먹이지 아니하는도다 너희가 그 연약한 자를 강하게 아니하며 병든 자를 고치지 아니하며 상한 자를 싸매어 주지 아니하며 쫓긴 자를 돌아오게 아니하며 잃어버린 자를 찾지 아니하고 다만 강포로 그것들을

다스렸도다 목자가 없으므로 그것들이 흩어지며 흩어져서 모든 들 짐승의 밥이 되었도다 내 양의 무리가 모든 산과 높은 멧부리에마다 유리되었고, 내 양의 무리가 온 지면에 흩어졌으되 찾고 찾는 자가 없도다(겔 34:1-6)

여기서 에스겔 선지자는 유사어 반복을 통해 목자 없는 이스라엘의 참상을 참으로 효과적으로 잘 설명하고 있다.

오늘날의 설교자도 어떤 진리를 강조하고자 할 때 에스겔이 사용한 방법을 사용할 수 있다. 예를 들어, "우리는 주님이 원하시는 대로 살아야 하고, 주님이 기뻐하시는 대로 살아야 하고, 내 생각이나 기분과는 상관없이 말씀의 약속을 그대로 믿고 살아야 합니다"와 같은 식으로 하면 될 것이다.

F. 유머(Humor)

설교자가 사용할 수 있는 보조 자료 가운데 아주 효과적이면서도 흔히 간과(看過)되고 있는 것은 유머이다. 어떤 설교자는 신성한 강단에서 저질 코미디 같은 언사(言辭)를 쓰는 것은 강단의 권위를 실추시키는 것이 아니냐고 하면서 유머 사용에 강한 불만을 토로하는 사람도 있다. 그러나 이것은 유머의 효과를 제대로 모르고서 하는 말이다. 필자의 은사 중 한 분으로서 달라스 신학교(Dallas Theological Seminary)에서 오랫동안 봉직하고 계시는 하워드 헨드릭스(Howard Hendricks) 교수 같은 이는 효과적인 유머 사용을 통해 학교 강의실과 설교 강단을 빛내고 있는 대표적인 인물 가운데 한 분이라고 할 수 있겠다.

그러면 유머는 어떤 가치가 있는가? 그 중요한 가치 몇 가지를 제시하면 다음과 같다.[18]

첫째, 유머는 우리의 정신과 육체에 유익을 준다.

유머는 정신과 육체의 긴장을 풀어 준다. 그것은 마치 조깅(Jogging)

과 같아서 신선함을 청중에게 줄 수 있다. 일단 긴장이 풀어지면 청중은 그 다음에 나오는 말을 큰 어려움 없이 들을 수 있게 된다.

둘째, 유머는 마음을 부드럽게 해준다.

적대적인 청중이나 무관심한 청중의 마음을 녹여서 하나님 말씀에 대해서 열린 마음을 갖게 하는 데 있어서 유머 이상의 좋은 약은 없다.

셋째, 유머는 청중으로 하여금 긍정적 반응을 하게 한다.

청중이 우스꽝스러운 진리를 듣고 한바탕 웃고 나면 더 이상 수동적인 청중이 아니라 설교자에게 긍정적인 반응을 보이는 적극적인 청중으로 바뀌게 된다.

넷째, 유머는 설교자에게 집중하게 한다.

유머는 산만하게 되어 있는 청중의 주의를 설교자에게 집중시켜서 설교를 듣게 하는 효과가 있다.

그러면 청중으로 하여금 웃음을 자아내게 하는 것으로는 어떤 것들이 있는지 살펴보자.

첫째, 단순히 사실을 사실 그대로 말할 때 웃음을 자아내게 할 수 있다.[19]

오늘날의 성도들이 TV를 사랑한다는 것을, "주일 저녁 시간에 예배에 안 올 경우 집에서 무엇을 합니까? 애들 하고 9번 돌려라 11번 돌려라는 식으로 '돌려라' 싸움만 하고 있지 않습니까?" 하는 것은 청중으로 하여금 찔림이 있게 하면서도 웃음을 자아내게 한다.

사실로부터 오는 유머는 또한 위험 부담이 적다. 비록 청중이 웃지 않는다 할지라도 사실은 사실 그대로 남아 있기 때문이다.

둘째, 우스꽝스러운 과장이 웃음을 자아내게 한다.[20]

대부분의 코미디가 이 형태를 취한다. 이런 유머는 재미있는 표현, 우스꽝스런 몸짓, 변조된 음성, 이상한 얼굴 표정 등과 함께 하는 경우가 많다. 필자가 마태복음 7:21-23을 본문으로 해서 "누가 천국에 가는가?"라는 제목으로 설교할 때 이 방법을 써서 좋은 효과를 본 적이 있다.

오늘날 어떤 부흥회는 마치 "주여 주여" 부르기 시합장 같습니다. 먼저 "주여" 삼창을 하고 난 후에 본격적인 시합이 시작되는데, 그 형태를 분류해 보니 세 가지가 됩니다. 첫째는 참새형이 있습니다. 이것은 "주여 주여"(숨가쁘게 몰아치는 식으로 말함) 하면서 부르짖는 것인데, 아마 이 사람들은 주님께서 주의가 산만하셔서 주님의 주의를 집중시키려고 그러나 봅니다. 둘째는 발악형이 있습니다. 이 사람들은 "주여 주여"(발악하듯이 큰 소리로) 하면서 부르짖는데, 아마 이 사람들은 우리 주님이 귀먹은 분인 줄로 생각하는 모양입니다. 또 한 가지는 신사형이 있습니다. 이 사람들은 "주여"라고 한 번 크게 부르짖은 후에 한 참 있다가 또 "주여"라고 크게 부르짖는 사람들인데, 아마 이 사람들은 우리 주님께서 졸고 계신 줄로 생각하는가 봅니다.

셋째, 시의적절(時宜適切)한 말이 웃음을 자아낸다.

필자가 어떤 교회의 선교 집회에 강사로 참석한 적이 있었다. 주강사는 따로 있었는데 벌써 간증과 다른 순서들로 인해 상당히 시간이 경과하여 청중이 딴전을 피우기 시작할 만한 때였다. 주강사 바로 앞에 필자의 짧은 순서가 배당되어 있었다. 그 교회 담임 목사님은 필자를 이렇게 소개했다. "장두만 목사님은 신학교에서 강의할 때 항상 시간을 잘 지킬 것을 강조하시는 분입니다. 오늘은 정확히 20분 동안만 왜 신학교에 대한 선교를 해야 하는지에 관해서 말씀해 주시겠습니다."

이어서 필자가 등단했다. 필자는 이렇게 말을 시작했다. "김 목사님은 제가 시간을 잘 지키는 사람이라고 소개하셨는데, 이론과 실제 사이에는 항상 차이가 있는 법입니다." 여러분들은 청중이 어떻게 반응했을 것이라고 생각하는가? 내 말이 떨어지자마자 청중석은 웃음바다가 되었다.

필자는 유머 사용에는 크게 은사가 없는 사람이다. 그러나 개발하려고 애를 쓰고 있는 중이다. 만일 독자들 중에 유머에 은사가 있는 분이 있으면 강단에서 적절하게 잘 사용하여 설교의 효과를 높일 수 있기 바란다.

G. 기타

보조 자료는 위에서 언급한 것 외에 비교와 대조(Comparisons and Contrasts), 시각 교재(Visual Aids) 등이 있겠지만, 위에서 언급한 여섯 가지만 잘 소화시켜서 설교에서 제대로 활용하면 설교는 놀라우리만큼 향상이 될 것이다.

IV. 보조 자료의 원천(源泉)

설교를 정기적으로 해야 하는 사람들은 고민이 많이 있는데, 그 가운데 하나는 어디서 새롭고도 적절한 예화를 늘 발견하느냐 하는 것이다. 예화는 한 번 사용하고 나면 다시 사용한다는 것이 거의 불가능하기 때문에 늘 새로운 예화를 발굴해야 된다는 것은 큰 고민 가운데 하나가 아닐 수 없다. 그러면 좋은 예화(또는 보조 자료)는 어디서 얻을 수 있는가? 그 중요한 것 몇 가지만 여기서 생각해 보고자 한다.

A. 성경

설교를 위한 보조 자료의 원천으로서는 무엇보다도 성경을 들 수 있다. 설교자들은 흔히 생각하기를 성도들은 성경의 내용을 이미 잘 알고 있으니 그것을 설교의 보조 자료로 써 보아야 별로 효과가 없지 않겠느냐라고 하지만, 사실은 그렇지가 않다. 청중이 성경을 잘 알고 있다 하더라도 적절한 때에 적절한 성경의 예화를 사용하면 다른 예화 못지 않는 효과를 가져올 수 있다.

성경은 흥미 있는 예화로 가득 차 있다. 아브라함, 요셉, 삼손, 룻, 사무엘, 다윗, 골리앗, 나아만, 게하시, 압살롬 등에 관한 이야기는 수천 년이 지난 지금도 사람들의 흥미와 관심을 불러일으키기에 충분하다. 그렇기 때문에 유능한 설교자는 보조 자료의 보고(寶庫)로서의 성경을 결코 무시하거나 경시하지 않을 것이다.

B. 광범위한 독서

광범위한 독서는 설교자의 필수적인 습관 가운데 하나여야 되고, 설교자는 독서하는 가운데 예화를 찾아서 모으는 버릇을 가져야 한다. 스투어트(James S. Stewart) 같은 이는 이렇게 말하고 있다. "설교 일화집(逸話集)을 잔뜩 쌓아 놓는 것은 파산된 지성의 마지막 도피처이다. 가장 좋은 예화란 독서와 관찰을 통해서 자연스럽게 얻어진 예화이다… 당신 자신이 바로 예화 편집자가 되어라"[21] 설교자는 다른 사람들의 전기나 자서전, 다른 설교자의 설교집, 신앙 서적, 수필집, 소설, 신화집, 우화집 등의 책을 광범위하게 읽을 필요가 있다. 그리고 이러한 책을 읽을 때 좋은 예화가 발견되면 그 옆에다 표시를 하고 그 예화가 무엇에 관한 것인지 간단히 몇 자 써 놓고 나서 나중에 그 책의 앞쪽이나 뒤쪽의 빈 페이지에 그 책에서 발견된 예화 전부를 일괄적으로 다 모아서 무슨 내용의 예화가 몇 페이지 있는지 정리해 두면 나중에 이용하기가 쉬울 것이다.

그러나 이것보다 더 좋고 영구적인 방법은 예화를 모으는 파일(File)을 만들어서 예화를 발견하는 대로 주제별로 분류해서 파일에 철해 놓는 것일 것이다. 여기서 한 걸음 더 나아가서 요즈음 같은 컴퓨터 시대에는 개인용 컴퓨터에 예화 전체를 주제별로 분류해 입력시켜 놓으면 필요할 때 아주 효과적으로 활용할 수 있을 것이다. 컴퓨터를 잘 모르면 불편하기 그지없는 세상이기 때문에 설교자들도 컴퓨터에 관해서 어느 정도는 조예(造詣)가 있어야 할 것이다.

C. 예화집

다른 설교자의 예화집을 통해서도 좋은 예화를 발견할 수 있다. 영어로 된 예화집 가운데에는 폴 탠(Paul Lee Tan)이 편집한 『15,000 예화집』(Encyclopedia of 15,000 Illustrations)이나, 그린(Michael P. Green)의 예화집(Illustrations for Biblical Preaching)이 우수하다고 생각한다. 한글로 된 것 가운데에는 윤영준 목사의 예화집(『그 다음엔 어떻게』, 『잊을 수 없는 경례』, 『코끼리 남편』)이 좋은 것 같고, 한경직 목사, 조용기 목사, 최효섭 목사 등의 예화집이나 그 외의 다른 예화집도 활용할 수 있을 것이다. 김선도 목사의 설교집은 김선도 목사의 예화집이라 할 만큼 예화가 풍부하기 때문에 예화 발굴의 목적으로도 이용할 수 있을 것이다.

D. 개인의 체험

설교자 자신의 개인적인 체험도 훌륭한 보조 자료가 될 수 있다. 어떤 장소를 방문하고, 다른 사람들을 만나고, 자기의 자녀들을 키우는 경험 등을 통해서 좋은 예화가 굉장히 많이 발견될 수 있다. 그리고 설교자 자신의 과거의 경험 가운데서 좋은 것을 정선(精選)해서 보조 자료로 사용해도 좋을 것이다.

설교자 자신의 경험 가운데서 예화를 끌어내면 설교자는 그것을 다른 어떤 예화보다 더 생생하고 실감나게 전파할 수 있을 것이다. 어떤 설교자는 자신의 개인적 체험에 너무 의존해 설교할 때마다 거의 예외 없이 개인적 체험에서 예화를 끄집어내는 경우가 있는데, 이런 것은 마땅히 피해야 할 것이다. 아무리 풍부한 체험을 가진 설교자라 하더라도 자신의 체험만 계속 얘기한다면 청중은 식상(食傷)하고 말 것이다. 아무리 좋은 것도 지나치지 않도록 주의할 필요가 있다.

E. 신문·잡지

훌륭한 설교자는 신문이나 잡지를 결코 경시하지 않을 것이다. 칼 바르트(Karl Barth)가 말한 바와 같이 설교자는 "한 손에는 성경을, 한 손에는 신문을" 들어야 할 것이다. 신문이나 잡지는 우리 주변의 여러 사건들, 갖가지 사회 문제 및 그에 관한 통계, 여러 가지 문화적 정보 등을 풍부하게 싣고 있기 때문에 신문이나 잡지를 통해서 설교자는 많은 보조 자료를 발굴해 낼 수 있을 것이다.

예수님도 당시 그 주변에서 일어난 일들을 예화의 목적으로 사용하셨다. 누가복음 13장에 보면 빌라도가 어떤 갈릴리 사람들의 피를 저희의 제물에 섞은 일이나, 실로암에서 망대가 무너져 18명이 죽은 사건 등이 우리 주님에 의해서 예화로 사용된 것을 볼 수 있다. 주님께서도 그 주변에서 일어나는 여러 가지 사건에서 예화를 발견하셨다면, 오늘날의 설교자도 그렇게 하는 것이 마땅할 것이다.

F. 자연 및 과학

동물, 식물, 자연 현상 등을 잘 관찰하면 풍부한 예화를 발견할 수 있을 것이고, 여러 가지 과학적 사실을 통해서도 유익한 자료를 발굴해 낼 수 있을 것이다. 특별히 현대인은 과학에 관심이 많기 때문에 과학에서 보조 자료를 끌어내면 청중의 흥미와 관심을 불러일으키는 데 아무런 어려움이 없을 것이다.

G. 상상

때때로 설교자는 예화를 창작할 수도 있다. 예화의 창작에 관해서 브라운(H. C. Brown)과 클라이너드(H. Gordon Clinard)와 노스컷(Jesse J. Northcutt)은 그들의 공저(共著)에서 이렇게 말한다.

> 설교자는 그가 원하는 바를 적절하게 표현할 예화를 발견하지 못할 경우 자신의 상상력을 동원해 예화를 창작할 수도 있다. 만일 설교자가 그러한 예화가 실제로 있었던 것처럼 하지 않는다든지

그 예화가 예시하는 진리가 실제로 일어난 사실에 의존하고 있다고 하지 않으면 예화의 창작은 아무 문제가 되지 않는다. 그러한 예화를 도입할 경우에는 그것이 상상에 의한 것이라는 것을 언급하는 것이 좋다. 설교자는 이 경우에 "가령", "··· 라고 상상해 보자"는 식으로 시작할 수 있을 것이다. 이렇게 창작된 예화는 신빙성이 있어야 된다. 다시 말하면, 청중이 그러한 예화를 들을 경우, 그런 것이 실제로 일어날 수 있다는 것을 믿을 수 있어야 한다는 말이다.[22]

주(註)

1. Albert P. Stauderman, *Let Me Illustrate*, p.7; James Braga, *How to Prepare Bible Messages*, p.191.
2. cf. George E. Sweazy, *Preaching the Good News*, pp.193-194.
3. Stauderman, p.7.
4. cf. H. C. Brown, H. G. Clinard and J. J. Northcutt, *Steps to the Sermon*, p.69; John A. Broadus, *On the Preparation and Delivery of Sermons*, pp.179-180; Mark R. Littleton, "Raisin in the Oatmeal: The Art of Illustrating Sermon," *Leadership* 4(Spring 1983): 67.
5. cf. C. Ronald Wilson, "Illustrations Make the Difference," *Pulpit Digest* 57(Sep-Oct 1977): 68.
6. Clarence E. Macartney, *Preaching without Notes*, p.33.
7. Bryan Chapell, *Using Illustrations to Preach with Power*, p.69.
8. 리드 박사(John W. Reed)는 효과적인 예화 사용의 원리를 5가지 제시하고 있다. 구체적인 예화를 사용하라, 사람들이 위기를 어떻게 해결했는지 들려주라, 사람들의 감정에 호소하라, 비교와 대조를 사용하라, 역동적인 이미지(dynamic imagery)를 사용하라("Visualizing the Big

Idea," in *The Big Idea of Biblical Preaching*, eds. Keith Willhite and Scott Gibson, pp.154-158).
9. H. Grady Davis, *Design for Preaching*, p.255; D. Martyn Lloyd-Jones, *Preaching and Preachers*, p.233; John R. W. Stott, *Between the Two Worlds*, pp.240-241; Stauderman, p.8.
10. Broadus, p.193.
11. J. H. Jowett, *The Preacher, His Life and Work*, p.141.
12. A. H. Monroe and Douglas Ehninger, *Principles and Types of Speech*, pp.161-164; A. Duane Litfin, *Public Speaking*, p.200.
13. Monroe and Ehninger, p.202.
14. Ibid., pp.166-169; Litfin, p.202.
15. Litfin, pp.207-208.
16. Sweeazy, p.190.
17. H. Grady Davis, pp.259-260; Monroe and Ehninger, p.171; Litfin, pp.205-206.
18. Ken Davis, *Secrets of Dynamic Communication*, pp.118-122.
19. Ibid., pp.122-123.
20. Ibid., pp.123-124.
21. James S. Stewart, *Preaching*, p.126.
22. Brown, Clinard and Northcutt, p.77.

제 7 장
서론, 결론 및 설교 제목
(Introduction, Conclusion and Title)

설교에서 대부분의 시간은 물론 본론을 전달하는 데 사용된다. 본론에 비하면 시간적으로는 지극히 작은 부분을 차지하지만 본론 못지 않게, 아니 어떤 면에서는 본론보다 더 주의를 기울여야 될 부분은 서론과 결론이라고 생각한다. 필자의 경우, 어떤 때는 본론을 다 만들어 놓고도 적절한 서론을 만들지 못해 장시간 고심한 적이 여러 번 있었다.

I. 서론

실제로 설교를 작성하는 과정에서 서론은 맨 나중에 작성하는 것이 보통이다. 왜냐하면 서론을 미리 만들어 놓으면 서론에 맞추기 위해서 본문을 왜곡시킬 가능성이 있기 때문이다.[1] 그러나 서론을 맨 나중에 작성하면 설교 전체의 흐름과도 잘 조화를 이루게 할 수 있을 것이다.

서론이 없는 설교는 생면부지(生面不知)의 강사를 아무 소개 없이 강단에 세우는 것과 조금도 다를 바가 없다. 그러한 강사도 물론 설교를 할 수는 있겠지만, 청중으로부터 엄청난 저항감 내지는 거부감을 각오하지 않으면 안 될 것이다. 책을 펴 보면 거기에는 반드시 머리말이 있고, 훌륭한 음악은 반드시 서곡(Prelude)이 있다. 마찬가지로 훌륭한 설교에는 반드시 서론이 있다.

필자가 들어본 많은 설교 가운데 서론이 전혀 없는 설교가 너무 많이 있었다. 서론의 중요성을 몰라서 그런지, 아니면 효과적인 서론 시작 방법을 제대로 몰라서 그런지 그 이유는 정확히 알 수 없지만, 많은 설교자들은 "오늘 하나님의 말씀은 마태복음 18장입니다"라고 하고서 본문을 읽은 후(또는 교독한 후) 곧 바로 설교의 본론으로 들어간다.

A. 서론의 목적

그러면 설교에서 서론은 왜 필요한가 ? 그것은 어떤 목적을 성취할 수 있는가? 서론의 목적은 크게 네 가지로 설명할 수 있을 것이다.

첫째, 서론은 청중의 관심과 흥미를 불러일으키기 위해 존재한다.

라빈슨(Haddon Robinson)은 "만일 설교자가 처음 30초 내에 청중의 주의를 끌지 못하면 아예 주의를 끌지 못할는지도 모른다"고 했다.[2] 설교자가 처음부터 청중의 주의와 관심을 끌지 못한다면 청중은 그 설교에 귀를 기울일 리가 없을 것이다.

설교자가 강단에 서는 순간 청중은 자동적으로 설교자에게 시선을 모은다. 그런데 문제는 바로 그 다음부터이다. 그래서 릿핀(Duane Litfin)은 이렇게 말한다. "우리 나라같이 비교적 예의 바른 사회에서는 청중이 처음부터 연설자에게 관심을 집중시킨다. 그러나 더 어려운 부분은 그 관심을 어떻게 하면 계속 붙잡아서 그것으로 무엇인가를 하느냐 하는 것이다."[3] 낯선 청중에게 설교할 경우 청중은 처음 몇 분 동안에 받은 인상으로 설교자를 다 평가해 버린다. 스위지(George E. Sweazy)는 이렇게 말한다.

> 그것(서론)은 설교자에게 굉장한 출발이 되게 할 수도 있고 핸디캡이 되게 할 수도 있다. 그의 첫 몇 문장이 청중을 그에게로 향하게 할 수도 있고 그에게서 등을 돌리게 할 수도 잇다. 청중은(설교자가

서론을 시작하는 동안에) 자기들이 좋아하고 신뢰하고 들을 만한 설교자인지 아닌지 결정해 버린다. 만일 그 설교자가 머뭇머뭇거리고, 아무런 특색이 없고, 불쾌하고, 거칠고, 제대로 준비하지도 못했다면, 청중은 그 설교자가 무슨 말을 하더라도 그것에 대해 편견을 갖게 될는지 모른다.[4]

그렇기 때문에 낯선 청중에게 좋은 인상을 주어서 청중의 주의를 끈다는 것은 굉장히 중요하다.

그러나 이미 낯익은 청중 같으면 설교자에 대해서 그들 나름으로 어떤 견해를 이미 가지고 있기 때문에 처음의 몇 마디가 약간 덜 중요하다고 할 수 있다. 그럼에도 불구하고 서론의 중요성을 과소 평가해서는 안 될 이유는, 만일 서론에서 무엇인가 들을 만한 것을 전하겠다는 것을 청중에게 보여주지 못하면 청중은 곧 다른 데로 관심을 돌려버릴 것이기 때문이다.

그렇기 때문에 낯선 청중에게든 낯익은 청중에게든 좋은 서론으로 청중의 관심을 불러일으키고 그들의 시선을 붙잡아 두어야 한다는 것은 아무리 강조해도 지나치지 않을 것이다.

둘째, 서론은 청중이 왜 이 설교를 들어야만 하는가를 보여 주기 위해서 존재한다.

예배에 참석한 사람들은 일단 예배에 참석했으니 설교를 들어야 한다는 어떤 의무감 같은 것을 가지고 있다. 그러나 이것만 가지고는 안 된다. 설교자는 서론에서 청중이 설교를 듣고 싶은 마음이 생기도록 해야 하는 것이다. 이것은 청중이 필요로 하는 것을 설교자가 채워 줄 수 있다는 것을 보여줄 때 가능하게 되는 것이다.

우리는 이미 앞에서 설교의 본론을 작성하는 과정에서 청중의 필요 발견과 설교 목적의 결정이 필수적으로 행해져야 한다는 것을 논의했다. 만일 이 단계를 제대로 잘 소화했다면, 설교자는 설교의 본론 작성이 끝남과 동시에 청중의 필요가 무엇이며, 지금 준비하고 있는 설교가 그 필요를 어떻게 충족시켜 줄 수 있을 것인지를 어렵지 않게 말할 수 있을 것이다. 설교자는 서론에서 이러한 필요에 대해서 청중이 눈을 뜨도록 만들어야 된다.

청중은 자신들의 필요를 늘 잘 의식하고 있지는 않다. 어떤 경우에는 그 필요가 의식의 표면에 드러나 있지만, 어떤 경우에는 그것이 잠재의식 속에 잠자고 있다. 훌륭한 설교는 의식적인 필요를 더 분명하고 구체화해 주고, 무의식적인 필요를 의식적인 필요로 바꾸어 준다. 이렇게 되면 청중은 설교를 꼭 들어야겠다는 긍정적 동기를 갖게 된다.

셋째, 서론은 설교자가 본론으로 들어가기 전 청중으로 하여금 본론을 맞이할 수 있도록 마음의 준비를 시키기 위해서 존재한다.[5]

서론은 그것 자체가 아무리 흥미진진하고 매력적이고 청중의 주의를 잘 끈다 할지라도, 설교의 본론과 아무런 상관이 없다면 그런 서론은 서론으로서의 존재 가치가 전혀 없다. 다시 말하면 서론을 위한 서론은 아무 쓸모가 없다는 말이다.

일반적으로 서론은 설교 전체의 주제와 연관된다. 그러나 어떤 경우에는 첫째 대지와 관련될 수도 있다. 본론의 전개 방식이나 설교의 특성에 따라 위의 둘 중 어느 하나로 낙착이 되겠지만, 서론이 설교의 본론과 상관 관계에 있어야 한다는 것은 분명한 사실이다.

넷째, 서론은 설교의 목적이 무엇인지 청중에게 말하기 위해서 존재한다.

설교의 목적을 말한다고 해서, "오늘 설교의 목적은 …입니다"라는 식으로 직접 표현하는 방식보다는 "우리가 함께 읽은 본문을 중심으로 올바른 기도가 무엇인지, 우리 주님께서 우리에게 원하시는 기도가 어떤 것인지 함께 상고하도록 합시다"라는 방식이 더 좋을 것이다.

설교의 목적은 설교가 가야 할 목적지를 말하는 것이다. 사람들은 목적지가 분명하지 않은 여행을 함께 하길 원치 않을 것이다. 설교자가 설교의 목적을 분명히 선포할 때 청중은 여행을 함께 떠나고 싶은 욕망을 가지게 될 것이다.

B. 좋은 서론의 특징

좋은 서론이 되기 위해서는 서론이 존재하는 목적을 잘 달성할 수 있어야 할 것이다. 그렇기 때문에 좋은 서론은 청중의 관심을 끄는 서론이요, 청중이 왜 설교를 들어야 하는가를 잘 보여 주는 서론이요, 청중이 본론으로 부드럽게 넘어가게 하기 위해 설교의 본론과 관계 있는 서론이어야 한다는 것은 부연(敷衍)할 필요도 없을 것이다. 그러나 참으로 좋은 서론이 되기 위해서는 위의 세 가지 특징 외에 몇 가지를 더 구비해야 되는데, 이는 다음과 같다.

첫째, 좋은 서론은 길이가 적절해야 된다.

설교자가 강단에서 전파하고자 하는 것은 본론이지 서론은 아니다. 청중의 관심을 불러일으키고, 설교를 들어야 할 이유를 밝혀 주고, 설교의 본론을 들을 마음의 준비를 하게 하는 것이 중요하다는 것은 재론의 여지가 없다. 그러나 이것은 어디까지나 본론을 위해 존재하는 것이지 서론 그 자체를 위해 존재하는 것은 아니다. 그렇기 때문에 설교자는 가능하면 빨리 본론으로 넘어가야 한다.

유명한 청교도 설교자인 오웬(John Owen)에게 어떤 노파가 불평하기를, 그가 식사를 준비하느라고 너무 긴 시간을 끌기 때문에 식욕을 다 잃어버리고 말았다고 했다는 것이다.[6] 하우(John Howe) 같은 설교자도 이런 불평을 누군가로부터 들은 적이 있다고 한다. "당신이 식탁보를 놓는데 너무 오래 걸려서 나는 식욕을 다 잃어버렸고, 그래서 아예 음식은 나오지도 않으려나 하고 생각하기 시작했다."[7] 서론을 너무 질질 끌다가는 본론에 대한 식욕이 없어지고 말 것이기 때문에 그 길이를 적절하게 할 필요가 있다.

그러면 서론은 어느 정도로 길어야 하는가? 어떤 사람들은 그 길이가 1~2분이어야 된다고 하고, 어떤 사람들은 설교 전체 길이의 5~

15% 정도라야 된다고 한다.[8] 서론은 서론의 목적을 달성할 만큼 길어야 하지만 일반적으로 서론의 길이는 3분 이내가 좋을 것 같다. 물론 어떤 경우에는 서론이 다소 길게 갈 수도 있음을 기억할 필요가 있다. 기계적으로 수학의 공식같이 그 길이를 정하는 것보다는 때에 따라서는 서론이 약간 길어질 수도 있겠지만, 대체로 3분 정도를 기준으로 해서 생각하면 크게 문제가 되지는 않을 것이다.

둘째, 좋은 서론은 적절해야 한다.

좋은 서론은 맞춤 양복같이 딱 하나의 설교에만 정확하게 들어맞는다. 데이비스(H. Grady Davis)는 이렇게 갈파한다. "서론이 지금 이 설교 이외의 다른 설교에도 사용될 수 있다면 그것은 지금 이 설교에 들어맞는 좋은 서론은 아니다"[9] 어떤 두 개의 설교도 완전히 동일할 수는 없기 때문에, 어떤 두 개의 서론도 완전히 동일할 수 없고, 각 서론은 설교에 맞추어서 만들어야만 되는 것이다.

셋째, 좋은 서론은 서론에서 어떤 좋지 못한 변명을 하지 않는다.

가령 "오늘은 말씀 준비를 제대로 못했지만…"이라는 식으로 변명을 해서는 안 된다. 서론에서 이런 변명을 하는 주된 이유는 설교 준비를 게을리 한 자신의 양심을 달래거나 청중으로부터 어떤 동정을 받기 위해서일 것이다. 그러나 그 설교자가 서론에서 이런 구차한 자기 변명을 늘어놓으면, "쳇! 준비도 없이 왜 강단에 서? 도대체 우리를 무엇으로 알고 그러지?"라는 식의 반응이 나올 것이다. 준비를 하지 않고 강단에 서는 것은 위로는 하나님께 대한 불충(不忠)이요 아래로는 성도들을 우롱하는 행위이다. 그것은 목사의 직무 태만이요 직무 유기다. 그러나 이것보다 더 문제가 되는 것은 준비하지 못한 것을 공공연하게 발표하는 행위이다. 이런 변명은 하지 않더라도 청중은 곧 알아채고 만다. 잘 준비된 설교와 준비되지 못한 설교를 구별하지 못할 정도로 청중은 우둔하지가 않다. 이런 변명이 설교자의 입에서 나오자 마자 성도들의 마음 문은 완전히 닫히게 될 것이고, 그들은 "여기서 귀한 시간만 허비하는구나!" 하는 허탈감 내지는 배신감 같은 것을 느끼게 될 것이다.

설교자가 몸이 불편해서 - 게으르거나 다른 일 때문에 바빠서가 아니라 - 마음에는 정말 충분히 준비하고 싶지만 육체적인 이유로 준비할 수 없었을 경우에는 "사실 지난주에는 몸이 좋지 못해서 충분히 준비하지는 못했지만 그 가운데서도 최선을 다해 준비하느라고 했습니다" 라고 말하면 청중은 양해를 할 것이다. 오히려 이런 경우에는 설교자가 주님을 더 의지하게 되기 때문에 더 큰 역사가 나타날 수도 있다.

그러나 일반적으로 말하자면, 준비 없이는 강단에 서지 말 것이요, 부득이 그러한 경우가 발생했다 하더라도 변명하지 말아야 한다.

넷째, 좋은 서론은 서론에서 너무 많은 것을 약속하지 않는다.[10] 독자들은 믿었던 사람에게서 받은 고액의 약속어음이 부도나 버린 경험을 한 적이 있는가? 아니면 어떤 가까운 사람이 소중한 약속을 하고서는 이행하지 않았던 경험을 한 적이 있는가? 그리고 그 때의 기분은 어떠했는가?

설교자도 약속 어음을 부도내는 것과 같은 행위를 강단에서 할 수 있다. 서론에서 많은 것을 약속해 놓고는 실제 설교의 본문을 통해서 그 약속을 이행하지 못할 때 약속어음을 부도내는 것과 아무런 차이가 없는 것이다.

예를 들면, 고린도전서 12:4-11을 본문으로 해서 설교하면서, 이 설교 하나만 들으면 성령의 은사에 관한 모든 것을 다 알게 될 것같이 서론에서 약속해서는 안 된다. 물론 이런 과대 약속을 할 때 성도들의 관심은 끌 수 있을는지도 모르겠지만, 그 약속을 이행하지 못하면 성도들은 기만당했다는 느낌을 금할 수 없을 것이다. 이런 것이 계속 반복될 때 설교자는 성도들로부터 신뢰를 받지 못할 것이다.

다섯째, 좋은 서론은 다양한 방법을 사용한다.

서론 시작의 방법 내지는 유형(類型)에 관해서는 다음절에서 자세히 언급하겠지만, 설교자는 가능하면 다양한 방법을 사용함으로 늘 새롭고 신선한 느낌을 청중에게 줄 필요가 있다.

C. 서론의 유형(類型)

서론을 시작하는 방법에는 여러 가지가 있는데, 여기서는 그 중요한 것들을 중심으로 해서 몇 가지 생각하기로 하겠다.

첫째, 이야기(Story or Illustration)로 시작하는 방법이 있다.

서론을 시작하는 좋은 방법 가운데 하나는 설교와 관련 있는 이야기(또는 예화)로 시작하는 것이다. 사람들은 이야기를 듣기 좋아하기 때문에, 이야기의 클라이맥스가 설교의 주제와 일치한다면 그런 이야기는 서론으로서 적격이라고 할 수 있다.

예를 들면, 펜티코스트(J. Dwight Pentecost)는 마태복음 5:10-12을 본문으로 해서 "의를 위한 핍박"이란 제목의 설교를 하면서 다음과 같이 서론을 시작하고 있다.

> 어느 젊은이가 대학 2학년에 재학 중 학비를 마련하기 위해 어느 캠프에서 여름을 보내며 일하려고 계획을 세웠습니다. 그 젊은이는 크리스천 가정의 출신으로 좋은 배경을 가지고 있었습니다. 캠프에서 방탕하게 지내는 사람들과도 상대해야 된다는 것을 알고 있는 그 젊은이의 부모는 자기 아들이 겪을지도 모르는 반대와 핍박에 관해서 미리 마음의 준비를 시켰습니다. 그 부모는 방학 중에 자기 아들로부터 별로 소식도 전해 듣지 못했습니다. 방학이 끝나고 아들이 집에 돌아오자 그 부모는 그 캠프에 있던 사람들이 기독교 신앙에 대해서 어떤 태도를 갖더냐고 물었습니다. 아들은 그 질문에 적이 놀라는 듯 하더니 이렇게 대답했습니다. "글쎄, 그 사람들이 여름 내내 조금도 저에게 괴로움을 주지 않던데요. 사실상 그들은 제가 크리스천이라는 것을 알지도 못했거든요."[11]

의를 위한 핍박은 초대 교회 성도들이나 공산 세계의 성도들과는 상관이 있지만 오늘날의 그리스도인들과는 상관이 없다는 식으로 생각하기 쉽지만 기실(其實)은 그렇지가 않다. 현재 한국이나 미국 같은 자유 국가에서도 무릇 의를 위하여 경건하게 살고자 하는 자는 핍박을 받을 것이지만(딤후 3:12), 적당히 신앙을 타협하며 살아가는 사람들에게는 전혀 핍박이 없다는 것을 설교할 때, 위에서 든 펜티코스트 박사의 예는 아주 적절하다고 하겠다.

둘째, 예기치 않은 언명(言明, Startling Statement)으로 시작할 수도 있다.

사람들이 깜짝 놀랄 만한 어떤 말이나, 사람들이 일반적으로 이해하고 있는 바와는 전혀 다른 말로 서론을 시작하면 금세 청중의 주의를 끌 수 있다:

필자가 마가복음 14: 3-9을 본문으로 해서 "옥합이 깨질 때"라는 제목으로 설교하면서 서론을 다음과 같이 시작한 적이 있었다.

> 우리는 탕자(눅15장)의 이야기를 잘 알고 있습니다. 그 부모의 재산 가운데 아마도 약 1/3정도를 미리 받아서 먼 나라에 가서 주색잡기(酒色雜技)로 허랑방탕하게 모든 돈을 다 허비해 버린 그 젊은 이의 소행에 대해 우리 가운데 어느 누구도 "그가 참 잘했다"고 생각하지는 않을 것입니다. 우리는 하나님의 청지기로서 하나님께서 우리에게 맡긴 모든 것을 잘 관리해야 될 책임은 있지만 허비할 자유는 없는 것입니다. 허비는 결코 하나님의 뜻이 아닙니다. 그럼에도 불구하고 성경은 가끔 우리에게 허비할 것을 강조하고 있으며, 어떤 경우에는 우리 주님조차도 그런 허비를 오히려 잘 했다고 칭찬하고 계시는데 오늘은 이런 종류의 허비를 마가복음 14:3-9에서 보고자 합니다.

주님께서 허비를 조장하고 계신다는 말은 사람들이 일반적으로 생각하는 것과는 거리가 멀다. 그렇기 때문에 이런 서론은 사람들의 주의를 끌게 되고, 도대체 설교자가 무슨 소리를 하려고 저러나 하면서 설교자의 말에 귀를 기울이게 될 것이다.

또 한 가지 예를 더 들어보자. 만일 설교자가 오늘날의 그리스도인들은 이론적으로는 하나님을 믿노라 하면서 실제로는 하나님이 없는 것 같이 생활하고 있다는 것을 설교하려고 한다면, 다음과 같이 서론을 시작할 수도 있을 것이다.

> 하나님을 진심으로 믿노라고 하는 우리들이 그 하나님께 예배하기 위해 오늘 이곳에 모였지만, 사실 우리 가운데 어느 누구도 그 하나님을 믿지 않고 있습니다. 우리는 다만 하나님을 믿노라고 말할 뿐인 것입니다.[12]

교회당에 예배하러 모인 사람들을 향해 "우리 가운데 어느 누구도 그 하나님을 믿지 않고 있습니다"라는 말은 너무나 깜짝 놀랄 만한 말이 아닐 수 없다. 이러한 서론이 청중의 주의를 모으는 것은 너무나 당연하다 할 것이다.

셋째, 설교와 관계 있는 적절한 말을 인용(Quotation)함으로 시작 할 수도 있다.

가령 고린도전서 3:18-23을 본문으로 해서 "세상적 지혜의 어리석음"에 관해서 설교한다면 "어리석은 자는 자신이 현명하다고 생각하지만, 지혜로운 자는 자신이 어리석다는 것을 안다"는 셰익스피어의 말을 인용함으로 시작하는 것도 좋을 것이다.

만일 신앙의 필요성에 관해서 설교한다면, 웰즈(H. G. Wells)의 말을 인용함으로 시작하는 것도 좋을 것이다. "종교는 처음이자 마지막이다. 사람이 하나님을 발견하고 또 하나님에 의해 발견되기까지는 시작도 없이 시작해서 끝도 없이 일하는 사람이다."

넷째, 질문(Question)으로 서론을 시작할 수도 있다.

설교의 본론과 관련 있는 예리한 질문을 던짐으로써 잔잔하던 청중의 마음속에 파문을 일으켜서 설교에로 주의를 집중시키는 것도 좋은 방법 가운데 하나이다.

예를 들면, 출애굽기 15:22-27을 본문으로 해서 설교를 할 때 필자는 서론을 이렇게 시작했다.

> 우리가 이 땅을 살아가는 동안, 우리는 원치 않는데 우리와 동행하기를 원하고, 우리는 오라고도 안 하는데 찾아오는 불청객이 있습니다. 그것은 고난이라고도 하고 역경이라고도 합니다. 학생은 학생 나름으로, 청년은 청년 나름으로, 직장인은 직장인 나름으로, 사업가는 사업가 나름으로, 가정 주부는 가정 주부 나름으로 우리 모두는 고난의 동참자입니다. 우리 가운데 어떤 이들은 지금 이 순간에도 엄청난 고난 가운데 신음하고 있고, 어떤 이들은 지금 이 순간에는 큰 고난을 겪고 있지 않다 하더라도 고난이라는 불청객을 언제 맞이할지 모르는 상황 속에 살고 있습니다. 우리가 손대는 일마다 제대로 풀려가지 않고, 사람들은 우리에게서 등을 돌린 것같이 보이고, 하나님조차도 우리를 외면하시는 것같이 보일 때 우리는 어떻게 해야 되겠습니까? 이러한 역경 가운데 우리 주님은 우리가 어떻게 하기를 원하십니까? 출애굽기 15: 22-27에서 고난을 대처하는 올바른 그리스도인의 태도를 같이 생각해 보도록 하겠습니다.

이렇게 서론을 시작한 후 광야에서 3일 동안 물 없이 지내야 하는 상황 속에서 이스라엘 백성은 어떻게 했고, 모세는 어떻게 했고, 하나님은 이 역경을 통해 무엇을 이루시려 하시는지를 생각해 보는 내용으로 설교를 했던 기억이 있다.

다섯째, 본문의 배경(Background of the Text)에 대한 설명으로 서론을 시작할 수도 있다.

본문의 역사적인 배경이나 지리적인 배경이나 본문 자체의 큰 문맥을 설명함으로 설교를 시작하는 것도 좋은 서론일 수 있다.

예를 들면, 히브리서 6:1-8을 본문으로 해서 설교한다면 서론을 이렇게 시작할 수 있을 것이다.

> 오늘 우리가 읽은 히브리서 6장은 많은 성경학자들과 주석가들을 괴롭혀 온 본문 가운데 하나입니다. 본문이 불신자를 가리키고 있는지 아니면 신자를 가리키고 있는지에 대해 많은 논쟁이 일어나고 있고, 또 신자를 가리킨다면 그가 구원을 잃어버릴 수 있다는 것을 의미하는지에 관해서도 설왕설래(說往說來)하고 있습니다. 본문은 도대체 무엇을 가르치고 있을까요? 이 어려운 본문이 우리에게 무슨 교훈을 주는지 이 아침에 같이 생각해 보도록 하겠습니다.

여섯째, 비교(Comparison)나 비유(Parable)로 설교를 시작할 수도 있다.

가령 마태복음 7: 7-11을 본문으로 해서 기도에 관해 설교한다면, 서론을 다음과 같이 시작할 수 있을 것이다.

> 그리스도인의 신앙 생활에 있어서 기도는 마치 호흡과 같은 것입니다. 그리스도인이라 하면서 기도하지 않는 사람은 호흡하지 않고 살 수 있다고 하는 사람과 전혀 다를 것이 없습니다. 기도를 통해서 우리의 영이 제대로 살아 움직일 뿐만 아니라 하나님의 능력을 우리의 것으로 만들 수 있는 것입니다. 호흡과 같은 기도, 우리의 영적 삶을 위해서 필수 불가결한 기도, 이 기도는 그러면 어떠한 태도로 해야 되겠습니까?

일곱째, 최근의 뉴스(News Item)가운데 하나를 말함으로 설교를 시작할 수도 있다.

가령 우리가 에베소서 6:4이나 잠언 22:6 등에 근거해서 자녀 양육에 관해서 설교한다면, 다음과 같이 시작할 수도 있을 것이다.

며칠 전의 신문 기사에 의하면, 뉴욕에 사는 어느 부부가 아내의 불임 수술에도 불구하고 아내가 임신하게 되자 수술을 한 의사를 상대로 수십만 불의 손해 배상을 청구했습니다. 이 소송에 대한 판사의 판결은 다음과 같았습니다. "자녀를 기르는 것은 부담만은 아니다. 그것은 동시에 기쁨이며 특권이다." 그래서 소송은 기각되고 말았습니다. 우리가 자녀를 기른다는 것은 말할 수 없이 큰 기쁨이며 특권입니다. 그러나 그것은 또한 엄청난 책임입니다. 부모된 우리가 우리의 자녀를 어떻게 기르는 것이 주님의 뜻에 맞는지를 에베소서 6장 말씀을 중심으로 생각해 보도록 하겠습니다.

이 외에도 서론을 시작할 수 있는 방법은 부지기수(不知其數)이다. 문제 제기를 함으로 시작할 수도 있고, 수수께끼나 격언 같은 것으로 시작할 수도 있고, 유머로 시작할 수도 있고, 실물 교수로 시작할 수도 있고, 역설(Paradox)로 시작할 수도 있고, 어떤 저서를 언급함으로 시작할 수도 있다. 아무튼 서론을 시작할 수 있는 방법은 상당히 다양하다. 그래서 설교자는 가능하면 다양한 방법으로 설교를 시작하는 것이 바람직하다고 하겠다.

II. 결론

결론은 설교의 총결산이다. 서론에서 시작해 본론을 거쳐 나오는 긴 흐름을 그 최종 목적지에 잘 안착(安着)하게 하는 것이 바로 결론이다. 데이비스(H. Grady Davis)는 결론의 중요성에 관해서 이렇게 말한다.

결론은 청중이 설교 전체를 한꺼번에 가장 가까이서 볼 수 있는 순간이다. 그것은 이슈(Issue)를 가장 분명히 보고, 가장 예리하게 느끼고, 삶의 문제를 해결해서 다시 삶에로 돌아가는 순간이다. 결론은 설교의 목적 - 그것이 무엇이든 간에 - 을 성취할 수 있는 마지막 기회이다. 따라서 이 순간은 아마도(설교) 전체의 연속성 속에서 가장 중요한 순간일 것이다. 설교는 결론을 맺어야지 그냥 중지해서는 안되고, 마무리를 지어야지 그냥 몰고 나가서는 안 된다.[13]

시원치 않은 결론은 좋은 본론의 효과를 상당히 감소시켜 버린다. 그러나 그와 반대로 훌륭한 결론은 본론에 다소 미흡한 점이 있었다 하더라도 이를 보충해 줄 수도 있는 것이다.[14] 그렇기 때문에 훌륭한 설교자는 결론을 절대로 경시하지 않는다. 청중이 그 머리 속에 강한 인상을 갖고 돌아가게 하기 위해 설교자는 최후의 마무리를 잘 해야 할 것이다.

끝낼 듯 끝낼 듯 하면서도 끝내지 않고 질질 끄는 것도 청중으로 하여금 짜증이 나게 하지만, 결론도 없이 갑자기 끝내 버리는 것도 문제이다. 아무런 결론도 없이 설교가 끝나면 청중은 설교가 끝난 것인지 아닌지 의아해 하거나 설교자가 갑자기 할 말을 잊어버린 것이나 아닌지 궁금해 할 것이다.[15] 그렇기 때문에 결론은 본론에서 자연스럽게 흘러 나와야 할 것이다. 그렇게 하기 위해서는 상당히 준비를 잘 해야만 될 것이다.

또 결론을 미리 말해 버리거나, 결론이 이르렀다고 암시를 주는 것이라든지, "이제 결론을 말씀드리겠습니다"라든지 "이제 설교를 맺겠습니다"하는 식도 바람직한 방법은 아니다. 그런 표현이 없이도 자연스럽게 결론으로 가는 것이 가장 좋다.[16]

A. 결론의 목적

설교에서 왜 결론이 필요한가 ? 그것은 어떤 목적을 성취하기 위해 존재하는가 ?

첫째, 결론은 설교를 요약·정리하기 위해 존재한다.

결론이 존재하는 이유 가운데 하나는 설교자가 약 30여 분 동안 전파한 것을 요약해서 정리함으로 청중이 교회를 떠날 때 설교 전체의 윤

곽을 생생하게 머리 속에 간직하게 하기 위해서이다. 중요한 진리는 한 번 이상 들려 줄 만한 가치가 있다. 결론을 통해서 짧은 시간에 중요한 진리를 다시 한 번 들려줌으로 청중의 기억을 새롭게 해줄 필요가 있다.

둘째, 결론은 청중의 결단을 촉구하기 위해서 존재한다.

설교는 사람의 귀를 즐겁게 하거나 단순히 어떤 지식이나 정보(Information)를 제공하는 것이 그 목적이 아니라 사람을 변화시키는 것이 그 목적이다. 예수 믿지 않는 사람, 거듭나지 않은 사람, 자연인을 변화시켜 하나님의 자녀가 되게 하고, 구원받아 하나님의 자녀가 된 성도들을 그리스도의 형상을 닮아 가도록 변화시키는 것이 설교의 목적이다.

그래서 설교에는 청중의 결단을 촉구하는 부분이 반드시 있어야 한다. 그 결단이 어떤 경우에는 즉각적인 행동으로 나타날 수도 있고, 어떤 경우에는 즉각적인 행동은 아니더라도 우선 마음속의 결심으로 나타나고 나중에 행동으로 옮겨지는 경우도 있고, 어떤 경우에는 아무런 변화도 없을 수 있다. 어떤 형태이든 간에 그것은 청중 개개인과 주님과의 관계이다. 그러나 설교자 편에서 볼 때에는 최소한 청중이 그러한 결단을 내릴 수 있는 기회를 주어야 한다. 성령의 역사는 어느 개인에게 계속적으로 임할 수도 있겠지만, 말씀을 들음과 함께 성령의 역사가 임했다가는 그 역사가 잠정적으로 중단될 수도 있다. 설교자는 지금 하고 있는 이 설교가 마치 마지막 설교인 것같이 해야 될 것이요, 마지막 설교를 하는 설교자는 그 결론을 효과적으로 잘 준비해서 전할 것이다.

B. 좋은 결론의 특징

결론이 중요한 만큼 좋은 결론을 만든다는 것은 그만큼 어렵다. 좋은 결론은 몇 가지 특징이 있는데, 그것은 다음과 같다.[17]

첫째, 좋은 결론은 적절하다.

좋은 결론은 본론으로부터 자연스럽게 흘러나오는 것이라야 한다. 그러할 때 결론은 본론과 동떨어진 내용이 되지 않고 본론과 밀접한 관계를 가지면서 본론을 그 논리적 결말에 이르게 유도해 줄 것이다. 뿐만 아니라, 만일 결론이 본론으로부터 자연스럽게 이끌어진다면 본론에서 취급하지 않은 새로운 내용을 결론에 도입하지 않을 것이다. 새로운 내용은 본론에 - 만일 본론의 어느 부분에 들어맞는 내용이라면 - 포함되어야지 결론에 포함됨으로 하나의 설교가 다 끝나가는 듯하다가 또 하나의 새로운 설교를 시작하는 꼴이 되어서는 안 될 것이다.

둘째, 좋은 결론은 간결하고 단순하다.

결론을 길게 해서 본론인지 결론인지 구별할 수 없을 정도가 되어서는 안 된다. 예외적인 경우도 있지만, 일반적으로 결론은 너무 길지 않아야 된다. 그렇게 하자면 결론은 또한 단순해야 된다. 결론을 복잡하게 만들어서는 안되며, 단순하고 분명해야 된다. 결론에 여러 가지 내용을 포함시켜서 설교자가 무슨 말을 하고 있는지 청중이 쉽게 이해할 수 없다면 그 결론은 문제가 있는 결론이라 하겠다.

셋째, 좋은 결론은 개인적이다.

설교는 많은 사람들을 상대로 해서 하는 것이지만, 그 궁극적인 목표는 각 개인이 변화되어서 하나님과 올바른 관계를 맺게 하는 것이다. 그렇기 때문에 설교자는 대중을 상대하면서도 개인을 늘 염두에 두어야 한다. 좋은 적용을 통해서 설교를 청중 각 개인을 위한 것으로 만들어야 하고, 결론에서 이를 다시 한 번 간단히 재현할 필요가 있다.

넷째, 좋은 결론은 변명을 하지 않는다.

좋은 서론이 변명을 요구하지 않듯이 좋은 결론도 변명을 요구하지 않는다. "제대로 준비하지도 못한 설교를 들어주신 것을 감사하며…"라든지 "바쁜 가운데도 만사를 제쳐놓고 오신 여러분의 기대에 부응할 만큼 좋은 설교를 하지 못한 것 같아서…" 하는 식의 변명을 하지 말아야 한다. 그것은 청중이 속았다는 느낌을 갖게 하는 행위이다.

C. 결론의 유형(類型)

설교를 시작하는 방법이 다양하듯이 설교를 끝맺는 방법도 다양하다. 어떤 유형의 결론을 사용하느냐 하는 것은 설교의 성격 및 설교자 자신의 개인적 취향에 따라 달라질 수밖에 없을 것이다. 많은 경우에 설교자는 몇 가지 형태를 혼합해서 사용하는 것이 보통이지만, 편의상 그 대표적인 몇 가지 형태를 생각하면 다음과 같다.

첫째, 요약 반복(Recapitulation)의 형태가 있다.

이것은 설교 본론에서 가장 중요한 부분을 몇 마디로 요약함으로 청중의 기억을 새롭게 하는 방법이다. 가령 누가복음 16:1-9을 본문으로 해서 "지혜 있는 종"이란 제목으로 설교한다면 결론을 이렇게 맺을 수 있을 것이다.

> 여기 이 종은 자기가 처한 상황을 직시할 수 있었고, 그래서 그의 미래를 위해, 나아가서는 영원을 위해 준비하는 지혜가 있었습니다. 여러분은 이 종만큼 지혜롭습니까?

둘째, 호소(Appeal)의 형태가 있다.

호소의 형태는 설교의 본론에 입각해 청중이 어떤 결단을 내리도록 촉구하는 형태이다. 그 결단이 헌신에 대한 것일 수도 있고, 충성에 대한 것일 수도 있고, 어떤 특정한 죄에 대한 회개일 수도 있고, 구원에 대한 것일 수도 있고, 그 외의 다른 것일 수도 있다. 가령 마태복음 7:13-14을 본문으로 해서 "두 길"이란 제목으로(또는 "이것이냐 저것이냐?"라는 제목으로) 설교한다면 결론을 이렇게 맺을 수 있을 것이다.

> 인생은 하나의 길입니다. 우리 모든 사람은 집을 떠난 나그네와 같

이 길을 가고 있는 사람들입니다. 그런데 그 길은 넓은 길 아니면 좁은 길입니다. 우리는 이 두 길 가운데 하나를 선택해야 합니다. 오늘 이 순간의 선택이 여러분의 영원한 운명을 결정합니다. 여러분은 어느 길을 택하시겠습니까?

셋째, 예화(Illustration)로 끝내는 방법도 좋은 방법 가운데 하나이다. 서론을 좋은 예화로 시작할 수 있듯이 결론도 그렇게 할 수 있다. 설교의 주제와 관계 있는 좋은 예화가 있으면 그것으로 설교를 끝내는 것도 굉장히 효과적인 방법 가운데 하나이다. 필자가 고린도전서 1:26-31을 본문으로 해서 "하나님이 쓰시는 사람"이란 제목으로 설교할 때 다음과 같은 오스왈드 스미스(Oswald J. Smith) 목사의 이야기로 끝을 맺은 적이 있다.

하나님께서 저(오스왈드 스미스)를 어떻게 부서뜨렸는지 제가 겸손하게 얘기하더라도 용서해 주시겠습니까? 그것은 제 사역의 초기에 일어났었습니다. 신학교를 졸업한 후 저는 곧 바로 토론토에 있는 어느 큰 장로 교회를 맡아 가게 되었는데, 그 교회에서 3년 반 동안 사역을 했습니다. 그 교회는 약 1,800명이 앉을 수 있었는데 교회는 계속 꽉 찼었습니다.
어느 날 저는 교회를 사임했습니다. 이만큼 큰 다른 교회를 찾는 데 어려움이 있을 것이라고는 꿈에도 생각하지 못했습니다. 그러나 놀랍게도 저는 교회를 찾을 수가 없었습니다. 어느 교회도 저를 초청하지 않았습니다. 그래서 저는 조그마한 교회에서 설교하기 시작했는데, 미구(未久)에 그런 교회조차도 저를 원치 않게 되었습니다. 제가 가지고 있던 돈은 계속 줄어들었습니다. 저에게는 아내와 어린 자식이 하나 있었지만 충분한 음식을 얻기가 힘들게 되었고, 여러 가지 채무도 제대로 이행할 수가 없게 되었습니다. 기아가 바로 제 눈앞에 다가와 있었습니다. 저는 하나님께서 저를 영단번(永單番)에 깨뜨려 버리려고 하신다는 것을 깨닫지 못했습니다.

저는 계속 밑바닥으로만 향해서 내려갔습니다. 그 해에 폴 레이더(Paul Rader)가 토론토에서 첫 집회를 가지려고 왔습니다. 그 집회는 그 도시에서 그 당시 가장 큰 메이시 회관(Massey Hall)에서 열렸습니다. 털끝만큼의 희망을 가슴에 안고 저는 거기에 가서 안내 책임자를 찾아가, "이번 집회 기간 동안 제가 안내로 여기서 일할 수 있겠습니까?"라고 물었습니다. 그 책임자는 좋다고 말하면서 옆 줄 하나를 맡으라고 했습니다. 조금 있으니까 그 책임자와 그의 조수가 뭐라고 얘기하면서 제 쪽을 바라보고 있는 것이 보였습니다. 그러더니 그 조수는 제가 맡은 줄로 와서 아무 말도 하지 않고 자기가 그 줄을 맡겠노라고 했습니다. 저는 뺨에 눈물을 흘리면서 뒷자리에 가서 앉았습니다. 저는 이렇게 말했습니다. "주님, 저의 사역은 끝났습니다. 제가 했던 모든 준비는 헛것이고 어느 누구도 저를 원치 않습니다. 안내하는 일조차도 할 수 없습니다."

삼일 후에 다시 상담 책임자를 찾아가서 "제가 이 집회에서 구령 상담하는 일을 할 수 있을까요?"라고 물으니, 그 책임자는 "좋습니다"라고 대답했습니다. 저는 사흘 동안 기다렸지만 그는 저에게 구령 상담할 수 있는 기회를 전혀 주지 않았습니다. 삼일 후에 저는 집회가 열리고 있는 강당 뒤편에 가서 앉았습니다. 다시 눈물이 눈에서 줄줄 흘렀고, 제 마음은 찢어질 것만 같았습니다. "주님 이제 모두 끝났습니다. 저는 아마 다시 설교를 못하게 되겠지요. 저는 이제 선반 위에 놓여 있는 것과 마찬가지이군요"라고 저는 말했습니다.

또 다시 삼일이 지났습니다. 저는 이렇게 말했습니다. "이제 마지막으로 한번만 더 시도해 보겠습니다. 이번에도 안 되면 저는 끝장이고, 하나님께서 제가 더 이상 사역하기를 원치 않으신다는 증거로 받아들이겠습니다." 그래서 저는 책판매를 담당하는 사람에게 갔습니다. 안내원들이 통로로 왔다 갔다 하면서 찬송가를 팔고 있기에, 저도 가서 "통로에 다니면서 찬송가를 팔 수 있을까요"? 라고 하니, 그 책임자는 그렇게 하라고 하면서 저에게 찬송가를 한아름 주었는데, 그것은 머키(Arthur W. McKee)가 발행한 것이었습니다. 그런데 갑자기 이상한 일이 일어났습니다. 찬송을 인도하던 머키씨가 강단 앞쪽에서 발걸음을 옮기면서 이렇게 말했습니다. "오늘 우리는 새 찬송을 하나 부르겠는데, 그것은 바로 이 찬송가에 실려 있습니다. 그것은 '구원받았네. 구원받았네, 구원받았네' 라는 제목의 찬송입니다." 그리고는 제가 찬송가를 팔고 있는 곳을 가리키더니, "저기서 찬송가를 팔고 있는 젊은이가 보입니까?" 라고 말하자 모든 사람은 제 쪽을 바라보았습니다. 그러자 그는, "바로 저 젊은이가 찬송을 작곡했습니다"라고 했습니다. 저는 마루에 쥐구멍이라도 있으면 들어가고 싶은 심정이었습니다. 저는 찬송가 파는 일을 즉각 그만두고 사람들의 시선을 피해 버렸습니다.

그 찬송은 정말 굉장한 찬송이었습니다. 약 500명의 성가대와 회중이 함께 그 찬송을 처음으로 부르는 것을 들으니 건물의 지붕이 떨어져 나가는 것같이 웅장했습니다. "그것은 바로 제 자신의 개인적인 간증이었습니다. 저는 마음에 새로운 기쁨을 가지고 집에 돌아왔습니다. 저는 이렇게 말했습니다. "주님, 저는 아직 선반 위에 놓여 있지는 않습니다. 당신은 아직 저를 포기하시지는 않았습니다. 당신은 단지 저를 부서뜨리고 계셨을 뿐입니다. 저는 너무 교만해서 당신은 저를 신뢰하실 수 없었던 것입니다."

그 후 정말 놀랍게도, 런던의 스펄전 목사님의 교회로부터 전보를 하나 받게 되었는데, 그 내용은 대서양을 건너와서 몇 주 동안 강단을 좀 지켜 줄 수 있겠느냐는 것이었습니다. 지체할 틈도 없이 저는 가기로 동의했습니다. 런던에서의 몇 주가 끝난 후 토론토로 돌아오니 초청이 밀려들기 시작하는 것이었습니다. 토론토에서 좋은 사역이 열렸는데, 그 후에도 20여 교회로부터 초청을 받았습니다. 물론 제가 원하면 다 갈 수 있는 그런 초청이었습니다. 하나님은 참으로 풍성하게 일하셨습니다. 그는 미래의 계획을 잘 알고 계셨던 것입니다. 그는 토론토에 회중 교회(People's Church)가 세워질 것을 미리 아시고 작업을 하신 것입니다. 그는 그 교회가 범세계적인 선교의 전진 기지가 될 것도 아셨습니다. 그러나 그는 도구를 준비하셔야 했고, 그래서 저를 겸손하게 하시고, 부서뜨렸던 것입니다. 하나님 앞에서 올라가기 위해서는 먼저 내려가야 되기 때문에 저는 내려가야만 되었던 것입니다.[18] 마찬가지로 우리도 주님께 쓰임 받기 위해서는 나는 아무 것도 아니고, 나의 힘으로는 아무 것도 할 수 없다는 것을 발견해야 합니다.

넷째, 적절한 성경구절이나 남의 말을 인용(Quotation)함으로 설교를 끝낼 수도 있다.

적절한 인용문을 발견해 그것으로 설교를 끝내면 때때로 설교자 자신이 하려는 말을 훨씬 더 강하고 생생하게 전달할 수 있다.[19] 가령 다니엘 1:1-21을 본문으로 해서 "신앙의 결단"이라는 제목으로 설교한다면, 다음과 같은 웨슬리(John Wesley)의 말을 인용함으로 끝낼 수 있을 것이다.

감리교의 창시자인 요한 웨슬리는 이렇게 말했습니다. "오, 하나님이여! 저에게 죄 이외에는 두려워하는 것이 없고 하나님 이외에는 사모하는 것이 없는 사람 백 사람만 주십시오. 그러면 이 세계를 뒤흔들어 놓겠나이다." 여러분 가운데 누가 이 열 사람 중의 하나가 되겠습니까?

다섯째, 적절한 질문(Question)으로 설교를 마무리 지을 수도 있다.

많은 경우에는 질문이 앞에서 언급한 요약 반복, 호소, 예화, 인용 등과 함께 쓰이고 있지만, 때로는 상당히 독자적으로 쓰일 때도 있다.

예를 들면, 라빈슨(Haddon Robinson)은 선한 사마리아인에 대한 설교를 다음과 같이 끝낼 것을 제안한다.

내가 시작했던 곳에서 결론을 맺겠습니다. 여러분은 하나님을 사랑합니까? 그건 참 훌륭합니다. 그 말을 들으니 참 기쁩니다. 그러나 여러분은 이웃을 사랑합니까? 우리 눈에 보이는 이웃을 사랑하지 못한다면 어찌 눈에 보이지 않는 하나님을 사랑할 수 있겠습니까?[20]

설교를 끝내는 방법은 위에서 언급한 것 외에도 있을 수 있다. 예를 들면, 찬송으로 끝낼 수도 있고, 기도로 끝낼 수도 있고, 적절한 시(詩)로 끝낼 수도 있고, 속담이나 격언으로 끝낼 수도 있을 것이다. 설교의 성격과 설교자의 역량 및 취향에 따라 결론의 형태는 달라질 수 있다. 어느 방법을 택하든 결론은 설교를 그 논리적 귀착점으로 잘 인도해 주면 그 사명을 다 했다고 할 수 있겠다.

III. 설교제목

A. 제목의 가치

설교에 있어서 상당히 중요함에도 불구하고 비교적 경시되고 있는 부분 중의 하나는 제목이라고 생각된다. 멋진 제목이 강해설교에 있어서 필수 불가결의 요소는 물론 아니다. 그러나 좋은 제목이 좋은 내용의 설교를 더 빛내 줄 것이라는 사실에 대해서는 어느 누구도 이의(異議)를 제기하지 못할 것이다. 책이 독자에게 얼마나 어필(Appeal)하느냐 하는 문제에 있어서 책의 제목도 큰 비중을 차지한다는 사실은 이미 출판계의 공공연한 비밀 가운데 하나이다. 한 때 실패했던 책이었지만 제목을 바꾸어 다시 출판해 베스트 셀러가 된 경우도 비일비재(非一非再)하다.

적절한 제목은 청중으로 하여금 설교자가 무엇을 전하려고 하는지 이해하는 데 도움을 줄 뿐만 아니라 청중의 호기심을 불러 일으켜 설교에 관심을 갖게 한다. 그것은 좋은 안내자와 같이 청중을 제대로 안내해 주며, 설교의 범위를 한정해 설교자로 하여금 너무 광범위한 주제를 다루지 않게 도와준다.[21]

B. 좋은 제목의 특징

좋은 제목을 만드는 것은 쉬운 일이 아니다. 그러나 만일 설교자가 좋은 제목의 특성을 충분히 이해해서 노력하면 비교적 좋은 제목을 만들 수 있을 것이다.

첫째, 좋은 제목은 참신하고 독창적이다.

가령 누가복음 19:1-10을 본문으로 설교한다면, 무슨 제목을 사용해야 할 것인가? "구원받은 삭개오" "변화 받은 삭개오" "삭개오의 회개" "삭개오의 구원" 같은 것이 일반적으로 생각할 수 있는 제목일 것이다. 그러나 이런 제목은 너무 석의적(釋義的)이고, 과거 지향적이고 진부해서 청중으로부터 좋은 반응을 얻기 어렵다. 어떤 설교자는 "인간 혁명"이라는 제목을 붙였는데, 상당히 좋은 제목이라고 생각된다. "위대한 만남" 같은 제목도 좋은 제목이 될 것이다.

누가복음 1:5-25을 본문으로 해서 설교할 경우, 대개의 경우 설교 제목을 "침례(세례) 요한의 탄생" 같은 석의적이고 독창성이 전혀 없는 제목을 잡을 것이다. 꼭 필요하다면 석의적 내용을 설교 제목으로 잡을 수도 있을 것이다. 그러나 석의적 제목은 가능하면 피하는 것이 좋다. 필자는 이 본문으로 "의인이 고난 당할 때"라는 제목으로 설교한 적이 있었다.

가령 다니엘서 1:1-21을 본문으로 해서 설교한다면 어떤 제목이 좋을까? 필자는 어떤 분이 "히브리 세 청년의 신앙"이란 제목으로 설교하는 것을 들은 적이 있다. 독자의 생각에는 이 제목이 어떤가? 이 제목은 본문의 내용을 잘 반영하고 있기는 하지만 너무 석의적이고 원리가 전혀 포함되어 있지 않다고 생각한다. 필자는 "일편단심"이라는 제목을 붙여 본 적이 있다.

둘째, 좋은 제목은 적합해야 한다.

아무리 기발하고 참신하다 하더라도 설교자가 전하려고 하는 설교 내용과 별 관계가 없는 제목이라면 무용지물이 되고 말 것이다. 설교 제목은 설교의 주제나 강조점을 반영하는 제목이라야만 할 것이다.

가령 마태복음 5:10-12을 본문으로 설교할 때 "복 받는 비결" 같은 제목으로 설교해서는 안 될 것이다.

셋째, 좋은 제목은 간결하다.

책제목 가운데 긴 것이 유행한 적도 있었다. 책의 제목으로는 긴 것도 괜찮을는지 모르겠지만, 설교의 제목으로는 가능하면 짧은 것이 좋다.

넷째, 좋은 제목은 범위가 좁다.

좋은 설교 제목은 그 설교에만 딱 들어맞는 것이라야 되기 때문에 범위에 있어서도 극히 한정적일 수밖에 없을 것이다. 너무 넓은 제목은 여러 가지 설교에 다 맞기 때문에 가능하면 피해야 할 것이다.

가령 로마서 7:1-6을 본문으로 해서 설교할 경우 "율법과 은혜" 같은 제목은 피해야 할 것이다. 그것은 한 권의 책으로 다루어도 될 정도로 너무 광범위한 제목이기 때문이다.

주(註)

1. John R. W. Stott, *Between Two Worlds*, p.243.
2. Haddon W. Robinson, *Biblical Preaching*, p.160; cf. Jerry Vines, *A Practical Guide to Sermon Preparation*, p.137.
3. A. Duane Litfin, *Public Speaking*, pp.236-237.
4. George E. Sweazy, *Preaching the Good News*, p.94.

5. Vines, p.138.
6. J. Daniel Baumann, *An Introduction to Contemporary Preaching*, p.137.
7. John A. Broadus, *On the Preparation and Delivery of Sermons*, p.106.
8. Baumann, p.137; H. Grady Davis, *Design for Preaching*, p.189.
9. Davis, p.188.
10. Robinson, p.165.
11. J. Dwight Pentecost, *Design for Living*, p.69.
12. cf. Baumann, p.140.
13. Davis, p.192.
14. James Braga, *How to Prepare Bible Messages*, pp.229-230.
15. George W. Fluharty and Harold R. Ross, *Public Speaking*, p.137.
16. Reg Grant and John Reed, *Power Sermon*, p.105.
17. Litfin, pp.255-256; Baumann, pp.142-143; Braga, pp.232-239; Broadus, pp.109-112; H. C. Brown, H. G. Clinard and J. J. Northcutt, *Steps to the Sermon*, pp.122-123; Woodrow M. Kroll, *Prescription for Preaching*, pp.181-182.
18. Carl G. Johnson, ed., *My Favorite Illustration*, pp.113-115.
19. Robinson, p.169.
20. Ibid.
21. cf. Brown, Clinard and Northcutt, pp.95-96.

제 8 장

전 달
(Delivery)

우리는 지금까지 설교를 작성하는 데 필요한 여러 가지 요소들을 논의해 왔다. 본문 선택과 중심 내용의 파악, 본문의 연구, 청중의 필요와 설교의 목적, 본론 전개 방식 결정과 아웃라인 작성, 적용, 보조 자료, 서론과 결론 등을 논의하느라고 상당히 많은 지면을 할애했다. 그런데 이 모든 것을 한 단어로 요약하면 "내용"(설교의 내용)이라고 할 수 있다. 설교집을 발행한다든지 잡지나 신문에 문자화된 설교를 발표할 경우에는 좋은 설교 내용만으로 족하다. 그러나 이것은 그리 흔한 경우가 아니다. 설교자가 설교를 만드는 주된 이유는 강단에서 구두로 전파하기 위해서이다. "내용"은 "전달"을 위한 준비 과정이라고 할 수 있다. 그렇기 때문에 설교에 있어서 그 내용이 어떠하냐 하는 것과 동시에 그것을 어떻게 전달하느냐 하는 것은 똑같이 중요하다.

희랍의 유명한 웅변가였던 데모스데네스(Demosthenes; 384-322 B.C.)가 "웅변에 있어서 가장 중요한 세 가지 요소가 무엇인가?"라는 질문을 받았을 때, 그는 "전달, 전달, 전달"이라고 답변했다. 설교에 있어서도 유사한 말을 할 수 있다. 해던 라빈슨(Haddon Robinson)의 말을 빌리지 않더라도, 설교가 효과적이 되기 위해서는 "무엇을 말할 것인가?"(= 설교의 내용)와 함께 "어떻게 말할 것인가?"(= 설교의 전달) 하는 문제가 바로 되어야만 한다.¹ 설교자의 과제는 단지 진리를 전하는 것으로 끝나는 것이 아니다. 그것은 그리 어려운 일이 아니다. 신학 공부를 제대로 한 사람이라면 참고서적을 조금만 뒤지면 그리 어렵지 않게 진리를 찾아낼 수 있다. 문제는 그렇게 해서 찾아낸 진리를 전하되 "어떻게 전할 것이냐?" 하는 것이다. 들을 만한 내용이 없는 설교도 청중을 참기 어렵게 만들지만, 비효과적인 전달은 청중을 더 참기 어렵게 만든다. 그런 설교는 청중에게 수면제 역할밖에는 못할 것이다. 전달이 시원치 않으면 청중은 내용을 이해하려는 노력을 기울이기도 전에 마음을 닫아 버리는 경향이 있다. "내용"과 "전달"은 자전거의 두 바퀴와 같다. 어느 하나도 없거나 고장이 났을 경우 자전거는 자전거로서의 기능을 제대로 발휘할 수 없다. 그래서 먼로우(Alan Monroe)와 에닝거(Douglas Ehninger)는 이렇게 말한다.

> 당신의 연설이 얼마나 효과적이냐 하는 것은 당신이 무엇을 말하느냐 하는 것과 그것을 어떻게 말하느냐에 달려 있다. 좋은 내용이 없이는 전달할 만한 가치가 없을 것이요, 효과적인 전달이 없이는 당신의 생각을 분명하고 생생하게 남에게 전할 수 없다. 투수가 그 볼을 어떻게 던지느냐에 따라 볼의 방향과 속도가 정해지듯이 연설가는 그의 전달 방식에 따라 그의 연설의 힘과 활력이 정해진다.²

훌륭한 내용을 가진 설교도 전달을 제대로 하지 못하면 그 효과는 상당한 정도로 감소된다. 이와 반대로 내용은 그리 훌륭하지 못해도 효과적으로 잘 전달하면 기대 이상의 결과를 가져올 수도 있다. 그러나 가장 바람직한 설교는 훌륭한 내용과 함께 효과적인 전달, 이 두 가지를 다 갖춘 설교일 것이다. 머크라스키(James C. McCroskey)는 설득을 목적으로 하는 연설에서 좋은 증거를 사용하는 것이 설득에 어떤 영향을 미치는가를 연구한 논문에서("A Summary of Experimental Research on the Effects of Evidence in Persuasive Communication") 이렇게 결론 짓고 있다. "만일 메시지가 형편없이 전달된다면 좋은 증거를 포함하고 있더라도 청중의 태도 변화에 거의 영향을 미치지 않는다.[3]

설교에 있어서 전달이 그처럼 중요함에도 불구하고 많은 설교자들은 이 분야를 너무나 경시하고 있다. 전달 능력은 마치 생득적(生得的) 능력이나 되는 것 같은 착각에 빠진 설교자가 대부분인 것같이 보인다. 설교의 내용을 준비하기 위해서는 엄청난 시간과 에너지를 투자하면서도 효과적인 전달을 위해서는 전혀 준비하지 않는다는 것은 엄청난 모순이 아닐 수 없다. "전달과 내용은 상호 보완적이란 의미에서 함께 일한다"[4]는 것을 기억한다면 하나는 준비하고 다른 하나는 준비하지 않음으로 설교를 절름발이로 만드는 우(愚)는 범하지 않을 것이다.

I. 전달에 있어서의 실패 이유

이미 위에서 언급했듯이 설교에 있어서 전달의 중요성은 설교의 내용에 못지 않은데 왜 그처럼 많은 설교자가 이 면에서 실패하고 있는가?

로이드 페리(Lloyd M. Perry)가 지적하고 있는 여덟 가지 이유는 모든 설교자가 귀담아 들어야 할 내용이라고 생각된다.[5]

첫째 이유는 에세이(Essay)와 연설을 구별하지 못하기 때문이다. 에세이와 연설 사이에 유사성이 있다면 양자는 다 단어로 구성되어 있다는 점이다. 에세이는 문자로 표현된 것이고 청중이 눈앞에 있지 않기 때문에 그들이 어떻게 반응하느냐 하는 것이 그 순간에는 별로 문제가 되지 않는다. 그러나 연설에 있어서는 청중이 바로 눈앞에 있기 때문에 그들이 어떻게 반응하느냐 하는 것은 굉장히 중요하다. 연설의 경우에는 비록 그 내용이 에세이와 동일한 것이라 할지라도 청중이 관심을 갖고 경청하도록 하지 못한다면 실패라고 할 수 있다. 많은 설교자들이 이 차이를 제대로 이해하지 못해서 미리 작성해 온 설교문을 읽는 것이 곧 설교인 줄로 착각하고 있는 것이다. 음성 언어와 문자 언어의 차이에 대한 몰이해(沒理解)는 설교자에게 있어서 치명적이다.

연설이나 설교의 전달에 있어서 실패하는 두번째 이유는 명백한 것만 주로 취급하려 하기 때문이다. 환언하면, 독창성이 결여되어 있기 때문이다.

셋째, 청중을 무시하려는 경향 때문이다. 청중과 함께 호흡을 같이 하면서 무엇인가를 나누려 하기보다는 청중이 듣거나 말거나 개의치 않으면서 일방적으로 말해 버리려는 경향 때문에 실패하는 경우가 많다.

전달에 있어서 실패하는 네번째 이유는 성취하고자 하는 분명한 목적 또는 목표가 설정되어 있지 않기 때문이다.

다섯째 이유는 청중으로부터 너무 조급하게 많은 반응을 기대하기 때문이다. 설교자가 기대하는 궁극적인 반응은 청중이 어떤 행동을 취하도록 하는 것인데, 이 반응을 얻는 데 필요한 다른 요인은 무시하거나 경시한 채 최종 결과만 얻으려고 하기 때문에 실패하는 경우가 많다.

여섯째 이유는 설교자나 연설자가 자기 자신을 청중에게 주지 않기 때문이다. 메시지는 단순히 설교의 원고만을 읽어 주는 것이 아니기 때문에 설교자의 열성, 신실함, 진지함 등이 함께 가야 하는데, 이런 면을 제대로 고려하지 않은 채 단순히 원고 내용만을 청중에게 전해 주려 할 때 실패하게 된다.

일곱째, 청중의 청취 능력이 설교자가 생각하는 것보다 훨씬 더 제한적이라는 사실을 제대로 인식하지 못할 때 실패한다.

마지막으로, 공식적인 원리들을 기계적으로 인간 세계에 그대로 이식(移植)시키려고 하기 때문에 실패한다. 청중은 기계가 아니라 인격체라는 사실을 염두에 두어야 한다. 사람을 감동시킨다는 것은 복합적인 요인을 포함하고 있기 때문에 설교자는 최선을 다해서 이런 요인들을 발견해 설교에 적용할 수 있어야 할 것이다.

그렇기 때문에 설교자는 이러한 실패의 원인을 잘 인식하고 이를 극복하려고 노력하면 이전보다 훨씬 더 향상된 상태에서 자신감을 가지고 청중을 대할 수 있게 될 것이다.

II. 전달 훈련의 필요성

어느 누구도 나면서부터 저절로 말할 수 있게 되는 것은 아니다. 언어를 습득할 수 있는 능력은 인간에게 본구적(本具的)으로 있지만, 그 능력을 계발(啓發)하지 않으면 언어 습득 능력은 사장(死藏)되어 버리고 만다.

언어를 습득할 수 있는 능력을 가진 인간은 그 언어를 잘 구사할 수 있는 능력도 가지고 있다. 선천적 재능의 다소와는 관계없이 후천적인 훈련을 통해서 상당한 수준의 전달 능력을 가질 수 있다.

설교자로서의 불후(不朽)의 명성을 남긴 필립스 브룩스(Phillips Brooks)의 경우를 보자. 그는 사역의 초기에 영국 런던에서 설교한 적이 있었다. 그가 미국으로 돌아온 후 소문이 들려오기를 예배당에서 너더댓 줄 이후에 앉아 있던 사람들은 그의 설교를 전혀 들을 수 없다는 것이었다. 그는 그 때부터 부적합한 음성에 의해서 설교가 방해받지 않도록 하기 위해 계속 전달 연습을 했고, 그것이 결국은 그를 교회사에 큰 족적(足跡)을 남길 정도의 대설교가로 만들어 주었다.[6]

조지 트루엣(George W. Truett) 목사의 일화도 유명하다. 그는 어떤 공식적인 스피치 훈련 같은 것은 받은 적이 없는 것으로 알려져 있다. 그럼에도 불구하고 그의 발음은 분명했고, 그의 전달은 효과적이었다. 그 이유는 그가 처한 특수한 환경에 기인한다. 대평원에서 카우보이들에게 설교함으로 그는 음성을 개발했다. 또한 농아인 그의 동생과 대

화하기 위해 입모양이나 발음을 분명히 해야 했기 때문에 좋은 스피치 훈련을 받은 셈이 되었던 것이다.[7]

크롤(Woodrow M. Kroll)이 제시하고 있는 스피치 훈련의 세 가지 이유는 아무런 가감 없이 전달 훈련에 그대로 적용할 수 있을 것이다.[8]

첫째, 그것은 논리적 사고를 증진시키는 데 도움을 준다.

둘째, 그것은 복음 증거에 장애가 될 수도 있는 요인들을 제거할 수 있게 해준다.

셋째, 효과적인 전달 방법을 공부하고 그것을 실제로 응용할 때 평범한 설교자가 탁월한 설교자로 바뀔 수 있다.

그렇기 때문에 효과적인 전달을 위한 기본 원리를 습득하는 것은 교화적(敎化的)인 설교에 있어서 필요 불가결한 요소라고 하겠다.

III. 전달에 있어서 언어적 측면

앞에서도 이미 언급했듯이 전달에 있어서 실패하는 데에는 여러 가지 이유가 있다. 그러나 아마도 그 중에서 가장 중요한 이유는 연설과 에세이의 구별의 실패, 즉 음성 언어와 문자 언어의 구별의 실패라고 할 수 있다.

설교는 설교자가 말하고 싶은 것을 다 기록해 놓은 원고도 아니고, 아웃라인도 아니다. 이런 것과는 달리 설교는 음성이나 표정이나 제스처(Gestures) 등의 연속이다. 거기에는 단절이 있을 수 없다. 문자로 기록해 놓은 것은 다시 읽을 수도 있고, 중단할 수도 있다. 그러나 설교에선 그런 것이 불가능하다. 설교자의 입에서 말이 나오는 그 순간 이해하지 못하면 끝나 버리고 만다. 설교자는 자기 설교의 전체를 다 알고 있지만 청중은 한 부분밖에는 모른다. 그렇기 때문에 설교자는 자신이 생각하고 있는 바를 정확하게 전달하도록 노력해야 한다. 정확한 전달을 위해서는 언어적 측면과 비언어적 측면이 있는데, 먼저 언어적 측면부터 고찰하도록 하겠다.

A. 단어 선택의 문제(또는 표현 문제)

설교는 문자 언어가 아니고 음성 언어이기 때문에 설교에서 사용하는 단어는 에세이(Essay)에서 사용하는 단어와 달라야 한다. 여기에 대한 분명한 인식이 없는 설교자는 좋은 설교자가 되기 위한 중요한 자격을 결(缺)하고 있는 것이다. 그러면 설교에서는 어떤 단어를, 어떻게 사용하는 것이 효과적인가?

첫째, 평이한 단어를 사용하라.

설교자는 설교시 지나치게 난삽(難澁)하고 현학적(衒學的)인 단어 사용은 피해야 한다. "…적(的)"을 남발한다든지, 신학적 - 철학적 전문 용어를 연발한다든지, 고사성어(古事成語)를 계속 사용한다든지, 대학에서 국문학을 전공한 사람들이나 알아들을 만한 난해한 어휘를 상용(常用)한다든지 하는 것은 설교자의 어휘력 과시는 될지언정 청중의 설교 이해에는 전혀 도움이 되지 않는다. 동서고금의 철학과 사상에 통효(通曉)하여 고담준론(高談峻論)이나 명론탁설(名論卓說)을 강(講)해도 청중이 이해하지 못하면 무용지물(無用之物)이 될 수밖에 없는 것이다. 유명한 침례교 설교자였던 스펄전(C. H. Spurgeon)이 말한 바와 같이, 시장(市場)의 사람들은 학문적 언어를 배울 수 없기 때문에 학문하는 사람들이 시장의 언어를 배워야 한다. 어려운 단어를 쉽게 번역하는 것은 목사가 해야 할 숙제이지 성도들의 숙제는 아닌 것이다.[9] 웨슬리(John Wesley)는 가끔 자신의 설교를 무식한 하녀에게 읽어 주면서, "네가 이해하지 못하는 단어나 구(句)를 내가 쓰거든 나를 중단시켜라"고 하면서 쉬운 용어를 사용하려고 애를 썼다.

이와 연관해서 루이스(C. S. Lewis)가 재미있는 이야기를 하고 있다. 한 번은 신출내기 악마(Wormwood; 웜우드)가 고참 악마(Screwtape; 스크루테이프)에게 자신이 만난 "환자"를 어떻게 처리하면 좋을까에 관한 조언을 구하는 편지를 썼다. 새내기 악마가 말하는 "환자"는 다른 사람이 아니라 예수를 믿으려고 생각하고 있는 사람을 가리키는 말이다. 새내기 악마는 그 "환자"에게 물질 만능 사상을 불어넣어 예수를 못 믿게 하려고 했지만 실패했다. 물질 만능주의는 오히려 그 "환자"로 하여금 깊이 생각하게 만들었고, 그 결과 오히려 기독교 진리에 더 끌리도록 만들었던 것이다. 그래서 새내기 악마가 선배 악마에게 조언을 구하는 편지를 쓰게 되었던 것이다. 선배 악마는 편지에 쓰기를, 요즘 사람들은 이성적 논증에 좌우되지 않기 때문에 설득의 방법으로는 "환자"를 치유할 수 없고, 가장 좋은 방법은 설교자로 하여금 사람들이 알아듣지 못하는 말을 하게 하는 것이라고 충고했다. 학문적 용어, 신학적 전문 용어를 쓰면 사람들은 교회로부터 자연히 멀어지게 될 것이라는 것이다.[10] 이것은 단순히 하나의 우화에 불과하지만 설교자가 새겨들어야 할 내용이라고 생각한다.

설교자는 평이한 단어를 쓰면서도 고상하고 세련된 표현을 하도록 열심히 갈고 닦아야 할 것이다. 세련되고 고상한 표현은 저절로 되어지는 것도 아니고 하루 이틀에 되는 것도 아니다. 각고(刻苦)의 노력으로 절차탁마(切磋琢磨)할 때 비로소 그것은 가능해지는 것이다.

난삽한 단어를 의도적으로 남용하는 설교자들은 대개 자기의 어떤 부족한 면을 가리기 위해서, 말하자면, 심리적 "보상 행위"(Compensation)의 일종으로 그렇게 하는 것이 보통이다. 충분히 교육을 받지 못했거나, 아니면 다른 어떤 결격 사유가 있을 때 이를 은폐하여 유식하게 보이기 위해서 어려운 단어를 남용하는 경향이 있다. 교육을 많이 받지 못한 설교자라고 해서 조잡(粗雜)한 표현만 써야 한다는 이유는 없다. 교육의 다소와는 상관없이 모든 설교자는 세련된 표현을 써야 할 것이다. 그러나 자기의 어떤 부족한 면을 은폐하기 위해 어려운 단어를 남용하는 것은 바람직하지 못하다.

둘째, 명쾌한 표현을 사용하라.

독일의 무신론 철학자 프리드리히 니이체(Friedrich Nietzsche)는 이렇게 말했다. "자신이 심오하다는 것을 아는 사람은 명쾌하게 하려고 노력하고, 자신이 대중에게 심오하게 보이게 하고 싶은 사람은 애매모호하려고 노력한다." 해던 라빈슨(Haddon Robinson)이 자주 말하듯이, "강단에서 아지랑이가 끼면 회중석에서는 안개가 낀다"는 말을 모든 설교자들은 명심해야 할 것이다.[1] 설교자는 자신을 심오하게 보이기 위해 설교하는 사람도 아니고, 진리를 숨기기 위해 설교하는 사람도 아니다. 하나님의 말씀을 사람들이 이해해서 그들이 변화되게 하기 위해서 설교하는 사람이다. 그렇기 때문에 사람들이 알아들을 수 있도록 말해야 한다는 것은 설교자의 절대적인 의무이다.

필자는 얼마 전 어느 교회에서 주관하는 선교집회(Mission Conference)에 강사로 참석한 적이 있었다. 주강사는 선교사로서의 경험도 풍부하고 학문적 수련도 제대로 된 훌륭한 분이었다. 그의 메시지는 상당히 감동적이었다. 그러나 한 가지 아쉬운 부분이 있었다. 그 강사가 선교학 박사 학위를 취득하기 위해서 학교를 다닐 때 어느 교수가 한 말을 설교의 서론으로 인용함으로 설교를 시작했다. 그것은, "당신은 우주적 중요성이 있느냐?"(Do you have universal significance?)라는 질문이었다. 영어를 아는 분들은 모두 공감하겠지만 "Universal Significance"라는 표현은 아주 애매하고 번역하기도 굉장히 까다롭다. 이 표현은 "우주적 중요성", "우주적 의의", "보편적 중요성", "보편적 의의" 등으로 다양하게 번역될 수 있다는 게 한 가지 문제이고, 또 이보다 더 큰 문제는 그 어느 번역도 이 표현의 의미를 명쾌하게 보여주지 못한다는 것이다. 설교 내내 필자는 그 표현을 뭐라고 하면 의미를 명쾌하게 전달할 수 있을까를 생각했다. 그리고 예배가 끝난 후에 그 강사와 대화하면서 "당신이 사용하던 '우주적 중요성'이란 표현은 애매해서 의미 전달이 제대로 안되니 '범세계적인 영향력'(World-wide Impact)으로 바꾸면 어떻겠느냐?"고 제안했더니, 그 강사는 "그 표현이 훨씬 명쾌하다"고 한 적이 있었다. 설교자의 입에서 나오자 마자 바로 이해되지 않는 애매한 표현은 설교 용어로서는 마땅히 지양(止揚)되어야 한다. 어떤 사람은 그 의미를 생각하느라고 설교에 귀를 기울이지 않을 수도 있다.

전(前) 미국 대통령 윌슨(Woodrow Wilson)의 체험을 통해서 명쾌한 단어의 사용이 설교자나 연설가에게 얼마나 중요한가를 볼 수 있다.

> 나의 아버지는 지적인 활력이 넘치는 분이셨다. 나의 최상의 훈련은 나의 아버지로부터 왔다. 그는 애매한 표현을 전혀 용납하지 않으셨다. 내가 글을 쓰기 시작한 이후 1903년 아버지가 타계(他界)하실 때까지 - 그 때 그는 81세의 고령이셨다 - 나는 내가 쓴 모든 것을 아버지께 보여 드렸다. 아버지는 내가 일일이 그것을 큰 소리로 읽도록 하셨는데, 나에게는 그것이 항상 고통스러운 일이었다. 아버지는 수시로 나를 중단시키시면서, "그게 무슨 뜻이냐?"고 물으셨다. "그러면 왜 그렇게 표현하지 않느냐?"고 말씀하시곤 했다. "참새 한 마리를 쏠 생각을 가지고 있으면서 나라 전체를 쏘지 말아라. 내가 말해야 할 그것을 향해 정확하게 겨냥하라."[12]

셋째, 문장의 길이를 가능하면 짧게 하라.

설교는 음성언어이기 때문에 듣는 순간 바로 이해할 수 있도록 해야 한다. 그렇기 때문에 긴 문장, 복잡하게 얽히고 설킨 문장은 피하고 가능하면 간결한 문장을 사용해야 한다.

일반적으로 말하면 추상적이고 애매한 말은 긴 문장으로 표현된다. 그렇기 때문에 설교자는 가능하면 짧은 문장을 통해서 청중이 이해하기 쉽게 표현하도록 노력해야 할 것이다.

한 문장에서 사용된 단어의 수와 문장의 난이도(難易度)와의 관계를 보여주는 플레쉬(Rudolf Flesch)의 연구는 우리에게 시사(示唆)하는 바 크다고 하겠다. 그는 이것을 다음과 같이 도표화하고 있다.[13]

8 단어 이하	아주 쉽다
11 단어	쉽다
14 단어	비교적 쉽다
17 단어	표준
21 단어	비교적 어렵다
25 단어	어렵다
29 단어 이상	아주 어렵다

이 도표에 의하면 한 문장에서 사용하는 단어의 수는 17 단어 이내로 하는 것이 가장 좋다는 결론이 될 것이다.

넷째, 구체적 표현을 사용하라.

추상화(抽象化)라는 것은 자세한 부분들을 생략하는 과정이다. 예를 들면, 지도는 어느 지역을 다 보여주는 것이 아니라 그 지도 제작 목적에 맞는 내용만 포함하고 나머지는 다 제외시켜 버리는 것이다. 그렇기 때문에 우리가 지도를 통해서 알 수 있는 것은 극히 제한된 몇 가지에 불과하다.

그럼에도 불구하고 지도는 반드시 있어야 한다. 추상화(抽象化)의 과정이란 것도 우리에게 있어서 지도와 마찬가지다. 유용하기는 하지만 많은 제약이 있다. 그것은 마치 비누 거품 같아서 우리 앞에서 조금 떠돌다가 손에 잡으려고 하면 터져 버리고 마는 것이다.[14] 문장 표현에 있어서 사용되는 단어가 추상적이면 추상적일수록 그 표현은 오해될 수 있는 가능성이 많다. 그래서 릿핀(Duane Litfin)은 추상적 단어와 연관하여 다음과 같은 원리를 제시한다. "단어가 추상적이면 추상적일수록 그 단어는 재미가 없고 기억하기도 어려워진다"[15] 그렇기 때문에 설교자는 가능하면 구체적인 표현을 사용하도록 최선을 다해야 한다.

예를 들면, 부엌에 놓아두었던 고기에서 이상한 냄새가 나서 코를 막아야 할 정도로 역겹다면 옆에서 궁금해하는 어린 아들에게 뭐라고 설명하겠는가? "새로운 화학적 물질을 형성하기 위해서 고기의 성분이 분해되고 있는 과정에 있다"고 할 것인가? 이렇게 말하면 어린아이가 알아듣겠는가? "고기가 썩었어!"라고 표현한다면 어느 누구나 쉽게 알아들을 수 있을 것이다.

또 다른 예를 들어보자. "우리는 우리가 알고 있는 바에 근거해서 우리의 견해와 판단을 형성한다"라고 하는 것보다는 "우리는 우리가 알고 있는 대로 생각한다"라는 표현이 훨씬 더 이해하기 쉽지 않은가? 또 하나를 더 보자. "성서적, 신학적 지식의 결여는 신앙 성장 과정에 있어서 중대한 방해 요소로 작용한다"는 표현보다는 "성경을 잘 모르면 신앙이 자라기 어렵다"라고 하는 표현이 훨씬 이해하기 쉽고 구체적인 표현이다.

다음의 두 가지 대비(對比)를 통해서 추상적인 표현과 구체적인 표현의 차이점을 좀 더 자세히 보도록 하자.

추상적	구체적
더러운 동물	돼지
위대한 영국 시인	밀턴(John Milton)
몇몇 사람	여섯 명의 우주인
오래 전에	1859년 5월 3일
많은 외제차	75%에 달하는 벤츠와 렉서스와 BMW
가까운 장래에	3주 후에
약간의 채소	홍당무, 양파 및 배추
많은 꽃	300여 송이의 장미와 60여 송이의 튤립

다섯째, 감각적인 표현을 사용하라.

감각적인 단어는 우리의 오감(五感) 가운데 어느 하나에 어필(Appeal)하는 단어인데, 이런 단어는 그렇지 않은 단어에 비해서 훨씬 강하고 생생한 느낌을 준다. 감각적인 표현은 단어 그 자체를 통해서 나타낼 수도 있고, 의성어(擬聲語)나 의태어(擬態語)의 사용을 통해서 나타낼 수도 있고, 은유법이나 직유법 같은 수사법을 통해서 나타낼 수도 있다. 랠프 루이스(Ralph Lewis)의 연구에 의하면, 호세아서에서는 600여 개 이상의 감각적 언어가 사용되고 있다는 것이다. 시각과 관련된 표현이 98개, 청각과 관련된 것이 46개, 미각과 관련된 것이 55개, 후각과 관련된 것이 6개, 촉각과 관련된 것이 34개, 근육의 움직임과 관련된 것이 129개, 내적 심상(心像, Internal Images)과 관련된 것이 234개에 달한다는 것이다.[16]

감각적인 표현은 성경에서는 물론 위대한 문학 작품이나 일상적 언어 생활에서도 다반사(茶飯事)로 사용되고 있다. "낫 놓고 기역자도 모른다", "구슬이 서말이라도 꿰어야 보배", "공든 탑이 무너지랴!", "아니 땐 굴뚝에 연기 날까?" 같은 속담들이 모두 감각적인 표현을 사용하고 있다.

"이것은 소리 없는 아우성 / 저 푸른 해원(海原)을 향하여 흔드는 / 영원한 노스탈쟈의 손수건"(유치환의 「깃발」에서) 이라든지 "어느 먼 - 곳의 그리운 소식이기에 / 이 한밤 소리 없이 흩날리느뇨 / 처마 끝에 호롱불 여위어가며 / 서글픈 옛 자취인 양 흰눈이 나려 / 하이얀 입김 절로 가슴이 메여 / 마음 허공에 등불을 키고 / 내 홀로 밤 깊이 뜰에 나리면 / 먼 - 곳에 여인의 옷 벗는 소리"(김광균의 「雪夜」에서) 같은 것도 모두 감각적인 표현을 사용하고 있는 경우이다.

우리가 일상생활에서 흔히 쓰는 문장의 경우에도 감각적인 표현이 효과적이라는 데에는 재론(再論)의 여지가 없다. 예를 들면, "그가 길을 가고 있었다"는 표현보다는 "그는 비틀비틀 거리면서 걷고 있었다"라든지 "그는 어슬렁거리며 길을 가고 있었다"라든지 "그는 미친 듯이 빠른 걸음으로 길을 따라 걷고 있었다"는 표현이 훨씬 더 감각적인 표현이다.

직유법이나 다른 사물과 비교하는 표현도 좋은 감각적 표현이 될 수 있다. 예를 들면, "말씀과 기도에 게을러지면 우리의 심령은 건조해진다"는 표현보다는 "말씀과 기도에 게을러지면 우리 심령은 메마른 사막같이 생명 없는 불모지로 변한다"는 것이 더 낫다. 박목월(朴木月)의 시 「나그네」는 직유법과 감각적인 표현을 효과적으로 잘 사용하고 있는 경우에 속한다.

강나루 건너서
밀밭길을

구름에 달 가듯이
가는 나그네

길은 외줄기
南道 三百里

술익는 마을마다
타는 저녁놀

구름에 달 가듯이
가는 나그네

효과적인 언어사용은 생득적(生得的)인 능력이 아니다. 그것은 계속 계발(啓發)될 수 있는 후천적인 능력이다. 철학적인 표현을 빌리면, 그것은 "아 프리오리"(a priori)한 것이 아니라 "아 포스테리오리"(a posteriori)한 것이다. 그러면 설교자로서 어떻게 하면 이 면에서 진보를 가져올 수 있을까? 다음의 몇 가지 제언(提言)은 참고가 될 것으로 생각된다.

1. 자신의 언어사용 습관을 점검해 보라.[17]

나 자신이 사용하는 문장은 짧은가, 긴가? 단문인가, 복문인가? 어휘는 대학의 국문과 출신이나 알아들을 수 있을 정도인가, 아니면 초등학교 학생도 알아들을 수 있을 정도로 평이한가? 문장의 표현 방식은 복잡한가, 단순한가? 설교자가 자신의 설교 문체(Style)에 대해서 이런 종류의 질문을 던지며 비판적으로 자신의 설교를 대한다면 분명한 향상이 있을 것이다.

2. 다른 사람의 문체를 주의해서 보라.[18]

좋은 수필집, 문학 작품, 다른 설교자의 설교집 등을 읽을 때 그들이 사용하고 있는 표현에 유의를 하면서 읽고, 또 읽다가 효과적인 표현이 나오면 그것이 왜 효과적인지를 연구하는 것이 좋다. 그러한 표현들을 깊이 연구해서 그 이유를 발견하여, 동일한 원리를 사용하려고 노력할 뿐만 아니라, 그러한 표현 자체를 사용하도록 하는 것도 좋을 것이다.

3. 설교를 기록하라.[19]

설교는 문자로 기록된 원고를 읽는 것이 아니다. 설교 전달 방식으로는 원고낭독형이나 다른 방식보다 아웃라인형이 가장 좋다. 그러나 단어 사용이나 문장의 표현에 문제가 있거나 자신이 없는 설교자는 자신의 설교를 써 보는 것이 좋다. 이런 방법은 특별히 설교 경험이 없는 초보자에게 권장을 하고 싶다. 물론 이 방법을 통해서 언어 구사에 상당한 자신을 갖게 되면 설교문을 완전히 작성하는 대신 처음부터 아웃라인식으로 작성해 설교하는 것이 좋을 것이다.

B. 음성 사용 문제

설교의 전달에 있어서 단어 선택 문제와 함께 선택된 단어와 문장을 어떻게 하면 효과적으로 전할 수 있느냐 하는 것이 문제가 된다.

(1) 고저(Pitch)

전달에 있어서 피해야 될 최대의 금기(禁忌)는 "단조로움"(Monotony)이다. 낮은 음성으로만 계속 설교한다든지, 아니면 반대로 높은 음성으로만 계속 설교하는 것은 전달에 있어서의 최대의 적이다. 설교자는 청중이 설교 중에 졸지 않게 하려면 음성의 고저를 변화무쌍하게 사용해야 한다. 설교할 때마다 졸음과의 전쟁을 벌여야 하는 설교자라면 결코 효과적인 설교자가 될 수는 없을 것이다. 어떤 경우에는 속삭이듯이 낮게, 어떤 경우에는 맹수가 포효하듯이 사자후(獅子吼)를 토해야 하며, 어떤 경우에는 자연스런 대화식으로 다양하게 해야 된다. 위대한 설교자치고 음성의 고저를 다양하게 사용하지 않는 설교자는 없다.

낮은 음성만으로 설교한다든지 높은 음성만으로 설교한다든지 하는 것과 꼭 같은 정도로 바람직하지 못한 것은 동일한 패턴을 반복하는 것이다. 음성의 고저가 있기는 분명히 있는데 똑같은 패턴이 계속해서 반복되는 경우가 있다. 말하자면 123454321 - 123454321같은 식이다. 같은 패턴이 반복되면 리듬이 생기게 되고, 리듬이 생기게 되면 그것은 음악으로 변하고, 음악은 청중을 잠재우는 자장가가 된다.

설교자는 그 음성이 고저를 예측할 수 없을 정도로 변화무쌍하게 사용해야 된다. 필요하다면 갑자기 높이고, 또 필요하면 갑자기 낮추어야지 그 변화에 일정한 패턴이 있어서는 안 된다.

(2) 속도(Rate)

음성의 고저와 밀접하게 연관되어 있는 것은 음성의 속도이다. 말은 너무 빨리 해도 안되고, 너무 느리게 해도 안 된다. 너무 빨리 말하면 청중이 제대로 따라오기 어렵고, 너무 느리게 말하면 박력이 없다고 생각한다.

말의 속도는 전달하려는 설교의 내용이나 설교자에 따라 달라질 수 있다. 대부분의 청중은 1분에 약 500단어 정도를 생각할 수 있지만, 그러한 속도로 말을 들을 때에는 듣는 내용을 다 소화시킬 수가 없다. 설교나 연설에서 정상적인 속도는 1분에 120단어에서 170단어 정도의 속도로 말하는 것이다. 물론 이것도 설교 내내 고정불변이라는 뜻은 아니다. 설교의 내용이 고조되면 말의 속도도 빨라져야 한다. 또한 어떤 내용을 특별히 강조하고자 할 경우에는 의도적으로 속도를 늦출 수도 있다. 설교자는 설교가 끝날 때까지 항상 동일한 속도로 말하는 것이 아니라 수시로 변화해야 할 것이다. 그래야 청중은 전달시의 단조로움에서 벗어날 수 있을 것이고, 따라서 전달은 그만큼 효과적인 것이 될 것이다.

음성의 속도를 변화시키면 여러 가지 유익이 있다.[20]

첫째, 설교자가 전하려는 의미가 분명해진다.

둘째, 그것은 독서시의 구두점과 같은 역할을 해서 청중이 설교의 내용을 더 잘 이해할 수 있게 해준다.

셋째, 그것은 한 가지 내용에서 다른 내용으로의 전이(轉移)를 용이하게 해준다.

넷째, 그것은 중요한 개념을 강조해 준다.

다섯째, 그것은 청중의 관심을 끌게 해준다.

(3) 강약(Volume)

설교자의 음성의 크기는 대개 세 가지 요인에 의해 결정된다.[21] 첫째는 음성을 내기 위해서 어느 정도의 힘을 사용하느냐 하는 것이고, 둘째는 설교자와 청중의 거리가 얼마나 되느냐 하는 것이고, 셋째는 설교하는 환경이 어떠하냐, 즉 설교를 방해하는 요소(예: 잡음, 어린아이의 울음소리 등)가 있느냐 없느냐 하는 것이다.

설교자는 예배에 참석한 모든 사람들이 충분히 알아들을 수 있을 정도의 큰 소리로 말해야 한다. 그러나 그것도 설교의 내용에 따라서 수시로 바뀌어야지 설교 내내 항상 불변한다면 청중은 쉽게 지치고 말 것이다.

(4) 휴지(休止; Pause)

설교에 있어서 휴지라는 것은 "어" 또는 "에" 같은 말을 되풀이하면서 설교를 머뭇머뭇거리면서 한다는 의미가 아니다.[22] 설교에 있어서의 휴지는 말이 막혀서 쉬는 것이 아니라 의도적으로 잠깐 쉬는 것이다. 그것은 음성 변화와 마찬가지로 문장에서의 구두점과 같은 역할을 한다. 먼로우(Alan H. Monroe)와 에닝거(Douglas Ehninger)는 휴지에 관해서 이렇게 말한다.

> 휴지는 사고(思考)에 구두점을 찍는다. 쉼표나 세미콜론이나 마침표가 문장의 단어들을 사고단위로 분리시키듯이 상이한 길이의 휴지는 연설의 단어들을 의미 단위로 분리시킨다. 그렇기 때문에 연설을 할 때나 원고를 읽을 때 휴지를 제대로 사용하지 못하면 인쇄물에서 잘못된 구두점을 사용함으로 독자들에게 가져다주는 혼란과 같은 혼란을 청중에게 가져다준다.[23]

그렇기 때문에 설교자가 휴지를 사용할 때에는 하나의 사고단위가 끝난 다음에 해야 할 것이다. 문장의 중간에나 어떤 논리를 한창 전개해 나가는 도중에 그렇게 하면 그것은 혼란만 가중시키고 청중의 의혹만 받게 된다. 때 아닌 휴지는 청중으로 하여금 설교자가 할 말을 잊어 버리지나 않았는가 하는 의구심을 갖게 할지언정 유익은 되지 않는다.

휴지는 종종 강조를 위해서 사용될 수 있다. 어떤 중요한 진리를 선포한 직후에 잠시 설교를 중지하고 쉬는 것은 "내가 방금 한 말을 잘 생각해 보시오" 하는 의미가 될 것이다. 어떤 예화를 들려주기 직전에 잠깐 쉬는 것은 청중으로 하여금 예화에 더 큰 기대를 하게 하는 효과를 갖는다. 그렇기 때문에 적절한 시기에 설교를 잠깐 중단하고 쉬는 것은 어떤 강력한 언어보다도 설교자의 감정이나 의향을 더 잘 표현해 준다.

설교자는 절대로 휴지를 두려워해서는 안 된다. 잠깐 쉬면 다음에 할 말을 잊어버릴까 봐, 아니면 그 사이에 청중이 설교자에게 너무 시선을 집중할까 봐 두려워서 쉬는 동안에도 "어", "음", "에" 같은 말을 하는 경우가 있는데, 이렇게 되면 휴지의 목적을 전혀 살리지 못하고 마는 결과가 될 것이다. 그렇기 때문에 설교자는 잠깐 쉬는 것을 두려워해서는 안 되고, 또 쉴 때는 완전히 쉬어야지 이것도 저것도 아닌 엉거주춤한 상태가 되어서는 안 된다.

(5) 기타

언어적 측면과 관련되어 있지만 위에서 언급한 고저, 강약, 속도, 휴지의 어느 범주에도 포함시키기 어려운 면이 몇 가지 있다.

첫째, 설교자는 전달할 때 열정(Enthusiasm)이 있어야 한다.

열정이 있어야 한다는 말은 설교를 계속해서 고성으로만 하라는 말이 아니다. 설교자는 자기 자신의 설교에 대해서 확신이 있어야 되고, 그 확신이 음성으로 분명하게 표현되어야 한다. 열정이 없는 설교는 청중은커녕 설교자 자신도 감동시키지 못할 것이다. 설교자가 불타면 청중은 불 구경하러 모일 것이다. 설교는 전체적으로 머리에 호소하는 것이 아니라 마음(Heart)에 호소하기 때문에 설교자가 열정을 가지고 설교함으로 감정(Emotion)을 효과적으로 사용하는 것은 엄청나게 중요하다. 슬픈 내용은 슬픈 감정으로, 사랑의 내용은 사랑의 감정으로 표현해야 한다. 그런 감정은 설교자의 음성과 표정으로 표현되어야 한다.

둘째, 설교자는 문장의 끝을 너무 떨어뜨려서는 안 된다.

어떤 설교자들은 습관적으로 각 문장의 끝을 너무 떨어뜨려서 아예 입 밖으로 말을 하지 않고 속으로 삼켜 버리는 경우가 있다. 각 문장의 끝을 떨어뜨리지 않거나 높이는 것도 어색하지만, 너무 지나치게 떨어뜨려서 귀에 들리지도 않게 해서는 안 된다. 설교자는 각 단어를 정확하게 발음하고, 또 그 끝을 적당히 낮추어서 청중이 잘 알아들을 수 있도록 해야 할 것이다.

셋째, 설교자는 비어(鄙語)를 사용하지 않도록 해야 한다.

강단에서 욕설이나 저속한 표현을 마구 남발하는 것은 청중에 대한 모독이라 아니할 수 없다. 교육을 어느 정도 받아서 교양이 있는 청중이라면 비어를 마구 쓰는 설교자를 용납하지 않을 것이다. 예를 들면, 일본과 일본 사람을 아무리 증오하더라도 강단에서 이들을 지칭할 때 "왜놈"이라고 하는 것은 피해야 할 것이다. 뿐만 아니라 "…놈", "…년", "…새끼" 같은 용어도 설교자의 입에서 나와서는 안 될 것이다.

넷째, 가능하면 문법에 맞는 표현을 쓰도록 해야 한다.

물론 원고 낭독형의 설교가 아닌 다음에야 문법적으로 완벽한 설교는 기대하기 어려울 것이다. 그러나 설교자는 문법적으로도 흠이 없도록 노력해야 한다. 문법에 맞지 않는 표현은 자랑할 만한 것이 아니기 때문이다. 설교자가 평소에 문장 수련이 잘 되어 있으면 실제 설교할 때에도 임기응변하는 능력이 탁월하게 된다는 사실을 기억할 필요가 있을 것이다.

다섯째, 원어의 사용은 자제하는 것이 좋다.

신학교에서 한두 학기 배운 원어 실력 가지고는 그리 자랑할 만한 것이 못 된다. 그 정도의 실력으로 원어에 능통한 것처럼 행동하지 않도록 주의해야 할 것이다. 원어를 제대로 모르거나 조금 알면서도 청중에게 과시하기 위한 목적으로 남발하는 것은 바람직하지 않다. 꼭 필요한 경우라면 원어를 사용할 수 있을 것이다. 절대로 사용해서는 안 된다고 말하고 싶지는 않다. 그러나 웬만한 경우라면 "이 단어는 원어에서 …라는 의미입니다"라든지 "이 구절을 원문에 좀더 충실하게 번역한다면 …라고 해야 될 것입니다"라는 식의 간접적 사용이 더 바람직할 것이다.

여섯째, 사투리를 사용하지 말아야 한다.

서울, 경기도, 충청도, 강원도는 전반적으로 표준어권에 속하는 지역이다. 그러나 특히 영남 출신과 호남 출신은 사투리 사용을 지양해야 한다. 영남 사람들은 서부 경남 사람들 외에는 쌍시옷을 발음하지 못하는 사람이 많다. 필자도 포항과 부산에서 살았기 때문에 오랫동안 쌍시옷을 발음하지 못했다. 필자는 고등학교 2학년 때까지는 쌍시옷을 발음하지 못한다는 사실을 인식조차도 하지 못하고 있었다. 필자의 주위에는 쌍시옷을 발음하는 사람이 아무도 없었기 때문이다. 그러다가 고2 때 독일어를 배우면서 그 사실을 처음으로 인식하게 되었고, 그때부터 라디오에 나오는 아나운서의 표준 발음을 따라서 수년간 연습을 했다. 끈질긴 연습의 결과 지금은 쌍시옷을 제대로 발음할 수 있다. 영남 사람은 "으"와 "어"를 구별하지 못하는 경우도 많다. 또 서부 경남(진주, 충무) 출신들은 중모음을 제대로 발음하지 못하는 경향이 있다. "확신"을 "학신"으로 발음하고, "위대하다"를 "이대하다"로, "경쟁"을 "갱쟁"으로 발음한다. "강원도의 관광사업을 진작시킨다"는 말을 "강언도의 강강사업을 진작시킨다"는 식으로 발음하는 경향이 강하다.

　호남 출신, 특히 전남 출신은 "예"를 "에"로 발음하는 사람이 많다. 그래서 "예배"를 "에배"로, "예산안"을 "에산안"으로, "예인"을 "에인"으로 발음하기도 하고, 소유격 조사 "의"를 "으"로 발음하는 사람도 많다. 또 조사 "과"를 경음화해서 "꽈"로 발음하는 경향이 강하다. 또 일부 호남 사람들은 격음화 현상을 기피하는 경향이 있다. 예를 들면, "적합하다"라는 동사는 격음화 현상에 따라 "저-캅-하-다"로 발음해야 함에도 불구하고 "저-갑-하-다"와 같이 발음하기도 한다.

　표준어권에 속하는 사람도 가끔 사투리를 쓰는 경향이 있다. "겁이 많다"를 "겁시 많다"라고 하는 사람이 상당히 있다. "손을 씻는다"라고 말해야 할 경우에 "손을 닦는다"라고 하는 사람도 굉장히 많다. 손을 물에 씻고, 수건으로 닦아야지 물에 손을 닦는 것은 아니다.

　사투리는 아니지만 어법에 맞지 않는 발음을 하는 경향은 출신 지역과 상관없이 널리 퍼져 있다. "잊다"와 "잃다"를 구별하지 못하는 설교자, "가르치다"와 "가리키다"를 구별하지 못하는 사람은 너무 많다. "낫""낮""낯"이나 "빗""빚"빛"도 제대로 구별하지 않는 경향이 많다. "빛이 있으니"는 "비시 이쓰니"로 발음해서는 안 된다. "비치 이쓰니"로 발음해야 연음법칙에 맞는 발음이 된다. "무릎을 꿇고"는 "무르블 꿀고"로 발음해서는 안되고 "무르플 꿀코"라고 발음해야 연음법칙과 격음화 현상을 제대로 따른 바른 발음이 된다. "흙으로 사람을 빚으사"는 "흐그로 사라믈 비즈사"가 아니라 "흘그로 사라믈 비즈사"라고 해야 연음법칙에 맞다. 설교자는 국어 순화운동에 앞장서야 한다. 영어나 외국어를 공부할 때에는 철자나 발음에 굉장히 신경을 쓰면서 왜 우리가 평생 사용하는 국어에는 무관심한가? 자기 나라말을 어법에 맞지도 않게 마구 사용하는 것은 참으로 부끄러운 일이 아닐 수 없다.

효과적인 음성 사용에 관심이 있는 설교자는 많은 노력과 시간을 투자해야 할 것이다. 어떤 경우에는 목사의 사모가 좋은 비평자 역할을 할 수 있겠지만 누구나 손쉽게 이용할 수 있는 방법은 자신의 설교를 녹음해서 직접 들어보는 것이다. 몇 개월 동안만 자신의 설교를 비판적으로 들어보고 개선하겠다고 결심하고 이를 실천하면 음성의 사용은 물론 설교 전체가 훨씬 개선될 것이다.

IV. 전달에 있어서의 비언어적 측면

설교의 전달에 있어서 언어 외적(言語外的) 측면은 언어적 측면 못지않게 중요하다. 설교자는 양자 모두를 통해서 그의 의사를 전달하기 때문이다. 그래서 홀(Edward Hall)은 이렇게 말한다. "우리가 언어로 무엇인가를 말하는 이외에 소리 없는 언어, 즉 행동 언어를 통해서 우리는 부단히 우리의 진짜 감정을 전달한다"[24]

설교자는 원하든 원치 않든 강단에 올라설 때 그의 몸과 함께 서게 되고, 그 몸을 어떻게 사용하느냐에 따라 그것은 큰 자산이 될 수도 있고 방해물이 될 수도 있다. 언어와 함께 설교자의 행동 하나 하나가 의미 전달의 매체가 되는 것이다.

그렇기 때문에 전달에 있어서 비언어적 측면의 중요성은 아무도 부인할 수 없을 정도로 명백하다. 설교자의 얼굴 표정이 어떠한지, 설교자가 손이나 팔, 머리 같은 것을 어떻게 사용하는지에 따라 청중은 그 속에 포함된 의미가 다르다는 것을 그리 어렵지 않게 읽게 되는 것이다. 따라서 이러한 것들을 효과적으로 잘 사용하면 설교는 가일층 효과적으로 전달될 수 있는 것이다.

언어외적인 요소로서 설교의 전달과 관계 있는 것들로는 복장 및 외모, 몸과 손의 움직임, 눈의 사용 등이 있다.

A. 복장 및 외모(Dress and Appearance)

밀즈(G. R. Mills)와 애런슨(Elliot Aronson)은 연설가의 복장 및 외모가 연설에 어떤 영향을 미치는가를 알아보기 위해 한 가지 실험을 했다. 그들은 한 젊은 여인을 대학의 여러 클래스에 나타나게 해서 어떤 의견을 개진하도록 사전에 계획을 세웠다. 수업이 시작되면 강사는 학생들에게 교양 교육과 직업 교육에 대한 학생들의 의견이 어떠한가를 조사하고 있는 중이라고 하면서 설문서를 배부하고 여러 질문에 응답할 것을 부탁했다. 그런데 이 때 강사는, 학생들이 질문에 답변을 하기 전에 어떤 자원자가 나와서 이 문제에 대해 공개적으로 응답한 후에 학생 각자가 자기의 설문서에 답변을 하면 좋겠다고 했다. 물론 자원자 가운데는 그 젊은 여인이 포함되어 있었고 강사는 그 여인을 지명해서 교양 교육과 직업 교육에 대해 공개적으로 자신의 의견을 개진하라고 부탁했다. 똑같은 방식의 실험이 여러 클래스에서 전개되었다.

그런데 몇몇 클래스에서는 그 젊은 여인이 아주 말쑥하고 매력적인 옷차림, 잘 어울리는 화장과 헤어스타일을 한 모습으로 자신의 의견을 개진하게 했고, 다른 몇몇 클래스에서는 똑같은 내용의 의견을 개진하게 하되 옷은 초라하고, 화장은 도무지 잘 어울리지도 않고, 머리는 헝클어진 모습으로 하게 했다. 학생들이 받은 설문서는 어떤 클래스든 간에 다 동일했고, 또 그 여인이 개진한 의견도 동일했지만 매력적인 모습으로 의견을 개진한 경우 학생들은 연설가의 의견에 그렇지 않은 경우보다 훨씬 더 큰 영향을 받았다는 것이 밝혀졌다.[25]

그렇기 때문에 설교자는 복장이나 외모를 단정하게 하고서 강단에 서야 할 것이다. 그렇다고 해서 설교자가 최첨단 유행을 따라야 된다는 말은 아니다.[26] 설교자가 너무 유행에 민감하면 경박하다는 인상을 주고, 너무 유행에 뒤지면 시대에 뒤져 있다는 인상을 준다. 따라서 설교자는 중용을 취해야 할 것이다.

복장 및 외모에 관련해서 주의해야 될 것은 이것이 장소나 분위기와 잘 조화되어야 한다는 사실이다. 교회 예배 같은 경우에는 물론 정장을 해야 되겠지만 한 여름의 야외 캠프 같은 데서는 오히려 평상복 차림이 더 나을 것이다. 그러나 그러한 경우에도 머리나 구두는 제대로 손질이 되어 있어야 할 것이다.

B. 몸과 손의 움직임 (Body Movement and Gestures)

설교자는 제스처를 통해서 여러 가지 언어외적 의미를 청중에게 전달할 수 있다. 예를 들면, 검지(檢指)는 무엇을 지적하거나 방향을 보여줄 때 사용하고, 손바닥을 위로 한 모습은 무엇을 받거나 줄 때, 손을 세워서 좌우로 흔드는 것은 거절할 때, 주먹을 쥐는 것은 무엇을 특히 강조할 때, 양손을 세워서 손등을 서로 엇갈리게 하는 것은 적대 관계에 있을 때, 그리고 세워서 마주 붙인 손등을 떼는 것은 헤어지는 것을 나타낼 때 사용한다.

이 이외에도 무엇을 묘사할 때 손을 사용한다. 예를 들면, 어떤 물건이 사각형이면 손이나 손가락 몇 개를 써서 사각형을 그리고, 삼각형이면 삼각형을 그려 보임으로 그 물건의 모습을 나타낸다. 이 밖에도 필요에 따라 설교자는 손을 효과적으로 사용해야 한다.

효과적인 제스처는 몇 가지 특징이 있다.[27]

첫째 그것은 자연스럽다.

인위적으로 계획을 세워서 나오는 제스처는 어색하다. 자연스럽게 몸에 밴 대로 제스처를 사용해야 한다.

둘째, 그것은 다양하다.

어느 한 종류의 제스처만 계속 사용하는 것은 보는 사람을 민망하게 한다. 설교 내용에 따라 그에 상응하는 여러 가지 다양한 형태의 제스처를 사용해야 한다.

셋째, 그것은 시의(時宜)에 적절하다.

꼭 필요한 때에 꼭 필요한 제스처를 사용해야지 시기를 놓치면 아무리 좋은 제스처도 무용지물이다.

넷째, 그것은 청중의 규모와 조화를 이룬다.

일반적으로 말하면 소규모의 청중 앞에서는 제스처의 크기가 작다. 그러나 대규모의 청중 앞에서는 크게 해야 격에 맞을 것이다. 이를 무시하고 많은 청중 앞에서 제스처를 아주 작게, 그리고 반대로 소규모의 청중 앞에서 제스처를 크게 하면 우스꽝스럽게 보일 것이다.

다섯째, 좋은 제스처는 분명하다.

제스처를 사용하는 것인지 아닌지 엉거주춤한 상태가 아니라 분명하다. 손의 사용과 함께 몸의 움직임도 적절해야 한다. 동상이나 조작품같이 한 자리에 부동 자세로 뻣뻣하게 서 있는 것은 어색하게 보인다. 그러나 이와는 반대로 강단이 좁다 하고 분주하게 왔다 갔다 하는 것은 채신머리없게 보인다. 필요한 때마다 적절하고도 자연스럽게 몸을 움직여야 한다.

손이나 몸의 움직임 이외에 얼굴 표정도 중요하다. 설교자가 영화 배우나 연극 배우같이 될 필요는 없겠지만, 효과적인 설교의 전달을 위해서 배우의 표정을 어느 정도 빌어 오는 것은 크게 해로울 것이 없다. 슬플 때는 슬픈 표정을, 기쁠 때는 기쁜 표정을, 화났을 때에는 노한 표정을 짓는다는 것은 지극히 자연스런 감정의 발로이다. 설교의 내용에 맞게 얼굴 표정도 변화되어야 하겠지만, 일반적으로 말하면 너무 엄숙하고 무서운 표정보다는 온화하게 웃는 듯한 표정을 짓도록 애써야 할 것이다. 계속 애쓰다 보면 나중에는 자연스럽게 될 것이다.

C. 눈의 접촉(Eye Contact)

설교자가 자신의 눈을 어떻게 사용하느냐 하는 것은 비언어적 전달(Non-verbal Communication)의 중요한 측면 가운데 하나이다. 일찍이 로마의 웅변가 키케로(Cicero)는 이렇게 말했다. "전달에 있어서 음성 다음으로 그 효과면에서 중요한 것은 얼굴 표정이다. 그리고 그것은 눈에 의해서 좌우된다." 남의 시선을 피한다든지, 계속 노려본다든지, 머뭇머뭇하면서 남을 쳐다본다든지 하는 것 모두가 다 무엇인가를 전달해 준다.

심리학자 메라비안(Albert Mehrabian)은 설교의 총체적 효과는 7%의 단어와 38%의 음성과 55%의 얼굴로 되어 있다고 했다. 설교에서 청중과의 눈의 접촉이 그만큼 중요하다는 뜻이다. 필자는 설교할 때 전체 시간의 90% 이상을 청중에게 향하고, 오직 10% 미만을 원고를 보는 데 사용하라고 권하고 싶다.

설교에 있어서 원고에 있는 대로 정확하게 전달하는 것보다 청중에게 시선이 향해지는 것이 훨씬 더 중요하다. 그렇기 때문에 원고에 푹 파묻혀서 그것을 전달하는 데에만 급급하고 청중의 반응에는 전혀 관심이 없는 설교자는 크게 반성해야 할 것이다. 설교자는 청중을 직시해야 한다. 어떤 설교자는 그 시선이 거의 원고에만 고정되어 있고, 어떤 설교자는 교회당 벽만 쳐다보기도 하고, 어떤 설교자는 교회당 천장만 바라보기도 하는데, 모두 문제가 있다고 해야 할 것이다.

설교자는 청중을 직시해야 하지만 어느 한 곳만 계속 바라보아서는 안 된다. 때로는 왼편으로, 때로는 중앙으로, 때로는 우편으로 시선을 골고루 주어야지, 그렇지 않고 어느 한 쪽만 바라보면 시선을 전혀 받지 못한 청중은 소외감을 느낄 것이다.

설교할 때 설교자의 시선이 청중을 향해 있지 않으면 청중은 다음의 세 가지 중 어느 하나로 설교자를 송사할 것이다.[28]

첫째, 청중은 설교자가 상당히 부정적이라고 생각할는지 모른다. 환언하면, 설교자는 청중이 가지고 있는 문제를 해결하고자 하는 적극적인 태도를 가지고 있지 않다고 생각할 수 있다는 말이다. 둘째, 설교자가 겁쟁이라고 생각할는지 모른다. 청중을 두려워하고, 설교에 자신이 없이 한다고 생각할 수 있다는 말이다. 셋째, 설교자가 설교에 별관심이 없다고 생각할는지 모른다. 원고만 다 읽고 끝내는 데 관심이 있지 어떤 진리를 전달해서 사람을 변화시키는 데에는 관심이 없는 설교자가 아닌가 하는 생각을 청중이 가질 수 있다. 그렇기 때문에 설교자는 청중과 눈 접촉을 많이 갖기 위해서 설교의 내용을 완전히 숙지하고 있어야 할 것이다.

V. 전달의 방식(Methods of Delivery)

설교를 어떻게 청중에게 전달하느냐 하는 방식에는 크게 네 가지가 있다. 설교자는 그 취향이나 역량에 따라 자기 스타일에 가장 적합한 방식을 사용해야 할 것이지만, 문제가 많은 방식을 사용하는 설교자는 그것을 개선하기 위해서 많은 노력을 경주해야 할 것이다.

A. 원고 낭독형(Reading Method)

이 방식은 서론에서부터 결론에 이르기까지의 설교 내용 전체를 다 기록해서 이것을 설교 시간에 청중에게 읽어 주는 방법이다.

이 방식은 몇 가지 장점이 있다.

첫째, 이 방식은 설교자에게 안도감을 준다.[29]

해야 할 설교를 앞에 둔 설교자 치고 일말(一抹)의 불안감이 없는 설교자는 아마 거의 없을 것이다. 그런데 원고 낭독형의 설교를 하면 설교하기 전이나 하는 동안에 불안감은 거의 갖지 않게 된다. 아마 이런 유형의 전달 방식을 사용하는 설교자는 토요일 밤에 편안히 잠을 잘 수 있게 될 것이다.

둘째, 이 방식은 설교자가 전하려는 내용을 정확히 전달하게 해준다.[30]

설교 내용 전체를 문자로 다 기록하기 때문에 설교자가 하고 싶은 말을 하나도 틀림없이 다 전할 수 있고, 설교의 길이도 미리 다 정해 놓을 수가 있다.

셋째, 이 방식은 설교자에게 좋은 훈련이 된다.[31]

원고를 계속 쓰는 것은 설교자로 하여금 충분히 준비하게 하고, 또 글을 씀으로써 설교자 자신에게 큰 훈련이 된다.

넷째, 이 방식은 설교 원고가 그대로 남아 있게 되므로 후일에 설교집을 출판할 때나 다른 데 설교를 기고할 때 특별히 준비하지 않아도 된다는 이점이 있다.[32]

원고 낭독형의 설교는 위에서 열거한 장점에 비해 그 단점이 너무 크기 때문에 별로 바람직한 방법이라고 하기는 어렵다.

첫째, 이 방식은 설교자로 하여금 원고에 집착하게 되므로 청중에게 시선을 주기도 어렵고, 청중의 반응을 제대로 파악하기도 어렵다.[33] 이 방법에 매여 있는 설교자는 하우(Reuel Howe)의 말에 귀를 기울일 필요가 있다. "관계가 원고보다 더 중요하다. 왜냐하면 복음 자체가 관계 문제이기 때문이다. 설교는 원고의 전달이 아니라 만남이다."[34]

원고를 보지 않는 것 같으면서도 원고를 보고 읽어 내려갈 수 있을 정도로 원고 낭독에 특별한 재능이 있는 설교자의 경우는 예외이겠지만, 대부분의 경우 원고 낭독형의 설교를 하는 설교자는 어쩌다가 한 번씩 원고에서 눈을 떼 청중을 바라볼 뿐 - 더군다나 그것도 아무 초점도 없이 - 설교 시간의 대부분은 원고에 매여 거기서 꼼짝하지 못하는 것이 보통이다. 이렇게 되면 설교자와 청중은 거리감을 느끼게 되고, 그렇게 되면 설교가 효과적으로 전달되기 어렵다.

둘째, 이 방식은 청중에게 설교자에 대한 불신감을 불러일으킬 가능성이 있다.

설교자가 원고에 얽매여서 꼼짝을 못하면, 설교자가 제대로 준비도 하지 않고서 남의 설교를 베껴서 하는구나, 설교를 제대로 소화시키지도 못한 채 하는구나 하는 불신감을 청중에게 심어 줄 가능성이 많다.

셋째, 이 방식은 전반적인 전달 효과에 있어서 다른 방식보다 덜 효과적이다.

이 방식은 엄밀히 말하면 설교라기보다는 글을 읽는 것이기 때문에 낭독에 아무리 숙달되어 있다 해도 눈의 접촉 부재, 제스처 부재, 낭독으로 인해 오는 부자연스러움, 읽을 곳을 제대로 찾지 못함으로 인해 야기되는 설교의 중단 등의 문제점을 피할 길이 없다.

넷째, 이 방식은 성령이 특별히 역사할 가능성을 완전히 배제해 버린다.

설교자가 아무리 준비를 해도 실제로 설교를 하다 보면 성령께서 역사하셔서 설교 준비시에 생각하지 못했던 것을 말하게 하실 수 있다. 그런데 원고 낭독형은 이런 가능성을 완전히 배제해 버린다.

그렇기 때문에 이 방법은 별로 권장할 만한 것이 되지 못한다. 꼭 이 방법을 사용하려거든 많은 연습을 통해 그 단점을 극복하고 난 다음에나 할 것이다.

B. 암기형(Memorization Method)

이 방법은 원고 낭독형보다는 진일보했다고 하겠다. 이 방법으로 설교하는 설교자는 먼저 원고를 완전히 준비한 다음에 그것을 암기해서 설교하는 것이 대부분이다.

첫째, 이 방법은, 원고 낭독형과 마찬가지로, 설교자가 전하려는 내용을 정확히 전달하게 해주고, 설교자에게 좋은 훈련이 되고, 원고를 후일에 다른 목적으로 사용하기에 용이하다는 장점이 있다.

그러나 이 외에도 암기형은 원고 낭독형이 갖지 못하는 장점이 있다.

둘째, 이 방식은 원고를 다 암기하기 때문에 원고에 얽매이지 않게 되고, 따라서 눈의 접촉이나 제스처 같은 것을 자유롭게 할 수 있다.[35]

셋째, 이 방식은 청중에게 설교자의 표현이 아주 미려하고 세련되어 있다는 인상을 줄 수 있다.[36]

그러나 이 방식은 장점을 훨씬 능가하는 단점도 있기 때문에 주의할 필요가 있을 것이다.

첫째, 이 방식은 설교자의 귀중한 시간을 너무 많이 빼앗아 간다.[37] 어느 한 교회에서 목회를 하는 설교자는 일주일에도 여러 번 설교를 하는 것이 대부분인데, 설교를 일일이 다 암기한다면 얼마나 많은 시간을 불필요한 데 허비하는 결과가 되겠는가!

둘째, 이 방식은 암기한 것을 잊어버리면 어떻게 하느냐 하는 염려 때문에 신경 과민에 빠질 가능성이 있다.[38]

셋째, 이 방식은 자연스럽지 못한 가능성이 많다.[39] 그냥 자연스럽게 말하는 것에 비해서 암기한 것은 아무래도 인위적이고 암기해서 전달하고 있다는 인상을 줄 가능성이 많다.

넷째, 이 방식은 원고 낭독형과 마찬가지로 설교하는 도중에 성령께서 특별히 역사하셔서 미리 생각하지 못했던 것을 생각나게 하실 경우 그것을 처리할 적절한 방법이 없다.[40]

이러한 심각한 단점 때문에 암기형의 설교는 별로 바람직한 방법이 아니다. 그러나 설교 경험이 별로 없는 초보자들이 설교를 배우는 단계에서는 이 방법으로 시작해서 설교에 어느 정도 자신이 생기게 되면 보다 효과적인 방법으로 바꾸는 것도 큰 문제는 되지 않을 것이다.

필자가 미국에서 공부를 할 때 처음에는 암기형의 설교 방식을 취했다. 우리말로 설교하는 것이 아니라 영어로 해야 되기 때문에 우리말로 하는 설교같이 표현이 자유롭지 못했던 것은 당연한 것이었다. 원고를 영어로 다 작성한 다음에 이것을 암기해서 여러 번 연습을 한 후 설교 시간에 그대로 했다. 이 방법이 그대로 주효(奏效)해서인지 교수와 학생들로부터 호평을 받았고, 결국은 학교 내의 설교 대회에 출전해 입상했던 경험까지도 있다.

그러나 신학대학원에 진학한 후에는 암기하지 않고 설교 아웃라인만 가지고 하는 방식으로 바꾸었고, 지금은 영어 설교나 우리 말 설교나 모두 아웃라인만 가지고 설교하는 방식을 취하고 있다.

C. 즉석형(Impromptu Method)

이 방식은 설교자가 사전에 특별한 준비도 없이 즉석에서 "성령께서 인도하시는 대로" 설교하는 방식이다.

설교자는 어떤 부득이한 경우에 사전에 준비하지도 못한 채 설교해야만 될 예외적인 경우가 있을 수 있다. 그러나 이런 경우는 그리 흔하지 않은 편이기 때문에 설교자가 평소에도 이런 방식으로 설교한다면 그는 일찌감치 설교를 그만두는 것이 자신을 위해서나 성도들을 위해서 유익할 것이다. 이러한 설교를 계속해서 한다는 것은 하나님께 대한 불충(不忠)이요, 자신과 성도들에 대한 기만이다.

사도행전 6장에 보면, 예루살렘 교회가 점점 성장해 감에 따라 열두 사도는 구제하는 일 때문에 사도로서 마땅히 해야 할 일에 주력을 못 하게 되자, "우리가 하나님 말씀을 제쳐놓고 공궤를 일삼는 것이 마땅치 아니하니"(행 6:2)라고 하면서 일곱 사람을 택해 그들에게 세상일을 맡기고 사도들은 "기도하는 것과 말씀 전하는 것을 전무" 했다는 기록이 나타나 있다. 사도들도 세상일을 제쳐놓고 말씀 전하는 일을 최우선으로 했다면 오늘날의 설교자도 그렇게 하는 것이 마땅할 것이다. 말씀 준비하는 일에 게을러서 준비 없이 설교하는 설교자는 설교자로서 용서받지 못할 죄를 범하고 있는 것이 아닌지 깊이 생각해 보아야 할 것이다.

D. 아웃라인형(Outline Method, or Extemporaneous Method)

이 방식은 원고 낭독형이나 암기형과 마찬가지로 사전에 충분히 준비를 하지만, 설교 내용을 완전히 다 기록하는 것이 아니라, 설교하고자 하는 바를 아웃라인 형식으로 만들어서 실제 설교할 때에는 아웃라인만 가지고 설교하는 방식이다.

이 방식은 지금까지 논의한 어느 방식보다도 더 좋은 방식이라고 생각하는데, 그 이유는 이 방식이 갖는 많은 훌륭한 장점 때문이다.

첫째, 이 방식은 아웃라인만 가지고 설교하기 때문에 설교자가 하고자 하는 말을 거의 정확하게 전달할 수 있다. 지엽적인 것들은 일부 빼먹을 수도 있겠지만 설교 전체의 내용이나 흐름에 지장이 없는 한 사소한 것을 빼먹는다고 해서 크게 문제가 될 것은 없을 것이다.

둘째, 이 방식은 전달이 아주 자연스럽다.[41] 원고에 완전히 얽매이는 것이 아니라 가끔씩 설교의 방향이 벗나가지 않게 하기 위해서 아웃라인을 쳐다보기 때문에 청중과의 눈의 접촉, 제스처 등을 아주 자연스럽게 할 수 있다.

셋째, 이 방식은 그 내용에 다소 융통성이 있을 수 있다.[42] 청중의 반응이나 성령의 인도하심에 따라 그때그때 일부 내용을 빼어 버릴 수도 있고 설교 준비할 때 미처 준비하지 못했던 것을 추가해서 말할 수도 있다.

어떤 학자들은 아웃라인조차도 없이 하는 소위 "자유 전달형"(Free Delivery Method)을 지지하는 경우도 있다.[43] 그러나 이 방법은 할 말을 잊어버릴 경우 엄청난 낭패가 아닐 수 없다. 아무리 설교 준비를 철저히 하고 설교 내용에 익숙해 있다 하더라도 잊어버릴 가능성은 항상 있는 것이고, 이런 점에서 자유 전달형은 암기형이 갖는 단점을 모조리 다 가지고 있다고 하겠다. 아웃라인형 전달에 대한 반론도 몇 가지 있지만 별로 설득력이 없는 것 같다.

예를 들면, 아웃라인형의 설교는 준비를 대충해서 설교할 가능성이 있다는 것이다.[44] 그러나 이 반대는 별로 설득력이 없다. 설교 준비를 많이 하느냐 적게 하느냐 하는 것은 근본적으로 전달 방법과 관계 있는 것이 아니라, 설교자의 설교 철학과 관계 있는 것이기 때문에 아웃라인형의 설교는 준비를 소홀히 할 수 있다는 주장은 받아들이기 어렵다.

또 어떤 사람들은 아웃라인만 가지고 하면 설교가 횡설수설(橫說竪說)할 수 있지 않겠느냐고 한다.[45] 이것도 전달의 형태와 관계 있는 문제는 아니다. 설교의 조직 능력이 없는 설교자는 어느 방법을 써도 횡설수설할 것이다. 필자는 지금도 아웃라인형의 전달 방식을 즐겨 쓰지만 설교가 왔다 갔다 한다는 소리를 들어본 적은 한 번도 없다.

어떤 사람들은 이 방식은 아웃라인을 늘 쳐다보기 때문에 설교의 맥이 끊기고 또 눈의 접촉이 좋지 못할 수 있지 않느냐고 한다.[46] 이 반대는 상당히 일리가 있다. 아웃라인형의 설교에 익숙하지 못한 설교자는 앞을 보기보다는 아래를 볼 때가 더 많다. 그렇게 하지 않기 위해서는 자신의 설교를 숙지해서 아웃라인이 없더라도 거의 원안대로 전달할 수 있도록 해야 될 것이다. 원고에 얽매이지 않을 정도로 설교 내용을 숙지하고 있다면, 청중이 볼 때에는 설교자가 원고를 보는지 안 보는지도 모를 정도로 자연스럽게 전달할 수 있다.

어느 방법도 전혀 문제가 없을 수는 없다. 그럼에도 불구하고 아웃라인형의 전달 방식이 가장 문제가 적고, 그 문제는 조금만 노력하면 극복될 수 있으며, 또 이 방법은 많은 장점을 갖고 있기 때문에 가장 바람직한 형태라고 하겠다.

주(註)

1. Haddon Robinson, *Biblical Preaching*, p.191.
2. A. H. Monroe and Douglas Ehninger, *Principles and Types of Speech*, p.48.
3. Charles Gruner, C. M. Logue, D. L. Freshley and R. C. Huseman, *Speech Communication in Society*, p.138.
4. Ibid.
5. Lloyd M. Perry, *Biblical Preaching for Today's World*, pp.174-176.
6. Ibid., p.172.
7. Ibid., pp.172-173.
8. Woodrow M. Kroll, *Prescription for Preaching*, pp.26-30.
9. Haddon Robinson, "Blending Bible Content and Life Application," in *Mastering Contemporary Preaching*. Edited by Bill Hybels, Stuart Briscoe, and Haddon Robinson, p.58.
10. C. S. Lewis, *The Screwtape Letters*, p.11.
11. Reg Grant and John Reed, Power Sermon, p.131.
12. Kroll, pp.58-59.
13. Rudolf Flesch, *The Art of Plain Talk*, p.38.
14. Grant and Reed, p.136.
15. A. Duane Litfin, *Public Speaking*, p.293.
16. Ralph L. Lewis, *Persusive Preaching Today*, pp.216-217.
17. Robinson, *Biblical Preaching*, p.175; Litfin, pp.296-297.
18. Robinson, *Biblical Preaching*, p.175; Litfin, p.297.
19. Grant and Reed, pp.130-140; Litfin, pp.297-301.
20. Ralph Lewis, p.71.
21. Litfin, p.327.
22. 밀러(Gerald R. Miller)와 휴길(Murray A. Hewgill)은 그들의 연구 논문

에서 "어"나 "에" 같은 말을 많이 쓰면 쓸수록 연설의 효과가 감소함을 보여 주고 있다(Donald R. Sunukjian, "The Credibility of the Preacher," Bibliotheca Sacra 139 [July-September 1982] : 258-259)

23. Monroe and Ehninger, p.91.
24. Edward T. Hall, *The Silent Language*, p.10.
25. Sunukjian, pp.257-258.
26. Ken Davis, *Secrets of Dynamic Communication*, pp.131-133.
27. H. C. Brown, H. G. Clinard and J. J. Northcutt, *Steps to the Sermon*, p.183 ; J. Daniel Baumann, *An Introduction to Contemporary Preaching*, pp.189-190 ; Kroll, pp.86-88 ; Monroe and Ehninger, pp.58-59 ; Robinson, pp.200-201.
28. Kroll, p.85.
29. John A. Broadus, *On the Preparation and Delivery of Sermons*, p.265.
30. George W. Fluharty and Harold R. Ross, *Public Speaking*, p.144 ; Brown, Clinard and Northcutt, p.186 ; Kroll, p.116 ; Lewis, p.248.
31. Brown, Clinard and Northcutt, p.186.
32. Kroll, p.116.
33. Craig Skinner, *The Teaching Ministry of the Pulpit*, p.193; Broadus, p.266; Lewis, p.248.
34. Reuel Howe, "The Responsibility of the Preaching Task," *Preaching* 4(November-December 1969): 17.
35. Kroll, p.117.
36. Ibid.
37. Ralph Lewis, p.250.
38. Brown, Clinard and Northcutt, pp.187-188; Fluharty and Ross, p.147.
39. Broadus, pp.268-269.

40. Kroll, pp.117-118
41. Brown, Clinard and Northcutt, p.189.
42. Ibid.; Kroll, p.119; Broadus, p.270.
43. cf. Broadus, pp.273-279; Brown, Clinard and Northcutt, pp.191-193.
44. Broadus, p.271.
45. Kroll, p.119
46. Brown, Clinard and Northcutt, p.190.

맺음말
(Conclusion)

설교를 한다는 것은 참으로 힘든 일이다. 그것도 동일한 청중을 대상으로 수년간, 또는 수십 년간 설교한다는 것은 너무나 힘드는 일이다. 어떻게 보면 설교자는 불가능한 일을 하고 있는 사람이다. 그렇기 때문에 설교를 아무리 오랫동안 해 온 설교자라도 모두 설교는 어렵다고 생각한다. 맥아더(John MacArthur) 같은 유명한 설교자도 어쩌다가 외부 강사가 와서 주일 설교를 쉬게 되면 뛸 듯이 기쁘다고 고백하고 있지 않은가! 이것은 맥아더뿐만 아니라 모든 설교자들이 공통적으로 느끼고 있는 일이라고 생각된다. 더구나 그렇게 힘든 설교를 효과적으로 잘한다는 것은 더 힘든 일이다. 더더구나 강해설교를 자신 있게 한다는 것은 말할 수 없을 정도로 힘든 일이다. 그것은 생득적(生得的)인 것도 아니고 저절로 주어지는 것도 아니다. 그것은 많은 연구와 기도와 묵상을 통해서 나오는 결과요, 부단한 노력의 결정체이다.

필자는 필자의 졸저를 완전히 터득하면 그 순간부터 강해설교의 대가가 된다는 식의 참람한 말은 하지 않으려고 한다. 사실은 필자도 아직 그렇게 되지 못했기 때문이다. 그러나 본서의 내용을 완전히 터득하여 이 방식대로 일주일에 설교 하나씩 1년 동안만 끈기 있게 설교하면 - 특별히 어느 한 책을 택해서 시리즈로 설교한다면 - 강해설교에 상당히 자신감을 가지고 설교할 수 있게 된다는 것은 주저함이 없이 말할 수 있을 것 같다. 독자들은 다음과 같은 영어의 격언을 명심하기를 바란다. 연습하면 안 될 일이 없다! (Practice makes perfect!)

부록 1
에베소서의 석의 아웃라인

여기서 나타난 아웃라인은 설교 아웃라인이 아니라 석의 아웃라인(Exegetical Outline)이기 때문에 이 아웃라인을 가지고 설교를 하려면 몇 가지를 첨가하거나 변경시켜야 할 것이다.

1. 필요하다면 적용 부분을 추가해야 한다.

석의 아웃라인은 현대의 청중의 필요 같은 것은 전혀 고려하지 않고 저자가 최초의 독자(예: 고린도교회 성도, 이스라엘 백성 등)에게 어떤 의미로 썼느냐 하는 것을 중심으로 해서 작성한 것이다. 따라서 어떤 석의 아웃라인은 바로 설교 아웃라인이 될 수 있지만, 어떤 것은 그렇지 않기 때문에 오늘날의 청중의 필요를 감안한 적용 부분이 추가되어야 설교 아웃라인이 될 수 있다.

2. 보조 자료를 첨가해야 한다.

여기에 있는 석의 아웃라인은 보조 자료를 전혀 포함하고 있지 않기 때문에 설교자는 이 면을 고려해야 한다.

3. 필요하다면 여기 제시된 석의 아웃라인을 중심으로 해서 설교 아웃라인을 다시 구성해야 할 것이다.

표현 가운데 보편성이 없는 표현은 보편성이 있게, 너무 긴 것은 간략하게, 다시 써야 될 부분이 발견되면 그렇게 해야 될 것이다.

4. 여기에 나타난 아웃라인이 절대적으로 맞거나 유일한 것은 아니

다. 이 아웃라인은 어디까지나 필자의 주관적 이해에 바탕을 둔 것이기 때문에 다른 학자들이나 설교자의 견해와 다를 수도 있고, 또 틀릴 수도 있다. 그렇기 때문에 필요하다면 이 아웃라인을 무시하고 독자적으로 구성해야 할 것이다.

본문 : 에베소서 1:3-14
제목 : 그리스도 안의 축복
중심내용 : 하나님이 찬양을 받으셔야 될 이유는 그리스도 안에서의
많은 영적 축복 때문이다.

I. 그리스도 안에서 우리를 택하셨기 때문에 하나님은 찬양을 받으셔야 된다(1:3-6).
  A. 하나님은 창세 전부터 우리를 택하셨다(1:3-4).
  B. 하나님은 우리를 당신의 아들되게 하려고 택하셨다(1:5).
  C. 하나님은 우리가 그의 은혜의 영광을 찬미케 하려고 우리를 택하셨다(1:6).
II. 그의 은혜의 풍성함을 따라 그리스도 안에서 우리를 다루시기 때문에 하나님은 찬양을 받으셔야 된다(1:7-12).
  A. 그리스도의 피로 우리 죄를 사하셨다(1:7).
  B. 하나님의 뜻을 이해할 수 있는 지혜를 주셨다(1:8-10).
  C. 그리스도 안에서 우리에게 기업을 주셨다(1:11-12).
III. 그리스도 안에서 약속의 성령을 주셨기 때문에 하나님은 찬양을 받으셔야 된다(1:13-14).
  A. 하나님은 구원의 복음을 듣고 믿는 자를 성령으로 인치셨다(1:13).
  B. 하나님은 성령을 보증으로 주셨다(1:14).

본문: 에베소서 1:15-23
제목: 바울의 기도
중심내용 : 바울의 기도의 내용은 성도에 대한 감사와 성도들이 깊은 진리를 아는 영적 통찰력을 갖는 것이다.

I. 바울은 성도들의 믿음과 사랑으로 인해 하나님께 감사의 기도를 했다(1:15-16).
II. 바울은 성도들이 지혜와 하나님을 더 깊이 아는 계시를 갖게 하기 위해 기도했다(1:18-23).
   A. 하나님의 부르심의 소망을 알게 하기 원했다(1:18a).
   B. 성도 안에서의 기업의 풍성함을 알게 하기 원했다(1:18b).
   C. 하나님의 능력을 알게 하기 원했다(1:19-23).
      1. 그것은 부활의 능력이다(1:19-20).
      2. 그것은 만물 위에 존재하는 능력이다(1:21-22a).
      3. 그것은 교회의 머리되는 능력이다(1:22b-23).

본문 : 에베소서 2:1-10
제목 : 사망에서 생명으로
중심내용 : 하나님의 은혜는 죄인을 사망에서 생명으로 옮겨 그리스도 안에서 살게 한다.

I. 하나님의 은혜 밖에 있는 사람들은 이방인이나 유대인이나 모두 영적으로 죽은 상태에 있다(2:1-3).
   A. 이방인들은 허물과 죄로 죽은 상태에 있다(2:1).
   B. 이방인들은 세상과 마귀의 영향 아래서 살아간다(2:2).
   C. 유대인들도 육체대로 살기 때문에 하나님의 진노 아래 있다(2:3).
II. 하나님의 은혜는 영적으로 죽은 사람들에게 생명을 준다(2:4-9).
   A. 영적인 생명(= 근원)은 하나님의 사랑에 기인한다(2:4-5).
   B. 영적인 생명을 가진 자는 하늘에 앉아 그의 은혜의 풍성함을 나타낸다(2:6-7).

C. 영적인 생명은 믿음으로 주어지는 선물이다(2:8-9a).
　　　D. 영적인 생명은 인간이 자랑할 대상이 아니다(2:9b).
III. 하나님의 은혜는 영적인 생명을 얻은 자를 그리스도 안에서 살게 한다(2:10).
　　　A. 구원받은 자는 선한 일을 위해 지음 받았다(2:10a).
　　　B. (그러므로) 그리스도 안에서 선하게 살아야 한다(2:10b).

본문: 에베소서 2:11-22
제목: 그리스도 안에서의 연합
중심내용 : 유대인과 이방인이 하나 된 것은 예수 그리스도의 죽음을 통해서이다.

I. 그리스도 밖에 있는 이방인은 하나님의 약속 밖에 있다(2:11-12).
　A. 그들은 무할례당이었다(2:11).
　B. 그들은 하나님과 상관없었다(2:12).
　　　1. 그들은 그리스도 밖에 있었다.
　　　2. 그들은 하나님의 약속과 아무런 상관이 없었다.
　　　3. 그들은 참된 소망이 없었다.
　　　4. 그들은 하나님 없이 살았다.
II. 그리스도는 그의 피로 유대인과 이방인을 하나 되게 하신다(2:13-18).
　A. 그리스도 안에서 이방인은 가까워졌다(2:13).
　B. 유대인과 이방인은 그리스도 안에서 한 몸(= 교회)이 되었다 (2:14-17).
　　　1. 그리스도는 화평이 되셨다(2:14).
　　　2. 그리스도는 중간에 막힌 담을 허무셨다(2:14b-15a).

3. 유대인과 이방인은 한 몸을 형성했다(2:15b-16).
　　　4. 그리스도는 모든 사람에게 화평을 전하셨다(2:17).
　　C. 이제 유대인과 이방인은 모두 성령 안에서 하나님께 나아갈 수 있게 되었다(2:18).
Ⅲ. 그리스도 안에서의 연합은 유대인과 이방인이 동일한 특권을 누리게 한다(2:19-22).
　　A. 그들은 하늘의 시민이 되었다(2:19a).
　　B. 그들은 하나님의 권속이 되었다(2:19b).
　　C. 그들은 한 건물이 되었다(2:20-22).
　　　1. 건물의 터는 사도들과 선지자들이다(2:20a).
　　　2. 건물의 모퉁잇돌은 예수 그리스도이다(2:20b).
　　　3. 건물은 지금도 계속 지어져 간다(2:21).
　　　4. 건물에는 성령이 거하신다(2:22).

본문 : 에베소서 3:1-13
제목 : 그리스도의 비밀
중심내용 : 사도 바울에게 그리스도의 비밀을 알게 한 것은 이방인도 복음의 축복의 동참자가 되게 하기 위해서이다.

Ⅰ. 그리스도의 비밀이 사도 바울에게 계시되었다(3:1-6).
　A. 사도 바울이 계시로 그리스도의 비밀을 깨달았다(3:1-4).
　B 그리스도의 비밀은 다른 시대에는 감추어져 있었다(3:5).
　C. 그리스도의 비밀은 복음 안에서 유대인과 이방인이 함께 후사가 되고 한 몸이 된다는 것이다(3:6).
Ⅱ. 그리스도의 비밀은 바울을 통해 이방인에게 전해졌다(3:7-9).
　A. 사도 바울은 이방인의 사역자로 부름받았다(3:7-8a).

B. 사도 바울은 그리스도의 비밀을 이방인에게 전해서 드러냈다 (3:8b-9).
III. 그리스도의 비밀은 교회를 통해서 천사들도 알게 된다(3:10-11).
IV. 그리스도의 비밀은 성도들로 하여금 담대함과 인내함을 갖게 한다(3:12-13).
   A. 그리스도의 비밀을 믿음으로 깨달은 자는 하나님께 담대히 나아간다(3:12).
   B. 그리스도의 비밀을 믿음으로 깨달은 자는 환난 중에도 낙심치 않고 인내한다(3:13).

본문 : 에베소서 3:14-21
제목 : 바울의 기도
중심내용 : 사도 바울의 기도의 내용은 그리스도 안에서 영적으로 강하고 풍성하게 되는 것이다.

I. 바울은 성도들이 영적으로 강건해지기를 기도했다(3:14-19).
   A. 그는 하나님 앞에 겸손하게 무릎 꿇었다(3:14-15).
   B. 그는 성도들이 영적으로 강건하게 되기를 기도했다(3:16).
   C. 그는 성도들이 그리스도를 깊이 알기를 기도했다(3:17-19).
II. 바울은 하나님을 찬양하는 기도를 했다(3:20-21).
   A. 하나님은 그 능력 때문에 찬양을 받으실 분이다(3:20).
   B. 하나님은 교회 안에서와 그리스도 안에서 찬양을 받으실 분이다(3:21).

본문 : 에베소서 4:1-6

제목 : 주 안에서 하나 되자.
중심내용 : 구원받은 자의 합당한 행실은 성령 안에서 하나 되는 것이다.

I. 그리스도인들은 성령 안에서 하나 되어야 한다(4:1-3).
  A. 그리스도인들은 주님 보시기에 합당하게 행해야 한다(4:1).
  B. 그리스도인들은 사랑으로 서로 용납해야 한다(4:2)
  C. 그리스도인들은 성령으로 하나 되어야 한다(4:3).
II. 그리스도인들이 성령 안에서 하나 되어야 할 이유는 그리스도 안에서의 위치(신분) 때문이다(3:4-6).
  A. 한 성령으로 한 몸을 이루었기 때문이다(4:4a).
  B. 한 가지 소망을 가지고 있기 때문이다(4:4b).
  C. 한 주님이 그리스도인들을 하나로 만들었기 때문이다(4:5).
  D. 한 하나님이 그리스도인들과 만물을 주관하시기 때문이다(4:6).

본문 : 에베소서 4:7-16
제목 : 성숙한 교회
중심내용 : 그리스께서 교회에 여러 직분을 주신 이유는 이들을 통해서 교회가 그리스도의 장성한 분량에까지 이르도록 하기 위해서이다.

I. 그리스도께서 각 사람에게 은사를 주셨다(4:7-10).
  A. 그리스도께서 각 사람에게 상이한 은사를 주셨다(4:7).
  B. 은사는 그리스도의 승리의 결과로 주어졌다(4:8-15).
II. 그리스도께서 교회를 성숙하게 하시기 위해 교회에 은사를 가진 직분을 주셨다(4: 11-16).
A. 직분을 주신 이는 그리스도이시다(4:11).
B. 직분자의 역할은 성도를 훈련시키는 것이다(4:12a).
C. 훈련받은 성도는 두 가지 임무를 담당해야 한다(4:12b).
   1. 봉사의 일을 해야 한다.
   2. 그리스도의 몸(= 교회)을 세우는 일을 해야 한다.
D. 모든 성도들의 공통의 목표는 영적으로 성숙하게 되는 것이다 (4:13).
   1. 믿음으로 하나가 되어야 한다(4:13a).
   2. 그리스도의 장성한 분량에까지 이르러야 한다(4:13b).
E. 성숙의 결과는 생활로써 나타나야 한다(4:14-10).
   1. 어린아이같이 흔들리지 않는다(4:14).
   2. 사랑 안에서 하나 되어 서로 섬긴다(4:15-16).

본문 : 에베소서 4:17-24
제목 : 옛 사람을 벗어버리자.
중심내용 : 거듭난 그리스도인들의 삶은 구습을 벗어버리고 그리스도를 본받는 삶이어야 한다.

I. 그리스도인들은 이방인들같이 살아서는 안 된다(4:17-19).
   A. 그리스도인들은 이방인같이 행해서는 안 된다(4:17).
   B. 이방인들의 삶은 육신을 따라 사는 삶이다(4:18-19).
      1. 그들의 총명은 흐리게 되었다(4:18a).
      2. 그들은 영적으로 무지하다(4:18b).
      3. 그들의 마음으로 굳어 있다(4:18c).
      4. 그들은 하나님의 생명이 없다(4:18d).

5. 그들은 육욕을 좇아 산다(4:19).
II. 그리스도인들은 그리스도 안에서 행해야 된다(4:20-24).
   A. 그리스도인들은 그리스도를 이방인들이 하는 것같이 배워서는 안 된다(4:20-21).
   B. 그리스도인들은 옛 사람을 벗어 버려야 한다(4:22).
   C. 그리스도인들은 새 사람을 입어야 한다(4:23-24).

본문 : 에베소서 4:25-32
제목 : 변화된 삶
중심내용 : 다른 그리스도인들에 대한 신자의 태도는 덕을 세우는 것이어야 한다.

I. 그리스도인들은 한 몸으로 서로 간에 거짓을 버려야 한다(4:25).
II. 그리스도인들은 분을 내어도 오래 끌어서는 안 된다(4:26-27).
   A. 분을 내는 것 자체는 잘못이 아니다(4:26a).
   B. 분을 오래 품으면 마귀의 시험을 받아 범죄할 수 있다(4:26b-27).
III. 그리스도인들은 제 손으로 수고해 남을 도와야 한다(4:28).
IV. 그리스도인들은 악을 말하는 대신 덕을 세우는 말을 해야 한다(4:29-30).
   A. 더러운 말은 입밖에도 내지 말아야 한다(4:29).
   B. 더러운 말은 성령을 근심하게 한다(4:30).
V. 그리스도인들은 모든 형태의 악을 버리고 서로 용서해야 한다(4:31-32).
   A. 모든 악은 버려야 한다(4:31).
   B. 서로 용서해야 한다(4:32).

본문 : 에베소서 5:1-7.
제목 : 사랑 가운데서 행하라.
중심내용 : 그리스도인은 사랑 가운데서 행해야 한다.

I. 그리스도인들은 그리스도같이 사랑으로 행해야 한다(5:1-2).
  A. 그리스도인은 그리스도를 본받아야 한다(5:1).
  B. 그리스도인은 그리스도같이 사랑 가운데 행해야 한다(5:2).
II. 그리스도인은 사랑 가운데 행하는 것과는 정반대 되는 세상적인 것을 따라서는 안 된다(5:3-7).
  A. 모든 추악한 것을 물리쳐야 한다(5:3-4).
    1. 세상적인 정욕에서 벗어나야 한다(5:3).
    2. 덕이 안 되는 말은 피해야 한다(5:4).
  B. 세상적인 것을 따르는 자는 하나님의 자녀가 아니므로 하나님의 진노 아래 있다(5:5-6).
    1. 그들은 하늘 나라를 기업으로 받지 못한다(5:5).
    2. 그들은 하나님의 진노 아래 있다(5:6).
  C. 그리스도인은 세상적인 것들에 동참하지 말아야 한다(5:7).

본문 : 에베소서 5:8-14
제목 : 빛 가운데 행하라.
중심내용 : 그리스도인은 빛의 자녀로서 빛 가운데 행해야 한다.

I. 그리스도인은 빛의 자녀답게 행해야 한다(5:8-10).
  A. 그리스도인은 어두움에서 해방된 자이다(5:8a).
  B. 이제는 빛 가운데서 행해야 한다(5:8b-10).
    1. 이제는 주 안에서 빛이다(5:8b).

2. 빛의 열매를 맺는 생활을 해야 한다(5:9).
   3. 주님을 기쁘시게 하는 삶을 살아야 한다(5:10).
II. 그리스도인은 어두움의 일에 참여하지 말아야 한다(5:11-14).
   A. 그리스도인은 어두움에 참여하는 대신 오히려 그것을 책망해야 된다(5:11).
   B. 그리스도인은 어두움의 일을 부끄러워해야 한다(5:12).
   C. 그리스도인은 어두움에 참여하는 대신 어두움에 속한 자를 빛으로 돌아서게 해야 한다(5:13-14).

본문 : 에베소서 5:15-21
제목 : 지혜롭게 행하라.
중심내용 : 참된 지혜는 주어진 기회를 선용하며 성령의 지배를 받는 것이다.

I. 지혜 있는 자는 기회를 선용한다(5:15-16).
   A. 지혜 있는 자는 어떻게 행할 것을 안다(5:15).
   B. 지혜 있는 자는 기회를 잘 활용한다(5:16).
II. 지혜 있는 자는 주님의 뜻을 잘 이해한다(5:17-21).
   A. 지혜 있는 자는 주님의 뜻을 바로 안다(5:17).
   B. 주님의 뜻은 성령으로 충만하게 되는 것이다(5:18).
   C. 성령으로 충만하게 되면 여러 가지 증거가 나타난다(5:19-21).
      1. 성령으로 충만하게 되면 서로간에 시와 찬미와 신령한 노래가 있게 된다(5:19a).
      2. 성령으로 충만하게 되면 주님께 대한 노래가 있게 된다(5:19b).
      3. 성령으로 충만하게 되면 하나님께 대한 감사가 있게 된다

(5:20).
   4. 성령으로 충만하게 되면 서로 복종하게 된다(5:21).

본문 : 에베소서 5 :22-33
제목 : 성서적 부부관
중심내용 : 성서적인 부부관은 아내는 남편에게 순종하고 남편은 아내를 사랑하는 것이다.

I. 아내는 주님에게 순종하듯이 남편에게 순종해야 한다(5:22-24).
   A. 아내는 남편에게 순종해야 한다(5:22).
   B. 아내가 남편에게 순종해야 되는 것은 남편이 아내의 머리이기 때문이다(5:23).
   C. 교회가 그리스도께 순종하듯이 아내는 남편에게 순종해야 한다(5:24).
II. 남편은 그리스도께서 교회를 사랑하듯이 아내를 사랑해야 한다 (5:25-30).
   A. 남편은 아내를 사랑해야 한다(5:25a).
   B. 그리스도는 여러 가지 모양으로 교회를 사랑하신다(5:25b-27).
      1. 그리스도는 교회를 위해서 자신을 주셨다(5:25b).
      2. 그리스도는 교회를 깨끗하고 거룩하게 하셨다(5:20).
      3. 그리스도는 교회를 흠 없게 하셨다(5:27).
   C. 아내에 대한 남편의 사랑은 교회에 대한 그리스도의 사랑과 같아야 한다(5:28-29).
      1. 아내를 사랑하는 것이 자기 자신을 사랑하는 것이다(5:28).
      2. 어느 누구도 자기 몸을 미워하지 않는다(5:29).
      3. 교회가 그리스도의 몸이듯이 아내는 남편의 몸이다(5:30).

III. 남편과 아내의 관계는 그리스도와 교회와의 관계와 같다(5:31-33).
　　A. 결혼은 두 육체의 결합이다(5:31).
　　B. 부부의 결합은 그리스도와 교회의 결합을 상징한다(5:32).
　　C. 결혼은 상호간의 사랑과 존경을 필요로 한다(5:33).

본문 : 에베소서 6:1-4
제목 : 부모와 자녀와의 관계
중심내용 : 성서적인 부자 관계는 자녀는 부모를 순종하고 경외하며
　　　　　부모는 자녀를 주의 뜻대로 양육하는 것이다.

I. 자녀들은 그 부모를 주 안에서 순종해야 한다(6:1-3).
　　A. 부모에 대한 순종은 주님의 뜻이다(6:1).
　　B. 부모에 대한 순종은 하나님의 명령이다(6:2).
　　C. 부모에 대한 순종은 축복을 가져온다(6:3).
II. 부모는 자녀를 주님의 뜻 가운데 양육해야 한다(6:4).
　　A. 자녀를 노하게 해서는 안 된다(6:4a).
　　B. 자녀를 적절히 징계해야 한다(6:4b).
　　C. 자녀를 말씀으로 교육시켜야 한다(6:4c).

본문 : 에베소서 6:5-9
제목 : 바람직한 주종 관계
중심내용 : 바람직한 주종 관계는 종(피고용인)은 주인(고용주)에게
　　　　　순종하는 것이고 주인은 종에게 공의로 대하는 것이다.

I. 종(피고용인)은 주님에게 순종하듯 주인에게 순종해야 한다(6:5-8).

A. 종은 그리스도에게 순종하듯 주인에게 순종해야 한다(6:5-7).
　　　1. 두려워하는 마음으로 순종해야 한다(6:5a).
　　　2. 성실한 마음으로 순종해야 한다(6:5b).
　　　3. 그리스도께 순종하듯 마음으로부터 순종해야 한다(6:5c-7).
　　B. 진실한 마음으로 주인을 섬기면 그만한 보상이 있게 된다(6:8).
II. 주인은 종에게 공의로 대해야 한다(6:9).
　　A. 주인은 종을 위협해서는 안 된다(6:9a).
　　B. 주인은 자기 위에 더 높은 주인이 있음을 알아야 한다(6:9b).
　　C. 주인은 하나님이 사람을 외모를 보지 않으시듯이 종을 그렇게 대해야 한다(6:9c).

본문 : 에베소서 6:10-17
제목 : 하나님의 전신갑주를 입으라.
중심내용 : 그리스도인들의 전쟁은 마귀에 대한 영적인 전쟁이므로 하나님의 전신갑주를 입어야 된다.

I. 그리스도인들의 싸움은 그리스도의 능력과 전신갑주를 필요로 한다(6:10-11).
　　A. 그리스도인들의 싸움은 그리스도의 능력을 필요로 한다(6:10).
　　B. 그리스도인들의 싸움은 하나님의 전신갑주를 필요로 한다(6:11).
II. 그리스도인들의 싸움의 대상은 마귀이다(6:12-13).
　　A. 그리스도인들은 사람을 대상으로 싸우는 것이 아니다(6:12).
　　B.(그렇기 때문에) 그리스도인들은 강하게 서서 마귀를 대적해야 한다(6:13).
III. 그리스도인들의 싸움은 적절한 무기를 필요로 한다(6:14-17).
　　A. 진리의 허리띠가 필요하다(6:14a).

B. 의의 흉배가 필요하다(6:14b).
　　C. 평안의 복음이 필요하다(6:15).
　　D. 믿음의 방패가 필요하다(6:16).
　　E. 구원의 투구가 필요하다(6:17a).
　　F. 성령의 검이 필요하다(6:17b).

본문 : 에베소서 6:18-20
제목 : 그리스도인의 기도
중심내용 : 그리스도인들의 기도는 모든 성도와 주의 종을 위한 끊임없는 것이어야 한다.

I. 모든 그리스도인들은 다른 성도를 위해 기도해야 한다(6:18).
　　A. 기도는 항상 해야 한다(6:18a).
　　B. 기도는 성령 안에서 해야 한다(6:18b).
　　C. 기도는 모든 성도를 위한 것이어야 한다(6:18c).
II. 모든 그리스도인은 주의 종을 위해 기도해야 한다(6:19-20).
　　A. 그리스도인은 주의 종이 복음의 비밀을 전할 수 있도록 기도해야 한다(6:19).
　　B. 그리스도인은 주의 종이 환경에 굴하지 않고 복음을 담대하게 전할 수 있게 기도해야 한다(6:20).

부록 2
강해설교 이편(二篇)

    필자는 본서에서 강해설교 작성법을 자세히 제시했지만, 강해설교에 익숙하지 못한 독자들은 본서에 제시된 방법대로 설교를 하면 설교가 어떤 모양이 될는지에 대해서 정확히 감(感)이 잡히지 않을는지 모르겠다. 그래서 필자는 여기에 필자의 설교 두 편을 실례(實例)로 제시한다. 필자는 이 두 편의 설교가 절대로 완전무결하다고 생각할 정도로 기고만장하지도 않고, 또 필자가 선택한 본문을 모든 설교자들이 필자와 똑같은 방식으로만 취급해야 된다고 믿을 정도의 독단도 주장하지 않는다. 본 설교 두 편은 다만 독자의 이해를 돕기 위한 교육적 목적을 달성하기 위한 것일 뿐임을 이해해 주기 바란다.

"믿음의 경주"

본문 : 히브리서 12:1-2
제목 : 믿음의 경주
중심내용 : 그리스도인의 신앙의 경주는 주님이 원하시는 방법대로 여야 한다.
설교목적 : 성도들로 하여금 올바른 자세로 신앙의 경주를 하도록 하기 위해서

서론
1. 우리는 구원받고 나면 여러 가지 일을 하게 된다.
2. 어떤 일은 우리가 원해서 하지만, 어떤 일은 우리가 원하든 원치 않든 자동적으로 가담하게 된다.
3. 그 중의 하나가 신앙의 경주이다. 구원받은 그 순간부터 모든 그리스도인은 신앙의 경주의 대열에 참여한다.
4. 그러면 우리는 이 경주를 어떤 태도로 해야 되겠는가?
  (본문에 보면 우리 앞의 허다한 증인들 [v.1a = 11장에 있는 인물들]이 믿음의 경주를 했는데, 우리도 이들과 똑같이 신앙의 경우를 하고 있다. 그 경주 태도는 세 가지로 설명할 수 있다.)

I. 우리는 모든 방해물을 제거하고 경주해야 한다(v.1b).
  A. "무거운 것"을 벗어야겠다.
    1. "옹코스"(ὄγχος) - "무게", "짐", "방해하는 것"을 의미한다.
      ① 경주할 때 거추장스런 옷이나 짐을 등에 지고 한다면 어떨까?
      ② 경주할 때 비곗살로 인해 뒤뚝뒤뚝하면서 뛴다면 어떨까?
      ③ 배구를 하는 사람이 한복을 입고 한다면 어떨까?
        (cf. 다윗과 골리앗이 싸울 때 다윗이 입은 갑옷)

2. 우리의 신앙 생활에 있어서도 방해물이 많다.
   (반드시 죄라고 할 수 없는 것 중에도 신앙을 방해하는 것들이 많다.)
   ① 일 - 그 자체는 죄가 아니나 지나치게 일에 빠지면 신앙의 경주에 방해물이 된다.
   ② 취미 생활 - 그 자체는 죄가 아니다. 그러나 이런 것들도 지나치면 방해물이 된다.
   ③ 연속극도 그렇다.
   ④ 우리가 주님을 섬기는 데 장해가 되는 모든 것이 바로 "무거운 것"이다.
  B. "죄"를 벗어야겠다.
   1. 세상에서 경주할 때에는 죄가 큰 방해물이 되지 않는다.
   2. 그러나 믿음의 경주를 할 때는 죄가 있으면 경주를 제대로 할 수 없다.
  C. 그렇기 때문에 우리는 모든 무거운 것과 죄를 벗어버리고 경주해야 한다.
   1. 방해물이 너무 커지기 전에 그렇게 해야 한다.
   2. 너무 늦으면 방해물이 나를 완전히 삼켜 버린다.
     (cf. 암)
     (우리는 신앙의 경주를 할 때 모든 방해물을 제거하고 해야 될 뿐만 아니라)
II. 우리는 인내를 가지고 경주해야 한다(v.1c).
  A. 경주를 하다가 중간에 포기하면 실격자가 된다.
   1. 경주는 쉬지 않고 끈기 있게 해야 된다.
     ① 토끼와 거북이
     ② 옛 시조 - "잘가노라 닫지 말고…"
   2. 경주뿐만 아니라 모든 일에 있어서 인내로써 해야지 중간에

포기하면 아무 것도 이루지 못한다.
　① 살바르산
　② 에디슨의 필라멘트
　③ 링컨
　B. 믿음의 경주에 있어서도 그렇다.
　　1. 우리가 1등을 하느냐 꼴찌를 하느냐보다 더 중요한 것이 있다.
　　2. 그것은 경주를 완파하느냐 않느냐 하는 것이다.
　　　(cf. 1984년 L. A. 올림픽 때 여자 마라톤 선수)
　　　(우리는 신앙의 경주를 할 때 방해물을 제거하고 인내로써 달려야 할 뿐만 아니라)
III. 우리는 예수 그리스도를 바라보면서 경주해야 한다(v.2).
　A. 그리스도는 우리의 경주의 본보기이다.
　　1. 그는 큰 즐거움을 위해서 목전의 괴로움을 참았다.
　　2. 우리도 큰 즐거움(= 상급)을 위해 참고 경주해야 한다.
　　　① 올림픽 금메달
　　　② 나의 경험
　B. 우리는 목표를 그리스도에게만 두어야 한다.
　　1. 주위의 사람이 목표는 아니다.
　　　(cf. 공부)
　　2. 예수 그리스도만 바라보고 달려야 한다.
　　　(cf. 마 14:22-23 물위의 베드로)

결론
　1. 우리는 어떤 자세로 경주해야 하나?
　2. 방해물을 제거하고 끈기 있게 주님만 바라보고 달음박질해야 되겠다.

"믿음의 경주"

우리가 예수 그리스도를 믿고 거듭나면 그 때부터 여러 가지 일을 하게 됩니다. 그 가운데 많은 일은 우리가 스스로 원해서 하는 것입니다. 예를 들면, 오늘 아침에 여러분들이 교회에 온 것은 여러분들이 스스로 원해서 한 것입니다. 누가 옆구리에 총을 갖다 대고 위협해서 온 것이 아니라 여러분의 자유 의사로 선택해서 온 것입니다. 교회 내에서 여러 가지 모양으로 주님을 섬기는 것도 여러분들이 원해서 하는 것입니다.

그런데 우리가 하는 일 가운데 어떤 것은 내가 원하든 원치 않든 자동적으로 하게 되는 것이 있습니다. 그 중의 한 가지가 바로 신앙의 경주입니다. 우리가 주님을 영접하고 나면 그 순간부터 주님 앞에 가는 그 시간까지 우리는 자동적으로 경주의 대열에 참가하게 됩니다. 그것도 50m나 100m 단거리 경주가 아니라 평생을 달리는 장거리 경주의 대열에 말입니다.

경주의 대열에 참가해 달리고 있다고 해서 다 주님이 원하는 모양으로 달리고 있는 것은 아닙니다. 어떤 사람은 경주랍시고 하긴 하지만 도무지 주님의 마음에 흡족하지 않게 하는 사람이 있습니다. 그런데 어떤 사람은 참으로 주님 뜻에 합당하게 경주하고 있습니다. 그러면 도대체 어떻게 경주하는 것이 올바른 경주의 자세이고 주님이 기뻐하시는 자세입니까? 이왕 경주할 바에야 올바로 해야 되지 않겠습니까?

1절 상반절에 보면 "우리에게 구름 같이 둘러싼 허다한 증인들이 있으니"라고 했는데, 이 허다한 증인들은 물론 11장에 나오는 믿음의 사람들을 가리키는 것입니다. 이들은 엄청난 시련과 역경 가운데서도 신앙의 경주를 한 사람들입니다. 이들과 똑같이 우리도 신앙의 경주를 하는 사람들인데, 본문에 보니 그 경주의 태도는 세 가지 특징이 있는 것을 알 수 있습니다.

첫째, 우리는 신앙의 경주를 할 때 모든 방해물을 제거하고 경주해야 합니다.

1절 중반절에 보니까 "모든 무거운 것과 얽매이기 쉬운 죄를 벗어버리고" 경주해야 한다고 말씀하고 있습니다.

우리가 벗어버려야 될 것 가운데 하나는 "무거운 것" 입니다.

"무거운 것" 이라는 헬라어 단어는 "옹코스" ($ὄγκος$)인데, 이 말은 "무게", "짐" 등의 의미와 함께 "방해하는 것", 즉 "방해물"을 의미하기도 합니다.

쉬운 예를 몇 가지 생각해 보겠습니다.

100m 경주를 하는 사람이 만일 핫바지를 입고 뛴다든지 등산갈 때나 메고 갈 무거운 배낭을 등에 지고 달린다면 어떻겠습니까? 이 사람이 제대로 속력을 낼 수 있겠습니까? 이 경우에 핫바지나 배낭이 바로 "무거운 것"이요 "방해물" 입니다.

만약 경주하는 사람이 그 몸무게가 200kg쯤 된다면 어떻게 되겠습니까? 미국에 가보면 이런 비만증 환자가 엄청나게 많은 것을 볼 수 있는데, 이런 사람들이 경주를 했다가는 심장마비로 졸도하고 말겁니다. 이 경우에는 비곗살이 바로 "무거운 것" 이요, "방해물" 입니다.

만일 배구 선수들이 치렁치렁 늘어지는 한복을 차려 입고 시합을 한다면 이건 배구 시합이 아니라 숫제 희극 경연 대회가 되고 말 겁니다.

다윗이 골리앗과 싸우러 나갈 때 사울 왕은 자신이 입는 놋투구와 갑옷을 다윗에게 입혀 골리앗과 싸우게 했습니다(삼상 17:38). 그러나 다윗에게 있어서 사울의 갑옷과 놋투구는 오히려 방해물에 불과했습니다.

우리의 신앙의 경주에 있어서도 이런 방해물들이 많이 있습니다. 그것 자체로는 죄라든지 잘못이라든지 꼬집어서 말할 수 없는 것임에도 불구하고 우리의 신앙의 경주를 방해하는 "무거운 것" 이 많이 있습니다.

일이란 것을 한번 봅시다. 여러분들, 일하는 게 죄입니까? 성경에 보면 일하는 게 죄가 아니라 일하지 않는 게 죄라고 했고, 일하기 싫거든 먹지도 말라고 그랬습니다. 어느 기준으로 재 보아도 일 자체를 죄라고 할 사람은 아무도 없을 것입니다. 그런데 문제는 지나치게 일에 빠져 일 중독자가 되는 것입니다. 일 그 자체는 죄도 잘못도 아니지만 일에 너무 빠져서 주님을 섬기는 데 지장을 받고, 신앙의 경주를 하는 데 방해를 받으면 바로 그 일이 본문에서 말하는 "무거운 것"에 해당되는 것입니다.

취미 생활이란 것도 그렇습니다. 우리는 여러 가지의 취미 생활을 즐깁니다. 사냥, 낚시, 각종 스포츠 등, 우리는 여러 가지의 취미로 피곤한 심신을 달랩니다. 우리 가운데 어느 누구도 이런 취미 생활을 죄라고 할 사람은 없을 것입니다. 취미 생활 그 자체는 좋은 것이고 바람직한 것이지만 이것도 지나치게 되어서 주님을 섬기는 데, 신앙의 경주를 하는 데 방해가 되면 취미 생활도 "무거운 것"에 해당되는 것입니다. 중요한 축구 시합을 보느라고 예배에 빠지게 되고, 낚시를 하면서 토요일 오후는 물론 주일까지도 낚시터에서 보내게 된다면 신앙의 경주를 제대로 할 수가 없을 것입니다.

학생들의 학교 공부란 것도 마찬가지입니다. 예수 믿는 학생들이 열심히 공부하지 않아야 될 이유가 없습니다. 예수 믿는 학생들은 삶의 목적이 무엇이고 공부의 목적이 무엇인지 바로 알기 때문에 믿지 않는 학생들보다 공부를 더 열심히 해야 됩니다. 공부를 해서 출세해 주님께 영광 돌릴 수 있으면 그렇게 해야 됩니다. 공부 그 자체는 절대로 죄가 아닙니다. 그러나 공부도 우리의 신앙 경주를 방해하는 "무거운 것"이 될 수 있습니다. 교회를 열심히 다니던 학생도 고 3이 되면 달라지기 시작합니다. 당장 대학가는 게 급하니 교회는 조금 방학했다가 대학에 들어가면 다시 교회 가겠노라고 하다가 아예 계속해서 방학을 하는 학생도 있습니다. 대학생들도 무슨 고시다, 무슨 자격 시험이다,

취직 시험이다 하는 것 때문에 교회를 조금만 쉬었다가 시험이 끝나면 다시 신앙 생활을 하겠다고 하다가 계속 쉬어 버리는 사람도 있습니다. 이쯤 되면 공부도 큰 문젯거리가 아닐 수 없습니다. 더 이상 중립적인 위치에 있는 것이 아니라 우리의 신앙의 경주를 방해하는 "무거운 것"이 되어 버리는 것입니다.

여러분들이 즐겨 보는 연속극도 마찬가지입니다. 토요일 밤과 일요일 밤에 방영되는 연속극이 특히 문제입니다. 연속극에 맛들이고 나면 일요일 저녁에는 예배보다 연속극이 더 중요하다는 생각에 빠지게 됩니다. 이렇게 되면 연속극이 우리의 신앙 경주를 방해하는 "무거운 것"이 되고 맙니다. 우리가 주님을 섬길 때 우리로 하여금 주님과 가까워지게 하는 대신에 점점 멀어지게 하고, 우리가 신앙 경주를 더 잘 할 수 있도록 도와주는 것이 아니라 방해하는 것이면 무엇이든지 다 본문에서 말하는 "무거운 것"에 해당됩니다. 우리는 이런 것을 지고서는 경주를 제대로 할 수가 없습니다. 시원하게 내던져야 합니다. 그래야만 경주가 제대로 될 수 있습니다.

우리의 신앙의 경주를 방해하는 것에는 "무거운 것"만 있는 것이 아닙니다. 방해물이 한 가지 더 있습니다. 본문에서는 그것을 가리켜 "죄"라고 했습니다. 우리는 "무거운 것"과 함께 "죄"도 벗어 버려야만 신앙의 경주를 제대로 할 수 있습니다. 세상에서의 경주와 신앙의 경주는 한 가지 큰 차이가 있습니다. 세상에서의 경주에는 죄가 크게 문제되지 않습니다. 거짓말쟁이도 경주할 수 있습니다. 사기꾼도 복싱 선수가 될 수 있습니다. 첩을 얻어 살면서도 축구 선수로 뛸 수 있습니다. 그러나 신앙의 경주는 근본적으로 다릅니다. 내 생활 가운데 죄가 있으면 이것이 내 다리를 꽉 옭아매어서 나로 하여금 한 발짝도 떼어 놓지 못하게 합니다. 그렇기 때문에 우리의 생활 가운데 "무거운 것"이나 "죄"가 있으면 지금 당장 벗어 버려야 합니다. 너무 늦기 전에 벗어 던져야 합니다.

여러분은 암에 관해서 잘 알고 있을 것입니다. 얼마 전에도 암으로 세상을 떠난 어떤 분의 가정에 문상을 간 일이 있었는데, 암이란 참으로 무서운 병입니다. 현대 과학으로서도 아직까지 완전한 해결책이 없는 불치병 가운데 하나입니다. 그런데 암 전문가들의 공통된 견해에 의하면, 이렇게 무서운 암도 조기에 발견해서 치료하면 완치가 가능하다는 것입니다. 가령 내 몸의 한 부분에 조그마한 혹이 하나 생겼다고 생각해 봅시다. "조그마한 이 혹 하나쯤이야 어떨려고?" 생각하고는 이 혹을 가만히 두어 보세요. 그러면 이 혹은 점점 커지고 여기저기 번져서 나중에는 나를 완전히 옭아매게 됩니다. 그 때에는 이미 너무 늦었습니다. 죽을 날만 손꼽아 기다리는 길 외에는 다른 방법이 없게 됩니다. 그러나 만일 내 몸에 생긴 조그마한 혹을 발견하는 그 즉시 인정사정 볼 것 없이 싹둑 잘라 버리면 나는 암에서 완전히 해방될 수 있는 것입니다. 우리의 신앙 경주에 있어서 "무거운 것"과 "죄"는 바로 암과 같습니다. 조그마한 것이라도 발견되면 금세 잘라 버려야지 그렇지 않고 가만 내버려두면 이런 것에 완전히 사로잡혀서 신앙의 경주는 계속될 수 없습니다.

성도 여러분, 여러분의 생활 가운데에는 신앙의 경주를 방해하는 "무거운 것"과 "죄"가 없습니까? 오늘 이 문제를 완전히 처리하고 돌아가시기 바랍니다.

우리는 어떠한 태도로 신앙의 경주를 해야 됩니까? 무거운 것과 얽매이기 쉬운 죄를 벗어버리고 경주해야 됩니다. 그러나 이것만 가지고는 되지 않습니다.

둘째, 우리는 신앙의 경주를 할 때 인내를 가지고 해야 됩니다.

본문 1절 하반절에 보니 "인내로써 우리 앞에 당한 경주를 경주하여"라고 했습니다.

우리가 만일 경주를 하다가 중간에서 포기하면 실격자가 됩니다. 그렇기 때문에 경주는 쉬지 않고 끈기 있게 해야 됩니다.

우리는 토끼와 거북이의 우화를 잘 알고 있습니다. 거북이가 토끼와의 경주에서 이긴 것은 발이 빨라서가 아닙니다. 발이 빠른 쪽은 거북이가 아니라 토끼였지만, 토끼는 끈기 있게 달리지 않고 중간에서 쉬었기 때문에 경주에서 졌고, 반대로 거북이는 발은 느렸지만 쉬지 않고 끈기 있게 달렸기 때문에 경주에 이기지 않았습니까?

우리 나라 옛 시조에도 그러지 않았습니까?

잘 가노라 닫지(= 달리지) 말고 못 가노라 쉬지 마라
부디 긋지(= 그치지) 말고 촌음을 아껴서라
가다가 중지 곧 하면 아니감만 못하니라

경주뿐만 아니라 사실상 무슨 일이든 끈기 있게 하지 않으면 제대로 되는 일이 없습니다. 인류 역사상 무엇인가를 이루어 놓았던 사람들 중에 끈기가 없었던 사람이 있었던가요?

살바르산을 발명한 에를리히를 보세요. 그는 이 약 하나를 발명하기 위해 무려 606번을 실험했다고 하지 않습니까? 그래서 살바르산이 일명 606호라고 불리고 있지 않습니까? 605번의 실패도 그를 좌절시키지 못했던 것입니다. 그에게 있어서 605번의 실패는 실패가 아니라 새로운 도전이었고 몰랐던 것을 배우는 기회였던 것입니다. 참으로 놀라운 끈기라고 아니할 수 없습니다.

어두운 밤을 밝혀 주는 백열등을 발명한 에디슨을 보세요. 백열등의 필라멘트로서 텅스텐이 가장 적합하다는 것을 발견하기까지는 무려 2,000번 이상의 실패를 맛보아야 했지만 그는 좌절하지 않았습니다. 참으로 얼마나 놀라운 끈기입니까!

여기 한 사람이 있습니다. 그는 1831년에 사업에 손을 댔다가 실패했습니다. 그 이듬해인 1832년에는 주 하원의원에 출마했다가 낙선되었습니다. 1833년에는 또 사업에 실패했습니다. 1834년에는 다행히 주

하원의원에 당선되었습니다. 1835년에는 그의 애인이 죽었습니다. 1836년에는 신경쇠약으로 쓰러졌습니다. 1838년에는 주 하원의장에 입후보했다가 낙선되었습니다. 1840년에는 선거인단에 출마했다가 낙선되었습니다. 1844년에는 연방 하원의원에 출마했다가 낙선되었습니다. 1846년에는 다행히 연방 하원의원에 당선되었습니다. 1848년에는 연방 하원의원에 또 낙선되었습니다. 1885년에는 연방 상원의원에 출마했다가 낙선되었습니다. 1856년에는 부통령에 출마했다가 낙선되었습니다. 1858년에는 연방 상원의원에 출마했다가 또 낙선되었습니다. 그러나 1860년에는 미국의 대통령에 당선되었습니다. 이 불굴의 용사가 바로 에이브러햄 링컨입니다. 오늘날 미국 사람들한테 가장 존경하는 인물 둘을 들라 하면 그들은 주저하지 않고 조지 워싱턴과 에이브러햄 링컨을 듭니다. 그는 엄청난 실패와 절망의 계곡을 통과하면서도 좌절하지 않았기 때문에 오늘 미국은 물론 전세계가 존경하는 위대한 인물 가운데 하나가 되지 않았습니까?

신앙의 경주에 있어서도 그렇습니다. 어떠한 역경과 절망 가운데서도 좌절하거나 중단하지 않는 끈기가 필요합니다.

세상에서 경주하는 사람들은 1등을 하기 위해서 하지만, 신앙의 경주에 있어서는 1등을 하느냐 꼴찌를 하느냐 하는 것은 별로 문제가 되지 않습니다. 신앙의 경주에 있어서 중요한 것은 경주를 끝내느냐 안 끝내느냐 하는 것이지, 1등을 하느냐 꼴찌를 하느냐 하는 것이 아닙니다.

여러분들은 1984년 L. A. 올림픽 때의 한 여자 마라톤 선수를 기억할 것입니다. 그 선수는 경주 도중 탈진 상태가 되었기 때문에 많은 사람들이 경주를 포기하라고 권유했지만, 그녀는 주어진 코스를 끝까지 완주했습니다. 그것을 본 모든 사람들은 그 선수에게 박수갈채를 보냈습니다. 그 선수가 1등을 했기 때문도 아니고 꼴찌를 했기 때문도 아닙니다. 그 선수는 중간에서 포기하지 않고 끈기 있게 경주를 끝냈기 때문이다.
　우리가 신앙의 경주를 할 때도 그렇습니다. 경주를 해 나가다 보면 유혹이 참 많습니다. 우리의 눈길을 끌고, 우리의 관심을 끄는 것들이 너무나 많이 있습니다. 우리의 신앙 경주를 중도에서 포기하고 도중하차케 하는 유혹들이 우리 주위에 잔뜩 도사리고 있습니다. 우리의 "신앙의 배"는 항상 파선될 위험을 안고 있습니다. 그럼에도 불구하고 우리는 포기하지 않고 끈기 있게 신앙의 경주를 해야만 할 것입니다.
　우리는 어떠한 태도로 신앙의 경주를 해야 합니까? 모든 방해물들을 다 벗어버리고 끈기 있게 해야 됩니다. 그러나 그뿐만 아닙니다.
　셋째, 우리는 신앙의 경주를 할 때 예수 그리스도만 바라보면서 경주해야 합니다.
　본문 2절에서는 이렇게 말씀하고 있습니다. "믿음의 주요 또 온전케 하시는 이인 예수를 바라보자 저는 그 앞에 있는 즐거움을 위하여 십자가를 참으사 부끄러움을 개의치 아니하시더니 하나님 보좌 우편에 앉으셨느니라"
　예수 그리스도는 우리의 신앙 경주의 본보기입니다. 예수님은 큰 즐거움을 위하여 목전의 괴로움을 잘 참으셨습니다. 큰 즐거움이란 물론 무수한 영혼을 천국으로 인도하는 기쁨을 말하는 것이지요.
　그렇기 때문에 우리도 큰 즐거움을 위해서 현재의 어려움을 참고 경주해야 합니다. 우리가 받을 큰 즐거움은 물론 주님으로부터 받을 상급을 말하는 것입니다.
　올림픽 경기에서 금메달을 따는 선수를 보세요. 금메달을 따기 위해 수년 동안 피땀 흘려 훈련하고, 자기의 욕망을 억제하고 절제하며, 고난의 과정을 통과하다가 올림픽 경기에서 목에는 금메달이 걸려지고 경기장에는 태극기가 나부끼고 애국가가 장내에 울려퍼질 때 그는 지난 수년 동안의 고난을 그 순간 다 보상받는 것입니다. 지난 수년 동안의 땀방울이 절대로 헛되지 않은 것을 그는 발견할 것입니다. 금메달에 대한 꿈이 엄청난 훈련을 잘 감수하게 하는 것입니다.

저는 미국에서 8년 동안 공부하면서 여러 가지 궂은 일을 많이 했습니다. 학교에서 장학금을 받았지만 애들을 키우고 생활을 유지해 나가기 위해서는 많은 돈이 필요했기 때문에 궂은 일 좋은 일 가릴 것 없이 마구 일했습니다. 제가 했던 힘든 일 가운데 하나는 아파트를 청소하는 일이었습니다. 매주 토요일 10여 군데의 아파트 주위를 깨끗이 하고 복도를 진공 청소기로 청소하는 것이 제가 할 일이었습니다. 봄, 가을이나 겨울에는 그런대로 할 만했는데, 문제는 여름이었습니다. 달라스는 상당히 더운 도시이고 여름은 거의 6개월이나 되다시피 하기 때문에 여름에 밖에서 청소하기는 정말 싫었습니다. 가능하면 시원할 때 청소하려고 아침 일찍 차를 몰고 나가지만 조금만 일하면 땀이 줄줄 흐릅니다. 온 몸 전체가 땀으로 완전히 찌들게 되고 입고 있는 옷도 땀으로 흠뻑 젖어 버리게 됩니다. 한 주일 한 주일 힘든 일을 하면서 기대하는 것은 봉급날이었습니다. 봉급을 타고 나면 그 바로 다음 주일은 정말 일하러 가기가 싫었습니다. 그럼에도 불구하고 봉급날을 기다리며 한 주일 한 주일 일을 했고, 결국 이 일을 2년 동안이나 하게 되었던 것입니다. 일은 힘들었지만 봉급 때문에 2년 동안 참고 견디었던 것입니다.

우리의 신앙의 경주에 있어서도 마찬가지입니다. 우리를 위해 마련된 상급을 바라보면서 현재의 고난을 참으며 신앙의 경주를 해야 될 것입니다. 현재의 고난이 크면 클수록 상급은 그만큼 더 달콤한 것입니다. 미래의 큰 즐거움을 위해 십자가의 고난도 사양치 아니하신 주님을 본받아 우리도 우리 앞에 우리를 위해 준비된 상급을 바라며 중단 없는 신앙의 경주를 해야 할 것입니다.

우리는 신앙의 경주를 할 때 예수 그리스도가 우리의 신앙 경주의 본보기라는 사실을 바로 깨달아야 될 뿐만 아니라, 그분을 바라보면서 그분에게만 목표를 두고 달려야 합니다.

2절 상반절에서는 이렇게 말씀하고 있습니다. "믿음의 주요 또 온전케 하시는 이인 예수를 바라보자." 그렇습니다. 그분은 우리의 신앙의 대상이요, 그분은 우리의 신앙을 온전케 하시는 분입니다. 그렇기 때문에 우리는 신앙의 경주를 할 때 그분에게만 목표를 두고 달려야 합니다.

우리의 신앙의 경주에 있어서 우리 주의의 사람들은 우리의 목표가 아닙니다. 어떤 사람들은 무슨 일을 하든지 사람들을 목표나 기준으로 삼아서 하고 있습니다.

예를 들면, 한 학생을 공부 잘하는 학생들과 함께 공부하게 할 경우와 공부 못하는 학생들과 함께 공부하게 할 경우에 엄청난 실력 차이가 납니다. 공부 잘하는 학생들과 함께 할 경우에는 경쟁이 치열하고 따라서 경쟁에 지지 않기 위해서 열심히 공부하다 보면 실력이 부쩍 늘어납니다. 그러나 같은 학생을 공부 못하는 학생들과 함께 공부하게 하면 경쟁 의식이 없어집니다. 공부 열심히 안 해도 늘 1등만 하니까 열심히 공부해야 되겠다는 마음이 없습니다. 그래서 실력은 저하되게 마련입니다. 이 학생의 경우는 목표가 주위에 있는 동료 학생들입니다.

신앙의 경주를 할 때에도 사람에게 목표를 두고, 사람을 바라보고 하는 사람들이 있습니다. 어떤 사람들은 목사나 전도사나 집사나 그 밖의 어떤 다른 사람을 바라보고 신앙의 경주를 합니다. 물론 이들 가운데 참으로 매사에 본이 될 정도로 훌륭한 신앙을 가진 분들이 적지 않습니다. 어느 면으로 보아도 모범적인 신앙인들이 많이 있지만, 그럼에도 불구하고 이들도 우리의 신앙 경주의 목표는 아닙니다.

우리의 신앙 경주에 있어서의 목표는 오직 예수 그리스도밖에는 없습니다. 사람들은 아무리 그 신앙이 훌륭해도 때때로 우리를 실망시킵니다. 그러할 때 사람에게 목표를 두고 있으면 그 사람이 넘어질 때 나도 함께 넘어집니다. 함께 넘어지지는 않을 사람도 있겠지만, 그러나 마음에 큰 상처를 받게 된다는 것은 어쩔 수 없는 사실입니다.

우리가 신앙의 경주를 할 때 사람을 바라보아도 안 되지만 우리 주위의 환경을 바라보아도 안 됩니다. 환경을 바라보고 신앙 경주를 하는 사람은 일이 잘 되어 가면 열심히 신앙의 경주를 하지만 일이 여의치 않으면 그만두게 됩니다.

마태복음 14장 22절 이하에 보면 이런 이야기가 있습니다. 예수님은 산에 기도하러 가시고 제자들은 배를 타고 가다가 역풍으로 인해 큰 고생을 하고 있었는데 예수님께서 물 위로 걸어서 제자들에게 찾아오셨습니다. 이것을 본 제자들은 유령이라고 하며 두려워하나 예수님은 유령이 아니라 자신이 누구신지 밝히시니 용감한 베드로는 "주여 만일 주시어든 나를 명하여 물위로 오라 하소서"라고 간청했습니다. 예수님께서 "오라!" 명하시매 베드로는 물 위에서 한 동안은 잘 걸어가다가 주위의 풍랑을 바라보고는 무서워서 물에 빠져들어 갔습니다.

우리 모두는 인생의 바다 위를 항해하는 항해자들이요, 그 바다 위에서 열심히 뛰어가는 신앙의 경주자들입니다. 그 항해를 하는 도중 우리가 우리의 시선을, 우리의 목표를 예수님께만 두면 아무 문제없이 인생의 바다를 잘 건너갈 수 있지만, 베드로와 같이 환경을 바라보고 주위의 풍랑을 바라보면 물 속에 빠져 들어가고 말것입니다.

사랑하는 성도 여러분! 여러분은 인생의 경주, 신앙의 경주를 성공적으로 마치기 원하십니까? 그러자면 우리를 방해하는 모든 것들을 제거하고 끈기 있게 예수님만 바라보고 달려야 할 것입니다.

그러할 때 우리 모두는 성공적인 경주자가 될 것입니다. 오늘 아침에 여기 오신 분 중에서 신앙의 경주를 하다가 포기하려고 하는 찰나에 있는 분들은 없습니까? 신앙의 경주를 하기는 하지만 주님이 원하시는 대로 신앙의 경주를 못하고 있는 분들은 없습니까? 오늘 우리는 우리 자신을 주님 앞에 내어놓고 주님이 원하시는 대로 중단하지 않고 신앙의 경주를 끝내겠노라고 결심하는 이 시간이 되기를 바랍니다.

"어리석은 부자"

본문: 누가복음 12:13-21
제목: 어리석은 부자
중심내용 : 진정한 부는 영원한 것을 위해 준비하는 데 있다.
설교목적 : 성도들로 하여금 진정한 부는 영원한 것을 위해 준비하는
데 있음을 알게 하기 위해서

서론
  1. 톨스토이의 민화(民話)
  2. 본문의 읽을 것
  3. 본문의 배경(12:13-15)
I. 그는 재물의 주인을 바로 알지 못했다(vv.16-18).
  A. 그는 풍성한 소출을 자신의 공로로 생각했다.
    1. 그의 풍성한 소출은 자신의 노력의 대가라기보다는 하나님의 선물이요, 은혜였다.
      ① 하나님께서 흉년이 들게 하실 수도 있었다.
      ② 인간의 노력보다 하나님의 뜻이 더 우선적이다.
    2. 그는 모든 것이 "내" 것인 줄로 알았다.
  B. 우리는 재물에 대해서 이와 같은 태도를 취해서는 안 되겠다.
    1. 우리의 재물의 주인은 하나님이시다.
      ① 우리는 어느 것 하나 소유하고 있지 않다.
      ② 우리는 모두 청지기에 불과하다.
    2. 성경은 재물을 반대하지 않는다.
      ① 중요한 것은 재물의 주인을 바로 알아서 나에게 맡겨진 돈을 어떻게 쓰느냐, 돈에 대해 어떤 태도를 갖느냐 하는 것이다.

② 돈을 도구로 쓰느냐, 돈의 종이 되어 있느냐 하는 것이 중요하다.
3. 재물의 주인을 바로 아는 사람은 하나님의 영광을 위해 사용한다.
① 영적인 사람은 재물을 어떻게 하면 주님 영광을 위해 사용할까 부심한다.
② 육적인 사람은 그렇지 않다. 돈 모으는 데에만 관심이 있든지, 모은 돈으로 자신의 쾌락을 위해서 사용한다.
(이 부자는 재물의 주인을 바로 알지 못했을 뿐만 아니라)

II. 그는 재물 때문에 영적인 눈이 멀어져 참으로 귀한 것이 무엇인지를 몰랐다(vv.19-20).
A. 그는 재물 때문에 참으로 귀중한 것이 무엇인지를 몰랐다.
1. 그는 세상 것을 찾다 보니 영적인 것에는 관심이 없어졌다.
2. 그는 재물뿐만 아니라 영혼도 자기 것이라고 생각했다.
3. 그는 물질이 영혼의 문제를 해결해 주는 것으로 생각했다.
4. 그는 참으로 귀중한 것이 무엇인지 몰랐다.
B. 우리도 이 부자같이 어리석은 사람이 되어서는 안 되겠다.
1. 온 천하보다 더 귀한 것은 영혼이다.
2. 마태복음 16:26
예화 - 샤눙가호의 비극
(그는 재물의 주인을 바로 몰랐기 때문에 영적인 눈이 멀어졌을 뿐만 아니라)

III. 그는 자신에 대해 부유했으나 하나님께는 가난했다(v.21).
A. 이 부분은 vv.13-20의 총결론이다.
B. 참으로 부유한 사람은 누구인가?
1. 재물의 주인을 바로 알아 그 주인의 뜻대로 재물을 쓰는 사람이 참으로 부유한 자이다.

2. 영적으로 영원한 것을 준비하는 사람이 참으로 부유한 자
      이다.
      예화 - "누가 바보냐?"

결론
   1. 오늘 만일 하나님이 여러분의 영혼을 찾아가신다면 여러분은
      어디에 가있겠는가?
   2. 여러분은 영적으로 부유한 자인가, 가난한 자인가?

 * 이 설교에서는 대지가 모두 과거형으로 표현되어 있다. 서사문
   학의 경우 때에 따라서는 대지를 과거 시제로 표현하는 게 도움
   이 될 때도 있다. 그러나 이 경우에도 반드시 보편적인 원리가
   포함되어 있어야 한다는 사실에는 변함이 없다.

"어리석은 부자"

러시아의 문호 톨스토이의 민화집(박형규 역. 삼중당 발행, pp 40-62, "사람에게는 어느 만큼의 땅이 필요한가?")에 보면 이런 이야기가 있습니다.

러시아의 어느 한 마을에 많은 땅을 소유하고 싶어하는 바흠이라는 한 젊은이가 있었습니다. 땅만 충분히 있다면 겁낼 것이 없고, 자기가 원하는 대로 다 할 수 있다는 생각을 가지고 땅을 소유하는 데에만 혈안이 된 바흠은 땅 값이 싼 데만 있다면 원근을 불구하고 땅을 샀습니다. 그러나 아무리 해도 자기의 재력으로 살 수 있는 땅은 그리 큰 것이 아니었기 때문에 어떻게 하면 대 지주가 될까 하는 것이 그의 관심의 초점이었습니다.

그러다가 우연히 어느 상인이 바흠의 가정에 들렸다가 하는 말이, 자기가 여기저기를 다녀보니 빠시끼르라는 마을의 땅 값이 너무 싸서 거의 공짜로 땅을 살 수 있다는 것이었습니다. 이 말을 들은 바흠은 돈을 마련해서 빠시끼르라는 마을을 찾아가게 되었습니다.

과연 듣던 대로 그 곳은 인심도 좋고 땅 값도 엄청나게 쌌습니다. 그 곳의 촌장을 만나 물어 보니 빠시끼르에서는 땅을 헥타르로 파는 게 아니라 하루치에 1천 루우블이라는 것이었습니다. 다시 말하면 해 뜰 때부터 해 질 때까지 땅을 살 사람이 밟아서 표시한 땅은 모두 1천 루우블만 주면 그의 것이 된다는 것이었습니다.

이 말을 들은 바흠은 이제야말로 대 지주가 되는구나 하는 기대감에 들떠 거의 뜬눈으로 밤을 세웠습니다. 새벽 미명에 촌장 및 마을 사람과 약속한 곳으로 돈과 함께 빵, 물병, 곡괭이를 준비해 갔습니다, 해가 뜨자 마자 출발을 해서 군데군데 곡괭이로 표시를 하면서 열심히 달려 갔습니다. 한참을 가다 보니 해는 벌써 정오를 넘어섰습니다, 한 치의 땅이라도 더 차지하려는 욕심 때문에 빵 먹을 시간도 없이 계속 달려

갔습니다. 한 낮의 작렬하는 태양은 바흠을 자꾸 지치게 만들었습니다. 빵을 대충 먹고는 쉴 시간도 없이 다시 달리기 시작했습니다. 한참을 달리다가 방향을 바꾸어 왼편으로 달렸습니다. 그 길로 한참 가다가 보니 벌써 오후도 한참이 지난 시간이었습니다. 이제 다시 방향을 바꾸어 처음 출발했던 곳으로 향했습니다. 물론 이제 지칠 대로 지쳤고 다리는 천근같이 무거워졌고 태양은 점점 서산을 향해 가까워지는데 출발점까지의 거리는 아직도 까마득히 떨어져 있었습니다. "내가 욕심을 너무 냈구나" 하고 후회해 보았지만 이미 너무 늦었습니다. 마지막 한 순간까지 죽을 힘을 다해 질주해 해가 지는 것과 동시에 출발점에 도착하고서는 그 자리에 쓰러졌습니다. 그는 그 자리에서 다시 일어나지 못하고 말았습니다. 바흠의 하인은 바흠의 몸 크기에 맞을 만큼 땅을 파서 자기의 주인을 바로 그 땅에 묻어 주었습니다.

여기 이 젊은이와 같이 어리석기 짝이 없는 사람에 관한 이야기가 성경에도 있는데, 오늘 우리가 함께 상고하고자 하는 누가복음 12:13-21이 바로 그 이야기입니다. 다같이 누가복음 12:13-21을 교독(交讀)하도록 하겠습니다.

어느 두 형제가 있어 부모의 유산 때문에 서로 다투다가 해결책을 발견하지 못하자 그 문제를 가지고 예수님께 찾아왔습니다(눅 12:13-15). 예수님께서는 사람에게는 재물보다 더 귀한 것이 있음을 알게 하시기 위해서 한 가지 비유를 말씀하셨는데, 우리는 이 비유에 나오는 부자를 통해 3가지의 교훈을 배우고자 하는 것입니다.

첫째, 이 부자는 재물의 주인을 바로 알지 못했습니다.

16절부터 18절까지를 다시 한 번 읽어봅시다. "또 비유로 저희에게 일러 가라사대 한 부자가 있어 그 밭에 소출이 풍부하매 심중에 생각하여 가로되 내가 곡식 쌓아 둘 곳이 없으니 어찌할꼬 하고 또 가로되 내가 이렇게 하리라 내 곡간을 헐고 더 크게 짓고 내 모든 곡식과 물건을 거기 쌓아 두리라"

이 부자는 풍성한 소출을 자신의 공로, 자신의 노력의 대가라고 생각했습니다. 풍성한 소출은 사람의 노력의 결과라기보다는 사실 하나님의 선물입니다. 풍년은 인간의 노력만 가지고는 되지 않습니다. 하나님은 흉년도 주실 수 있지만 풍년이 들게 해 소출을 풍성하게 하실 수도 있습니다.

그런데 이 부자는 그렇게 생각하지 않았습니다. 그는 모든 것이 "내" 것이라고 생각했고, 모든 것이 "내" 공로로 되는 것으로 생각했습니다. 그래서 본문에는 "나"라는 대명사가 여러 번 반복되고 있는 것입니다.

오늘 우리는 어떻습니까? 우리도 이 부자와 같이 우리 자신이 재물의 주인이라고 생각하고 있지 않습니까? 재물의 주인은 우리 자신이 아니라 바로 하나님이십니다. 우리는 많은 것을 가지고 있지만, 엄밀한 의미에서 우리는 그 많은 것 가운에 어느 하나도 "소유"하고 있지 않습니다. 소유주는 하나님이시고 우리는 청지기입니다. 요즈음 말로 하면 관리인이란 뜻입니다. 관리인이 관리인의 신분에 머물지 않고 주인 행세를 하려고 할 때 갖가지 비극이 생겨나게 됩니다. 성경이 재물의 주인은 하나님이라는 진리를 가르친다고 해서 성경이 재물에 대해 부정적인 태도를 취한다고는 생각지 마시기 바랍니다. 오히려 그 반대입니다. 성경은 사람이 엿새 동안 힘써 일하고 돈을 벌라고 가르칩니다. 중요한 것은 재물을 얼마나 많이 소유하느냐 하는 것이 아니고 그 재물에 대해 어떤 태도를 갖느냐, 재물을 어떻게 쓰느냐 하는 것입니다. 하나님이 나에게 힘도 주시고 재능도 주시고 건강도 주셔서 나로 하여금 돈을 벌게 했기 때문에 그 돈은 하나님께 속한다는 것을 알고, 돈의 노예가 되는 것이 아니라 오히려 그 반대로 돈을 좋은 종으로 사용할 것을 성경은 가르치고 있습니다.

재물의 주인은 하나님이고 우리는 청지기에 불과하다는 사실을 알 때 우리는 돈을 함부로 쓰지 않습니다. 하나님의 영광을 위해서, 하나님이 기뻐하시는 뜻대로 사용합니다. 그러나 재물의 주인을 바로 알지 못하는 사람은 그렇지 않습니다.

재물의 주인을 바로 알지 못하는 사람은 돈을 열심히 긁어모으는 데만 혈안이 되었지 그 돈을 쓸 줄을 모르든지, 아니면 쓰기는 쓰되 자기 자신의 쾌락이나 이기적인 목적을 위해서 사용합니다. 그러할 때 불행이 싹트기 시작합니다. 가정은 파괴되고 자녀는 삐뚤어지고 사람들은 멸시의 눈초리로 그를 바라보게 됩니다.

달라스에 제가 잘 아는 교포 한 분이 있습니다. 김모씨라는 분인데 상당히 성공적인 사업가 중의 한 분입니다. 식당, 식품 가게, 부동산 등을 해서 돈을 열심히 모아서 자동차도 여러 대 소유하고 있는데, 그 중의 두 대는 벤츠입니다. 집도 달라스에서는 부자들만 모여 있고 유색 인종은 발을 들여놓기도 힘든 하일런드 파크(Highland Park)에 자리잡고 있습니다. 그 부부는 새벽 4시만 되면 일어나 자녀들(3남매)은 할머니에게 맡겨 놓고 가게에 나옵니다. 일요일만 제외하고는 거의 매일 나오다시피 해서 밤이 되어야 집에 돌아가곤 하는 것입니다.

그분의 막내아들이 유치원에 다니고 있는데, 한번은 그 아버지가 아들에게, "사무엘아(막내아들의 이름), 네가 제일 원하는 게 뭐니?"라고 묻자 "내가 유치원에 가고 올 때 나를 데리고 가고 데리고 오는 사람이 있었으면 제일 좋겠다"고 그러더라는 겁니다.

미국에서는 유치원이 수업을 마치면 애들을 문 앞에 모아서 그 부모가 차로 실으러 오면 한 애씩 보내곤 합니다. 그런데 사무엘의 부모는 사업에 너무 바빠서 한번도 데리러 오는 적이 없기 때문에 사무엘은 늘 맨 마지막까지 기다리다가 애들이 다 가고 나면 선생들도 하는 수 없이 사무엘이 혼자 걸어서 집에 가도록 하는 것입니다. 집이 그리 멀지는 않지만 사무엘은 그 어린 마음에 이미 상처를 받을 대로 다 받은 것입니다. 사무엘에게는 많은 장난감도 있고 편리한 시설도, 좋은 음식도 있지만, 사무엘이 참으로 원하고 필요로 하는 것은 그 어느 것도 아니고 그와 함께 있어 줄 부모 자신이었던 것입니다. 돈도 가지고 있을 만큼 가지고 있으면서도 돈에 대한 욕심 때문에 자녀들을 고아 아닌 고아로 만들어 가고 있는 것입니다. 이런 사람은 재물의 주인이 누구인지, 그리고 그 재물을 무엇을 위해서 어떻게 사용해야 되는지 모르기 때문에 이렇게 하는 것입니다.

여러분은 어떻습니까? 여러분은 본문에 나오는 부자와 같지 않습니까? 재물의 주인은 바로 "나"라고 생각하고 있지 않습니까? 여기의 부자는 재물의 주인을 바로 알지 못했기 때문에 모든 것이, 심지어는 그의 영혼까지도 자기 것이라고 생각했습니다. 그러나 그것뿐이 아닙니다.

둘째로, 그는 재물 때문에 영적인 눈도 멀어져 참으로 귀한 것이 무엇인지를 몰랐습니다. 본문 19절과 20절은 이렇게 말하고 있습니다. "또 내가 내 영혼에게 이르되 영혼아 여러 해 쓸 물건을 많이 쌓아 두었으니 평안히 쉬고 먹고 마시고 즐거워하자 하리라 하되 하나님은 이르시되 어리석은 자여 오늘밤에 네 영혼을 도로 찾으리니 그러면 네 예비한 것이 뉘 것이 되겠느냐"

여기 이 부자는 재물 때문에 참으로 귀중한 것이 무엇인지를 몰랐습니다. 그는 세상 것을 열심히 찾다 보니 영적인 것에는 관심이 없어지고, 심지어는 그의 영혼까지도 자신의 것이라고 생각하기에 이른 것입니다.

보십시오! 그는 많은 재물이 그의 영혼에게 쉼을 주고 즐거움을 주는 것으로 착각했습니다. 소출이 풍부해서 창고를 늘리고 그 창고에 곡식을 가득 쌓아 두는 것으로 그는 영혼의 문제가 해결되었다는 망상에 사로잡혀 있었습니다.

인간은 물질 이상의 존재입니다. 그렇기 때문에 인간 영혼의 진정한 안식과 즐거움은 물질을 통해서는 얻어질 수 없습니다. 그런데도 너무나 많은 사람들이 물질만으로 모든 것이, 심지어는 나의 영혼의 문제까지도 해결되는 것으로 착각하고 있습니다.

인간 영혼을 만드신 분, 인간 영혼의 주인은 하나님이시기 때문에 인간은 그 영혼의 창조자이신 하나님을 통해서만 영혼의 문제에 대한 근본적인 해결책을 발견할 수 있는 것입니다. 하나님을 통해 인간 영혼의 근본적인 해결책을 발견할 그 때에만 인간은 그에게 있어서 가장 중요한 문제를 해결한 자입니다. 그렇지 못할 때 우리는 본문의 부자와 같은 어리석은 사람이 되고 말 것입니다. 하나님께서는 이 부자를 향하여 이렇게 말씀하십니다. "어리석은 자여 오늘밤에 네 영혼을 도로 찾으리니 그러면 네 예비한 것이 뉘 것이 되겠느냐"

그렇기 때문에 우리는 이 부자와 같이 어리석은 사람이 되어서는 안 될 것입니다. 사람의 영혼은 천하보다 더 귀한 것입니다. 따라서 영혼을 제쳐놓고 물질에만 사로잡히는 사람은 참으로 어리석기 짝이 없는 사람입니다. 그래서 마태복음 16 : 26에서는 이렇게 말하고 있습니다. "사람이 만일 온 천하를 얻고도 제 목숨을 잃으면 무엇이 유익하리요 사람이 무엇을 주고 제 목숨을 바꾸겠느냐."

수년 전에 영국의 리버풀에서 뉴욕으로 향하는 샤눙가(Shanunga)라는 이름을 가진 배와 독일의 함부르크를 출발한 스웨덴 국적의 범선인 이두나(Iduna)라는 배가 충돌했습니다. 이두나호에는 206명이 승선해 있었는데, 두 배가 충돌한 후 약 30분 후에 이두나호는 완전히 침몰하고 말았습니다. 충돌 직후 샤눙가호에서는 곧 구조 작업을 폈지만 안개가 워낙 짙어서 구조 작업을 하기가 굉장히 힘들었습니다. 샤눙가호에서 내보낸 구명정 한 척과 이두나호에서 간신히 끄집어낸 구명정 한 척으로 겨우 34명만이 구조되었을 뿐, 선장 모베르크(Moberg)를 포함한 나머지 172명은 모두 익사하고 말았던 것입니다.

이 대참사를 직접 목도한 샤눙가호의 선장인 페이턴(Patten)은 이 참사를 다음과 같이 회고했습니다. 구조받은 생존자 34명은 모두 물위에 떠 있다가 구조대에 의해서 구출 받았는데, 206명 가운데 왜 겨우 34명만이 구출 받았는가 하면, 나머지 사람들은 대부분이 그 배에 있던 금과 은을 허리띠 주위에 잔뜩 동여맨 채 물 속으로 뛰어들었기 때문입니다. 물 속에 뛰어들긴 했지만 허리띠에 매여 있는 금과 은의 무게 때문에 물 위에 오랫동안 떠 있을 수가 없었습니다. 그래서 구조대가 도착할 즈음에는 이미 모두 물 속에 가라앉고 난 후였던 것입니다. 재물에 탐닉하던 그들은 재물은 물론 생명까지도 잃어버리는 비극을 맛보아야만 했습니다. 이는 참으로 비극적인 이야기라 아니할 수 없습니다. 우리에게 참으로 귀중한 것이 무엇인지 모를 때 오늘 우리도 똑같은 비극을 당할 수가 있는 것입니다.

이제 다시 본문에 나오는 부자의 이야기로 돌아가 봅시다. 그는 재물의 주인을 바로 알지 못했기 때문에 재물로 인해 영적인 눈이 멀어 버렸고, 그래서 그는 그에게 있어서 참으로 중요한 것은 창고를 늘리고 곡식을 쌓아 두는 것이 아니라 바로 그의 영혼 자체라는 것을 알지 못했던 것입니다. 어찌 그뿐이겠습니까?

셋째로, 그는 자신에 대해서는 지극히 부유했으나 하나님께 대해서는 가난하기 짝이 없었습니다.

여기에 나오는 비유에 대한 총결론이 21절에 나타나 있습니다. "자기를 위하여 재물을 쌓아 두고 하나님께 대하여 부유치 못한 자가 이와 같으니라"

참으로 부유한 사람은 누구입니까? 본문을 통해서 우리는 두 가지를 발견할 수 있습니다.

참으로 부유한 자는 자신을 위해 재물을 많이 모아 두는 사람이 아니고 무엇보다도 재물의 주인을 바로 알고 그 주인의 뜻대로 재물을 사용하는 사람입니다. 그런 사람은 수전노가 된다든지 자기 자신만을 위해서 재물을 쓴다든지 하는 일은 할 수 없는 사람입니다.

몇 년 전에 미국 플로리다 주의 웨스트 팜 비치(West Palm Beach)라는 도시에서 한 노파가 71세의 나이로 사망했는데, 그 사망 원인은 영양실조였습니다. 그 노파의 몸무게는 약 50파운드(= 약 23㎏)에 불과했던 것입니다. 그 노파가 살고 있던 집은 돼지우리와 별로 다를 것이 없었고, 물건들은 여기저기 어지럽게 흩어져 있었으며, 위생적인 환경과는 거리가 멀었습니다. 음식은 이웃집에서 구걸해 먹었고, 옷은 구세군에서 갖다 입었습니다. 겉보기에는 동전 한푼 없는 거지였고, 가난 때문에 영양 섭취를 제대로 못했던 것같이 보였던 겁니다. 그러나 실상은 그렇지 않았습니다.

그 노파가 깔고 자던 자리 밑에서 두개의 열쇠가 발견되었습니다. 그런데 그 열쇠는 그 도시에 있는 어느 두 은행의 귀중품 보관함 열쇠였던 것입니다.

첫번째 은행의 귀중품 보관함을 연 수사관들은 경악을 금치 못했습니다. 거기에는 약 700여 주의 AT & T(= 미국의 유명한 통신 회사) 주식과 수백여 장의 각종 유가증권과 약 200,000달러에 달하는 현금이 들어 있었던 것입니다. 수사관들이 나머지 한 은행을 찾아서 그 노파의 귀중품 보관함을 열었을 때 거기에는 주식이나 유가 증권은 없었지만 정확히 600,000달러의 현금이 들어 있었습니다. 모두 합하면 백만 달러(= 약 8억 원)에 해당되는 거액의 돈입니다. 그럼에도 불구하고 그 노파는 돈을 모을 줄은 알았지만 쓸 줄은 몰랐던 것입니다. 얼마나 어리석은 사람입니까! 진정한 부는 이런 것이 아닙니다. 진정한 부는 재물의 주인이 내가 아니라 주님이라는 것을 깨닫고 그분의 영광을 위해서 사용하는 것입니다.

참으로 부유한 자는 재물을 주님을 위해 사용할 뿐만 아니라 영원한 것을 위해 준비하는 사람입니다. 자신의 영혼이 하나님께 속한 것을 알고 그 하나님을 만날 준비를 제대로 하는 사람입니다. 본문에 나오는 어리석은 부자같이 자신의 육체를 위해서는 수년 앞까지 염려해서 창고를 짓고 곡식을 비축해 두고, 적금을 들고, 보험을 들고 야단법석을 떨면서도 자신의 영혼을 위해서는 아무 것도 준비하지 못한 어리석은 사람들이 우리 가운데에는 없습니까?

어떤 귀족이 자기 집에 바보 한 사람을 데리고 있었습니다. 어느 날 그 귀족이 바보에게 "만일 너보다 더 바보 같은 사람을 만나면 주거라" 하면서 그가 늘 가지고 다니던 지팡이를 건네주었습니다. 그로부터 얼마 있지 않아 그 귀족이 병이 들어 죽을 지경이 되자, 그 바보가 귀족에게 찾아왔습니다. 주인은 바보에게 말했습니다. "나는 머잖아 너를 떠나야만 될 것 같다." 그러자 바보는 "주인님, 어디로 가신다는 건가요?" 하고 물었습니다. "응. 다른 세계로 가야 돼"라고 주인은 대답했습니다. "그러면 주인님은 언제 돌아오시나요? 한 달 후에, 아니면, 1년 후에 돌아오시나요?" "아냐, 난 돌아오지 못해!" "아니, 주인님! 다시는 돌아오지 못하신다구요? 그러면 그곳에서 재미있게 지내실 것을 뭐 좀 준비하셨나요?" "아냐, 난 아무 것도 준비하지 못했어!" 그러자 바보는 놀라듯이 말했습니다. "아니, 아무 것도 준비를 못하셨다구요? 그곳에서 다시는 돌아오지 않으신다고 하면서 그곳에서 지낼 준비를 전혀 안 하신 주인님이야말로 진짜 바보로군요. 그러니까 이 지팡이는 주인님이 도로 받으세요."

누가 진정한 바보인가요? 영원한 것을 위해서는 전혀 준비를 못한 사람보다 더 어리석은 사람이 어디 있겠습니까? 진정한 부는 영혼을 위해서 준비하는 것입니다. 오늘 여러분은 어떻습니까?

만일 하나님이 오늘밤에 여러분의 영혼을 찾으신다면, 하나님 만날 준비가 되어 있습니까? 여러분의 영적 상태는 어떻습니까? 여러분은 진정한 부를 소유했습니까? 오늘 아침에 여러분들은 진정한 부를 소유하고 교회를 떠나시기 바랍니다.

부록 3
강해설교 아웃라인

여기에 실린 아웃라인은 필자가 직접 만든 것도 있고, 다른 설교자의 설교에서 힌트를 얻어 필자가 재구성한 것도 있으며, 필자의 강해설교 세미나에 참석한 목사님들이 제출한 아웃라인 가운데 비교적 잘된 것을 골라 필자가 수정, 보완한 것도 있다. 이 아웃라인을 가지고 설교하기를 원하시는 분들은 조금만 보완하면(특히 예화와 적용 부분) 될 것으로 생각한다. 아무튼 여기에 실린 몇몇 아웃라인이 본서를 애독하는 분들에게 조금이나마 도움이 되기를 바란다.

본문: 사사기 11:29-12:6
제목: 영적 무지의 비극
중심내용: 마땅히 알아야 될 것을 모르면 비극이 생긴다.
설교목적: 알아야 할 것을 제대로 아는 성도가 되게 하기 위해서

서론
 1. 마땅히 알아야 할 것을 모르는 것은 슬픈 일이다.
 2. 세상 지식이 없는 것도 비극적이지만 영적 지식이 없는 것은 더 큰 비극이다.
 3. 영적 지식에 대한 무지는 세상 지식에 대한 무지보다 더 끔찍하고 더 영속적인 결과를 가져온다.
 4. 오늘 본문을 통해 세 종류의 무지를 살펴봄으로 영적 무지가 얼마나 끔찍한가를 함께 보고자 한다.
I. 말씀에 대한 무지는 비극이다(11:29-40).
  A. 본문
   1. 입다는 암몬 족속과의 결전을 앞두고 불안하고 초조했다.
    "과연 내가 암몬 족속을 쳐부수고 우리 민족을 구원할 수 있을까?"
   2. 그래서 그는 궁여지책으로 하나님께 성급한 서원을 했다.
    승리를 주시면 귀환할 때 나를 맨 처음 영접하는 사람을 번제로 드리겠다.
   3. 하나님은 그에게 승리를 주셨다 - 그것은 서원과는 무관하다.
   4. 입다가 귀향할 때 유감스럽게도 입다의 무남독녀가 맨 먼저 환영했다.
   5. 가슴이 찢어질 것 같은 아픔이었다 - 그러나 입다의 딸은 아버지에게 순종했다.

6. 결혼도 못하고, 이스라엘 처녀의 최대 소원인 자식도 낳지 못하고 죽어야 한다는 이유 때문에 두 달간 슬퍼했다.
   7. 그리고 입다는 자기 딸을 번제로 드렸다.
B. 입다의 서원은 말씀에 대한 무지가 얼마나 비극적인 결과를 가져오는지를 잘 보여준다.
   그는 하나님을 의지하고, 하나님의 뜻대로 살고자 하는 마음은 있었으나, 마땅히 알아야 할 영적 진리를 제대로 몰랐다.
   1. 레위기 18:21 - 하나님께서는 사람을 제물로 드리지 말라고 하셨다.
   2. 그러면 왜 입다가 이런 서원을 했을까?
      ① 그가 살던 시대는 타락한 시대였다.
      ② 그리고 이방인의 영향이 강했다.
      ③ 그가 격파하려던 암몬 족속은 자식을 불에 태워 제사를 지냈다.
   3. 입다는 하나님의 말씀을 제대로 몰랐다.
      ① 그는 진지했지만 방향이 빗나갔다.
      ② 그래서 그는 하나님이 원치도 않은 서원을 했다.
   4. 서원을 한 것도 무지한 일이었지만 그 서원을 시행한 것은 더 큰 무지의 결과이다.
      ① 우선 어떤 사람들은 입다의 딸이 희생제물로 드려진 것이 아니라 평생 처녀로 성전에서 봉사했다고 한다.
      ② 본문의 자연스러운 해석은 번제로 죽었다고 보는 것이다.
   5. 번제를 드리겠다는 서원을 이행한 것은 또 다른 무지의 결과이다.
      ① 레위기 27:2-5 - 사람을 드리기로 했으면 돈으로 대납이 가능하다.

② 20세이상의 여자이면 - 은 30세겔로 대납.
③ 20세미만의 여자이면 - 은 10세겔로 대납.
6. 입다나 입다의 딸이나 주위의 많은 사람들 중 어느 한 사람이라도 말씀을 바로 알았더라면, 그래서 레위기 29장 말씀을 가르쳐 주었더라면, 이처럼 가슴 아픈 일은 없었을 것이다.

C. 적용
1. 말씀에 대한 무지가 얼마나 비극적인지 알겠는가?
2. 구원받지 못한 사람이 구원얻을 말씀을 바로 알지 못하면 교회를 평생 다니면서 교회에 봉사해도 지옥에 간다.
1000만 명이나 교회에 다니지만 구원의 말씀을 바로 알아 구원받는 사람이 얼마나 될까?
3. 구원받은 사람도 마찬가지다.
말씀에 대해 무지하면 고삐 풀린 망아지와 같다 - 마음대로 행한다.
호세아 4:6 - "내 백성이 지식이 없으므로 망하는도다 네가 지식을 버렸으니 나도 너를 버려 내 제사장이 되지 못하게 할 것이요 네가 네 하나님의 율법을 잊었으니 나도 네 자녀들을 잊어버리리라"
4. 우리 삶이 말씀에 푹 잠겨 있지 않으면 옛 습관 나온다.
옛 사람이 나온다.
그리스도인이면서도 그리스도인답지 못하게 된다.
5. 말씀은 도처에 넘쳐난다.
홍수 속에 있다. 홍수의 비극은 무엇인가? 많다.
그러나 가장 큰 비극은 물은 교회에 있지만 내가 마실 물은 없다는 것이다.
① 여러분은 그 홍수 속에서 마셔야 할 물을 바로 마시고 있

            는가?
          ② 내 영혼은 말씀이 없어서, 목말라 죽어 가고 있는 상태가 아닌가?
       6. 말씀에 대한 무지, 말씀을 가까이 하지 않는 비극은 크다.
          (무지는 또 다른 무지를 낳는다. 그것이 12:1-4에 나온다.)
II. 자신의 책임에 대한 무지는 비극이다(12:1-4).
    A. 본문
       1. 입다가 길르앗 주민을 이끌고 암몬 족속을 격파한 후 문제가 생겼다.
       2. 요단강 동편에 살고 있는 에브라임 지파가 시비를 걸어왔다.
       3. 암몬 족속이 길르앗 지역을 18년 동안 괴롭혔지만 에브라임 지파는 모른 척했다.
       4. 그리고 입다가 암몬을 치러 함께 가자고 할 때도 못들은 척했다.
       5. 이제 입다가 암몬을 격파하고 대승을 거두자 시비를 걸어왔다.
          ① 에브라임 지파는 항상 전쟁이 끝난 뒤에만 용감했다(뒷북치기 명수). 그리고 적들과 싸울 준비는 안 되어 있고, 동족과 싸울 준비는 되어 있었다.
          ② 사사기 8:1-3 - 기드온이 미리암 족속과 싸울 때도 그러했다.
          ③ 이번에 또 그런다.
       6. 처음에 입다는 차근차근 잘 설명했다.
          그러나 그들은 길르앗 사람을 도망자라고 조롱했다.
          입다 격분 - 에브라임을 치고 말았다.
    B. 적용

1. 입다는 하나님의 말씀을 몰라 비극을 겪었다.
2. 에브라임의 경우는 무엇인가?
3. 하나님께서 주신 의무와 책임을 모르는 비극이었다.
4. 그들은 전쟁 결과로 얻은 노략물을 챙기는 데는 열심이었지만, 동족을 위해 싸우는 데는 취미가 없었다.
5. 이것은 오늘날 우리에게 그대로 해당된다.
   ① 어떤 성도는 기진맥진할 정도로 일한다.
      청소를 한다, 설거지를 한다, 구령을 한다, 양육을 한다.
      몸이 열두 개라도 못 견딜 정도다.
   ② 어떤 성도는 구경만 한다.
      진흙 속에 함께 들어가기를 원치 않는다.
   ③ 어떤 사람은 유아실에서 한 번도 걸레질을 안 한다.
   ④ 어떤 사람은 설거지도 안 한다 - 나는 좀더 고상한 일을 해야 돼.
   ⑤ 예배당 청소를 위해서 진공 청소기 한 번도 안 들어본다.
   ⑥ 영혼을 한 명이라도 전도하고 인도할 생각조차 안 한다.
   ⑦ 주님을 위해 교회를 위해 내가 무엇을 봉사할 것인지 꿈도 안 꾼다. 겨우 손님같이 예배에만 나온다.
   ⑧ 이 모든 것은 우리의 의무다.
      모두 함께 해야 할 일이다.
6. 그럼에도 불구하고 어떤 사람은 비판하고, 불평만 한다.
   ① 참으로 교회를 사랑하고, 주님을 사랑해서 일하는 사람은 좀처럼 불평하지 않는다.
      그러나 구경꾼은 늘 불평한다.
   ② 섬기는 사람은 불평이나 할 만큼 한가하지 않다.
7. 자신이 해야 할 영적 의무를 뒷전에 제쳐두고 대안 없는 비판이나 일삼지 말라.

8. 모두 영적 전쟁에 동참하자. 군인이 많이 부족하다.

III. 적에 대한 무지는 비극이다(12:5-7).
  A. 본문
    1. 입다가 에브라임과 싸운 것은 입다의 잘못은 아니었다.
    2. 에브라임은 혼이 좀 날 필요가 있었다.
    3. 그러나 여기서 다시 입다의 무지를 볼 수 있다.
    4. 입다는 자기 동족을 원수인 암몬 족속과 똑같이 취급했다.
    5. 요단강을 건너 고향으로 도망가려고 하는 에브라임 족속을 요단 나루터에서 지켰다 - 발음 테스트.
      ① 원어상 - 쉬볼렛과 시볼렛
        에브라임 지파는 쉬볼렛을 시볼렛으로 발음.
      ② 한글 성경 - 십볼렛과 씹볼렛(ㅅ과 ㅆ으로)
        고대판 영호남 갈등 같다.
        경상도 - 쌍시옷 발음을 못한다(쌀을 살로 발음한다).
      ③ 이 결과 42,000명이 죽었다.
    6. 입다는 동족과 원수를 혼동했다.
    7. 창녀의 아들이 하나님의 자비를 힘입어 길르앗 지도자가 되고, 나중에 이스라엘 지도자가 되었다. 그러나 그는 자신이 받은 은혜를 남에게는 주지 못했다.
  B. 적용
    1. 입다만 그렇게 무지한 것이 아니다.
      과거나 현재의 많은 그리스도인이 그러하다.
    2. 동족을 적으로 몰아 붙이면 많은 비극이 생긴다.
    3. 이와 유사한 경우가 많았다.
      ① 영국의 청교도 - 신앙의 자유 때문에 미국으로 도망했다. 그러나 그들과 다른 신앙을 가진 사람들의 신앙 자유는 허락하지 않았다.

로저 윌리엄스 - 미국 최초의 침례교도. 박해를 많이 받았다.

    ② 16세기의 재침례교도 - 유아 세례를 부인하고 신자의 침례를 주장. 많이 순교 당했다.

  4. 내 옆에, 내 앞에, 내 뒤에 나와 생각이 조금 다르고, 신앙의 성숙 정도가 다른 형제, 자매는 나의 적이 아니다. 영원히 나와 함께 살 형제요, 자매다.

  5. 우리의 적은 저밖에 있다.

    ① 성경을 부인하는 자

    ② 비성경적인 이단

    ③ 사탄과 그의 하수인

  6. 동료와 적을 바로 알자.

결론

  1. 입다의 경우는 우리에게 중요한 교훈을 준다.

  2. 그것은 - "영적 무지는 비극이다"라는 것이다.

    영적 무지는 우리가 극복해야 될 최대의 난관이다.

    우리 모두 영적으로 무지한 사람들이 아니라 알 것을 바로 알고 바로 행하는 성도가 되자.

본문: 역대하 20:1-30
제목: 승리는 여호와께
중심내용: 인간 능력의 끝은 하나님의 역사의 시작이다.
설교목적: 성도들로 하여금 위기를 당할 때에 인간의 지혜나 능력으로 불가능함을 알게 하고 하나님을 의뢰하여 승리하게 하기 위해

서론
  1. 하나님의 지혜와 지식의 부요함은 측량할 길이 없다.
  2. 그래서 하나님은 인간적으로 볼 때 불가능하고, 절망적인 상황을 오히려 더 큰 일을 할 수 있는 기회로 사용하신다.
  3. 오늘 그러한 경우를 역대하 20장에서 보도록 하자.

I. 여호사밧은 인간적으로 해결 불가능한 문제를 주님 앞으로 가져왔다(vv.1-13).
  A. 사막 민족의 침입은 여호사밧의 힘으로는 해결할 수 없는 문제였다(vv.1-2).
    1. 1절의 "그 후에"는 19장에서 가리키는 바와 같이 평화와 번영의 시대에 침입이 있었음을 보여준다.
      그것은 예기치 못한 어려움이었다.
    2. 그들은 큰 무리로서 여호사밧의 능력으로는 어찌할 도리가 없었다.
    3. 오늘날의 그리스도인들도 내 힘으로는 도저히 해결할 수 없는 문제를 당한다.
    (경과구: 이러한 엄청난 문제를 당했을 때)
  B. 여호사밧은 자신의 능력의 한계를 알고 두려워했다(vv.3-4).
    1. 두려움은 우리 자신의 능력의 한계를 바로 인식할 때 오는 반응이다.

2. 여호사밧의 두려움은 너무나 현실적이다(cf. 20:12).
3. 오늘 우리도 이런 상황을 만난다. 그럴 때 어떻게 하는가?
4. 여호사밧은 여호와를 찾았다.
    ① 하나님께 기도했다.
    ② 금식했다.
5. 문제는, 우리가 이런 상황에 처하고, 이런 두려움에 사로잡힐 경우에 그것을 어디서, 어떻게 해결하느냐 하는 것이다.
    (경과구: 큰 두려움으로 하나님을 찾을 때)
C. 여호사밧은 여호와께서 문제를 해결하실 수 있는 분임을 깨달았다(vv.5-13).
    1. 그는 하나님의 전으로 갔다(v.5).
    2. 기도 가운데 그는 온전히 하나님을 의뢰했다(vv.6-7).
    3. 기도 가운데 그는 하나님의 약속을 믿었다(vv.8-11).
    4. 기도 가운데 그는 하나님의 보호하심을 바랐다(vv.12-13).
    5. 오늘 우리도 이렇게 해야 된다.
        (경과구: 여호사밧이 자신의 무능과 부족을 깨닫고 여호와를 찾을 때)
II. 여호와는 여호사밧에게 승리의 확신을 주셨다(vv.14-19).
    A. 하나님은 선지자를 통해서 말씀하셨다(v.14).
    B. 하나님은 승리를 약속하셨다(vv.15-17).
    C. 하나님의 약속은 여호사밧과 백성으로 하여금 승리의 확신을 갖게 했다(vv.18-19).
    D. 오늘날
        1. 우리도 인간적으로 해결 불가능한 문제에 직면할 때 하나님을 찾으면 하나님은 우리에게 승리의 약속을 주신다.
        2. 하나님의 승리의 약속은 우리로 하여금 담대하게 문제를 직면하게 한다.

(경과구: 하나님을 의뢰할 때 하나님은 승리의 약속만 하시지 않는다.)

III. 하나님을 찾을 때 하나님은 사람들로 하여금 승리의 기적이 현실로 나타나게 하셨다(vv. 20-30).

    A. 여호사밧은 여호와의 약속을 믿고 전장으로 나갔다(vv. 20-21).

    B. 여호와는 약속을 저버리지 않으셨다(vv. 22-24).

    C. 동일한 승리의 역사가 오늘 우리에게도 일어난다.

       1. 하나님은 승리를 약속하셨다.

       2. 그 약속을 믿고 나가면 하나님은 약속을 지키신다.

       3. 그때 우리는 어떻게 되는가?

         ① 눈물은 웃음으로 변하고

         ② 탄식은 찬송으로 변하고

         ③ 두려움은 환희로 변한다.

결론

  1. 여러분은 여러분의 힘으로 도저히 해결할 수 없는 문제를 만나는가?

  2. 그 때야말로 하나님이 일하실 수 있는 절호의 찬스이다.

  3. 나의 부족과 무능을 깨닫고 하나님의 능력을 의뢰할 때 우리에게 불가능하게 보이던 것들도 가능하게 된다.

본문 : 역대하 34:1-33

제목 : 부흥케 하소서

중심내용: 부흥은 바른 태도에서부터 온다.

설교목적: 성도들로 하여금 부흥의 조건을 알게 해 부흥에 동참할 수 있게 하기 위해

서론

1. 여기 모인 모든 분들에게 한 가지 질문을 하겠다. 여러분들은 우리 교회가 날로 부흥해 세계 선교의 한 몫을 담당하는 교회가 되기 원하는가? 아니면 점점 쇠퇴해서 문을 닫기 원하는가?
2. 우리 모두는 부흥을 원한다.
3. 그러나 그것은 그냥 오지 않는다. 대가를 치러야 한다.
   ① 무엇이든 가치 있는 것은 쉽게 오지 않는다. 대가를 치러야 한다.
   ② 사업에 성공하려면 - 시간, 물질, 재능, 몸을 투자해야 한다.
   ③ 대학에 들어가려면 - 고 3의 인생 전부를 투자해야 한다.
   ④ 내 집을 마련하려면 - 수년 동안 허리띠를 졸라매야 한다. 과외로 일도 해야 한다.
   ⑤ 교회 부흥 - 그냥, 저절로, 시간만 지나면 오는 게 아니다. 그런 생각을 가진 사람이 많으면 우리 교회는 문을 닫는다. 대가를 치러야 한다.
3. 오늘 우리 교회가 부흥되기 위해서는 어떻게 해야 하느냐? 요시야 왕 때의 놀라운 신앙 부흥을 통해서 우리의 신앙이 부흥되고, 우리 교회가 크게 부흥되는 계기가 되기 바란다.

I. 부흥하려면 하나님께서 삶의 중심에 오셔야 된다(vv.1-13).

  A. 본문

    1. 그의 할아버지 므낫세는 악한 왕이었다.

바벨론으로 잡혀간 이후에야 회개하고 개혁을 시도했다.
그러나 50년간의 적폐(積弊)를 단기간에 모두 청산하기에는 역부족이었다.

2. 므낫세의 아들 아몬도 그 아비의 과거 모습을 그대로 좇았다.
2년만에 암살되고 말았다.

3. 이런 어수선한 분위기 속에서 8세인 요시아가 왕이 되었다.
그는 아버지나 할아버지와는 달랐다.

4. 참으로 사악하고, 우상이 득시글거리는 환경 속에서 어떻게 어린 요시아가 그 조상 다윗의 길을 따르기로 했는지 이해가 안 간다.
어떤 학자들의 견해 - 여선지자 훌다의 영향을 받았을 것이다.

5. 그는 20세 때 개혁을 시작했다.
   ① v.3 - 각종 우상을 다 파괴했다.
   ② v.4 - 우상을 파괴해서 우상에게 제사하던 자의 무덤에 뿌렸다.
   ③ v.5 - 우상을 섬기는 제사장들의 뼈를 우상의 단 위에서 태웠다.
   ④ v.7 - 우상의 제단을 다 찍어 버렸다.

6. 26세 때 성전을 수리했다.
   ① 하나님의 성전을 지난 250년 동안 한 번도 수리한 적이 없었다. 퇴락할 대로 퇴락했다. 완전히 방치되어 있었다.
   하나님은 완전히 뒷전에 있었다.
   ② 250년 전 요아스 왕 때 수리한 후 처음으로 수리했다.
   ③ 젊은 나이에 똑 소리 날 정도로 멋진 일을 했다.

7. 그는 유대땅을 우상으로부터 정결케 하고, 성전을 수리함으

로 하나님 중심의 신앙을 회복했다.
　　8. 이스라엘 전체를 뒤덮고 있던 침체된 영적 분위기가 일신되었다.

B. 적용.
　　1. 이 때가 B. C. 640년경이다.
　　2. 지금부터 2,600여 년 전 일이지만 그 때나 지금이나 부흥의 원리는 동일하다.
　　3. 개인의 신앙이 부흥되고, 교회가 부흥되기 위해서는 하나님이 제자리에 오셔야 된다.
　　　① 그분을 자기 삶의 변두리에 놓고서도 영적으로 잘되는 사람은 못 봤다.
　　　② 하나님은 안방이나 지키고 계실 안방 할멈이 아니다.
　　　③ 그는 귀한 보석보다 더 소중하게 우리 삶의 중심에 오셔야 된다.
　　4. 그가 나의 생각을 주관하시게 해야 한다.
　　　그가 나의 행동을 주관하시게 해야 한다.
　　　그가 나의 계획을 주관하시게 해야 한다.
　　　그가 나의 말을 주관하시게 해야 한다.
　　5. 나를 가장 멋지게 살게 하시는 분은 하나님이시다.
　　　나를 가장 행복하게 살게 하시는 분은 하나님이시다.
　　　나를 가장 유용하게 살게 하시는 분은 하나님이시다.
　　6. 하나님의 손은 마력이 있는 손이다. 그에게 맡겨야 한다.
　　　그가 주관하시게 해야 한다.
　　　① 모래 - 하나님은 그냥 두실 수도 있다 - 오팔과 같은 보석을 만드실 수도 있다.
　　　② 진흙 - 하나님은 그냥 두실 수도 있다 - 다이아몬드와 같은 보석을 만드실 수도 있다.

③ 조개 - 하나님은 그냥 두실 수도 있다 - 진주 같은 보석을 만드실 수도 있다.
7. 우리 인생 - 사람들이 부러워하는 인생이 되기 원하는가?
우리 신앙 - 사람들이 탐내는 신앙이 되기 원하는가?
우리 교회 - 계속 부흥되는 좋은 교회가 되기 원하는가?
하나님을 제자리에 놓자. 하나님을 중심에 놓자.
그래서 그가 모든 것을 다스리시게 하자.

II. 부흥하려면 말씀에 대한 자세가 바로 되어야 한다(vv.14-28).
　A. 본문
　　1. 성전을 수리하는 사람들이 모세의 율법책을 발견했다.
　　2. 요시아의 할아버지 므낫세와 아버지 아몬의 우상 정책으로 하나님의 말씀은 철저히 소외되었다.
　　3. 지난 50여 년 동안 하나님의 말씀을 구경한 사람이 하나도 없었다.
　　4. 왕으로부터 전 백성에 이르기까지 말씀이 없으니 우상에 빠질 수밖에 없었다.
　　5. 그런 와중에 말씀이 발견되었다.
　　　① v.19 - 왕이 옷을 찢었다.
　　　② v.27 - 하나님 앞에 겸비했다. 통곡했다.
　B. 적용
　　1. 오늘은 그 때와는 물론 다르다.
　　2. 성경을 잃어버릴 수도 없고, 잃어버려도 서점에 가면 쉽게 구입이 가능하다.
　　3. 말씀은 홍수같이 범람하고 있다. 집에는 성경책이 몇 권 씩 있다. 신앙 서적도 지천으로 널려 있다.
　　4. 이런 상황에서도 우리는 말씀을 잃어버릴 수 있다.
　　5. 말씀을 가지고 있느냐, 아니냐 하는 것은 결국 우리의 태도

문제이다.

① 성경을 가지고 있어도 장식용으로 가지고 있고 읽지 않으면 하나님 말씀을 잃어버린 것이다.

② 읽는 것도 다양하다. 소설같이 쫙 읽어 버리는 사람도 있다. 의무감으로 읽는 사람도 있다 - 제자 훈련이나 팀 모임에서 "큐티 했느냐?"는 질문에 "했다"고 답하기 위해서 시간 때우는 식으로 읽는다. 이 모든 것은 말씀을 잃어버린 것이다.

③ 말씀을 진지하게 읽고, 묵상해도 전혀 적용하지 않고 행하지 않으면 말씀을 잃어버린 것이다.

6. 하나님의 성전에서 어떻게 말씀을 잃어버릴 수 있느냐고 말할지 모르나 오늘 우리도 별로 다를 바 없다.

7. 오늘 우리는 말씀에 대해 바른 자세, 바른 반응을 보이고 있는가?

① 건성으로 말씀을 듣지 않는가?

② 백일몽을 꾸면서 멍하게 듣지 않는가?

③ "다 아는 말씀이군" 하는 식으로 듣지 않는가?

④ 그래서는 안 된다.

⑤ 가슴을 찢어야 한다.

⑥ 말씀 앞에 통곡해야 한다.

⑦ 말씀 앞에 꼬꾸라져야 한다.

그래야 부흥이 있다.

개인이 부흥된다. 교회가 부흥된다.

III. 부흥하려면 우리 모두가 함께 동참해야 된다(vv. 29-33).

A. 본문

1. 50년 이상 잃어 버렸던 말씀을 발견한 요시아 왕은 혼자서 그 말씀을 듣는 것으로 끝내지 않았다.

2. v.29 - 모든 장로들을 불러 모았다.
      v.30 - 모든 유다 사람, 예루살렘 거민, 레위인, 백성을 모았다.
      v.33 - 모든 사람이 여호와를 섬기게 되었다.
   3. 요시아 왕 한 사람의 시작은 나라 전체에 퍼졌다. 모든 백성이 부흥 운동에 동참했다.
      장로도, 레위인도, 일반 시민도 함께 했다.

   B. 적용
      1. 개인의 신앙 부흥은 혼자서도 가능하다. 그러나 교회가 부흥하려면 모두의 동참이 있어야 한다.
      2. 우리 모두 한 마음이 되어야 한다. 우리 모두 한 뜻이 되어야 한다.
      3. 삼겹줄은 쉽게 끊어지지 않는다.
      4. 우리 성도들이 모두 함께 뭉치면 무엇인들 못하겠는가?
      5. 함께 전도하자 - 몇 명만이 아니다. 모두 하자.
         함께 기도하자 - 각종 기도회에 더 모이자.
         함께 봉사하자. 함께 일하자. 함께 땀 흘리자.
         몇 명은 지쳐 있고 나머지는 빈둥거리는 일이 없게 하자.
      6. 뭉치면 부흥되고, 흩어지면 망한다.

결론
   1. 개인 신앙도 부흥될 수 있다. 교회도 부흥될 수 있다.
   2. 그러나 그것은 쉽게 오지 않는다.
   3. 대가를 치러야 한다.
      하나님 중심이 되어야 한다.
      말씀 중심이 되어야 한다.
      전 성도의 동참이 있어야 한다.

본문: 이사야 6:1-8
제목: 나를 보내소서
중심내용: 하나님은 준비된 자를 부르신다.
설교목적: 주의 일에 쓰임 받기 위해 어떻게 해야 하는지를 보여주기
위해

서론
  1. 우리가 무슨 일을 할 때 다수가 합해서 일하는 것도 중요하다. 그러나 그 다수를 움직일 수 있는 한 두 사람의 힘은 더 중요하다.
    ① 우리 나라의 이순신 장군이 그랬다.
    ② 터어키의 케말 파샤가 그랬다.
    ③ 필리핀의 막사이사이가 그랬다.
    ④ 마틴 루터가 그랬다.
  2. 지도자 한 사람이 바로 설 때 좋은 영향을 오랫동안 끼친다.
  3. 오늘 우리는 B. C. 700년경에 혜성과 같이 역사의 무대에 등장해 이스라엘에 밝은 빛을 비추며 영적인 지도자로서의 소임을 다한 한 사람을 통해서 우리에게 주는 교훈을 생각해 보자.
  4. 그는 바로 이사야다.
I. 그는 문제의식을 강하게 가지고 있었다(v.1a).
  A. 그 때는 웃시야 왕이 죽던 해였다.
  B. 웃시야 왕은 누구였는가?(cf. 대하 26).
    1. 그는 부친 아마샤를 이어 16세에 즉위해 52년간 통치했다.
    2. 그는 하나님 앞에 정직히 행해 하나님께 인정받은 왕이었다.
    3. 그는 지도자로서도 훌륭했다.
      ① 지도자적 카리스마가 있었다.
      ② 농업도 발전시켰다.

③ 군사적으로도 성공했다.
④ 대외무역도 활발히 했다.
⑤ 예루살렘 성도 보수했다.
4. 그는 아마 다윗과 솔로몬 다음으로 위대한 왕이라고 해야 할 것이다.
5. 52년 동안 사람들은 안정과 번영을 체험하며, 한 지도자에게 전적으로 의지했다.
6. 그러다가 만년에는 불순종으로 인해 문둥병에 걸려 불명예스럽게 죽었다.
7. 이런 암울한 시대적 상황 속에서 하나님은 한 사람을 부르셨다.

C. 오늘 우리의 상황도 그 때와 별로 다를 것이 없다.
1. 북에서는 늘 남침 위협이 있는 긴장의 연속이다.
2. 국민이 전폭적으로 신뢰할 수 있는 지도자는 눈을 비비고 찾아보아도 없다.
3. 선진국의 개방 압력은 끈질기다.
4. 민심은 흉흉하고, 유언비어는 난무하고 있다.

D. 그 때 이사야는 성전에 갔다.
1. 문제를 가지고 하나님께 갔다.
2. 혼자서만 고민한 게 아니다.
3. 어떤 인간적인 방법을 모색한 것이 아니다.

E. 문제 의식을 가지고 하나님께 나아오면
1. 우리는 낙스(John Knox)같이 절규할 것이다.
"하나님! 스코틀랜드를 나에게 주십시오. 그렇지 않으면 죽음을 주십시오."
2. 문제 의식을 가지고 나아올 때 우리는 우리의 사명을 발견할 것이다.

① 스위스 철학자 칼 힐티 - "내 생애 최고의 날은 사명을 발견한 날이다."
② 문제 의식 없이 취생몽사의 생활을 하는 사람이 역사의 주역으로 등장한 적은 한 번도 없다.
II. 문제 의식이 있을 때 그는 자신의 사명을 발견했다(vv.1b-8).
그 과정은 네 단계로 진행되고 있다
A. 그는 하나님을 보았다(vv.1b-4).
1. 그는 지금까지 많은 종교 의식에 참여했지만 하나님을 개인적으로 만나 본 적이 없었다.
① 유대인의 생활은 제사와 절기의 연속이었다. 그럼에도 불구하고 그는 하나님을 개인적으로 체험하지 못했다.
② 오늘 우리 가운데도 이런 사람이 많다. 나면서부터 교회에 다니는 소위 "모태 신자"도 있고, 열심히 여러 가지 교회의 행사에도 참여하지만 한번도 하나님을 개인적으로 만나지 못한 사람도 많다.
2. 그러나 이 날 그는 처음으로 하나님을 개인적으로 만났다.
① 하나님의 거룩을 보았다.
② 하나님의 영광을 보았다.
③ 하나님의 위엄을 보았다.
④ 웃시야를 훨씬 능가하는 왕 중의 왕으로서의 하나님을 만났다.
3. 하나님께 쓰임 받기 위해서는 무엇보다 하나님을 개인적으로 만나 중생한 사람이 아니고서는 안 된다.
(경과구: 그는 하나님을 보았을 뿐만 아니라)
B. 그는 처음으로 자기 자신을 바로 보게 되었다(v.5).
1. 인간은 하나님을 만날 때 자기 자신의 적나라한 모습을 발견한다 - 자기의 죄악된 상태를 발견한다.

① 이사야 - "화로다 나여…"
② 베드로 - 누가복음 5:8
2. 인간은 하나님 앞에 설 때 자기의 무익함을 발견한다.
① 내가 꽤 똑똑하고 꽤 훌륭하고, 내 힘으로 무언가 할 수 있다고 믿는 사람은 하나님이 쓰실 수 없다.
② 모세
출애굽기 2장 - 자기 힘으로 일하려 했다.
출애굽기 4장 - 자기의 무능을 발견했다.
(경과구: 이사야가 하나님을 만나 자신을 발견하고 그 앞에 엎드렸다. 그 때 어떻게 되었는가?)

C. 그의 죄가 완전히 정결해졌다(vv.6-7).
1. 내가 참으로 하나님 앞에 무서운 죄인이란 것을 발견하면 용서받을 길이 없다.
2. 이미 구원받은 자도 늘 깨끗하게 되어야 한다.
① 세상 정욕
② 불순한 동기
③ 시기와 질투
이런 것들로부터 매일 매일 정결케 되어야 한다.
(경과구: 이사야가 하나님을 떠나 자신을 발견하고, 하나님을 통해 정케 된 후에야 비로소)

D. 그는 하나님의 음성을 듣고 응답했다(v.8).
1. 하나님의 음성을 듣기 위해서는 중간에 가로막힌 담을 제거해야 한다.
① 그것이 죄일 수도 있다.
② 그것이 강한 자아일 수도 있다.
2. 장해물이 제거되기 전에는 아무리 발버둥쳐도 하나님의 음성을 들을 수 없다. 하나님의 일을 할 수도 없다.

3. 우리는 어떤가?
   ① 하나님과 우리 사이의 장벽이 제거되었는가?
   ② 그 때 하나님은 말씀하신다. "내가 누구를 보내며 누가 우리를 위해 갈꼬?"
   ③ 오직 준비된 자만이 그 음성을 듣고 응답할 것이다.

결론
 1. 우리 모두는 하나님과 나 사이를 가로막는 장애물을 제거했는가?
 2. 주님의 부르시는 음성이 귀에 들려 오는가?
 3. 우리 가운데 누가 "오, 주여 내가 여기 있나이다. 나를 보내소서"라고 대답하고 나오겠는가?

본문: 마태복음 2:1-12.
제목: 성탄을 어떻게 맞을까?
중심내용: 성탄에 대한 태도는 그 사람이 어떤 사람인가를 보여 준다.
설교목적: 사람들로 하여금 성탄에 대한 세 가지 태도를 알게 해 가장 바람직한 태도를 갖게 하기 위해

서론
   1. 오늘날 크리스마스는 기독교인들만의 명절이 아니라 범세계적인 명절이 되었다.
   2. 이 때가 되면 사람들이 다 들떠 있다.
   3. 사람들이 분주하고 들떠 있는 이유는 각양각색이겠지만, 이들이 성탄에 대해 갖는 태도를 보면 셋 중의 하나이다.
   4. 마태복음 2:1-12을 통해서 그 세 가지 태도를 생각해 보고 오늘 우리는 어디에 속했는지 점검해 보자.

I. 어떤 사람들은 성탄에 대해 적대적이다(vv.1-3).
   A. 헤롯왕(= 헤롯대왕)과 같은 사람이 있다.
      1. 그는 유태인이 아니라 에돔(= 에서의 후손) 족속이었다.
      2. 그는 로마의 도움으로 왕이 되었기 때문에 항상 왕위에 대해 불안감을 가지고 있었다.
      3. 이러할 때 왕 중의 왕이 탄생했다는 소문을 들었으니 불안하고 당황하고, 적개심을 느낄 수밖에 없었다.
   B. 헤롯왕이 그리스도의 탄생에 대해서 불안해하고, 당황하고, 적대감을 느꼈듯이 오늘 우리 가운데도 헤롯과 같은 태도를 취하는 사람들이 많다.
      1. 오늘날 우리는 물론 헤롯과 같이 왕위를 도전 받지는 않는다.

2. 그러나 비슷한 경우는 있다.
   ① 만일 내가 예수를 믿게 되면 그가 내 인생을 주장하고 내 인생의 방향을 결정하고 나의 생활에 있어서 왕이 되려고 하지 않을까 두려워서 그리스도에 대해 적대적 태도를 갖는 사람들이 있다.
   ② 만일 내가 예수를 믿게 되면 과거에 가지고 있던 모든 것 - 친구, 술 먹고 놀던 재미, 여자와 놀던 재미 - 다 잃어버리고 예수에게만 지배되지 않을까 생각하고 적대적 태도를 취하는 사람이 많다.
3. 오늘 여러분은 어떤가?

II. 어떤 사람들은 성탄에 대해 무관심하다(vv. 4-6).
   A. 이것이 종교 지도자들이 가진 태도였다.
      1. 헤롯의 질문에 대해 그들은 정확히 대답했다.
         ① 그는 베들레헴에서 나겠다(cf. 미 5:2).
         ② 그는 다스리는 목자가 되겠다(cf. 삼하 5:2).
      2. 그들은 성경에 박식했다 - 왕의 질문에 대해 성경을 인용하면서 답변할 정도였다. 그러나 그들은 직접 가서 그리스도께 경배하기를 거절했다.
         ① 예루살렘에서 베들레헴까지의 거리는 8km에 불과했다.
         ② 그것은 그 당시의 기준으로도 결코 먼 거리가 아니었다.
      3. 그들이 경배하러 가지 않은 이유는
         ① 성경을 몰라서도 아니었다.
         ② 거리 때문에도 아니었다.
         ③ 날씨 때문에도 아니었다.
         ④ 무관심 때문이었다.
   B. 오늘날도 많은 사람들이 그러하다.
      1. 온 세계에서 성탄절을 지키지만 그리스도가 없는 성탄절이

다.
2. 그리스도가 탄생했든 안 했든, 성탄이 무슨 날이든 상관이 없다.
3. 그리스도의 탄생이 나와 무슨 상관이 있고, 그것이 내 영혼을 위해 무엇을 할 수 있는가에 관심을 갖는 대신에
   ① 돈버는 일에
   ② 카드 보내는 일에
   ③ 선물 교환에
   ④ 교회행사에
   ⑤ 육적인 재미를 보는 일에만 관심을 갖는 사람들이 많다.
4. 어떤 면에서 무관심한 태도는 적대적인 태도보다 더 나쁜 태도이다.
5. 오늘 우리들은 이 종교 지도자들 같지 않은가?
   (경과구: 성탄에 대해 적대적이거나 무관심한 사람들이 있는가 하면)

III. 어떤 사람들은 참으로 경배한다(vv.7-12).
   A. 이것은 동방 박사들이 가진 태도였다.
      1. 그들은 성경을 열심히 연구했다(cf. 민 24:17).
      2. 그들은 성경을 알되 종교 지도자들과는 달리 먼 거리를 사양치 않고 와서 예수께 경배했다.
      3. 그들은 귀한 예물을 드렸다.
         ① 황금
         ② 유향
         ③ 몰약
      4. 그들은 하나님의 말씀에 온전히 순종했다.
   B. 오늘날에도 참된 경배자는 그렇게 한다.
      1. 무엇보다도 예수 그리스도를 개인의 구주로 영접했다.

2. 조용한 가운데 이 날이 무슨 의미가 있는 날인지를 생각하
      고 하나님께 진정한 예배를 드린다.
결론
   1. 성탄에 대한 태도는 세 가지가 있다.
   2. 여러분의 성탄에 대한 태도는 어떠한가?

본문: 마태복음 5:10-12
제목: 의를 위한 핍박
중심내용: 바르게 살 때 핍박은 불가피하다.
설교목적: 성도들로 하여금 핍박이 뭔지를 바르게 알게 해서 신앙 때문에 오는 핍박을 감수할 수 있게 하기 위해서

서론

1. 사도 요한의 제자요, 서머나 교회의 감독이었던 폴리갑은 그 스승 사도 요한의 가르침을 따라 핍박과 고통 가운데서도 신실하게 주님께서 맡긴 사명을 감당했다. 그러다가 86세 때 유대인들과 로마 정부의 박해로 화형대에 매달리게 되었다. 화형을 집행하던 로마의 총독은 "예수 그리스도를 부인하라. 그러면 풀어 주겠다"라고 말했다. 폴리갑은 다음과 같이 대답했다. "내가 86년 동안 그분을 섬겼지만 그분은 나를 해친 적이 없다. 내가 어떻게 나의 왕이요, 나의 구세주인 그분을 모독할 수 있겠는가?" 그리고는 한 줌의 재로 변했다.
2. 지금도 세계 도처에서는 핍박이 행해진다.
3. 오늘 본문을 통해서 핍박받는 자의 복을 생각해 보자.

I. 핍박이란 무엇인가?
   A. 내가 잘못해서 어려움을 당하는 것은 핍박이 아니다.
      1. 폭력 휘두르다가 - 잡혀가고
      2. 사기나 부정하다가 - 재판을 받고
      3. 거짓말하다가 - 벌금을 물고
      4. 정치적 이유로 반정부 활동을 하다가 - 감옥에 가고
      5. 세금을 포탈하다가 - 감옥에 가고
      6. 이런 것은 핍박이 아니고 범죄에 대한 처벌이다.
   B. 핍박이란 내가 달리 잘못한 것이 전혀 없음에도 불구하고 신앙

적 이유 때문에, 예수 그리스도 때문에 당하는 어려움을 말한다.
1. 그래서 v.10 - "의를 위하여 핍박을 받는 자"라고 했다.
2. 본문에서는 그 핍박을 세 가지로 표현한다.
① "핍박한다"(διώκω) - 해칠 목적으로 쫓아간다. 추격한다. 행동으로 피해를 당하는 것이다. 맞고, 끌려가고, 감옥에 가고, 총에 맞아 죽는 것이다.
② "욕한다"(ὀνειδίζω) - 우리를 향해 불친절한 말, 모독적인 말을 한다.
③ "거짓으로 말한다" - 그리스도인이 안한 것도 했다고 그런다. 못된 소문을 퍼뜨린다.

C. 역사적으로 보면 주님 뜻대로 살려고 하다가 박해받은 사람들이 참 많다 - v.12.
1. 요셉, 엘리야, 엘리사, 이사야, 예레미야, 다니엘, 침례 요한 등.
2. 예수님의 12제자 - 사도 요한 외에 모두 순교.
3. 네로 황제 때
① 산 사람에게 초를 칠해서 기둥에 매어서 정원을 밝히는 등불로 사용(머리에 불질러서).
② 산 사람에게 짐승의 가죽을 입혀 사냥개에게 쫓겨다니다가 찢겨 죽게 만듦.
4. 우리는 카타콤에 관해서도 많이 들었다.
그리스도인들이 로마의 박해를 피해서 두더지 굴 같은 터널을 팠다. 그 길이가 약 1,000 Km(서울 - 부산 왕복 거리).
① 약 300년 동안 10대에 걸쳐서 그리스도인들이 묻혔다.
학자들의 추정 - 적게는 175만, 많게는 400만 정도가 묻혔다.

② 그 어려운 가운데서 그들은 서로 사랑했다. 서로 아꼈다. 서로 격려하고, 위로했다. 로마 정부에 발각되어 잡혀갈 때는 대신 잡혀가려고 발버둥쳤다.
5. 중세 때 - 핍박이 전혀 없어야 할 것 같은 데 약 5,000만 명의 그리스도인들이 카톨릭 교회에 의해서 순교(남한 인구보다 많다).
6. 중국이 공산화될 때 100만 명 이상의 그리스도인들이 순교.
7. 우리나라도 그렇다.
   ① 대원군 때 많이 죽었다.
   ② 일제 때 - 순교 당한 목사만 50명. 해방이 며칠만 늦었어도 목사와 지도급 인사 2,000명을 학살하려고 총독부에서 명단을 작성했다.
   ③ 남북 분단 후 - 북한에서 얼마나 순교 당했는지 알 수도 없다.
   ④ 6. 25 - 2,000개 이상의 예배당 파괴. 목사만도 500명 이상이 죽었다.
8. 박해는 지금도 있다.
   ① 회교권 - 복음을 증거하다가 죽는다. 테러 당한다. 투옥된다.
   ② 중국 - 지금도 박해.
   ③ 북한 - 지금도 박해.
9. 초대 교회의 유명한 교부인 터툴리안은 "순교자의 피가 교회의 씨앗이다"라고 했다.

D. 그런데 오늘날 우리 나라에는 핍박이 거의 없다. 왜 그런가?
   1. 시대가 변했기 때문인가? 그런 면도 있을 것이다.
      ① 국회의원 중에 교인 다수.
      ② 경제계, 학계, 사회 각계에 영향력이 많다.

③ 기독교가 보편화되어 있다.
이런 것들도 이유가 된다.
2. 그러나 핍박이 없는 근본 이유는 그게 아니다.
요한복음 15:18-19(함께 읽을 것) "너희가 세상에 속하였으면 세상이 자기 것(자기 편)을 사랑한다."
① 세상의 기준을 받아들이고, 세상 사람들과 같은 식으로 살면 세상이 사랑한다.
② 그렇게 살면 핍박이 없다 - 그 요령을 구체적으로 가르쳐 주겠다. 활용하라. 적당히 요령 것 살면 절대로 핍박이 없다 - 교회 갈 때는 교회 간다 그러지 말라(성경 찬송은 몰래 숨겨서, "어디 가느냐?" 누가 묻거든, "저기 좀 가요" 그렇게 대답하라) - 주위 사람들에게 예수에 관한 것은 절대로 말하지 말라 - 사람들이 욕하면 더 흉측한 욕으로 되받아 치라 - 사람들이 더러운 농담을 하면 함께 즐거워하라. 그리고 나도 몇 개 말해서 청중을 웃겨라 - 술좌석에 가면 남보다 더 마시고 인사불성이 되라 - 사람들에게 죄, 지옥 얘기는 절대 하지 말라. 그러면 내가 분명히 보장하는 데 핍박을 안 당한다. 그 대신에 세상 사람들의 끔찍한 사랑과 존경을 한 몸에 받는 귀하신 분이 될 것이다.
3. 오늘 우리는 어떤가?
① 지금도 신앙 때문에 가정에서 말할 수 없는 고통을 겪는가? 직장에서 불리한 처우를 받는가? 학교에서 놀림감이 되고 있는가?
② 아니면 아무런 어려움이 없는가? 왜 그런지 살펴보는 아침이 되자.
II. 핍박받을 때 어떤 축복 있나? - 2가지 축복
A. 천국이 저희 것이다(v.10).

1. 핍박이란 이미 천국을 소유한 성도들이 주님 뜻대로 살려고 하다가 어려움을 당하는 것이다. 그런데 새삼스럽게 "천국이 저희 것이다"라는 것은 무엇을 의미하는가?
2. 그것은 핍박당할 때 확실한 천국 소망을 갖게 된다는 것이다.
3. 희미하게 보이던 천국이 분명히 보인다.

    멀게만 느껴지던 천국이 내 눈앞에 나타난다.

    조그맣게 보이던 천국이 크게 보인다.

    잠깐 후면 이 땅을 떠나서 주님과 함께 한다는 소망을 갖는다. 과거에 핍박받던 성도들 - 모두 이 소망 때문에 이겼다.

    (예) 사도행전 7장 - 스데반

B. 천국에서 상이 크다(v.12).
1. 우리 앞서 살던 수천만 명의 그리스도인들이 박해받고 순교당했다. 그들은 기쁘게 이 일을 감당했다.
2. 그 이유는 천국의 상 때문이다.

    우리는 상을 위해서 큰 고통 당하는 사람들을 많이 본다.

    올림픽 메달을 위해 - 수년간 고통 감수.

    프로 야구, 프로 축구 우승의 상을 위해 - 끊임없는 훈련과 고통.

    ① 세상의 모든 상은 썩는다.

    길어야 내가 살 동안만 혜택이 있다.

    ② 그러나 하늘의 상은 영원하다. 그렇기 때문에 기뻐하고 즐거워하라고 하신다.

    (예) 세계 선교사상 아마도 가장 감동적인 경우는 뉴 헤브리데스 제도(호주 동쪽 약 80개의 섬으로 구성)의 이야기일 것이다.

    1839년 11월 20일 - 처음으로 영국 선교사 도착 - 도착 즉시 해변에서 살해됨(존 윌리엄스).
두번째 - 해리스 목사 - 3일도 안 돼 살해됨.
세번째 - 존 골든 목사 부부 - 원주민과 사귀는 데 성공. 그러나 곧 살해됨.
네번째 - 맥네어 - 1년도 안 돼 살해됨.
다섯째 - 수년 전에 죽은 존 골든의 동생 - 현지 언어 연구. 신약 번역. 괴한에게 살해됨.
여섯째 - 로버트슨 목사 상륙 - 40년 뒤 80개 섬이 모두 복음화.
그들은 하늘의 상을 바라고 순교의 제물 - 큰 열매를 얻었다.

결론
1. 오늘 우리는 어떤 삶을 사는가?
2. 그리스도 때문에 고난을 받는가?
3. 온 세상을 다스리는 권세보다 기꺼이 그리스도를 위해 고난받고 박해 당할 각오가 되어 있는가?

본문: 마태복음 5:13-16
제목: 영향력 있는 삶
중심내용: 그리스도인은 세상에 좋은 영향을 끼치는 삶을 살아야 한다.
설교목적: 성도들로 하여금 빛과 소금 같은 삶을 살게 하기 위해서

서론
　1. 우리는 매일 매일 살아가면서 무수히 많은 사람을 만난다.
　2. 어떤 경우에는 옷깃만 스치고 지나간다.
　　어떤 경우에는 몇 마디 얘기를 주고받는다.
　　어떤 경우에는 상당히 깊이 있는 대화를 나눈다.
　3. 그런데 우리가 사람을 만날 때마다 반드시 일어나는 한 가지 사실이 있다. 그것은 내가 남에게 영향을 주든지 남으로부터 영향을 받든지 둘 중의 하나이다.
　4. 그리스도인의 삶이란 어떤 삶인가?
　　한마디로 하면 영향력 있는 삶이다.
　5. 마태복음 5:13-16에서 영향력 있는 삶에 관해서 상고하자.
I. 영향력 있는 삶은 소금과 같다(v.13).
　A. 그리스도인은 세상에서 방부제가 되어야 한다.
　　1. 예수님 당시 - 냉장고가 없었다.
　　　그래서 소금으로 음식을 절여서 저장. 우리는 지금도 이 방법을 쓰고 있다.
　　　(예) 간고기 - 오래간다. 절이지 않으면 금세 썩는다.
　　2. 우리가 소금이라는 것은 세상이 죄로 썩어 가고 있다는 것을 의미한다. 이 세상은 썩어도 너무 썩었다.
　　　① 부부가 아닌 남녀가 하루 밤 같이 자는 것은 뉴스거리도 못 된다.

(예) 러브 호텔 - 곳곳에 독버섯처럼 번지고 있다.
　② 동성 연애가 자꾸 퍼져 간다.
　③ 성적 폭력이 난무한다 - 각종 음란물이 기승을 부린다.
　④ 지금 우리는 부패의 극치를 맛보고 있다.
　　(예) 삼풍백화점
　　　　부패 때문이다 - 설계, 시공, 감리, 사후 감독 모두 썩었다. 그래서 애꿎은 사람들만 떼죽음 당하거나 부상 당했다.
3. 이런 썩은 세상에서 그리스도인을 향하여 주님은 선포하신다. "너희는 세상의 소금이다."
4. 소금이 썩는 것을 방지하려면 최소한 두 가지 사실이 분명해져야 된다.
　① 그리스도인은 달라야 된다.
　　- 소금은 그 독특한 짠 맛 때문에 방부제 노릇을 한다.
　　- 짠 소금이 그 역할을 감당하듯이 세상과 다른 그리스도인들이 그 역할을 감당한다.
　　- 그리스도인에게 가장 수치스런 말이 무언지 아는가?
　　　"당신은 세상 사람과 똑 같다."
　　　"당신은 예수 안 믿는 사람보다 더 악하다."
　　- 오늘 우리는 우리 주위에서 어떤 평가를 받고 있는가?
　② 방부제 역할을 하기 위해서는 세상 속으로 녹아 들어가야 한다.
　　"너희는 세상의 소금이니"
　　- 우리가 소금이 되어야 할 곳은 세상이다.
　　- 어디가 세상인가? 예수 없는 곳, 예수가 필요한 곳이 바로 세상이다.
　　- 그런데 우리는 교회 내에서만 소금이 아닌가?

　　　　우리는 찬양대에서만 소금이 아닌가?
　　　　우리는 청년부에서만 소금이 아닌가?
　　　　우리는 구역 모임 때에만 소금이 아닌가?
　　　- 예수 없는 가정에서, 학교에서, 직장에서, 예수 없는 그
　　　　곳에서 내가 녹아져야 한다.
　　　　내 고집도 녹아야 한다.
　　　　내 자존심도 녹아야 한다.
　　　　내 생각도 녹아야 한다.
　　　　한 마디로 하면 희생해야 한다. 그렇지 않고는 소금이 안
　　　　된다.
　　　- 내 호주머니는 절대 건드리면 안 된다.
　　　　내 차는 나와 내 가족 외에는 안 된다.
　　　　내 집은 남에게 절대 개방 안 한다.
　　　　내 몸은 남을 위해 절대로 쓰면 안 된다. 이래 가지고는
　　　　소금이 못 된다.

B. 소금은 세상에서 썩는 것을 방지한다.
　또한 소금은 갈증을 일으킨다.
　　1. 몸에 염분은 지나치게 많아도 위험하고 적어도 위험하다.
　　2. 몸에 염분이 지나치게 줄어들면 갈증이 생기지 않는다.
　　　그래서 물을 안 찾고, 그렇게 되면 탈수 현상이 생긴다.
　　3. 소금은 갈증을 일으킨다.
　　4. 예수 믿는 사람이 소금과 같다는 것은 소금이 사람으로 하여
　　　금 물을 찾게 하듯이 그리스도인은 사람들로 하여금 예수 그
　　　리스도를 찾게 해야 한다.
　　5. 우리는 지금 어떤 삶을 사는가?
　　　나와 접촉하는 사람들로 하여금 예수께 끌려오게 만드는가?
　　　아니면 나 때문에 예수께로부터 점점 멀어지게 만드는가?

"당신 같은 사람 때문에 예수 못 믿겠다"는 치욕적인 말을 듣고 있지 않는가?
 6. 우리의 삶이 참으로 그리스도인의 모습을 반영할 때 그것은 사람들로 하여금 그리스도에게로 끌려오게 만든다.
II. 영향력 있는 삶은 빛과 같다(vv.14-16).
 A. 빛은 흑암을 전제로 하고 있다.
  1. 이 세상은 영적으로 칠흑 같이 어두운 밤이다.
   ① 길거리는 가로등으로 대낮같이 밝다.
   ② 휘황찬란한 네온사인으로 밝게 빛난다.
  2. 그러나 영적으로는 흑암이다.
   ① 흑암을 몰아내는 것은 빛이다.
   ② 참 빛은 예수 그리스도 밖에는 없다(요 1:5).
 B. 그리스도인은 그리스도의 빛을 받아 반사하는 자이다.
  1. 우리는 원래 어둠이다.
  2. 그러나 이제는 그리스도의 빛을 반사하는 자이다.
   (예) 달빛
  3. 햇빛에 비하면 보잘것없으나 그래도 달빛은 캄캄한 밤을 밝힌다.
 C. 빛은 숨길 수 없다.
  1. 산 위에 있는 동네는 숨길 수 없다.
  2. 칠흑같이 어두운 밤에는 성냥불도 크게 보인다.
  3. 우리가 참 빛 되시는 예수를 모시고 있다면 그 빛은 나타나야 된다.
  4. 그런데 왜 어떤 사람은 빛이 안 나타나는가?
   ① 아예 빛이 없기 때문에 안 나타날 수 있다.
    교회에 다닌다고 다 빛을 발하는 것은 아니다.
    예수 그리스도와 인격적으로 만나야 된다.

　　　　예배당에 들어 왔다고 다 빛이 되는 것은 아니다.
　　　　그렇기 때문에 나의 삶 속에서 그리스도가 전혀 드러나지 못하면 내 속에 빛이 있는지 살펴야 한다.
　　　　내가 정말 하나님의 자녀로 거듭났는지 살펴보아야 한다.
　　　② 또 한가지 이유는 빛이 가리워 있기 때문에 안 나타날 수 있다.
　　　　말 아래 두면 안 비친다.
　　　　우리의 죄가 빛을 가리운다.
　　　　세상과 동화되면 빛을 가리운다.
　　　　육적인 생각으로 물들면 빛을 가리운다.
　　　　주님과 가까이 아니하면 빛을 가리운다.
　D. 그리스도인은 그 빛을 세상에 비치게 해야 한다(v.16).
　　　1. 우리의 말도 중요하다.
　　　　그러나 우리의 행동과 생활은 더 중요하다.
　　　　우리의 말을 설득력 있게 만드는 것은 우리의 생활이다.
　　　2. 우리의 착한 행실로 하나님을 나타내야 한다.
결론
　1. 우리는 썩어가는 세상, 칠흑같이 어두운 세상에 살고 있다.
　2. 썩어가는 세상은 소금을 필요로 한다.
　　어두운 세상은 빛을 필요로 한다.
　3. 오늘 우리 외에는 소금 될 자가 없다.
　　오늘 우리 외에는 빛 될 자가 없다.
　4. 우리가 이런 삶을 살자.
　　　파스칼 - "하나님의 능력 다음으로 이 세상에서 가장 큰 영향력을 발휘하는 것은 조용한 가운데서 행해지는 거룩한 삶이다."

본문: 마태복음 6:25-34
제목: 염려하지 말라.
중심내용: 그리스도인은 염려하지 말아야 한다.
설교목적: 그리스도인으로 하여금 염려하지 말아야 될 이유를 알게
   하고 따라서 염려하지 않는 신앙의 태도를 갖게 하기 위
   해

서론
   1. 옛날 중국의 기씨(杞氏) 하늘이 무너지면 어쩌나? - 결국 죽음.
      여기서 "기우"(杞憂)라는 말이 생긴 것을 잘 안다.
   2. 우리는 살아가는 동안 기씨의 근심같이 아무런 근거도 없는 염
      려에서부터 상당한 이유가 있는 염려까지 많은 염려를 하게 된
      다.
   3. 염려란 단순히 어떤 일을 생각하는 것을 말하는 게 아니다.
      ① 생각은 마땅히 해야 된다.
      ② 그것조차 없으면 사람이라 할 수 없다.
   4. 염려란 어떤 어려운 문제를 너무 골똘히 생각하다가 괴로워할
      정도가 되는 것이다.
      낮에는 그 생각 때문에 일이 손에 안 잡히고, 밤에는 그 생각 때
      문에 잠이 제대로 오지 않을 정도로 말이다.
   5. 그러면 그리스도인은 염려에 대해서 어떤 태도를 취해야 하나?
   6. 결론부터 말하면, 그리스도인은 염려하지 말아야 한다. 염려해
      서는 안 된다.
      왜 그런가? 그 이유를 4가지로 생각해 보자.
I. 인간은 물질 이상의 존재이기 때문이다(vv. 25-26).
   A. 만약 우리 인생에서 먹고, 마시고, 입는 것이 전부라면 우리는
      이런 것을 위해서 전력 투구해야 될 것이다.

1. 몸과 마음과 영과 혼을 다 투자해야 할 것이다.
2. 그리고 이런 것을 위해 늘 염려해야 될 것이다.
3. 그러나 인간은 그 이상이다 - 인간은 물질만이 아니다.
   ① 먹고, 마시고, 입는 것만으로는 만족할 수 없다.
   ② 우리는 지금까지 잘못 배워 왔다.
   ③ 인간의 가치를 물질로 측정해 왔다.
      지위가 높고, 집이 크고, 외제 차를 굴리면 높이 평가하고 그렇지 않으면 무시한다. 물질로 모든 것을 평가하는 버릇이 은연중에 우리 사고 깊숙이 침투해 있다.
   ④ 돈을 좋아하다가 패가 망신 당하는 사람이 많다.
      (예) 전두환, 노태우를 보라.
4. 그러나 먹고, 마시는 것 같은 물질이 참 만족을 주는 게 아니다.

B. 인간에게 참으로 중요한 것은 영혼이다.
   1. v.25b - "목숨이 음식보다 중하지 아니하며…"
      목숨 = $\psi\upsilon\chi\acute{\eta}$ (영혼)
   2. 사람을 참으로 고귀하게 만드는 것은 영혼이다.
   3. 몸은 아무리 위하고 가꾸어도 영혼이 떠나고 나면 한 줌의 흙으로 돌아간다.
      옷보다는 몸이, 몸보다는 영혼이 중요하다.
   4. 우리가 참으로 보살피고 염려해야 될 것은 육체가 아니라 영혼이다.
      마태복음 16:26 - "사람이 만일 온 천하를 얻고도 제 목숨(= $\psi\upsilon\chi\acute{\eta}$)을 잃으면 무엇이 유익하리요. 사람이 무엇을 주고 제 목숨(= $\psi\upsilon\chi\acute{\eta}$)을 바꾸겠느냐?"
   5. 그렇기 때문에 우리가 먹고, 마시는 일 때문에 슬퍼하고 애통할 일이 아니다.

오히려 우리의 영혼 때문에 울고, 염려해야 한다.
① 구원받지 못한 사람은 지옥 가게 될 자기 영혼 때문에 울어야 한다. 그것 때문에 염려해야 한다.
② 구원받은 사람은 파리하게 말라가는 자신의 영혼 때문에 염려해야 한다.
하나님의 뜻대로 살지 못하는 것 때문에 염려해야 한다.

II. 염려는 아무런 유익이 없기 때문이다(v.27).
A. 우리가 염려한다고 해서 달라지는 것이 전혀 없다.
1. 키가 155cm 되는 자매. 염려하면 키가 165cm 되는가? 오히려 더 작아진다.
2. 내일 돈이 200만원 필요하다. 돈이 없다고 염려하면 200만원 생기는가?
B. 염려는 아무런 유익이 없는 정도가 아니고 엄청나게 해로운 것이다.
1. 현대 의학자들의 연구에 의하면 염려는 질병에 대한 저항력을 파괴한다. 그래서 여러 가지 질병의 원인이 된다.
잠언 17:22 - "마음의 즐거움은 양약이라도 심령의 근심은 뼈를 마르게 하느니라"
2. 염려 때문에 질병이 생긴 경우가 많다.
① 위병의 80%는 신경성.
② 미국 - 21개 대학에 재학하는 5,000명 조사.
평소에 늘 염려하는 학생들의 성적이 최하위.
③ 문둥병의 60% 정도도 정신적 원인 때문이다.
④ 염려 - 불면증, 식욕 감퇴로 건강을 악화시키고, 나아가서는 위장병, 위궤양, 신경쇠약 등을 초래한다.
3. 염려한다고 안 될 일이 되는 게 아니고, 오히려 우리에게 해독만 끼친다. 그래서 염려하지 말아야 한다.

III. 하나님께서 모든 것을 돌보시기 때문이다(vv. 28-30).
    A. 하나님께서는 공중과 땅의 미물들도 보살피신다(vv. 28-29).
       1. 적당한 날씨와 수분을 주신다.
       2. 때가 되면 열매 맺게 하시고 생명도 유지시켜 주신다.
    B. 미물을 돌보시는 하나님은 우리도 돌보신다(v. 30).
       1. 우리는 하나님의 형상으로 지음 받은 고귀한 존재다.
       2. 우리는 들풀이나 공중의 날 짐승과는 비교가 안 된다.
       3. 하나님께서는 당신의 형상으로 지으신 만물의 영장인 우리, 또 당신의 아들 예수 그리스도를 보내셔서 구원하실 정도로 가치 있는 당신의 자녀를 그냥 방치하지 않으신다.
         ① 하나님은 졸지도 않고 주무시지도 않고 우리를 돌보신다.
         ② 이사야는 이렇게 말한다. 이사야 49:15
         ③ 부모가 자식을 보살피듯이 하나님은 우리를 보살피신다.
IV. 염려는 신앙인의 태도가 아니기 때문이다(vv. 31-34).
    A. 염려는 신앙 없는 이방인, 불신자의 태도다(vv. 31-32).
       1. 불신자는 모든 문제를 스스로 해결해야 된다.
       2. 그는 혼자다.
         ① 일이 잘 될 때에는 주위에 사람이 많은 것 같이 생각한다.
         ② 그러나 절대 절명의 위기의 순간에는 혼자다.
       3. 그러나 그리스도인은 다르다.
         ① 전능하신 하나님이 나의 아버지이다.
         ② 문제를 만날 때 혼자서 씨름하고 끙끙거릴 필요가 없다.
         ③ 불신자와 똑같이 염려하면 간증을 다 잃어버린다.
         ④ 전도의 문을 다 닫아버린다.
         ⑤ 문제를 만날 때 참 신앙은 빛이 난다.
           밤이 어두울수록 빛은 찬란히 빛난다.

위기일수록 신앙은 고귀한 것이다. 그래야 정상이다.
B. 그렇기 때문에 그리스도인은 하나님의 뜻을 가장 먼저 구해야 한다(vv.33-34).
1. 기도의 사람 조지 뮬러 - "염려의 시작은 신앙의 종말이며, 참된 신앙의 시작은 염려의 종말이다."
2. 그리스도인이 가장 먼저 구할 것은 하나님 나라와 그의 의다.
① "너희는 먼저…"
구하되 먼저 구할 것과 나중에 구할 것이 있다.
② 주님 뜻대로 온전히 살기를 구하면 "이 모든 것", 즉 물질은 덤으로 주신다.
③ 물질이 없는 게 문제가 아니라 하나님을 전적으로 의뢰하지 못하고 그의 뜻을 온전히 구하지 못하는 게 문제다.
④ 우리가 하는 일이 잘 안되고, 사업도 잘 안 될 때 어떻게 하는가?
"좀 더 열심히, 좀 더 열심히!"라고 한다.
하나님 - 우리가 온전히 그의 뜻을 추구하는지, 그를 의뢰하고 있는지 점검하라고 하신다.
3. 하나님의 뜻을 구하는 사람은 하나님께서 필요를 공급하신다. 내일을 위해 염려하지 않는다.

결론
1. 염려에 대해서 우리는 어떠해야 하는가?
2. 염려하지 말아야 한다.
3. 내가 참으로 염려할 것은 물질이 아니라, 주님 뜻을 제대로 추구하느냐 하는 것이다.

본문: 마태복음 13:1-9, 18-23
제목: 네 종류의 마음
중심내용: 네 가지 밭은 네 종류의 마음을 나타낸다.
설교목적: 네 종류의 마음을 알게 하고 사람들로 하여금 풍성한 결실을 맺는 옥토 같은 마음이 되게 하기 위해

서론
　1. 똑같은 종류의 씨앗을 뿌려도 밭의 종류에 따라 전혀 다른 결과를 가져온다.
　2. 복음의 씨앗이 뿌려지고 싹이 나오는 것도 땅의 종류에 따라 다르다.

Ⅰ. 길가와 같은 마음 밭이 있다(vv. 1-4, 18-19).
　A. 그것은 딱딱하고 굳은 마음이다.
　　1. 길은 사람이 오랫동안 왕래함으로 인해 돌덩이같이 딱딱하게 된 땅이다.
　　2. 그런 땅에는 아무리 훌륭한 씨가 떨어져도 뿌리를 내릴 수 없다.
　B. 이런 마음 밭은 실제적으로 어떻게 나타나는가?
　　1. 교회에 왔다 갔다 하면서 교회당을 여관방으로 생각한다.
　　2. 교회에 와서 다른 생각으로 정신이 없다.
　　3. 설교를 듣기는 듣되 비판만 한다.
　　4. 설교를 들으면서 부지런히 남에게 적용한다.
　　5. 마음 문을 이중 삼중으로 잠그고 말씀이 못 들어오게 한다. 말씀이 들어오는 것을 집에 도둑이 들어오는 것보다 더 두려워한다.
　　6. 이런 마음 밭에는 말씀의 씨가 떨어지기 무섭게 사탄이 와서 먹어 버린다.

C. 여기서 분명히 기억할 것은, 잘못은 씨에 있는 게 아니라 밭에 있다는 사실이다.
    1. 씨는 말씀으로 살아서 운동력이 있다. 생명력이 있다.
       그러나 적당한 밭이 없이는 뿌리 내리지 못한다.
    2. 호세아 10:12
D. 나는 이런 밭이 아닌가?
    1. 이런 밭은 비극적이다.
    2. 불쌍하다.
       (경과구: 세상에는 길과 같은 마음만 있는 게 아니다.)
II. 돌밭과 같은 마음이 있다(vv.5-6, 20-21).
    A. 이스라엘에는 바위 덩어리 위에 흙이 덮여서 언뜻 보기에는 옥토같이 보이는 밭이 있다.
       여기에 씨가 떨어지면 어떨까?
    B. 이런 신앙은 반짝 신앙이다.
       마치 장마철의 햇빛과 같다.
        1. 신앙이란 우리의 전인격이 예수 그리스도를 신뢰하는 것이다.
        2. 그러나 돌밭 같은 심령은 감정적으로 예수를 믿는다.
        3. 말씀을 들을 때는 조금 재미도 느끼고, 이해도 하는 것 같고, 뭐가 좀 달라진 것 같기도 하다.
        4. 그러나 이 신앙은 뿌리가 얕다.
            ① 처음에는 좋아라고 날뛴다.
            ② 예수 믿으면 당장 출세하고, 축복 받아 부자도 되고, 병도 나아 건강하게 되고, 노처녀가 당장 시집도 갈 것으로 생각한다.
            ③ 그러다가 예수 때문에 어려움이 생기고, 내가 원하는 대로 일이 안 되면 신앙이란 것을 헌신짝같이 버린다.

④ 이런 사람은 쉽게 왔다가 쉽게 간다.
그것은 철새 신앙이다.
　C. 오늘 당신은 왜 예수를 믿는가?
　　1. 축복 때문인가?
　　　물론 축복도 있다. 그러나 고난도 있다.
　　2. 아니면 진리이기 때문인가?
　　　① 진리이기 때문에 예수를 믿는 사람은 축복이 있느냐 없느냐에 개의치 않는다.
　　　② 축복이 없어도 믿는다.
　　　③ 사업이 망해도 믿는다.
　　　④ 대학입시에 떨어져도 믿는다.
　　　　(경과구: 세상에는 길가와 같은 심령이나 돌밭과 같은 심령만 있는 게 아니다.)

Ⅲ. 가시밭과 같은 마음이 있다(vv.7, 22).
　A. 이 밭에는 흙이 있다.
　　1. 그래서 싹이 난다.
　　2. 어느 정도 자란다.
　　3. 그러나 가시덤불 때문에 더 이상 성장을 못하고 열매도 없다.
　B. 이런 사람은 어떤 사람인가?
　　이 밭은 복잡한 밭이다.
　　1. 말씀을 금세 받는다.
　　2. 아무 저항 없이 받는다.
　　3. 이런 마음을 가진 사람은 그 심령이 순수하지 못하고 여러 가지 일로 복잡하다.
　　4. 말씀을 듣기는 듣고, 조금 싹이 나오는 것 같으나 세상 일 때문에 조금 나오던 싹은 질식해 버리고 만다.
　C. 마음을 복잡하게 만드는 게 두 가지가 있다(v.22).

1. 염려 때문에 복잡하다.
    ① 교회에서는 기쁨이 넘치고, 찬송이 넘친다.
    ② 그러나 예배당을 나서는 순간부터 염려에 완전히 사로잡힌다. 예배 때 받은 은혜 다 잊어 버린다.
        (예: 남편 걱정, 사업 걱정, 아들 걱정…)
    ③ 우리의 삶에서 염려와 신앙은 공존할 수 없다.
        베드로전서 5:7
        신앙이 염려를 삼키면 승리한다.
        염려가 신앙을 삼키면 신앙은 끝장이다.
2. 재리의 유혹 때문에 복잡하다.
    ① 세상에 있는 것 중에서 돈만큼 우리의 관심을 많이 빼앗아 가는 것은 아마 거의 없을 것이다.
    ② 돈 앞에서도 의연할 수 있는 사람은 그리 많지 않다.
    ③ 그만큼 돈의 유혹은 강한 것이다.
    ④ 우리 모두에게 물질은 필요하다.
        그러나 그게 우리를 짓눌러 버리면 신앙은 힘들어진다.
    ⑤ 주님의 해결 - 마태복음 6:33
        (경계구: 세상에는 길가 같은 밭이나 돌밭이나 가시떨기 밭 같은 심령이 있어 결실을 못하는 경우가 있는가 하면, 참으로 훌륭한 밭도 있다.)
IV. 옥토와 같은 마음이 있다(vv.8-9, 23).
    A. 이것은 말씀을 받아 결실할 준비가 되어 있는 밭이다.
        1. 이 말은 귀만 열고 있다는 뜻이 아니다.
        2. 마음을 열고 있고, 배운 대로 행하겠다는 자세이다.
        3. 말씀은 지식을 더할 목적으로 듣고 배우는 게 아니다.
    B. 이 밭은 말씀을 듣고 마음으로 이해하고 깨닫는 밭이다.
    C. 이 밭은 열매를 맺는 밭이다.

1. 진짜인지 가짜인지는 열매로 안다(cf. 마 7:16).
2. 우리의 마음이 옥토이고, 우리가 참으로 말씀을 바로 받았으면 열매가 있다.
   ① 구원받지 못한 영혼이 구원받는 열매가 있다.
   ② 구원받은 영혼은 삶 속에서 성령의 열매를 주렁주렁 맺는다.

결론
   1. 나는 어떤 종류의 마음 밭을 가지고 있는가?
   2. 동일한 말씀이 나의 심령 상태에 따라 전혀 다른 반응으로 나타난다.
   3. 나는 길가와 같은 마음 밭인가?
      나는 돌밭과 같은 마음 밭인가?
      나는 가시떨기와 같은 마음 밭인가?
      나는 옥토와 같은 마음 밭인가?
   4. 묵은 땅을 갈아서 옥토와 같이 되자.

본문: 누가복음 5:1-11

제목: 주님이 쓰시는 사람

중심내용: 주님은 영적으로 바르게 준비된 사람을 쓰신다.

설교목적: 성도들로 하여금 주님께 쓰임 받도록 하기 위해서

서론

1. 다른 사람의 인정을 받아 쓰임받는다는 것은 상당히 신나는 일이다.
2. 더구나 나를 인정해 주는 사람이 굉장히 높은 신분이라면, 그런 분에게 인정받아 함께 일한다는 것은 큰 영광이다.
3. 대통령과 함께 일하는 파트너가 된다면 개인적으로, 가정적으로, 가문에도 큰 영광이다.
4. 그러나 하나님의 파트너가 되는 것은 더 큰 영광이다.
5. 하나님은 어떤 사람과 파트너가 되기 원하시는가? 하나님은 어떤 사람을 쓰기 원하시는가?
6. "주님이 쓰시는 사람"이란 제목으로 함께 생각하자.

I. 주님이 쓰시는 사람은 충성된 사람이다(vv.1-3).

   A. 본문

   1. 게네사렛 호수는 갈릴리 호수다. 너무 커서 흔히 "바다"라 부른다.
   2. 이 바다에서 어부로 잔뼈가 굵은 사람이 베드로다.
   3. 하룻밤 내내 일하고 나서 쉬고 싶은 것이 어부의 심정이다.
   4. 그러나 베드로는 놀고 있는 사람이 아니었다.
   5. v.2b - "그물을 씻는지라"
      ① 그는 자신의 일을 위해 밤새도록 그물을 치고 고기를 잡았다.
      ② 이제 마무리 짓기 위해 그물을 씻고 있다.

③ 이것이 주님에게 발탁된 중요한 요인이다.
  B. 적용
    1. 주님은 예나 이제나 자기 일에 충성을 다하는 사람을 쓰신다.
    2. 적당히 시간이나 때우고, 밥이나 축내고, 빈둥거리는 사람은 제대로 쓰임 받을 수 없다.
       어떤 학자 - 예수님의 11제자는 모두 직업이 있다.
       가룟 유다 - 직업 불명. 그래서 문제다.
    3. 내가 맡은 일이 큰일이든 작은 일이든 개의치 않고 끝까지 최선 다하는 사람은 반드시 하나님이 들어 쓰신다.
       이 원리는 세상일에서나 하나님의 일에서 큰 차이가 없다.
    4. 직장일에는 그렇게 충성하는 사람이 많다. 그러나 주님 일에 그렇게 헌신되고 충성되는 사람은 별로 많지 않다.
      ① 주일학교 교사 - 어느 정도로 소중히 여기며 더 좋은 교사가 되려고 애쓰는가?
      ② 성가대 - 얼마나 충실히 감당하는가?
      ③ 구역장 - 얼마나 열심으로 영혼을 돌보는가? 봉급을 받으면 열심히 하겠는가?
       봉급을 받으면 열심히 일하고, 봉급이 없으면 적당히 넘어가는 사람이라면 주님에게는 쓸모 없다.
       각자가 봉급 받는 사람같이 일하자.
       이 땅에서는 봉급을 못 받는다. 그러나 주님 앞에 가면 밀린 봉급을 몽땅 받는다. 이자까지 받는다. 복리로 계산해서 받는다.
II. 주님이 쓰시는 사람은 순종하는 사람이다(vv.4-7).
  A. 본문
    1. 밤새 여기저기 그물 던져 보았다.
    2. 할 수 있는 일을 다 했다.

3. 이제 지칠 대로 지쳐 있다.
4. 그리고 날은 밝아 온다.
5. 고기는 어두울 때 잘 잡힌다.
   그러나 아침 햇살이 비치기 시작하면 고기는 안 잡힌다.
6. 어부로 잔뼈가 굵은 그들이 밤새 한 마리도 잡지 못 했는데, 목수 출신인 예수님이 "그물을 깊은 데로 던져라" 하고 명령하셨다.
   ① 그 말에 순종했다.
   ② 자기들 생각을 포기했다. 고집을 버렸다. 자존심을 버렸다.
   ③ 말도 안 되는 말씀이고, 이치에 맞지 않는 말씀이지만 순종했다.
   ④ 그 결과 배 두 척이 물에 잠길 정도로 고기를 많이 잡았다.

B. 적용
1. 순종하지 않는 사람은 주님 일에는 관계없다.
2. 우리의 구원부터 생각해 보자.
   우리가 어떻게 구원받았는가?
   ① 내 경험을 살려서 구원받았는가?
   ② 아니다. 그것을 포기하고 구원받았다.
      순종함으로 구원받았다. 내 생각과 내 자존심을 포기 안 하면 절대로 구원을 못 받는다.
3. 그런데 구원받고 나면 마음이 변하는 사람들이 많다.
   물에 빠진 사람 건져 주었더니 내 보따리 내 놓으라는 것과 유사하다.
4. 구원받고 나면 따지기 시작한다. 자주 재 본다.
   ① 이것을 순종하면 이익이 올까, 손해가 올까?

② 이것을 순종하면 내가 망하지 않을까?

③ 이것을 순종하면 나에게 너무 힘들지 않을까? 등을 따진다. 나는 어떤가?

5. 순종하는 사람도 여러 가지 이유로 순종한다. 크게 나누면 3가지 이유가 있다
    ① 두려워서 - 순종을 안 하면 맞으니까.
    ② 그 다음 단계, 보상을 바라며.
    ③ 그 다음 단계, 주님에 대한 사랑 때문에 - 이것이 가장 값진 순종의 이유다.

6. 우리는 그렇게 순종해야 된다. 순종할 때는 내 생각을 포기해야 한다. 순종하기 힘든 이유는 하나님께서 내 생각과 다른 것 요구하시기 때문이다. 그러나 나를 포기해야 한다. 그게 순종이다. 그래야 하나님께 발탁될 수 있다.

III. 주님이 쓰시는 사람은 자신의 부족을 아는 사람이다(vv.8-11).

A. 본문

1. 주님 말씀에 순종할 때 배 두 척에 가득 찰 정도로 고기가 잡히는 것을 보고 예수 그리스도가 누군지 알았다. 그가 전능하신 하나님이신 것을 알았다.

2. 그의 전능에 비할 때 베드로는 자신이 아무 것도 아닌 것을 알았다.
    ① 그 앞에 무릎을 꿇었다.
    ② 자신의 추악함을 보았다. 자신의 무능을 보았다.
        자신은 아무 것도 아닌 것을 알았다.

3. 그때 주님은 말씀하셨다. "무서워 말라 이제부터는 사람 낚는 어부가 되리라"
    그는 곧 그물을 버리고 주님을 따랐다.
    주님이 부르시는 순간이다.

주님의 파트너로서의 발걸음을 내딛는 순간이다.
B. 적용
1. 하나님은 두 종류의 사람은 절대로 쓰실 수 없다.
   ① 더러운 사람 - 더러운 그릇에는 음식을 못 넣어 먹는다.
   ② 교만한 사람
2. 너무 잘난 사람, 너무 똑똑한 사람은 자기만 의지한다. 자기만 내세운다. 이런 사람은 주님을 필요로 하지 않는다. 그뿐 아니다. 주님도 이런 사람을 필요로 하지 않으신다.
3. 세상적으로 좋은 조건을 갖추었느냐, 아니냐가 문제가 아니다
   ① 세상적으로 좋은 조건을 갖추고서도 진실로 겸손한 사람이 있다.
   ② 세상적으로 별 볼일 없으면서도 교만한 사람이 있다.
   ③ 어떤 경우에든 간에, 자신의 한계, 자신의 무능, 자신의 추악함을 철저히 깨닫고 그 앞에 겸손히 무릎 꿇는 자는 쓰임을 받는다.
   (예) 바울 - 세상적으로 유능. 모든 것을 분토같이 버림 - 쓰임 받음.
   스펄전 - 정규학교 교육을 많이 받지 못함 - 세계적 설교자로, 부흥사로 쓰임 받음.
4. 오늘 나는 어떤 사람인가?
   "어떤 그리스도인이 성장하고 있는지 아닌지를 어떻게 아는가? 성장에 비례해서 주님을 높이고 자기가 하는 일을 점점 덜 얘기하고, 자기는 점점 작아져서 태양이 떠오를 때 사라지는 새벽별같이 사라지는 사람이다"(Dr. Bonar). 이렇게 겸손한 자는 분명히 주님의 파트너가 된다.

결론

1. 하나님은 사람을 찾으신다. 동역자를 찾으신다.
2. 그러나 까다로운 자격을 요구하신다.
   ① 충성된 자를 원하신다.
   ② 순종하는 자를 원하신다.
   ③ 겸손히 자신의 무능을 인정하고 하나님을 의뢰하는 자를 원하신다. 우리 모두가 하나님께 인정받고, 쓰임받자.

본문: 누가복음 18:35-43
제목: 문제 해결은 오직 예수
중심내용: 인간적으로 불가능한 문제도 예수님을 통해서 해결될 수 있다.
설교목적: 성도들로 하여금 어떤 문제든지 주님을 통해 해결하는 믿음을 갖게 하기 위해서

서론
   1. 찬송가를 많이 지은 크로스비(Fanny Crosby) 여사는 어려서 장님이 되었지만 "내가 앞을 못 보게 된 후 나는 더 많은 것을 볼 수 있고, 주님과 그 세계를 본다"고 했다.
   2. 삼중고의 헬렌 켈러(Helen Keller) 여사는, "내가 고통 중에 하나님께 감사하는 것은, 내 자신과 사명과 하나님을 발견한 것이다"라고 했다.
   3. 우리는 이 땅을 사는 동안에 끊임없이 많은 문제에 당면한다.
   4. 문제를 당할 때, 그것이 인간적으로 볼 때에는 도무지 해결할 수 없는 것같이 보일지라도 예수님을 통해서는 참으로 만족할 만한 해결책이 있는 것이다.
   5. 오늘 본문을 통해서 이것을 보도록 하자.
I. 모든 사람에게는 그 나름의 문제가 있다(v.35).
   A. 본문에 나오는 거지 소경을 한번 보자.
      1. 그는 거지였다.
      2. 그는 동시에 소경이었다.
   B. 오늘 우리도 마찬가지다.
      1. 우리는 비록 거지도 아니고 소경도 아닐는지 모른다.
      2. 그러나 우리에게도 거지 소경에 못지 않은 큰 문제가 있다.
         ① 그것은 우리의 영적인 문제일 수 있다 - 예수님이 없는

　　　　　상태의 인간은 거지나 소경과 다를 것이 없다(영적 장님
　　　　　이다).
　　　　② 그것은 우리 교회의 문제일 수도 있다.
　　　　③ 그것은 우리 가정, 우리 개인의 어떤 문제일 수도 있다.
　　3. 사실상 인간은 이 땅에 사는 동안 문제없는 날이 거의 없다.
　　(경과구: 그러면 이러한 문제를 당할 때에 우리는 어떻게 해야 하는
　　가?)
II. 문제를 해결하기 위해서는 주님께 부르짖어야 한다(vv.36-39).
　　A. 본문의 소경은 주님께 부르짖었다.
　　　1. 그는 평소에도 예수님을 사모하고 그에게 관심이 있었다
　　　　(vv.36-37).
　　　2. 그는 예수님만이 그의 문제의 해결자임을 믿었다(v.38).
　　　3. 그는 문제가 해결될 때까지 주님께 부르짖었다(v.39).
　　B. 우리도 거지 소경이 한 것과 똑같이 해야 한다.
　　　1. 늘 예수님을 사모하고 그에게 관심을 두어야 한다.
　　　　① 주님의 뜻을 떠나 살고 예수님께 관심을 두지 않다가 문
　　　　　제를 만날 때만 예수님을 찾아서는 안 된다.
　　　　② 그러나 인간 능력을 초월하는 문제는 다른 데서 해결할
　　　　　수 없다.
　　　2. 오직 예수님만이 우리 문제를 해결하실 분임을 믿어야 한
　　　　다.
　　　　① 사소한 문제는 인간의 힘으로 해결할 수 있다.
　　　　② 그러나 인간 능력을 초월하는 문제는 다른 데서 해결할
　　　　　수 없다.
　　　3. 우리의 문제가 해결될 때까지 끈기 있게 주님께 부르짖어
　　　　야 한다.
　　　　(경과구: 우리가 문제를 가지고 주님께 부르짖을 때 주님은 어

떻게 하시는가?)
Ⅲ. 주님은 그를 의뢰하는 자의 문제를 해결하신다(vv.40-43).
　A. 부르짖는 소경을 주님은 어떻게 하셨나?
　　1. 주님은 그의 부르짖음을 무시하거나 외면하지 않으셨다 (v.40).
　　2. 주님은 문제의 핵심을 아셨다(v.41).
　　3. 주님은 그의 문제를 깨끗이 해결하셨다(v.42)
　B. 주님은 우리에게도 꼭 같은 방법으로 대하신다.
　　1. 그는 우리의 부르짖음을 절대로 외면하지 않으신다.
　　2. 주님은 우리의 문제를 정확히 아신다.
　　3. 주님은 문제를 해결하신다.
　　　① 사람마다 문제도 다르고, 사람마다 해결책도 다르다.
　　　② 주님은 동일한 문제를 당한 사람의 신앙이나 필요나 환경에 따라 다른 방법으로 해결하시기도 한다.
　　　③ 해결 방법이나 결과는 다 다를 수 있지만, 누구의 문제나 만족할 만큼 해결된다는 데에는 틀림이 없다.
　　4. 우리의 문제는 무엇인가?
　　　사람을 통해서는 해결할 수 없는 문제도 예수님은 해결하신다. 그러할 때 우리 주님은 영광을 받으신다(v.43).

결론
　1. 오늘 나에게는 무슨 문제가 있는가?
　2. 세상에서 그 문제가 만족하리만큼 해결되었는가?
　3. 예수님만이 인간적으로 불가능한 문제를 해결하실 수 있는 분이시다.

본문: 로마서 8:1-11
제목: 그리스도 안에 있으면
중심내용: 그리스도 안에 있으면 많은 특권을 누리게 된다.
설교목적: 성도들로 하여금 그리스도 안에 있는 특권을 알게 해 그것
         을 누릴 수 있도록 하기 위해서

서론
  1. 여러분들은 이사를 많이 다녀 보았을 것이다.
     나 - 결혼 후 지금까지 8번 이사
     어떤 분 - 나보다 더 많이 이사
     어떤 분 - 나보다 적게 이사
  2. 어떤 때는 이사가는 게 굉장히 부담스럽다.
     특히 일이 잘 안되어 집을 팔고 세를 얻어 나가거나 큰 집에서 작은 집으로 이사갈 때에는 마음이 굉장히 무겁다.
  3. 그러나 반대로 전세를 살다가 정말 오랜 수고 끝에 새집을 마련해서 이사가면 굉장히 기분이 좋다.
     헌 물건 - 많이 버린다.
     그 대신 새 집에 어울리게 새 물건을 많이 장만한다.
  4. 신앙도 그와 유사하다.
  5. 예수 믿는다는 것은 예수 그리스도라는 집으로 이사가서 그 안에서 영원히 사는 것이다.
  6. 예수 안에 들어와서 살면 어떤 일이 생기는가?
     "그리스도 안에 있으면"이란 제목으로 함께 상고하자.
Ⅰ. 그리스도 안에 있으면 정죄함이 없다(v.1).
   A. 그리스도 안에서
      1. 신앙의 첫 걸음은 예수 그리스도 안에 들어가는 것이다.
      2. "예수 그리스도 안에 있다"는 말은 예수 그리스도로 말미

암아 구원받고 예수 그리스도와 하나가 되었다는 말이다. 보다 정확히 말하면, "예수 내 안에, 나는 예수 안에" 있는 것이다.
　3. 교회에도 다니고 예배당 안에도 들어와 있지만 예수 그리스도 안에는 들어와 있지 않는 사람이 많이 있다.
　4. 교회에만 다녀도 그렇지 않은 사람보다 누리는 특권이 많다.
　5. 그러나 예수 그리스도 안에 속하면 더 많은 특권을 누리게 된다.
　　　(예) 국회의원이 아닌 사람도 국회의사당 안에 들어갈 수 있고, 국회도서관도 이용할 수 있다. 그러나 "국회"에 속한 사람(= 국회의원)의 특권과는 비교도 안 된다.
　6. 이왕 교회를 다닐 바에야 예수 그리스도 안에 속한 사람, 구원받는 사람이 되기 바란다.
B. 그런 사람에게는 정죄함이 없다.
　1. "정죄함이 없다"는 것은 무슨 뜻인가?
　2. 무죄 판결을 받게 되어 더 이상 지옥에 갈 필요가 없게 되었다는 말이다.
　3. 내가 받아야 할 죄의 값을 하나님의 아들인 예수 그리스도께서 대신 갚으셨다. 내 대신 처벌 받으셨다. 일사부재리의 원칙에 의해서 같은 죄로 두 번 처벌 안 받는다.
　4. 그렇기 때문에 하나님은 나를 용서하셨고, 받아 주신다. 하늘 나라에서 나를 받아 주시는 것은 물론, 이 땅에서도 항상 나를 받아 주신다.
　5. 하나님은 어떤 경우에도 나를 박대하지 않으시고, 항상 문 열어 놓고 기다리는 분이시다.
　6. 굴곡이 많고, 실패가 많고, 기복이 많은 인생살이에서 하나

님은 나를 절대로 정죄하지 않으시고 받아 주신다는 사실만큼 우리에게 큰 힘이 되는 진리는 흔치 않다.

(예) 아이들에게 가정이라는 것은 여러 가지 의미가 있다.

큰 한 가지 의미 - 가정에는 어떤 경우에도 나를 용납하고 받아 주시는 부모님이 계신다. 부모님은 항상 내 편이다. 이 확신이 흔들리면 문제 생길 때 집에 안 돌아온다.

비록 부모님은 용납하지 않는 경우가 있을지 모르겠지만 하나님에게는 절대 그런 일이 없다. 이 진리를 항상 붙들고 살자

II. 그리스도 안에 있으면 거룩한 삶을 살게 된다(vv.2-4).

  A. 정죄가 없다는 것은 방종을 의미하는 것이 아니다.

    1. "정죄함이 없으니 마음대로 살자"는 사람이 있는가?

이렇게 생각하는 사람은 아직까지 참 용서를 맛보지 못한 사람이다. 그렇게 생각하면 문제가 심각하다.

(예) 어떤 사람이 살인죄 - 정상 참작해 무기징역

모범수 - 감형을 거듭해 3년만에 가석방되었다.

어떻겠는가? "또 다시 죄를 지어야지" 그렇게 생각하겠는가?

    2. 그리스도 안에 있는 생활은 방종의 생활이 아니다.

무법자로 사는 것이 아니다.

    3. 새로운 법 아래 사는 것이다.

그 법이 생명의 성령의 법이다.

    4. 과거에 우리를 지배하던 법과 현재 우리를 지배하는 법이 다르다.

(예) 쇳덩이 떨어질 때 - 만유인력이 작용한다.

그러나 자석을 갖다 대면 쇠가 여기에 달라붙는다.

새로운 법칙의 지배하에 들어간다.
B. 그러면 어떻게 되나?
   1. 생명의 성령의 법의 지배를 받으면 어떻게 되나?
   2. 과거에 할 수 없었던 새로운 일을 하게 된다.
   3. 예수 그리스도와 연합해서 하나가 되었고, 성령의 법 아래 들어왔기 때문에 새로운 일이 생긴다.
      (예) 처녀 - 죽었다가 깨어나도 애는 못 낳는다.
         요즘 - 애 낳는 처녀가 많다. 그렇게 되면 더 이상 처녀가 아니다. 그러나 결혼해서 남편이 생기면 애기를 낳는 게 정상이다.
   4. 그리스도와 결혼한 우리는 율법의 요구를 이루는 삶을 산다.
      ① 구원받기 전 - 율법의 요구를 이루어 거룩하게 살 수 없다. 어느 정도 되는 것 같이 보일 때도 있지만 하나님 보시기에는 전혀 아니다. 인간이 스스로의 힘으로 이룬 거룩은 하나님 보시기에는 누더기다. 다 헤어진 옷은 버려야 한다.
      ② 구원받으면 율법의 요구를 이루기 시작한다.
         거룩한 삶이 시작된다.
   5. 구원받은 사람은 한편으로 거룩하게 되었고, 다른 한편으로는 거룩하게 되어 간다.
      ① 신분 - 완전히 거룩하게 되었다.
         의인이 되었다. 하나님의 아들이 되었다.
      ② 실제 생활에서는 계속 거룩해져 가야 한다.
         그리스도 안에만 제대로 거하면 계속 거룩해져 간다.
   6. 그런데 문제는 무엇인가?
      자꾸 밖으로 나가려고 한다.

우리를 유혹하는 게 많기 때문에 자꾸 밖에서 기웃거린다.
그러다가 결국 세상으로 떨어진다.
(예) 술집 근처에서 자꾸 기웃거리면 - 결국 술을 먹는다.
　　　카바레　　〃　　　〃　　- 안으로 들어간다.
　　　홍등가　　〃　　　〃　　- 일을 저지른다.

7. 우리는 주님 근처에서 기웃거려야 한다.
그 안에 머물러 있어야 한다.
주님 밖에서 나돌아 다녀 봐야 좋을 것 하나 없다.
(예) 아내 - 가정에서 남편 울타리 안에서 움직여야 한다.
　　　가정이 싫다고 밖에서 기웃거리면 어떻게 되나?
　　　여자의 일생은 비극으로 막을 내리고 말 것이다.
　　　그리스도인 - 그리스도 안에 있어야 바른 삶, 거룩한
　　　삶을 살게 된다.

Ⅲ. 그리스도 안에 있으면 육신을 따르지 않는다(vv.5-11).
본문에 보면 두 종류의 사람이 나온다.
　A. 성령의 사람
　　1. v.11 - 성령이 우리 안에 거하면
　　2. v.9 - 그리스도의 영이 없으면 그리스도의 사람이 아니다 -
　　　주님께 소속이 안 됐다.
　　3. 성령의 사람은 성령의 일 생각한다.
　　　성령의 일은 뭔가?
　　　① 어떻게 하면 영혼을 건질까?
　　　②　　〃　　주님을 위해 더 수고할까?
　　　③　　〃　　주님을 기쁘시게 할까?
　　　④　　〃　　주님의 뜻대로 살까?
　　4. 성령의 사람은 생명과 평안을 누린다.
　　　① 하나님의 생명이 있기 때문에 생기가 넘친다.

영적으로 활력이 넘치는 사람이다.
② 그뿐 아니고 참 평안을 누린다.
환경과 관계없이 평안을 누린다.
(예) 마치 어머니 품속에 안겨 있는 아기와 같다.
비바람 몰아쳐도 새근새근 잔다.
우리는 주님 품에 안겨 있는 아기와도 같다.
B. 육신의 사람
1. 그는 구원받지 못한 사람이다.
2. 교회에 다니건 안 다니건 주님께 속한 사람이 아니다.
주님 나라에 갈 수 없다. 주님이 문을 안 열어 주신다.
(예) 밤 12시 - 문 "쾅쾅"
내 아들 - 문 열어 준다.
낯선 사람 - 어림도 없다.
3. 육신에 속한 사람은 무엇을 하는가?
① 육신의 일을 생각한다(v.5) - 세상 유행을 따라가며 육신을 즐겁게 하는 일에 관심 집중.
② 그런 생각은 결국 사망이다(v.6).
③ 그것은 또한 하나님과 원수 된다.
④ 하나님을 기쁘게 할 수도 없다.
이런 사람은 삶의 중심이 오직 자기 자신이다 - 자기만 생각한다.
C. 우리가 무엇을 생각하고 사느냐 하는 것은 굉장히 중요하다.
1. 생각은 행동으로 나타난다.
2. 행동은 결국 우리의 모든 것을 바꾸어 버린다.

| 생각을 | 심으면 | 행동을 | 거두고 |
| 행동을 | 〃 | 습관을 | 〃 |

　　　　습관을　　　〃　　　인격을　　　〃
　　　　인격을　　　〃　　　운명이　　바뀐다.
　　(예) 몇 년 전 "온"씨 성을 가진 택시 운전사
　　　　여자 승객에게 미소로 다가가 수면제 든 드링크 대접, 겁탈, 살인. 밤낮 무슨 생각을 했겠는가? 어떻게 하면 더 극적으로 여자를 농락할까? 결국 사형장의 이슬로 사라졌다.
　3. 우리의 마음은 성령의 생각으로 가득 채워져야 한다.
　　　날마다 순간마다 그렇게 해야 한다.
　　　그러면 육신을 따르지 않고 성령의 열매가 많이 맺힌다.

결론
　1. 당신은 그리스도 안에 있는가?
　2. 그러면 특권이 있다.
　　① 정죄가 없다.
　　② 거룩한 삶을 산다.
　　③ 육신을 따르지 않는다.

본문: 로마서 10:1-13
제목: 빗나간 신앙
중심내용: 빗나간 신앙은 하나님이 정하신 길에서 벗어난 신앙이다
설교목적: 사람들로 하여금 빗나간 신앙의 실체를 알게 해 바른 신앙
 을 갖게 하기 위해

서론
 1. 사람이 살아가는 데에는 기본적으로 알아야 할 것이 있다.
 2. 우리는 그것을 상식이라고 한다.
 3. 상식이 없는 사람, 상식 이하의 사람과는 말이 잘 안 통한다.
  이런 사람 대할 때는 딱하기도 하고, 화가 나기도 한다.
  상식이 없는 사람이 많아서 우리 나라는 "상식이 안 통하는 나라"가 되고 말았다 - 정도에서 벗어난 일이 판을 친다.
  (예) 최근의 씨랜드 화재 사건과 어린이 참사 - 어떻게 이런 데가 허가날 수 있는지 상식으로는 이해가 안 된다.
 4. 마땅히 알아야 할 것을 모르는 것도 불쌍하지만, 상식과는 반대로 가는 사람은 더 불쌍하다.
 5. 신앙생활에도 상식이 있고, 정도가 있다.
 6. 처음부터 바른 길을 찾아서 바르게 신앙생활하는 것은 복된 일이다.
 7. 그러나 우리 주위에는 사이비가 너무 많다. 빗나간 신앙, 정도에서 벗어난 신앙을 가진 사람들이 너무 많다.
 8. 오늘 우리는 "빗나간 신앙"이란 제목으로, 어떤 신앙이 빗나간 신앙인지 살펴보고 우리는 신앙의 정도를 걸어가는 신앙을 갖도록 하자.
I. 열심과 지식의 균형이 없는 신앙은 빗나간 신앙이다(vv.1-2).
  A. 본문

1. 이스라엘 사람들은 하나님을 향한 열심이 대단한 사람들이었다.
2. 하나님을 멀리하고 떠났을 때도 있었지만, 하나님의 택한 백성이라는 의식, 그런 프라이드가 굉장히 강했다.
3. 심지어는 자기네들 외에 다른 사람들은 사람으로 취급도 안 했다. "이방개"라고 생각했다.
4. 그들은 모세를 통해 주어진 하나님의 율법을 지키려고 애를 썼다.
5. 이마에 써 붙이고, 손목에 써 붙이고, 문설주와 바깥문에 기록하고 집에 있을 때나 길을 갈 때나 열심히 가르쳤다.
6. 하나님을 향한 열심이 그렇게 표현되었다.
7. 그러나 방향이 빗나갔다.
   열심은 있었는데 바른 지식이 없었다.
   하나님을 사랑하는데 예수 그리스도를 몰랐다.

B. 적용
1. 열심히 하는 것은 참으로 소중하다.
2. 그러나 지식이 없는 열심, 방향이 빗나간 열심은 여러 사람을 불행하게 만든다.
   (예) 바울 - 하나님을 향한 열심이 대단했다.
       그것이 교회 핍박 - 초대 교회의 유능한 지도자인 스데반을 순교의 자리에 내몰았다.
3. 열심을 말하면 이단들의 열심은 대단하다.
   ① 여호와의 증인 - 얼마나 열심인가!
   144,000명에 속하기 위해서 아침부터 저녁까지 만사를 제쳐놓고 돌아다닌다. 욕을 먹어도 화를 안 낸다.
   ② 몰몬교 - 나이 어린 미국 선교사들이 둘씩 짝지어 1년간 선교.

③ 안상홍 하나님의 증인회 - 얼마나 극성인가! 이들의 잘못된 열심은 영혼을 모두 지옥으로 몰아넣는다.
4. 이단이 아니면서도, 정통교회에 다니면서도 참 진리를 모른 채 열심 하나만으로 신앙생활하는 사람들이 많다.
산기도, 들기도, 금식기도, 철야기도, 작정기도, 새벽기도 - 기도대장.
헌금으로 말하면 - 십일조는 기본. 매주일 감사헌금 - 그것도 1,000원씩 나누어서(생일감사, 취직감사, 이사감사, 승진감사, 병 나은 것 감사, 사고 안 난 것 감사, 사고 나도 크게 안 난 것 감사…).
① 이런 식으로 5년, 10년 다니면서 참진리를 모르고 답답해하면서 교회 다니는 사람이 엄청나게 많이 있다.
② 예수 그리스도 없이 하나님을 사랑한다는 사람도 많이 있다. 하나님을 사랑해서 감격도 하고, 그 하나님을 위해서 순교하는 사람도 있다.
기억하라!
예수 없이는 하나님을 아는 길이 없다. 예수 그리스도 안에 감추어 놓았다. 예수 없이 하나님을 사랑한다는 사람 - 모두 짝 사랑이다.
③ 어떤 사람은 착각 가운데 산다.
구원과 전혀 상관없으면서도 구원받은 것으로 착각하면서 안심한다.
5. 이런 모든 사람들은 구원받아야 할 대상이다. 빗나간 신앙 가지고 있다.
6. 오늘 우리는 무엇이 문제인가?
① 대부분의 경우 - 지식은 있는데 열정이 없다.
② 열심 있는 사람은 소수에 불과하다.

시간이 갈수록 영혼에 무관심해지는 사람 많다.
            영적인 체온이 자꾸 내려간다. 체온이 계속 내려가면 -
            심장이 멈춘다. 사망 진단을 받는다.
            영적인 사망 진단이 내리기 전에 열심을 회복하자.
            첫 사랑의 감격과 열정을 회복하자.
        ③ 열정 없이는 아무 것도 이룰 수 없다.
            (예) 미국 경영자협회에서 경영자 241명 조사. 사람을
            성공하게 하는 요인이 무엇인가?
            1위(80%) - 열정, 2위(63%) - 할 수 있다는 태도
            세상일이나 주님일 모두 마찬가지다.
    7. 오늘 우리는 지식과 열심이 병행하는 신앙을 가져야 한다.
II. 인간의 의를 강조하는 신앙은 빗나간 신앙이다(vv.3-4).
    A. 본문
        1. 유대인들은 열심은 있었지만 지식이 없었기 때문에 길 잃
        은 백성이 되었다.
        2. 열심히 했지만 결국은 하나님께 불순종하고, 하나님을 대
        적하는 결과를 가져왔다.
        3. 하나님의 의는 모르고, 자신들의 의, 인간의 의를 내세웠
        다.
        4. 하나님의 의는 무엇인가? - v.4
            예수 그리스도를 통해서 믿음으로 공짜로 얻는 것이다.
            예수 그리스도는 인간의 의를 끝내시는 분이다.
            그런데도 사람들은 어리석다 - 자꾸 자기가 무엇을 보태려
            고 한다.
            (예) 누가복음 18장 - 바리새인과 똑같다.
                1주일에 두 번 금식. 소득의 1/10. 불의 행치 않음.
                나는 다르다. 나는 특별하다. 나는 더러운 너희들과 상

관 않는다. 바리새인의 기도는 전부 자기 자랑, 자기 과시.

B. 적용
   1. 오늘도 유대인들같이, 바리새인같이 인간의 의, 율법적 행위로 말미암는 의를 강조하는 사람이 많이 있다.
   2. 인간의 의는 십자가에서 끝이 났다.
   3. 예수 그리스도 죽는 순간 - 예루살렘 성전에서 성소와 지성소를 갈라놓음. 휘장이 위에서 아래로 갈라졌다.
   4. 구시대는 끝이 나고, 새 시대가 열렸다.
   5. 예수 그리스도로 말미암는 의가 모든 사람에게 열렸다는 말이다.
   6. 그런데 아직도 많은 사람들이 율법시대에 살고 있다.
      ① 예배당을 성전이라고 한다 - 예배당은 예배당이다. 성전은 거듭난 그리스도인이 성전이다.
      ② 교회를 제단이라고 한다 - 더 이상 소 잡고, 양 잡고 안 한다. 교회는 그냥 교회다.
      ③ 목사를 특권시한다 - 가운을 입고, 특권시한다. 목사의 마지막 축도를 받으려고 야단이다. 예배 참석은 안 해도 축도는 받으러 온다.
      ④ 주일을 안식일로 생각한다 - 주일은 일요일이고, 안식일은 토요일이다.
   7. 무엇보다도 예수께서 열어 놓으신 복음을 제대로 안 가르친다.
      ① 거듭나지 못한 목사, 복음을 제대로 모르는 목사들 때문에 교인들은 열심히 자기 의를 추구한다.
      ② 그냥 열심히 믿으라, 봉사해라, 헌금해라, 기도해라 - 그게 전부다.

③ 예수 그리스도의 의를 먼저 얻고 봉사하고, 기도해야 한다.

예수 그리스도의 의가 없이 인간의 의를 내세우면 결국 하나님을 대적한다.

이런 신앙은 모두 빗나간 신앙이다.

III. 입만 가지고 믿는 신앙은 빗나간 신앙이다(vv. 5-13).

  A. 본문

    1. 우리가 믿을 수 있는 복음은 멀리 있지 않다.

      ① v.6 - 복음의 말씀을 찾기 위해서 하늘로 갈 필요가 없다 (신 30:11).

      ② v.7 - 복음의 말씀을 찾기 위해서 음부로 내려갈 필요도 없다.

      ③ 바로 내게 가까이 있다.

    2. 가까이 있는 그 말씀을 믿고 입으로 시인하면 구원받는다.

    3. vv. 12-13. 주의 이름을 부르는 자는 구원받는다.

    4. 이 말씀을 오해해서 엄청난 혼란을 야기하고 있다.

"입으로 시인해야 한다"고 하니 억지로 입으로 시인하게 한다. 영접을 시킨다. 억지로 예수 이름 부르게 한다 - "주여 3창"

선교단체에서 그렇게 하는 경우 많다.

유광수 다락방에서도 그렇게 한다.

모두 문제 투성이다 - 빗나간 신앙이다.

    5. 입으로 시인하기 전에 반드시 먼저 해야 할 것이 있다.

"마음으로 믿는 것"이다.

마음 - 지·정·의 전체를 가리킨다.

머리로 알아야 한다.

의지로 결단해야 한다.

감정으로 느껴야 한다 - 3개가 동시에
6. 그리고는 입으로 시인해야 한다.
그래서 우리는 구원받은 사람을 공적으로 교회에서 간증하게 한다.

B. 적용
1. 오늘 우리는 이 말씀을 진지하게 받아들여야 한다.
2. 우리 가운데에는 영접기도는 했지만, 참으로 예수 그리스도를 영접하지 않는 사람이 있다.
입으로는 시인하고, 머리로 예수 그리스도를 부인하지는 않는데, 정말 마음으로 예수 그리스도를 믿은 적이 없는 사람이 있다.
마음으로 제대로 믿으면 사람이 달라진다.
새로운 피조물이 된다.
이전 것은 지나가 버린다.
3. 오늘 여기에 있는 모든 분들은 예수 그리스도를 마음으로 믿어야 한다.
전인격으로 믿어야 한다.
4. 복음은 내게서 멀리 있지 않다.
(예) TV - 부산에서는 서울 KBS를 못 본다.
가청 거리 밖에 있기 때문이다.
가청 거리에 있지만 내가 믿지 않으면 소용이 없다.
내가 TV를 틀어야 볼 수 있는 것이다.
(예) 어느 전도자가 비누 공장 사장을 길거리에서 만났다.
사　장: 당신이 전하는 복음은 별로 좋은 게 아니군요.
악한 사람이 아직도 얼마나 많은가요?
전도자: (진흙으로 범벅이 된 아이 만남. 그를 가리키면서)
당신이 만드는 비누는 별로 효과적이지 못하

군요. 아직도 때가 엄청나게 많은 걸 보니.

사 장: 내 비누를 사용하는 사람에게만 효과가 있소.

전도자: 바로 그거요.

5. 당신의 신앙은 어떤가? - 마음으로 믿어 변화가 되었는가?

결론

  1. 신앙에는 참 신앙이 있다.

  2. 그러나 빗나간 신앙도 있다 - 3가지

  3. 당신의 신앙은 어떤가?

본문: 로마서 14:1-12
제목: 성숙한 신앙 자세
중심내용: 성숙한 신앙은 그에 걸맞는 행함이 있다.
설교목적: 성도들로 하여금 어린 상태에서 벗어나 성숙한 신앙을 갖
　　　　게 하기 위해서

서론

1. 애들하고 얘기하다 보면 가끔 가다가 "빨리 어른이 되고 싶다"는 말을 듣지 않는가?
   "왜 그러냐?"고 물으면
   ① 어떤 애 - 빨리 차를 사서 몰고 싶어서
   ② 어떤 애 - 돈 벌어서 내가 하고 싶은 것 하고 싶어서
   ③ 어떤 애 - 아빠같이 넥타이 매고, 신사복 입고 싶어서
2. 어른들 - 살아가기가 너무 어렵고, 일이 잘 안 풀리고, 고통스러울 때에는 철모르는 어린애를 보면서 부러워한다.
3. 어린이 상태는 어린이 상태대로 좋은 점이 있다. 어른 상태는 어른 상태대로 좋은 점이 있다.
4. 어떤 상태든 간에 우리가 한 가지 분명히 기억해야 될 원리가 있다. "생명 있는 것은 자라야 한다"는 사실이다. 식물이든, 동물이든, 사람이든 생명 있으면 모름지기 자라야 한다. 그게 생명체의 본질이다.
5. 영적인 생명체도 마찬가지다.
   ① 예수 그리스도를 개인적으로 만나 구원받으면 하나님의 생명이 시작된다.
   ② 시작되었으면 계속 진행되어 성숙에로 이르러야 한다.
6. 그러면 우리가 목표로 하는 성숙이란 어떤 것인가?
   성숙한 사람은 어떤 사람이며, 그들의 신앙 자세는 어떠한가?

본문에서 몇 가지를 함께 살펴보자.

I. 성숙한 신앙은 미숙한 자를 용납하고 돕는 것이다(vv.1-6).
  A. 어린 믿음을 용납해야 한다.
    믿음이 연약한 자는 금기 사항이 많다.
    1. 음식에 대해서도 먹는 것, 안 먹는 것을 가린다.
      ① 건강상 이유 때문에 가리는 것이 아니다.
      ② 종교적, 신앙적 이유 때문에 가리는 사람이 있다.
    2. 날에 대해서도 그럴 수 있다.
      13일 금요일이면 기분이 나쁘다. 구원받으면 그런 것이 없다. 그러나 어린 신앙은 한 동안 그럴 수 있다.
    3. 숫자에 대해서 그런 경우가 있다.
      4자는 죽을 사와 연관된다 하여 병원 같은 데 4층이 없는 경우가 많다.
    4. 이런 미신적인 것들이 구원받고도 한 동안 있을 수 있다.
      (예) 달라스 신학교 - 어느 인도 학생. 힌두교에서 기독교로 개종. 구원받고도 쇠고기 안 먹음. 닭고기는 가능.
      이유 - 쇠고기는 먹어 본 적이 없었기 때문에.
    5. 그렇기 때문에 어떤 형제나 자매가, 특히 어린 신앙을 가진 형제나 자매가 색다른 일을 할 때 비판보다는 사랑으로 용납해야 한다.
      (예) 가령 세 살짜리가 엄마를 도와준다고 하다가 접시를 깼다. 어떻게 하나?
      "요 맹추야! 이게 영국제인데 값이 얼마나 되는 줄 알아? 아이고, 못살아 못살아!"
      아니면 - "어디 다친 데 없니? 조심해야지. 다음부터 이런 것은 엄마가 할게."
      세 살이면 실수가 많은 나이다. 용납해야 된다.

6. 어린 신앙을 가진 사람도 어린 아이와 같다. 사랑의 용납이 필요하다.
   B. 우리는 어린 신앙을 용납할 뿐만 아니라 한 걸음 더 나아가 그들을 도울 수 있어야 한다.
      1. 한 사람이 자라서 자기 책임을 제대로 감당하기까지에는 참으로 많은 사람의 도움이 필요하다.
         제일 먼저 - 엄마, 아빠, 형제
         그 다음 - 유치원 교사, 초중고 교사, 대학교수 등등
         (예) 나 - 수십 명의 영향
      2. 한 영혼이 자라는 것도 다를 바 없다. 여기서 완전히 자기 혼자 힘으로 신앙이 자란 사람이 있는가?
      3. 먼저 예수 믿은 사람, 한 걸음이라도 신앙이 앞선 사람은 다른 사람을 돕기 위해 최선을 다해야 한다.
         ① 어린 신앙 가진 사람이 상처받을 수 있는 말을 하지 않는 게 성숙한 신앙이다.
            말은 다 해서 유익한 게 아니다. 허무는 말보다 세우는 말을 해야 한다 - 세우기는 힘들고 허물기는 쉽다.
            두 번 세 번 생각하고 한 마디 하자. 우리 모두 이 면에서 특별히 주의하자. 입에 파수꾼이 필요하다.
         ② 어린 신앙 가진 사람이 실족할 수 있는 행동은 절대로 하지 않는 게 성숙한 신앙이다.
      4. 성숙하면 자기 감정을 절제할 수 있어야 한다. 저도 그렇고 여러분도 그렇다. 그래야 어린 신앙을 도울 수 있다.
II. 성숙한 신앙은 주님을 위해 사는 것이다(vv. 7-9).
   A. 모든 사람은 무엇인가를 위해서 산다.
      1. 고등학생 - 대학 입시를 위해서 산다.
      2. 적령기의 청년 - 결혼을 위해서 산다.

3. 어떤 사람 - 집 마련을 위해서 산다.

4. 어떤 사람 - 출세하기 위해서 산다.

5. 어떤 사람 - 쾌락을 얻기 위해서 산다.

6. 과거의 우리의 삶은 한 마디로 말하면 나 자신을 위한 삶이었다. 영원한 가치가 있는 게 아니었다.

B. 구원은 모든 것을 변화시켰다.

1. 목적 없는 삶이 목적 있는 삶으로 바뀌었다.

2. 잘못된 목적이 올바른 목적의 삶으로 바뀌었다.

3. 일시적인 것을 추구하던 삶이 영원한 것을 추구하는 삶으로 바뀌었다.

4. 지옥행 열차를 타고 가다가 천국행 열차로 바꾸어 탔다.

5. 나만 위한 삶에서 주를 위한 삶으로 바뀌기 시작했다.

6. 그러면 구원만 받으면 다 주를 위해 사는가?

  ① "살아도 주를 위하여 살고 죽어도 주를 위해 죽는다"는 신앙이 되는가?

  ② 아니다. 구원은 그런 삶의 시작이지 전부는 아니다.

7. 우리가 주를 위해 산다는 것은 구원 이상이다. 그것은 훨씬 뛰어 넘는 것이다.

  ① 실제적으로 나의 몸이 주님 위해서 드려져야 한다.

  ② 실제적으로 나의 시간이 주님 위해서 드려져야 한다.

  ③ 실제적으로 나의 물질이 주님 위해서 드려져야 한다.

  ④ 실제적으로 나의 관심이 주님 위해서 드려져야 한다.

  ⑤ 그에게 참으로 헌신된 삶이 있어야 한다.

    우리의 몸을 무엇을 위해 쓰는지 보면 어디에 헌신되어 있는지 안다.

    우리의 시간을 무엇을 위해 쓰는지 보면 어디에 헌신되어 있는지 안다.

우리의 물질을 무엇을 위해 쓰는지 보면 어디에 헌신되어 있는지 안다.

8. 우리는 주님을 위해 산다, 주님께 헌신한다 하면서 그렇게 못사는 경우가 너무 많다.

① 이 설교를 하는 저도 100% 다 헌신되었기 때문에 설교하는 것은 아니다. 이게 우리 모두의 목표이기 때문에 설교한다.

② 우리는 로마서 12:1을 잘 암송한다.

많은 사람 - 자신을 산 제물로 드리겠노라고 결단하고 제단 위에까지 올라갔다가 살금살금 기어내려 온다.

9. 주님 위해 사는 삶, 주님께 드려진 삶은 나 자신을 참으로 행복하게 한다. 그리고 남에게 감동을 준다.

(예) 영국의 유명한 언론인이며 무신론자인 맬콤 매거리지는 인도의 캘커타를 여행하다가 테레사 수녀를 방문. 3일간 함께 함. 기독교인이 되겠다고 결심.

이유 - "기독교 신앙의 깊이는 다 알 수 없으나 무엇이 한 인간의 생애를 그토록 온전히 헌신케 하겠는가? 자기를 버리고 온전히 헌신할 때에는 무엇인가 이유가 있을 것이다."

다른 사람조차도 감동케 하는 헌신의 삶! 이런 삶이 오늘 저와 여러분에게 요구된다. 그게 하나 밖에 없는 우리 인생을 가장 값지게 투자하는 길이다. 우리는 이런 성숙한 신앙의 모습을 보여야 한다.

III. 성숙한 신앙은 심판을 염두에 두고 사는 것이다(vv.10-12).

A. 우리에게는 심판날이 있다.

1. 우리는 한 번씩 다 죽는다. 히브리서 9:27
2. 그러나 죽음이 끝이 아니다 - 심판대 앞에 선다.

① 나의 모든 것이 벌거벗은 것같이 다 드러난다.
　　② 나 자신의 죄를 스스로 직고한다. 숨길 수도 없고, 위장할 수도 없다.
　　③ 나의 모든 언행이 심판받는 날이다.
　　④ 나의 생각까지도 다 드러난다.
　3. 한 사람도 빠져나갈 수가 없다.
B. 이 사실을 심각히 생각하면 현재의 삶이 달라진다.
　1. 내가 남을 함부로 판단한 것도 심판받는다.
　2. 내가 남에게 상처 준 것도 심판받는다.
　3. 내가 믿음으로 살지 못했던 것도 심판받는다.
　4. 내가 육신을 따라 살고, 죄 가운데 산 것도 심판받는다.
　5. 내가 잘못된 동기로 일한 것도 심판받는다.
　　이것을 심각하게 받아들이면 어제와 똑같이 살 수 없다.
　　(예) 다이너마이트를 발명한 알프레드 노벨을 아는가?
　　　아침에 일어나 신문을 보니 자기 자신의 사망 소식이 게재. "다이너마이트를 발명한 알프레드 노벨이 어제 죽었다. 그는 전쟁에서 사람을 대량으로 죽이는 방법을 고안한 자이나 죽을 때에는 거부로 죽었다."
　　　실제 - 그의 형이 죽음. 오해. 그러나 이것은 그에게 큰 영향. 사람을 대량 학살하는 방법으로 부자가 된 사람으로 남기 원치 않음. 그래서 노벨상 창시.
　　　우리의 마지막과 그 후의 심판을 심각하게 받아들이면 우리 모두는 변할 수밖에 없다.
　　　① 말이 바뀐다.
　　　② 생각이 바뀐다.
　　　③ 행동이 바뀐다.
　　　④ 시간을 어디에 쓸 것인지가 바뀐다.

⑤ 물질을 어디에 쓸 것인지가 바뀐다.
6. 우리는 매순간 하나님 앞에 서 있는 것 같이 살자. 나의 겉도, 나의 속도 하나님 앞에 부끄럼 없이 사는 것이 심판을 염두에 두고 사는 것이다. 그게 성숙한 신앙이다.

결론
1. 우리 모두는 유치원 신앙을 버리고 대학원 신앙이 되어야 한다.
2. 그것은 어린 신앙을 용납하고 돕는 것이다.
   그것은 주를 위해 사는 것이다.
   그것은 심판 날을 기억하며 사는 것이다.

본문: 고린도전서 3:10-15
제목: 어떤 집을 세울까?
중심내용: 우리가 세워야 할 신앙의 집은 올바른 재료로 지은 집이어야 한다.
설교목적: 성도들로 하여금 신앙의 집을 세울 때 주님께 인정받을 수 있는 재료로 지어서 큰상을 받도록 하게 하기 위해

서론
  1. 신앙의 집은 모든 성도가 다 짓는다.
  2. 그러나 그 모든 집이 주님 보실 때에 만족스러운 집은 아니다
  3. 우리는 어떤 집을 세워야 할까?
I. 우리가 짓는 집의 터는 예수 그리스도이다(vv.10-11).
  A. 우리의 신앙의 집은 예수 그리스도 위에만 세워져야 한다.
    1. 베드로도 바울도 아볼로도 아니다.
    2. 목사나 어떤 훌륭한 지도자도 아니다.
    3. 오직 예수 그리스도만이 우리가 집을 지을 수 있는 터이다.
      ① 예수 그리스도를 통해 구원받아야 한다.
      ② 거듭나지 못한 사람은 신앙의 집은커녕 집 짓는 데 필요한 터조차도 못 닦고 있다.
  B. 여러분들은 신앙의 집을 짓는 데 필요한 터를 닦았는가?
    1. 예수 그리스도를 분명히 만났는가?
    2. 지금 당장 죽어도 천국에 갈 수 있는 분명한 확신이 있는가?
      (경과구: 일단 터를 닦아 놓았으면 그 위에다가 집을 세워야 한다. 그런데)
II. 사람마다 두 종류의 재료로 집을 짓는다(v.12).
  A. 여기에 나타난 집이 문자 그대로의 집이 아님은 부연(敷衍)할

필요도 없다.
1. 금, 은, 보석으로 실제로 집을 짓는 사람은 없다.
2. 이런 것으로 벽이나 바닥을 만드는 사람도 없다.
3. 여기서의 집은 영적인 집이요, 신앙의 집이다.
B. 여기에 나타난 재료는 두 종류로 나눌 수 있다.
1. 금, 은, 보석 - 불에 안타고, 영속적이고, 값있다.
2. 나무, 풀, 짚 - 불에 타고, 일시적이고, 값없다.
C. 모든 성도들은 이 두 종류의 재료 가운데 어느 하나로 집을 짓는다.
1. 만일 집이 잘못 지어지면 터에 문제가 있는 게 아니다.
① 거듭난 사람은 모두 예수 그리스도를 터로 가지고 있다.
② 거듭나지 않은 사람은 터도 없고, 따라서 집도 짓지 못하고 있다.
2. 집이 잘못 지어지면 재료에 문제가 있다.
① 금, 은, 보석 - 하나님의 지혜로 짓고, 하나님의 뜻대로 짓고, 올바른 동기로 지을 때
② 나무, 풀, 짚 - 인간의 지혜로, 인간적 방법으로, 순수하지 못한 동기로 지을 때
(경과구: 모든 그리스도인은 그리스도라는 터 위에 신앙의 집을 짓는데, 그 집을 무한정 짓는 게 아니다. 언젠가는 준공 검사를 받는데)
III. 준공 검사에 합격한 집만이 상을 받는다(vv. 13-15).
A. 세상에서도 집을 지으면 반드시 구청이나 시(市)로부터 준공 검사를 받아야 한다.
B. 우리가 지은 신앙의 집도 준공 검사할 날이 있다.
1. 시기 - 공중에 돌림 받았을 때(cf. 고후 1:10)

2. 검사관 - 예수 그리스도(적당주의는 통하지 않는다.)
3. 방법 - 불로써 한다.
4. 결과
   ① 상이 있느냐 없느냐 하는 것이다("해를 받는다" - 상을 잃어버린다. 즉, 상을 받지 못한다는 의미이다).
   ② 예수 믿는 사람들의 심판은 죄에 대한 심판도 아니고, 천국을 보내느냐 지옥을 보내느냐 하는 심판도 아니다 (cf. 요 5:24).
   ③ 그리스도의 심판대 앞에 선 사람은 다 구원받은 사람이다.
   ④ 금, 은, 보석으로 지은 자 - 상이 있다.
   나무, 풀, 짚으로 지은 자 - 상이 없다. 부끄러운 구원이다.

결론
1. 여러분은 집을 짓는 데 필요한 터를 가졌는가? 구원받은 자만이 그리스도를 터로 가진다.
2. 터 위에 신앙의 집을 지을 때 무슨 재료로 짓고 있는가?

본문: 야고보서 1:19-27
제목: 참된 경건
중심내용: 참으로 경건한 성도는 말씀을 듣고 행하는 자이다.
설교목적: 성도들로 하여금 참으로 경건한 삶을 살게 하기 위해

서론
  1. 많은 사람들은 착각 속에 산다.
  2. 구원받지 못하고서도 구원받은 줄로 착각하고, 믿음이 없으면서도 믿음이 있는 줄로 착각하고, 진정한 경건과는 거리가 멀면서도 "나야말로 정말 경건한 사람이다"라고 착각하는 사람들이 많다.

Ⅰ. 참으로 경건한 성도는 그 언어를 삼간다(vv.19-20, 26).
  A. 그는 말하기 전에 먼저 듣는다(vv.19a, 26).
    1. 말은 한 번 내뱉으면 다시 주워담을 수가 없다. 그것은 마치 쏘아 놓은 살과 같다.
    2. 그렇기 때문에 듣기는 빨리 하되 말하는 것은 신중히 생각해서 해야 한다.
      ① 귀는 두개이고 입은 하나인 이유가 아마 말하기보다는 듣기를 더 많이 하라고 그런지 모르겠다.
      ② 말 때문에 패가망신하는 사람이 많다.
  B. 그는 화내기를 더디한다(vv.19b-20).
    1. 의분은 필요하다.
    2. 그러나 화내기를 빨리 할 때 참으로 큰 화를 자초할 수 있다.
      (예) 모세 - 민수기 20:10-13
      (경과구: 참된 경건은 무엇인가? 참으로 경건한 자는 말을 삼간다. 뿐만 아니라)

Ⅱ. 참으로 경건한 성도는 말씀을 행한다(vv. 21-25).
   A. 그는 말씀을 겸손히 받는다(v. 21).
     1. 말씀을 행하기 위해서는 먼저 듣고, 받아야 한다.
     2. 말씀은 여러 가지 일을 한다.
       ① 그것은 더러운 것과 악한 것을 버리게 한다(cf. 시 119:9, 11).
       ② 그것은 영혼을 구한다(cf. 롬 10:17).
   B. 그는 말씀을 행한다(vv. 22-25).
     1. 말씀을 듣기만 하는 자는 스스로를 속이는 자다(v. 22).
       ① 말씀은 우리의 지식만을 더해 주는 게 그 목적이 아니다.
       ② 말씀은 듣고 행함으로 우리의 생활 속에서 나타나게 하는 데 그 목적이 있다.
     2. 말씀을 듣기만 하는 자는 어리석은 자이다(vv. 23-25).
       ① 거울 - 주목적은 얼굴에 잘못된 것을 바로 잡아주기 위함이다.
       ② 말씀은 거울과 같다.
       ③ 말씀을 듣고 행치 않는 자는 거울에서 자기 얼굴에 잘못된 부분이 있음을 보고서도 바로잡지 않고 잊어버리는 사람과 같다.
       (경과구: 참으로 경건한 성도는 말을 조심하고 말씀을 열심으로 행할 뿐만 아니라)

Ⅲ. 참으로 경건한 성도는 자기와 남을 돌본다(v. 27).
   A. 그는 고아와 과부를 돌본다(v. 27a).
     1. 성경은 고아와 과부에 대해서 특히 많이 가르친다.
     2. 고아 - 부모가 없으므로 따뜻하게 보살펴 줄 사람이 없다.
     3. 과부 - 남편이 없으므로 힘도 없고 의지할 데도 없다. 대개 경제적으로도 크게 어렵다.

4. 참으로 경건한 성도는 의지할 데 없고, 도움을 필요로 하는 사람을 외면하지 않는다.
   ① 오늘날 교회들은, 특히 보수적인 교회들은 이 면을 너무 경시한다.
   ② 구제가 복음보다 우선해서는 안 된다.
   그러나 구제를 아예 무시해도 안 된다.
   사람에게는 영적인 필요와 함께 육적인 필요가 동시에 있으므로, 우리는 양자를 다 채워 주도록 노력해야 한다.
B. 그는 자기 자신을 돌보아 세속에 물들지 않게 한다(v.27b).
   1. 주님과의 개인적 관계가 바로 되지 못하고서야 어찌 경건하다 할 수 있겠는가?
   2. 세상과 벗된 성도는 경건한 성도가 아니라 주님과 원수된 성도이다(cf. 롬 12:1-2).

결론

1. 참된 경건은 무엇인가?
2. 그것은 말을 삼가고, 말씀을 행하고, 남과 자신을 돌보는 것이다.
3. 나는 착각 속에 살고 있는가, 아니면 참으로 경건한 성도인가?

본문: 베드로전서 1:13-21
제목: 이제 어떻게 살까?
중심내용: 성도는 하나님 닮은 삶을 살아야 한다.
설교목적: 성도들로 하여금 하나님이 요구하는 삶을 살도록 노력하게 하기 위해서

서론
  1. 지난 주일 설교시간에 모든 분들에게 숙제를 하나 내 드렸는데 기억하는가?
     숙제: "나는 과연 믿음의 끝을 보았는가?"
  2. 어떤 답이 나왔는가?
  3. 답이 안 나온 사람들은 구역장이나 팀 리더하고 상담하라. 그래도 안되면 나한테 오라.
  4. "예"라는 분명한 답을 얻은 분들도 그것으로 끝이 아니다.
  5. 그것은 새로운 시작에 불과하다.
  6. 이제 그런 사람들을 위한 삶의 지침이 오늘 본문에 나와있다.
  7. "이제 어떻게 살까?"라는 제목으로 함께 상고하자.

Ⅰ. 마음의 허리를 동이고 살아야 한다(v.13).
  A. 본문
    1. "마음의 허리를 동인다"는 것은 무슨 뜻인가?
    2. 이것을 제대로 이해하려면 그 당시에 입고 있던 옷이 어떤 것인지 알아야 한다.
    3. 그들의 옷은 우리가 오늘 입는 가운과 비슷하다.
    4. 그렇기 때문에 일을 하려면 허리띠를 매고 치렁치렁한 옷단을 허리띠 속에 집어넣어야 한다.
    5. 우리나라 식으로 말하면 "소매를 걷어올린다"고 표현하는 게 적당할 것이다.

6. 본문은 마음이라는 옷을 그런 식으로 준비하라는 의미이다.
B. 적용
   1. 마음의 허리띠를 동여맨다는 것이 오늘 우리에게는 어떤 의미가 있는가?
   2. 무엇보다도 그것은 우리가 영적으로 깨어 있어야 한다, 준비되어 있어야 한다는 것을 말한다.
      ① 우리의 영적 상태가 너절한 옷같이 되어 있어서는 안 된다.
      ② 단단히 정신차리고 긴장된 상태라야 한다.
      ③ 영적으로 제대로 준비된 상태라야 한다.
      ④ 우리는 곧 부흥사경회를 갖게 된다.
      ⑤ 부흥사경회는 영적인 허리띠를 동여매는 운동이다.
         그 동안 나태했던 것, 그 동안 풀어졌던 것, 그 동안 주님 앞에 바르지 못했던 것을 바로 잡는 기간이다.
      ⑥ 집회 때에만 바로 잡는 게 아니라 지금부터 바로 잡아야 한다.
   3. 그것은 또한 우리가 일할 자세를 갖추라는 의미이다.
      ① 우리가 잘 아는 대로 교회는 그리스도의 몸이다. 많은 지체가 있다.
      ② 그 많은 지체 가운데 불필요한 지체는 하나도 없다.
         (예) 건강한 몸은 어떤 몸이냐?
            있어야 할 지체가 다 있어야 한다. 그리고 모두 정상적으로 움직여야 한다.
      ③ 우리는 각자 은사가 다르다.
      ④ 그 은사 중 필요치 않은 은사는 하나도 없다.
      ⑤ "나는 이 교회에 필요치 않다"는 사람이 하나도 없어야

한다.

　　(예) 자녀 중 - "나는 이 집에 필요 없다. 그래서 없어져야 한다"고 하면 어떤가?

　　　　그것만큼 부모를 슬프게 하는 말은 없다. 하나님이 필요해서 우리 교회에 보내셨다.

　　　　어떤 사람 - 단지 아직까지 할 일을 찾지 못했을 뿐이다. 빨리 찾아라.

⑥ 그래서 모두 움직여야 한다.

　　전도 은사 있는 분　- 부지런히 하라.
　　　　　　　　　　　 영혼은 지천으로 많다.
　　양육　　　〃　　- 〃　돌보아야 할 사람이 많다.
　　청소　　　〃　　- 부지런히 하라.
　　부엌일　　〃　　- 부지런히 하라.
　　요리　　　〃　　- 모두 중요하다. 열심히 맡은 일을 하라.

⑦ 어떤 사람은 쓰러질 정도로 일하고, 어떤 사람은 할 일이 없어서 빈둥거리는 일이 있어서는 안 된다. 관심을 가지고 보면 할 일이 많다.

　　(예) 청소상태 - 어떤 사람에게는 깨끗하게 보인다.
　　　　　　　　　　 〃　　　지저분하게 보인다.

　　지저분하게 보이는 사람이 그 일을 해야 한다.

4. 우리 모두는 마음의 허리를 동여야 한다.

　　먼저 영적으로 정신을 차리자. 그러면 내가 할 일이 보인다.

　　스스로 일을 찾아서 할 수 있기를 바란다.

II. 하나님같이 거룩하게 살아야 한다(vv.14-16).

　　A. 본문

1. 우리는 과거에 살던 식으로 살아서는 안 된다.
   2. 육욕을 따라서 내 기분대로 내 생각대로 살아서는 안 된다.
   3. 거듭난 그리스도인들은 하나님의 성품을 가졌다.
   4. 하나님의 성품을 가졌으면 하나님 방식으로 살아야 한다.
   5. 하나님만큼 거룩하게 살아야 한다.
B. 적용
   1. 본문의 말씀은 정말 무서운 말씀이다.
      (예) 1968. 봄 - 구원받고 내 인생 바뀌었다. 구원받고 상당한 시간이 경과한 후(약 20년 후), 이 말씀을 대했다 - 그 전에도 대했으나 별 의미가 없었다. 이 말씀의 의미를 깨달으면서 엄청난 충격 받았다. 구원받은 후 나에게 가장 큰 충격을 준 말씀이 바로 이 말씀이다.
   2. 하나님은 우리에게 엄청나게 높은 삶의 수준을 요구하신다.
   3. 구원받을 때 우리의 신분은 하나님같이 거룩하게 되었다.
      ① 본문은 그런 의미인가 아니다.
      ② 이것은 우리의 실제 삶이 하나님만큼 깨끗하고, 높고, 죄 없고, 순결해야 한다는 것을 의미한다.
   4. 하나님의 성품을 가졌으면 그렇게 살아야 한다.
      (예) 개의 성품   - 똥만 좇아간다.
           고양이의 성품   - 쥐만 좇아간다.
           돼지의   〃   - 꿀꿀이죽만 좇아간다.
           하나님의 〃   - 하나님같이 산다.
   5. 우리는 썩을 대로 썩은 세상에서 산다.
      도덕적으로 너무 타락해 있다.
      웬만한 죄는 더 이상 우리에게 충격이 안 된다.
      하나님 - 쓰레기 더미 속에서 한 송이 백합화가 되라. 까마귀들 속에서 한 마리의 고고한 학같이 살라는 의미이다. 도도히 흘러내리는 탁류를 거슬러 올라가는 살아 있는 물고기가 되어라.

6. 성도들이 그렇게 살 때 사람들의 존경을 받고, 하나님은 영광을 받으신다.

    (예) 노블레스 오블리지(noblesse oblige)란 말을 들어본 적이 있는가?

    "높은 신분을 가진 사람의 도덕적 의무" 란 뜻이다.

    영국의 귀족들 - 노블레스 오블리지란 말로 자신들의 언행을 규제한다.

    귀족의 자제들은 더 엄한 규율에 따라 교육을 받는다. 남이 곤경에 처했을 때 자신을 희생해서 구해야 하는 것은 기본적인 것으로 배운다.

    그래서 1 · 2차 세계대전 때 - 옥스퍼드, 켐브리지 출신의 귀족 자제들이 앞 다투어 군입대를 자원했다. 죽음을 무릅쓰고 용감히 싸웠다. 그래서 영국 귀족들은 지금도 대접받는다.

    우리 나라의 고관이나 졸부와는 전혀 다르다.

7. 우리는 그 이상으로 살아야 한다.

    우리는 하늘나라 왕족이기 때문이다. 하나님같이 살아야 한다 - 하나님의 명령이다. 선택이 아니다.

8. 그건 절대 쉽지 않다.

    그런 목표를 가지고 끊임없이 추구해야 한다. 하나님의 도움을 구해야 한다. "하나님, 저로 하여금 하나님같이 거룩하게 살게 해 주십시오." 이런 목표를 가지고 끊임없이 하나님께 구하자.

Ⅲ. 하나님을 경외하면서 살아야 한다(17-21절).
  A. 본문
    1. 하나님은 우리의 속과 겉을 다 보이는 분이시다.
    2. 그렇기 때문에 하나님을 두려움으로 섬겨야 한다.
    3. 과거의 망령된 행실에서 그리스도의 보배로운 피로 구원받았다.
    4. 영원 전부터 하나님이 계획하신 구원을 우리에게 보여주셨다.
    5. 이 구원을 체험하고 하나님의 자녀가 된 사람은 하나님을 경외해야 한다. 하나님 두려운 줄 알아야 한다. 하나님을 가볍게 여겨서는 안 된다.
  B. 적용
    1. 하나님 두려운 줄 모르고 하나님을 가볍게 여기며 사는 사람은 정말 불행하다.
    2. 두려워해야 할 것을 두려워하지 않으면 패가망신한다.
      개인도, 기업도, 국가도 모두 망한다.
      (예) 남의 돈을 두려운 줄 모르고 마구 쓰면 모두 망한다.
          지금 - 기업은 계속 도산된다(지나친 빚 때문에 그런 회사가 많다). 국가도 부도사태다.
    3. 마땅히 두려워해야 될 사람을 두려워하지 않으면 삶에 규모가 없다.
      (예) 자녀 - 부모 두려운 줄 모르면 제멋대로 행한다.
    4. 당신은 하나님의 두려움을 아는가?
      하나님을 가볍게 여기면 혼쭐난다.
         (예) 나 - 하나님 두려운 줄 모르고 교만하다가 지금까지 크게 세 번 얻어맞았다. 눈물 콧물 몇 바가지 쏟을 정도로 회개했다. 그 결과 이 정도라도 됐다.

5. 우리 하나님은 무한히 자비롭다.
6. 그러나 손을 대기 시작하면 무섭다.
7. 하나님 앞에서 내가 매맞을 일은 없는가?
   바로 되어 있는가?
8. 나는 하나님을 가볍게 여기지 않는가?
   하나님의 말씀을 적당히 넘기지 않는가?
   하나님을 두려워하면 하나님의 말씀을 존중한다.
   (예) 엘리 제사장과 그의 두 아들이 하나님과 그의 말씀을 가볍게 여김.
      엘리 - 목이 부러져 죽음.
      두 아들 - 전쟁터에서 동시에 죽음.
      하나님을 가볍게 여기면 하나님도 그를 가볍게 여기신다.

결론
   1. 이제 우리는 어떻게 살까?
   2. 마음의 허리를 동이고, 하나님같이 거룩하게, 하나님을 두려워하며 살아야 한다.

본문: 베드로전서 5:7-11
제목: 견고한 신앙
중심내용: 견고한 신앙은 방해물을 극복할 때 가능하다.
설교목적: 성도들로 하여금 신앙에 대한 방해물을 알고 이를 극복케
함으로 견고한 신앙을 갖게 하기 위해서

서론
  1. 예수 믿는 사람들의 한결같은 소원은 강한 신앙을 갖는 것일 것이다.
  2. 정말 구원받은 하나님의 백성이라면 다 그런 마음이 있다. 정도의 차이는 물론 있을 것이다.
  3. "왜 나는 요지부동의 상태가 아닌가?"
    "우리 교회 어떤 형제, 자매는 마치 반석같이 굳건한데 왜 나는 이렇게 기복이 심한가?"
    "나도 지속적으로, 변함없이 주님을 잘 섬기고 싶은데 왜 잘 안되는가?"
  4. 이런 고민은 한 두 사람의 고민이 아니다.
    어느 정도는 모두 다 이런 고민을 가지고 있다.
  5. "견고한 신앙"이란 제목으로, 어떻게 해야 흔들리지 않는 신앙을 가질 수 있는가 함께 나누어 보자.
    (견고한 신앙을 가지려면)
Ⅰ. 모든 염려를 주님께 맡겨야 한다(v.7).
  A. 염려를 맡기라.
    1. 본문 - "너희 염려를 주께 맡겨 버리라"
    2. 염려를 바르게 처리할 줄 모르면 견고한 신앙은 물 건너간다.
    3. 사실 염려 없는 삶이란 없다.

염려가 없는 곳은 딱 한 군데 - 무덤 속
① 물질적으로 어려운 사람 - 돈이 많으면 괜찮겠지.
아니다. 역시 염려가 있다. 어떤 면에서는 더 큰 염려가 있다.
② 약한 사람은 건강하면 되겠지.
건강하면 또 다른 문제와 염려가 생긴다.
4. 염려는 끊임없이 다가온다.
이런 염려를 제대로 처리 못하면 염려가 우리의 신앙을 다 삼켜 버린다. 염려라는 동물은 입이 아주 크다. 그리고 식성이 굉장히 좋다.
5. 염려가 올 때 어떻게 해야 하는가?
맡기다 - 주님께 던져 버리라.
(예) 야구를 생각하라.
나는 투수, 염려는 볼, 주님은 포수
6. 어떤 사람은 염려라는 공에다 끈을 매달아 가지고는 주님께 던졌다가 다시 찾아간다. 그래서는 안 된다. 던지고는 끝이다. 다시 찾아가지 말아야 한다.
(예) 목사인 나도 역시 염려가 있다.
대부분은 사역이나 교회와 연관된 것이다.
문제가 생기면 얼마 동안은 고민하고 염려한다.
그러다가 주님께 던진다.
"주님, 이 교회가 저의 교회입니까? 당신의 교회이고, 당신이 주인 아니십니까, 이 문제를 다 맡으십시오."
염려를 주님께 던지지 아니했다면 아직까지 살아 있지도 못한다.

B. 그러면 왜 주님께 맡길 수 있는가?
"우리를 권고하심이라"

1. 권고 - "염려하다, 돌보다, 관심 갖다."
2. 전능하신 하나님이 내 대신 염려해 주시겠다고 한다.
    (예) 종 - 집에 쌀이 없을 때 염려할 필요 없다.
        주인이 염려할 문제다.
3. 우리는 주님의 소유다.
4. 나의 모든 문제는 전부 주님이 염려하실 문제다.
    직장이 없는가? - 나 보다 주님이 더 염려하신다.
    건강이 안 좋은가? - 나 보다 주님이 더 관심을 가지신다.
    마음에 아픔이 있는가? - 나 보다 주님이 더 아파하신다.
5. 그분이 내 대신 염려하고 해결하시기 때문에 안심하고 맡길 수 있다.

C. 그렇기 때문에 부지런히 염려를 주님께 맡기자.
1. 염려한다고 달라지는 것은 없다.
    대부분의 염려는 사실상 쓸데없는 염려다.
    (예) 미국 위스칸신대 통계학자들이 사람의 염려에 대해서 조사해 네 가지로 구분.
        첫째 - 절대 일어나지 않을 것 40%
        둘째 - 이미 지난 것. 염려해도 달라질 게 없는 것 30%
        셋째 - 아주 사소한 것들 22%
        넷째 - 타당한 염려 8%(100가지 중 8개)
2. 어떻게 보면 신앙은 배짱이다.
3. 그냥 배짱이 아니고 믿는 구석이 있는 배짱이다.
    "나를 위해 죽기까지 하신 주님께서 날 죽이시겠는가?"
    (예) 나의 구원 - 100조 원어치 이상의 가치가 있다.
        나의 염려 - 1,000원
        100조 원을 주신 주님이 1,000원 가지고 문제를 삼으시겠는가?

    4. 단지 그분의 때가 안 되었을 뿐이다.

    5. 견고한 신앙을 갖기 원하는가? - 모두 야구 투수가 되자.

       던지는 연습을 부지런히 하자.

    (견고한 신앙을 가지려면)

II. 깨어서 마귀를 대적해야 한다(vv.8-9).

  A. 먼저 정신을 차리고 깨어야 한다.

    1. 이 세상에는 우리로 하여금 정신을 차리지 못하게 하는 게 너무 많다.

    2. 게와 가재가 한 편이듯이, 마귀와 세상은 한 편이다.

       마귀가 세상의 왕이다.

    3. 마귀가 우리의 정신을 빼앗아 가면 이긴다.

       피 한 방울 안 흘리고 무혈입성한다.

    4. 우리를 정신 못 차리게 만드는 것은 많다.

       ① 세상일에 너무 바쁘면 정신을 못 차리게 된다.

          직장, 공부 - 너무 바쁘면 영적으로 정신이 없다.

          이런 일을 열심히 하는 것과 정신없이 하는 것은 다르다.

       ② 세상 친구 때문에 정신을 못 차리는 경우도 있다.

          어울려서 돌아다니느라고.

       ③ 세상 재미 때문에 정신을 못 차리는 경우도 있다.

          세상에서 즐기고, 구경하려면 할 것이 많다.

    5. 마귀는 우리를 치기 전에 먼저 정신을 못 차리게 한다.

       그것은 5,000년 전이나 1,000년 전이나, 지금이나 불변하다.

  B. 그렇기 때문에 먼저 정신을 차리고, 그 다음에 마귀를 대적하고 물리쳐야 한다.

    1. 마귀는 으르렁거리는 사자와 같다.

(예) 초대교회 성도들 - 콜로세움에서 죽어갔다.
　　아내 - 기둥에 묶는다. 굶주린 사자를 풀어놓고, 남편에게 맨손으로 아내 구하라.
2. 갖가지 모양으로 우리를 집어삼키려 한다.
3. 우리 힘으로는 아무리 해도 이길 수 없다.
　육체적 싸움이 아니다.
4. 어떻게 해야 되는가?
　① 먼저 사탄의 움직임을 간파해야 한다.
　　- 영적으로 깨어 있고 정신 차려야 사탄의 역사가 보인다.
　　- 사람과 사람과의 관계를 깨뜨린다 - 사탄의 역사.
　　- 여러 가지 문제를 일으킨다 - 사탄의 역사.
　　- 개인적으로나 교회적으로 뭔가 될 것 같을 때 사탄도 함께 일한다.
　　- 교회가 부흥회하면 사탄도 부흥회한다.
　　- 이런 것을 볼 수 있는 눈이 필요하다.
　② 그리고는 물리쳐야 한다 - "물리친다"는 게 뭔지 바로 알자.
　　- 우리가 가진 문제를 영적인 눈으로 보게 되면 해결책이 보인다.
　　- 사탄의 역사가 있은 것을 보게 되면 주님 관점이 무엇인지 보인다.
　　- 그러면 물리치고 이기게 된다.
　　(예) 김자매와 이자매가 어떤 문제가 있다 - 갈등.
　　　영적으로 정신 차리고 제대로 안 보면 상대방에게 초점을 맞춘다. 그러면 서로 원망한다 → 이것은 모두 사탄에게 지는 것이다.

그러나 일시적으로 사탄에게 졌구나 하는 것을 깨닫게 되면 화살을 상대방에게 안 돌리고 사탄에게 돌린다. 그리고 두 자매는 신앙의 관점이 회복되어 서로 용서하고 화해한다 → 사탄을 이긴 것이다.

    5. 마귀를 제대로 처리해야 견고한 신앙이 된다.

    (견고한 신앙을 가지려면)

III. 고난을 잘 통과해야 한다(vv. 10-11).

    우리에게는 별별 고난이 많다.

    지금 우리의 삶 속에서 끊임없이 경험하고 있지 않는가?

    우리는 이것을 잘 통과해야 한다.

    왜 그런가?

    A. 고난은 잠깐이기 때문이다.

        1. 이왕 고난을 받아야 하는 거라면 짧게 끝나는 게 좋다.

        2. 그리고 짧은 시간 내에 고난이 끝난다는 것을 알 때 그 고난은 견디기가 훨씬 더 쉽다.

           (예) 훈련소 - 세상에서 마음대로 살다가 철조망 쳐놓은 훈련소에서 산다는 것은 정말 답답하다.

              그러나 6주면 끝난다 - 견딜 수 있다.

              군대 생활도 지긋지긋하다 - 요즈음 2년 2개월이면 끝난다.

        3. 정말 견디기 힘든 것은 끝이 없는 고난이다.

           그 대표적인 곳이 지옥이다.

           영원한 지옥 불못 가운데서의 고통, 모든 소망이 없는 곳, 자비가 다 거두어진 곳 - 그게 지옥이다. 우리 가운데 없기를 바란다. 영원한 지옥 고난에 비하면 이 땅에 사는 동안 아무리 고난을 당한다 해도 그것은 짧은 것이다 - 잠깐이다.

4. 우리를 영원한 영광에 들어가서 그 감격을 더 맛보게 하기 위해서 짧은 고난을 주셨다.
  B. 우리를 강하게 하기 때문이다.
   1. 고난은 나쁜 면도 있지만 좋은 면도 굉장히 많다.
      (예) 번연 - 감옥에서 천로역정을 썼다.
        밀턴 - 실명한 상태에서 실낙원을 썼다.
        베토벤 - 청각을 잃은 상태에서 합창교향곡을 작곡했다.
   2. 고난은 사람을 성숙하게 하고 강하게 한다.
      (예) 동물원에서 자란 야생동물 - 자연상태에서 생존을 못 한다. 비바람 맞으며, 적에게 쫓기며 살아야 강해진다.
     ① 하나님은 우리를 강자로 만들려고 하신다.
        약골같이 비슬거리기 원치 않으신다.
     ② 그래서 의도적으로 고난을 주기도 하신다.
          (예) 극기 훈련 - 고생할 줄 안다. 그러나 자녀들을 강하게 하려고 보낸다.
     ③ 하나님은 우리를 적당히 만들려고 하지 않으신다.
          (예) 사자 - 새끼를 절벽에서 떨어뜨려 살아오는 놈만 맞이함.
     ④ 하나님은 그렇게 잔인하지는 않으시다.
   3. 그러나 그는 강한 성도를 만들려고 하신다.
      우리의 대적이 너무 강하기 때문이다.
   4. 고난 주시는 하나님의 섭리를 보자. 그의 사랑을 보자.
결론
  1. 견고한 신앙을 갖기 원하는가?
  2. 염려를 물리치자.
    깨어서 마귀를 대적하자.
    고난을 잘 통과하자.

참고 문헌
(Bibliography)

I. 외국 서적

Alford, Henry. *Alford's Greek Testament.* 4 vols. Grand Rapids, MI : Baker Book House, 1980(reprint).

Apostolon, Billy. *Evangelistic Sermon Outlines.* Grand Rapids, MI : Baker Book House, 1960.

Baumann, J. Daniel. *An Introduction to Contemporary Preaching.* Grand Rapids, MI : Baker Book House, 1972.

Berkeley, James D., ed. *Preaching to Convince.* Waco, TX: Word Books, 1986.

Berkhof, L. *Systematic Theology.* Grand Rapids, MI : Eerdmans, 1946.

Blass, F. and Debrunner, A. *A Greek Grammar of the New Testament and Other Early Christian Literature.* Trans. by Robert W. Funk. Chicago and London : University of Chicago Press, 1961.

Braga, James. *How to Prepare Bible Messages.* Portland, Oregon : Multnomah Press, 1981.

Brigance, William N,. *Speech : Its Techniques and Disciplines in a Free Society.* New York : Appleton-Century-Crofts, 1952.

Broadus, John A. *On the Preparation and Delivery of Sermons.* Rev. by Vernon L. Stanfield. Fourth Edition. New York and San

Francisco : Harper & Row, 1979.

Brown, F.; Driver, S. R.; and Briggs, Charles A. eds. *A Hebrew and English Lexicon of the Old Testament with an Appendix Containing the Biblical Aramaic.* Oxford : Clarendon Press, 1907. S.v., "מָלֵא," pp.569-571 ; S.v., "מַשְׁכִּית," p.967.

Brown, H. C. ; Clinard, H. Gordon ; and Northcutt, Jesse J. *Steps to the Semon.* Nashville, TN : Broadman Press, 1963.

Bruce, F. F. *I and II Corinthians.* NCBC. Grand Rapids, MI : Eerdmans, 1971.

Bryson, Harold T. *Expository Preaching.* Nashville,TN : Broadman & Holman Publishers, 1995.

Carlson, K. Karen and Meyers, Alan. *Speaking with Confidence.* Glenview, Ill : Scott, Foresman and Co., 1977.

Carson, D. A. *Exegetical Fallacies.* Second Edition. Grand Rapids, MI : Baker Book House, 1996.

Chapell, Bryan. *Christ-Centered Preaching.* Grand Rapids, MI : Baker Book House, 1994.

----------. *Using Illustrations to Preach with Power.* Grand Rapids, MI : Zondervan, 1992.

Criswell, W. A. *Criswell's Cuidebook for Pastors.* Nashville, TN : Broadman Press, 1980.

----------. "Preaching Through the Bible." *Christianity Today,* December 9, 1966. p.22.

Dana, H. E. and Mantey, Julius R. *A Manual Grammar of the Greek New Testament.* New York : Macmillan Co., 1955.

Davis, H. Grady. *Design for Preaching.* Philadelphia : Fortress Press, 1958.

Davis, Ken. *Secrets of Dynamic Communication: Preparing and*

Delivering Powerful Speech. Grand Rapids, MI: Zondervan, 1991.

Demaray, Donald E. *Proclaiming the Truth*. Grand Rapids, MI : Baker Book House, 1979.

Etter, John W. *The Preacher and His sermon*. OH: United Brethren, 1883.

Farrar, Frederic W. *History of Interpretation*. Grand Rapids, MI : Baker Book House, 1961(reprint).

Flesch, Rudolf. *The Art of Plain Talk*. New York: Harper & Bros., 1946.

Fluharty, George W. and Ross, Harold R. *Public Speaking*. New York : Barnes and Noble, 1966.

Gaebelein, Frank E., ed. *Expositor's Bible Commentary*. Vol 9. Grand Rapids, MI : Zondervan, 1981.

Geisler, Norman L, ed. *Inerrancy*. Grand Rapids, MI : Zondervan, 1979.

Gilman, Wilbur E.; Aly, Bower; and Reid, Loren D. *The Fundamentals of Speaking*. New York : Macmmillan Co., 1951.

Goetchius, Eugene Van Ness, *The Language of the New Testament*. New York : Charles Scribner's Sons, 1965.

Grant, Reg and Reed, John. *Power Sermon*. Grand Rapids, MI : Baker Book House, 1993.

A Greek-English Lexion of the New Testament and Other Early Christian Literature. Ed. by Walter Bauer. Trans. by William Arndt, F. W. Gingrich and F. W. Danker. Chicago and London : University of Chicago Press, 1979. S. v., "$κηρύσσω$," p.431 ; S. v., "$ἀρραβών$," p.109.

Green, Michael. "Expository Preaching." *Asbury Seminarian* 39(Spring 1984) : 16-33.

Greidanus, Sidney. *The Modern Preacher and the Ancient Text*. Grand Rapids, MI : Eerdmans, 1988.

Gruner, Charles ; Logue, C. M.; Freshley, D. L.; and Huseman, R. C. *Speech Commication in Society*. Boston : Allyn and Bacon, 1972.

Hall, Edward T. *The Silent Language*. Greenwich, Conn : Fawcett Publications, 1959.

Harris, R. Laird ; Archer, Gleason L ; Waltke, Bruce K., eds. *Theological Wordbook of the Old Testament*. 2 vols. Chicago : Moody Press, 1980. S. v., "מלא," by Walter C. Kaiser, 1 : 1195-96 ; S. v., "שכה," by Gary G. Cohen, 2 : 876.

Hendricks, Howard G. & William D. *Living by the Book*. Chicago : Moody Press, 1991.

Hirsch, E. D. *Validity in Interpretation*. New Haven : Yale University Press, 1967.

Hovland, Carl I.; Janis, Irving L ; and Kelley, Harold H. *Communication and Persuasion*. New Haven : Yale University Press, 1964.

Howe, Reuel. "The Responsibility of the Preaching Task." *Preaching* 4(November-December 1969) : 17.

Hughes, Philip E. *Interpreting Prophecy*. Grand Rapids, MI : Eerdmans, 1976.

──────. *The Second Epistle to the Corinthians*. NICNT. Grand Rapids, MI : Erdmans, 1962.

Hybels, Bill ; Briscoe, Stuart ; Robinson, Haddon W. *Mastering Contemporary Preaching*. Portland, Oregon : Multnomah Press, 1989.

International Standard Bible Encyclpedia. Ed. by James Orr, 5 vols. Grand Rapids, MI : Eerdmans, 1956. S. v., "Eschatology of the New

Testament," by G. Vos, 2 : 979-993.

Johnson, Carl G., ed. *My Favorite Illustration*. Grand Rapids, MI : Baker Book House, 1972.

Jowett, J. H. *The Preacher, His Life and Work*. New York : Harper and Row, 1912.

Kaiser, Walter C. *Toward an Exegetical Theology*. Grand Rapids, MI : Baker Book House, 1981.

----- and Silva, Moises. *An Introduction to Biblical Hermeneutics*. Grand Rapids, MI : Zondervan, 1994.

Kim, Sang-Bok David. "The Significance of the PAD in the Kingdom Expansion : Are We a University or a Military Academy?" *Torch Trinity Journal* 1(November 1998) : 5-16.

Klein, William W.; Blomberg, Craig L. and Hubbard, Robert L. *Introduction to Biblical Interpretation*. Dallas : Word Publishing, 1993.

Kroll, Woodrow Michael. *Prescription for Preaching*. Grand Rapids, MI : Baker Book House, 1980.

Kuyper, A. *Chiliasm or the Doctrine of Premillennialism*. Grand Rapids, MI : Zondervan, 1934.

Ladd, George E. *A Commentary on the Revelation of John*. Grand Rapids, MI : Eerdams, 1972.

Lewis, C. S. *The Screwtape Letters*. New York : The Macmillan Co., 1943.

Lewis, Ralph L. *Persuasive Preaching Today*. Wilmore, Ky : R. L. Lewis, 1977.

Liefeld, Walter L. *New Testament Exposition*. Grand Rapids, MI : Zondervan, 1984.

Litfin, A. Duane. *Public Speaking : A Handbook for Christians*.

Second Edition. Grand Rapids, MI : Baker Book House, 1992.

----------. "Theological Presuppositions and Preaching : An Evangelical Perspective." Ph. D. dissertation. Purdue University, 1973.

Littelton, Mark R. "Raisin in the Oatmeal : The Art of Illustrating Sermon." *Leadership* 4(Spring 1983) : 63-67.

Lloyd-Jones, D. Martyn. *Preaching and Preachers*. Grand Rapids, MI : Zondervan, 1971.

Louw, J. P. *Semantics of New Testament Greek*. Philadelphia, PA : Fortress Press, 1982.

Macartney, Clarence E. *Preaching without Notes*. Nashville : Abingdon- Cokesbury Press, 1946.

MacArthur, John, Jr., ed. *Rediscovering Expository Preaching*. Dallas : Word Publishing, 1992.

Mickelsen, A. Berkeley. *Interpreting the Bible*. Grand Rapids, MI : Eerdmans, 1963.

Monroe, Alan H. and Ehninger, Douglas. *Principles and Types of Speech*. Glenview, Ill : Scott, Foresman and Co., 1967.

Morris, Leon. *The Gospel according to John*. NICNT. Grand Rapids, MI: Eerdmans, 1971.

Moule, C. F. D. *An Idiom Book of New Testament Greek*. Cambridge : Cambridge University Press, 1959.

Moulton, James Hope, ed. *A Grammar of New Testament Greek*. Edinburgh : T. & T. Clark, 1963. Vol 2 : *Syntax* by Nigel Turner.

Mounce, Robert H. *The Book of Revelation*. NICNT. Grand Rapids, MI : Eerdmans, 1977.

Olford, Stephen F. *Anointed Expository Preaching*. Nashville, TN : Broadman & Holman Publishers, 1998.

Osborn, John. "Pseudo-Sermons." *Ministry* 53(1980) : 9-11.

Osborne, Grant R. *The Hermeneutical Spiral : A Comprehensive Introduction to Biblical Interprretation*. Downers Grove, Ill: Inter Varsity Press, 1991.

Pelsma, John R. *Essentials of Speech*. New York : Crowell, 1924(Rev. ed.)

Pentecost, J. Dwight. *Design for Living*. Chicago : Moody Press, 1975.

―――――. *Things to Come*, Grand Rapids, MI : Zondervan, 1958.

Perry, Lloyd M. *Biblical Preaching for Today's World*. Chicago : Moody Press, 1973.

Price, Keith A. "Is the Best Coming from the Pulpit?" *Good News Broadcater*, November 1984, pp.32-35.

Radmacher, Earl D. and Preus, R. D., eds. *Hemeneutics, Inerrancy, and the Bible*. Grand Rapids, MI: Baker Book House, 1970.

Ramm, Bernard. *Protestant Biblical Interpretation*. Grand Rapids, MI : Baker Book House, 1970.

Richard, Ramesh. *Scripture Sculpture : A Do-It-Yourself Manual for Biblical Preaching*. Grand Rapids, MI : Baker Book House, 1995.

Robertson, A. T. *A Grammar of the Greek New Testament in the Light of Historical Research*. Nashville : Broadman Press, 1934.

Robinson, Haddon W. *Biblical Preaching*. Grand Rapids, MI : Baker Book House, 1980.

Ross, Allen P. *Creation and Blessing : A Guide to the Study and Exposition of the Book of Genesis*. Grand Rapids, MI: Baker Book House, 1988.

Silva, Moisés. *Biblical Words and Their Meaning*. Grand Rapids, MI : Zondervan, 1983.

Skinner, Craig. *The Teaching Ministry of the Pulpit*. Grand Rapids, MI : Baker Book House, 1973.

Spurgeon, Charles H. *All-Round Ministry*. London : Banner of Truth,

1960.

Stauderman, Albert P. *Let me Illustrate*. Minneapolis : Augsburg Publishing House, 1983.

Stewart, James S. *Preaching*. London : The English Universities Press, 1955.

Stibbs, Alan M. *Expounding God's Word : Some Principles and Methods*. Grand Rapids, MI : Eerdmans, 1961.

Stott, John R.W. *Between Two Worlds*. Grand Rapids, MI : Eerdmans, 1982.

---------. *The Preacher's Portrait*. Grand Rapids, MI : Eerdmans, 1961.

Sunukjian, Donald R. "The Credibility of the Preacher." *Bibliotheca Sacra* 139(1982) : 255-266.

Sweazy, George E. *Preaching the Good News*. Englewood Cliffs, N. J.: Prentice-Hall, 1976.

Swindoll, Charles R. "Pastor and His Pulpit." A Message Delivered at the Sixtieth Anniversary Pastors' Conference. Dallas : Dallas Theological Seminary, 1984.

Taylor, Roy. "So What?" *Journal of Pastoral Practice* 4 : 4(1980) : 109-114.

Terry, Milton S. *Biblical Hermeneutics*. Grand Rapids, MI : Zondervan, 1974(reprint).

Thayer, Joseph. *Thayer's Greek English Lexicon of the New Testament*. Grand Rapids, MI: Baker Book House, 1977(reprint). S. v., "κῆρυξ," p.346.

Theological Dictionary of the New Testament. Eds. by G. Kittel and G. Friedrich. 10 vols. Trans. by G. W. Bromiley. Grand Rapids, MI : Eerdmans, 1964-1976. S. v., "κηρύσσω," by Friedrich, 3 : 683-718 ; S. v., "καπηλεύω," by Windisch, 3 : 603-605.

Traina, Robert A. *Methodical Bible Study : A New Approach to Hermeneutics*. Wilmore, Ky: R. A. Traina, 1952.

Unger, Merrill F. *Principles of Expository Preaching*. Grand Rapids, MI : Zondervan, 1955.

Vendryes, J. *Language : A Linguistic Introduction to History*. New York : Alfred A. Knopf, 1925.

Vines, Jerry. *A Practical Guide to Sermon Preparation*. Chicago : Moody Press, 1985.

Virkler, Henry A. *Hermeneutics : Principles and Processes of Biblical Interpre- tation*. Grand Rapids, MI : Baker Book House, 1981.

Vos, Geerhardus. *The Pauline Eschatology*. Princeton : G. Vos, 1930.

Walker, Daniel D. *Enemy in the Pew?* New York : Harper and Row, 1967.

Wallace, Daniel B. *Greek Grammar Beyond the Basics : An Exegetical Syntax of the New Testament*. Grand Rapids, MI : Zondervan, 1996.

Walvoord, John F. *The Revelation of Jesus Christ*. Chicago : Moody Press, 1966.

──────────, and Zuck, Roy B., eds. *Bible Knowledge Commentary: NT*. Wheaton, Ill : Victor Books, 1983.

──────────. *Bible Knowledge Commentary* : OT. Wheaton, Il : Victor Books, 1985.

White, James R. *The King James Only Controversy*. Minneapolis, Minnesota : Bethany House Publishers, 1995.

Whitesell, Faris D. "The Values of Expository Preaching." *The Sunday School Times and Gospel Herald* 74(July 15, 1976) : 30-31.

Wiersbe, Warren W. *Preaching and Teaching with Imagination*. Wheaton, Ill : Victor Books, 1994.

──────────. *Walking with the Giants*. Grand Rapids, MI : Baker Book

House, 1976(reprint).

Wilson, C. Ronald. "Illustrations Make the Difference." *Pulpit Digest* 57(Sep- Oct 1977) : 68-70.

Willhite, Keith and Gibson, Scott, eds. *The Big Idea of Biblical Preaching*. Grand Rapids, MI : Baker Book House, 1998.

Zerwick, Maxmilian. *Biblical Greek*. Trans. by Joseph Smith. Rome : Scripta Pontificii Instituti Biblici, 1963.

Zuck, Roy B. *Basic Bible Interpretation*. Wheaton, Ill : Victor Books, 1991.

II. 한서 및 번역서

구니도미 쓰요시. 『앞서가는 리더의 행동학』 서울: 한국 산업 훈련 연구소, 1994.

노의일. 『머리를 굴린 사나이』 서울: 생명의 말씀사, 1992.

럭크만, 피터. 『배교의 결정판 NIV』 서울: 말씀 보존 학회, 1994.

장두만. 『구원, 그것이 알고 싶다』 서울: 요단출판사, 1997.

--------. 『성경의 무오성과 권위』 서울: 요단출판사, 1986.

--------. 『예언서 해석의 원리』 서울: 요단출판사, 1992

--------. "성경 해석에 있어서 설교자가 범하기 쉬운 오류." 『그 말씀』 (1993년 11월호), pp.156-164.

--------. "창세기 강해설교의 실제" 『그 말씀』(1993년 1월호), pp.112-120.

--------. "킹 제임스 성경만이 하나님의 말씀인가?" (I) 『목회와 신학』 (1998년 6월호), pp.184-190.

--------. "킹 제임스 성경만이 하나님의 말씀인가?" (II) 『목회와 신학』 (1998년 7월호), pp.180-186.

켈러, 필립. 『양과 목자』 김만풍 역. 서울: 생명의 말씀사, 1978.